HET ZEGELBEELD VAN CHRISTUS
IN HET HART VAN DE MENS

Archimandriet ZACHARIAS (Zacharou)

Het zegelbeeld van Christus in het hart van de mens

MARANATHA HOUSE
A.D. 2017

HET ZEGELBEELD VAN CHRISTUS
IN HET HART VAN DE MENS

+ + +

Translated from the original Greek:

ΤΟ ΧΑΡΑΓΜΑ ΤΟΥ ΧΡΙΣΤΟΥ
ΣΤΗΝ ΚΑΡΔΙΑ ΤΟΥ ΑΝΘΡΩΠΟΥ

Author/Auteur: Archimandriet Zacharias (Zacharou)

© 2015, Stavropegic Monastery of St. John the Baptist,
Tolleshunt Knights, Maldon, Essex, U.K.

Dutch translation:

Nederlandse vertaling © 2015, A. Arnold-Lyklema

Published by:

Maranatha House
www.maranathahouse.info

ISBN 978-0-9931058-4-5

All rights reserved.

Niets uit deze uitgave mag worden vermenigvuldigd, opgeslagen in elektronische bestanden en/of openbaar gemaakt, door middel van druk, fotokopie, microfilm of op welke andere wijze dan ook, zonder voorafgaande schriftelijke toestemming van het Klooster.

Voorwoord

Gedurende vele jaren genoten wij de vreugde en de vertroosting van Gods woord uit de mond van onze wonderbare oudvader Sophrony – bij uitstek een man van het woord Gods. En nu, als schuldenaren van tienduizenden talenten, voelen wij ons verschuldigd aan onze broeders tenminste enkele kruimels over te dragen van zijn rijke tafel, waarmee hij ons onophoudelijk voedde zolang hij mét ons was.

In die tijd zagen wij dat zijn hart als krijgsgevangen was door de kennis van de Persoon van Christus. Zijn woord was altijd vervuld van de wijsheid en de kracht die ontspringen aan het mysterie van het leven van God-de-Heiland en aan Diens voorbeeld. Zijn woord was zoet, en wanneer hij het aanbood werd onze geest deelgenoot aan een vreze en inspiratie, die gepaard gingen met een sterke vertroosting. Telkens wanneer wij zijn woord hoorden, weerklonk in ons intellect en ons hart de uitspraak van de profeet Amos: "De leeuw zal brullen, en wie zal niet vrezen? De Heer God heeft gesproken, en wie zal niet profeteren?" (LXX Amos 3:8).

+ Archim. ZACHARIAS

Notitie bij de vertaling

De Griekse titel resoneert met verschillende beelden uit het Bijbels en patristiek taalgebruik, die niet in één woord te vatten zijn. Uiteindelijk is gekozen voor "Het zegelbeeld van Christus in het hart van de mens". Doch het is misschien zinvol de context van dit 'zegelbeeld' (Grieks: *cháragma*/ χάραγμα) enigszins toe te lichten.

Het Griekse *cháragma* kan worden gebruikt voor elk merkteken dat is ingegraveerd, ingestempeld of afgedrukt, of ingebrand (als een brandmerk). In het Nieuwgrieks staat vooral het ingegrift zijn op de voorgrond, doch in ouder taalgebruik vinden we dit woord ook m.b.t. munten en gezegelde documenten, of zelfs m.b.t. geschreven lettertekens. Tevens werd het woord *'cháragma'* gebruikt als metafoor, voor iets wat (of iemand die) een zeker stempel draagt – gekenmerkt wordt door het 'karakter' daarvan (*charaktêr*/ χαρακτήρ).

Dit beeld doet ook denken aan de 'merktekenen van Christus' waar de apostel Paulus over spreekt (Gal.6:17: *stigmata*/ στίγματα, zie hfst.II.7, n.36) – een uitdrukking die o.a. herinnert aan het heidense gebruik om tempeldienaren, soldaten en lijfeigenen te merken met een tatoeage, die aangaf dat men toegewijd was aan de godheid, dan wel het eigendom was van zijn meester. (Overigens ook gebruikt voor het merken van materiële eigendommen. En soms ook in negatieve zin, voor iemand die door zo'n tatoeage 'gebrandmerkt' was als weggelopen slaaf of misdadiger).

In Bijbelse context wordt het woord *'cháragma'* als zodanig alleen gebruikt in het Boek der Openbaring voor het stempelteken van het beest, waarmee de mensen gebrandmerkt worden alsof het vee betreft. (Betekenisvol in dit verband is ook een oud-Griekse uitdrukking m.b.t. de slangebeet, als 'het brandmerk van de slang'.) In tegenstelling daarmee worden de gelovigen door Gods engelen 'verzegeld' (werkwoord: *sphragízô*/ σφραγίζω) – d.w.z. ook zij dragen een ingestempeld teken, en wel het koninklijk 'zegel' van God (*sphragis*/ σφραγίς).

In dit boek spreekt archimandriet Zacharias meermalen over het beeld van Christus dat wordt 'afgedrukt' in het hart van de mens – zoals men ooit brieven verzegelde door een persoonlijk zegel af te drukken in de zachte was. Het oorspronkelijke 'zegelbeeld', gegraveerd in zegelring of stempel, werd o.a. aangeduid met het woord *'charaktêr'* (χαρακτήρ) – het karakteristieke teken van de eigenaar. Deze betekenis vinden we in de Goddelijke Liturgie, waar de heilige Basilius de Grote spreekt over Christus als het oorspronkelijke 'zegelbeeld (*charaktêr*) van de hypostase' van God de Vader: Het is Christus Die het karakter van de Vader toont, zoals Hijzelf zegt: "Die Mij gezien heeft, die heeft de Vader gezien" (Joh.14:7-9). Het hier besproken woord *'cháragma'* benadrukt het resultaat, en wordt als zodanig ook gebruikt voor het resulterende 'zegelbeeld'. Dezelfde begrippen werden ook toegepast bij de vervaardiging van munten, wat in dit verband tevens herinnert aan het woord van Christus: "Van wie is dit beeld, en het opschrift?" (Mk.12:16).

+ Nafeest van Kruisverheffing, AD 2015
A. Arnold-Lyklema

I

*De mens en
de geestelijke visie*

I. 1

De interpersoonlijke relaties in het licht van onze relatie met God

Het enige wat ons leven zin geeft en waarvoor het de moeite waard is dat de mens zou leven, is de liefde.

Doch het is duidelijk, dat de gebruikelijke menselijke liefde volstrekt verschillend is van de goddelijke liefde – het is een krachteloze schaduw daarvan. Wanneer de liefde vertaald wordt op het vleselijke niveau, dan is het zelfs geen liefde. Het is dan een beweging van de hartstocht voor een andere persoon. Dit doodt de ziel en maakt de mens ongeschikt voor de relatie met God en bijgevolg met andere mensen, aangezien de mens dan gedreven wordt door de hartstocht van genotzucht en zelfzucht. Ook wanneer de liefde geïdealiseerd wordt op het psychologische en verstandelijke vlak, en derhalve nog steeds de krachteloze en hartstochtelijke mens als basis heeft, blijkt dit de grootste illusie. Dit maakt de geest tot een woestenij en verwondt de ziel, en als resultaat daarvan wordt de genezing zeer moeizaam.

Om ons heen zien wij voortdurend tragedies en vernielde relaties. Niettemin menen wij dat wijzelf het beter zullen doen. Helaas beseffen wij niet de maat van onze val en van onze krachteloosheid. Wij verwachten van onze medemensen, die van gelijke hartstochten zijn, een volmaakte en krachtige liefde – iets wat ook wijzelf niet in staat zijn te bieden, omdat wij gebonden zijn met sterke banden en door zware zondelasten.

Onze dwaling ligt hierin, dat wij van degenen die ons omringen – dat wil zeggen, van gebrekkige en gevallen mensen – verwachten dat zij onze ingeschapen nood aan liefde zullen vervullen, waar alleen God werkelijk aan kan voldoen. Wij vergissen ons wanneer wij van mensen datgene verwachten wat alleen God kan bieden. Hijzelf heeft in ons het verlangen naar liefde gelegd, en alleen Hij kan dit vervullen. Door de liefde zullen wij Hem kennen en door haar zullen wij op Hem gaan lijken. Wanneer de winden waaien van de verzoekingen van deze wereld, dan vallen zelfs de meest ideale relaties, die boven verwachting schoon en krachtig leken, uiteen;

het enige wat overblijft zijn de puinhopen die jammerlijk de verwoesting uitschreeuwen.

De menselijke liefde heeft nog iets in zich van de opofferende aard van de goddelijke liefde. Zij wordt geschonken tot het einde toe en leeft in de geliefde, om wie heel haar geluk en haar leven draait. Doch wanneer de mens deze liefde verraadt, dan ontaardt dit in ruïnering en leegte. Niets blijft over van die schone en krachtige gewaarwording. Aldus wordt de wond ondraaglijk, en dit alles schokt de mens diep en verbrijzelt hem. Het leven verliest zijn betekenis. Hoe vaak nemen mensen niet hun toevlucht tot zelfmoord, in wanhoop over hun leven, om bevrijd te zijn van de pijn!

Wanneer wij oog in oog staan met de ruïnes van de menselijke liefde en volstrekt vermorzeld zijn, dan kunnen zich twee oplossingen voordoen: Ofwel wij wenden ons met deze pijn tot God, opdat Hij ons leven zal binnentreden en onze vernieuwing bewerken; ofwel wij gaan voort te wandelen op basis van ons menselijk streven – en dan gaan wij van de ene naar de andere tragedie en verwoesting van de ziel, in de hoop op iets beters. Dit drama zal zich voortzetten, totdat wij bevatten dat wijzelf alleen niets kunnen bewerkstelligen.

In onze relaties hebben wij nood aan een derde persoon. Zoals de priesters, wanneer zij in het hart van de Goddelijke Liturgie elkaar omhelzen, zeggen: "Christus is in ons midden", zo zou dit ook in ons leven moeten gebeuren. Onze God is niet een of andere insluiper in de relatie met onze geliefden, maar Diegene Die deze relaties zal reinigen, ze zal vervolmaken en bevestigen. Zijn eigen grote en eeuwige liefde zal ze funderen en inspireren. Juist daarom nemen wij onze toevlucht tot de Kerk, waar Gods genade – in het Mysterie van het Huwelijk – de band van het echtpaar zal heiligen, zodat de man en de vrouw met hun talenten elkaar zullen aanvullen en zullen samenwerken tot vervolmaking in hun onderlinge liefdesrelatie, niet alleen in dit leven, maar ook in de eeuwigheid van het komend Koninkrijk. De Heer zeide: "Zonder Mij kunt gij niets doen".[1]

Als wij de bedrieglijkheid beseffen van de zoektocht naar een volmaakte en ideale relatie tussen twee mensen, en daarvan overtuigd zijn, dan zullen wij begrijpen dat ons diepe innerlijke verlangen naar een relatie van liefde vervuld kan worden door God – onze Schepper,

---

[1] Joh.15:5.

Voorzienige Verzorger, en Verlosser. Dan zal tussen God en ons een oneindig, scheppend en levenschenkend avontuur beginnen. Hoe sterker de band wordt van onze opwaarts gerichte liefde tot God, des te reiner en sterker zal onze liefde worden in horizontale richting. Deze liefde zal gezond zijn en ingeordend in het perspectief van de enige waarachtige liefde – dat is, van God Zelf – en alleen dan zal zij waarde hebben, omdat deze liefde vrij zal zijn, dat wil zeggen: zondeloos.

De aanwezigheid van de hartstocht van het vlees vertroebelt het intellect en maakt de mens ongeschikt voor de geestelijke vooruitgang en de inwoning van de goddelijke liefde. Ongeacht welke liefde dan ook, als zij los staat van God is zij ontologisch zelfvernietigend. Wanneer onze opwaarts gerichte relatie met God waarachtig en krachtig is, dan zal ook elke horizontale relatie echt en krachtig zijn. Wij dienen in alle vrijheid de strijd op ons te nemen en een offer te brengen voor het welslagen van onze relatie met God en met onze naaste.

Als wij beseffen dat wijzelf ons onbegrensde verlangen naar liefde niet kunnen vervullen, dan zullen wij misschien meer nederigheid en onderscheid bezitten in onze verwachting omtrent de liefde in menselijke relaties. In de wetenschap van de armoede en de ellende van de mens, maar ook van de grootheid van Gods barmhartige liefde, verwerven wij medelijden en vergevingsgezindheid. Wij worden gereinigd van onze eigenliefde en wij treden anderen tegemoet met eerbied en in vrijheid. Wij aanvaarden hen zoals zij zijn, zonder dat wij hen "volmaakt" willen hebben in overeenstemming met onze verbeelding. Wij eisen niets van hen, noch streven wij ernaar hen te overheersen.

Wanneer wij ons in contact met God bevinden, worden de verbrokenheden van ons voorafgaande leven genezen. Het hart wordt bevrijd van de last van het verleden, en hervindt de moed om God en de naaste lief te hebben. Wij vrezen niet meer om onszelf bloot te geven en wij bouwen geen muren meer om ons heen om onszelf veilig te stellen – want wij steunen niet meer op mensen, maar op Hem Die zelfs de doden levend maakt.[2] Doch als de waarachtige liefde, die door God geïnspireerd wordt, in ons leven ontbreekt,

---

[2] Cf. 2Kor.1:9.

dan zullen wij één van de twee klassieke verzoekingen niet kunnen vermijden: Als wij psychologisch de sterkste zijn, zullen wij ernaar streven over onze metgezel te heersen en hem uit te buiten; en als wij psychologisch de zwakste zijn, dan worden wij het slachtoffer van de hartstocht der ambitie van de anderen. Een relatie onder dergelijke omstandigheden is waarlijk ellendig en vreugdeloos: in waarheid een slavernij.

Wanneer wij God leren kennen, zullen wij in onze relatie met Hem worden ingewijd in het mysterie van de Persoon, van de menselijke Hypostase, die geschapen is naar het beeld en naar de gelijkenis van God. Dan zullen wij in staat zijn om ook elke andere menselijke persoon te ontmoeten met vreze, eerbetoon en nederige liefde, in het besef dat elke menselijke ziel in Gods ogen kostbaarder is dan de gehele wereld. Langzaamaan leren wij tevens de ander op onzelfzuchtige wijze lief te hebben, met krediet en zonder grenzen. Aldus bewaren wij ook onze eigen vrijheid, om onze leertijd voor te zetten in het Kruis van Christus, de meest voortreffelijke en weldadige zaak in ons leven. In deze relatie, waarbij wij Christus voorop stellen als de Ander bij uitstek, zullen wij onze waarachtige identiteit vinden, want mét Hem kunnen wij met volmaakte zekerheid[3] ons leven "verliezen" en het weervinden.

De bevestiging van hetgeen wij hierboven hebben aangehaald kunnen wij vinden in Gods Openbaring. In het twee-en-dertigste hoofdstuk van Genesis wordt de vreemde en wonderbare strijd van Jakob met God beschreven. In dat boek wordt verteld hoe Jakob – op aansporing van zijn moeder – aan Esau, de eerstgeborene, de zegen van hun vader Isaak ontstal. Ook al drukte Rebekka op dat moment Gods wil uit – "zoals geschreven staat: Jakob heb Ik liefgehad, doch Esau heb Ik gehaat"[4] – toch was Jakob genoodzaakt zelf in ballingschap te gaan om de wraak van Esau, die op broedermoord uit was, te ontvluchten.

Jakob vluchtte de woestijn in en aldaar leed hij gedurende vele jaren, terwijl hij hard werkte voor zijn schoonvader Laban. Doch God was mét hem en zegende hem rijkelijk in al wat hij ondernam. Met het verstrijken van de tijd begon Jakob uitgeput te raken. Toen

---

[3] Cf. Mt.10:39 & 16:25.
[4] Rom.9:13.

ontving hij van God het gebod terug te keren naar het huis van zijn vader. Doch daarmee bevond hij zich in een vreeswekkend dilemma: Als hij in de woestijn zou blijven, zou hij volstrekt te gronde gaan. Als hij echter terug zou keren, stond hij voor de verschrikking van de dreigende dood door Esau. Toen trok Jakob zich terug en stond de gehele nacht in gebed voor God. Tegen de dageraad werd hij de Aanwezigheid gewaar van één of andere Machtige, en hij intensiveerde zijn gebed, zeggende: "Ik zal U niet laten gaan, tenzij Gij mij zegent". En God sprak tot Jakob en zeide tot hem: "Gij zijt sterk geweest met God, gij zult ook met de mensen krachtig zijn".[5]

De volgende dag, gezegeld met Gods zegen en daardoor beschermd, ging Jakob Esau tegemoet. In plaats van hem te doden, viel die hem om de hals en weende. Aldus werd de broederliefde tussen hen beiden hersteld. Gods zegen in Jakob was zo sterk, dat hij tijdens zijn ontmoeting met Esau het aangezicht van zijn beestachtige broer zag "als... het aangezicht Gods".[6] Wij zien dus, dat, als wij in onze relatie met God de bovennatuurlijke aanraking vinden met Hem, al onze contacten met de mensen overschaduwd worden door de goddelijke zegen.

Wanneer wij de Heer volgen, dan is onze enige zorg Hem welgevallig te zijn en Hem te vergelden door onze dankzegging, in al wat wij doen. Doch het is noodzakelijk om, daaraan voorafgaand, een authentieke relatie met Hem te vestigen, door het cultiveren van de nederigheid van de tollenaar en de vastbesloten bekering van de verloren zoon. God heeft elke mens op zodanige wijze geschapen, dat hij voltooid en vervolmaakt wordt door zijn specifieke en unieke band met zijn Schepper. Aldus is onze hoogste zending en ons doel het opbouwen van een sterke relatie met Christus en de onophoudelijke dialoog met Hem. Dan zullen al onze menselijke relaties kracht putten uit onze band met God en zullen wij alles, elk element van de geschapen wereld, zien in het licht van deze relatie.

Als de verbetering van onze relatie met Hem ons enige streven is, dan zal vanuit het diepst van ons wezen een diepe bekering ontspringen. Hoe meer wij groeien in Christus, des te helderder zal onze armoede ons voor ogen staan, wat onze inspiratie voortdurend

---

[5] Gen.32:26,28 (zie LXX)
[6] Gen.33:10.

hernieuwt. Wij zullen voor niets bevreesd zijn, want niets zal in staat zijn ons te scheiden van Zijn liefde.

Voorzeker, het eeuwige leven is niets anders dan de relatie met onze Heiland die wij in dit leven opbouwen, en die ook in de toekomende wereld zal voortduren. Wij zullen geoordeeld worden overeenkomstig onze liefde en in overeenstemming met elk woord van Christus dat bewaard ligt in de schat van het Evangelie. Precies zoals Hij na Zijn Opstanding aan Petrus vroeg: "Houd ge van mij?" – zo zal Hij in de toekomende wereld ook aan elk van ons dezelfde vraag stellen: "En gij, houd ge van Mij?" En wij zullen antwoorden: "Ja Heer, Gij weet dat ik van U houd".[7] Doch de krachtigheid en de vrijmoedigheid van ons antwoord zal volledig afhangen van de diepte van onze band met de Persoon van Christus. Ongeacht welke houding wij aannemen in dit leven, deze zal zich ook na het graf voortzetten. Dit wordt duidelijk uit het Evangelieverhaal aangaande het oordeel van de rechtvaardigen. "Heer, wanneer hebben wij iets goeds gedaan op aarde? Aan U komt de heerlijkheid toe, aan ons de schaamte".[8] Dit is de nederige gedachte die de rechtvaardigen aanbieden voor het aanschijn van de Rechter, en die in dit leven hun bekering voedde. Op dezelfde wijze zijn ook wij verschuldigd reeds van nu af leerlingen te worden van deze houding van de nederigheid, opdat ons het eeuwige leven met de Heer verwaardigd moge worden. De snoeverij en de zelfrechtvaardiging hebben in Zijn leven geen plaats; zij kunnen ons echter op tragische wijze tot in de eeuwigheid vergezellen, en ons veroordelen eeuwig van Hem gescheiden te zijn.

Voor ons is Christus het paradijs. De heilige Silouan verzekert ons: "Als alle mensen zich zouden bekeren en Gods geboden zouden bewaren, dan zou het paradijs op aarde zijn, want "het Koninkrijk Gods is binnenin ons". Het Koninkrijk Gods is de Heilige Geest, en de Heilige Geest is Dezelfde in de hemel en op de aarde".[9] Het paradijs begint op aarde met de liefde tot God en tot onze broeders. Hierin ligt heel de rijkdom van het eeuwige leven, omdat de mens geschapen is om God groot te prijzen door de wedergave aan Hem

---

[7] Cf. Joh.21:7. Zie ook "Saint Silouan", GK p.478 (ed.[15]2013: p.457), EN p.379, NL p.400.
[8] Zie Mt.25:37-39, vgl. LXX Dan.9:7-8.
[9] "Saint Silouan", GK p.441 (ed.[15]2013: p.424), EN p.348, NL p.370.

van de eeuwige heerlijkheid. God, op Zijn beurt, schept er behagen in deze heerlijkheid te doen terugkeren tot Zijn icoon, de mens, die dan nog grotere lof brengt aan zijn Formeerder. De "goddelijke wasdom" bestaat in de waarachtige verwerkelijking van de mens, die geroepen is om gelijk te worden aan God Zelf.

Net zoals in het huwelijk gelden ook in het monnikschap dezelfde Christelijke principes. Om een voorbeeld te geven: oudvader Sophrony zeide tot ons, dat één enkele slechte gedachte jegens onze broeder "een scheur veroorzaakt in de muur van onze geestelijke vesting".[10] Evenzo benadrukte hij, dat elk van ons, wanneer hij voor Gods aanschijn staat, heel de broederschap in zijn hart zou moeten dragen. Het welslagen van de eenheid van de broederschap ligt in het hart van elk van ons, niet alleen in het hart van de hegoumen.

Maar waarom veroorzaakt één slechte gedachte, zoals de oudvader aantekent, een scheur in de muur van onze geestelijke vesting? Omdat wanneer wij een negatieve gedachte koesteren jegens onze broeder en hem vanuit ons hart verwerpen, wij ons bestaan verminken. Onze eenheid ligt samengevat in dit begrip: allen in ons hart te houden en zelfs ook maar de minste negatieve gedachte jegens onze medemensen te vermijden.

Ditzelfde gebeurt ook in het huwelijk. De echtgenoten zouden moeten leren geen enkele negatieve gedachte jegens elkaar te aanvaarden, maar dezelfde soort wedstrijd te houden die wij in het klooster cultiveren door het mysterie van de gehoorzaamheid, waarin wij de ander als de belangrijkste beschouwen. In alles wat de hegoumen zegt, antwoorden wij: "Ja, met uw zegen!" Wij aanvaarden de wil van de ander, omdat de ander belangrijk is, niet ikzelf. En zo leren wij uiteindelijk de wil te aanvaarden van de Ander bij uitstek, van Christus onze Heiland.

Als bij het echtpaar, zoals ook in het klooster, slechts één wedstrijd bestaat – wie het meeste de wil van de ander zal doen – dan zal ons leven verrijkt worden en dan wordt het tot een voorportaal van het paradijs. Zij zullen genieten van de geestelijke vrucht van de eenheid van hart en geest, en niet slechts van een psychologische eenheid. Degenen die in het klooster geestelijk wedergeboren zijn,

---

[10] Cf. «ΟΙΚΟΔΟΜΩΝΤΑΣ ΤΟΝ ΝΑΟ ΤΟΥ ΘΕΟΥ» *(Het opbouwen van de tempel Gods...)*, deel II, p.151, 185, 209, 230.

zijn diegenen die deze wedstrijd geleerd hebben, dat wil zeggen: wie zal zichzelf het meeste vernederen tegenover de ander. Ditzelfde geldt ook in het gezin. Wij aanvaarden geen slechte gedachte over de andere leden, maar wij houden een wedstrijd om de wil van de ander te doen; wij wedijveren onderling wie zichzelf het meest zal vernederen ten aanzien van de wil van de overigen. Zoals de heilige Silouan eenvoudig doch op volmaakte wijze onderricht: de hoogmoed verjaagt de liefde. De hoogmoedige is vol van zichzelf en maakt in zijn hart voor niets en niemand plaats. Als wij echter heel onze broederschap of heel ons gezin in ons hart dragen voor Gods aanschijn en in ons dagelijks gebed tot God brengen, dan zal er beslist eenheid en liefde tussen ons zijn. Alle dingen vinden plaats in ons hart.

Vrijwel alle principes van het monnikschap gelden ook in het familieleven. In het monnikschap spreken wij over de "eerste liefde", de "eerste genade". Ditzelfde ook in het huwelijk. De eerste tijd is er veel liefde en geluk. Maar wanneer de rekeningen zich opstapelen, wanneer de kinderen ons de slaap ontnemen, wanneer het leven in het algemeen veeleisender wordt, laten wij ons dan herinneren dat wij zouden moeten voortgaan met dezelfde trouw en dezelfde liefde die God ons schonk toen wij het gezamenlijke leven begonnen. "Gedenk uw eerste liefde".[11] Laten wij voortgaan de lessen in praktijk te brengen die wij in het begin ontvangen hebben, en dan zal het einde gezegend zijn.

Ik ken dit zelfs ook in mijn eigen familie. De eerste achttien jaar van het huwelijksleven van mijn ouders waren moeilijk. Mettertijd werden zij geduldiger jegens elkander; zij vonden de weg en maakten een nieuw begin, waarna zij de overige dertig jaar leefden in grote vrede en liefde. Zij beiden stierven "der dagen zat" – dat is niet "vol van vele dagen", maar "in volheid van dagen". Wanneer wij in het leven van de heiligen zeggen dat zij stierven "in volheid van dagen", dan bedoelen wij dat elke dag de volheid in zich droeg van de genade en de vrede Gods.

Dus het was het waard om achttien jaar lang geduld te hebben, om dan nog dertig jaar te leven vol vreugde – vervuld – en een wonderbaar einde te bereiken. Toen mijn vader aanvoelde dat zijn einde

---

[11] Cf. Openb.2:4-5.

nabij was, begon hij de hand van mijn moeder te kussen, terwijl hij zijn schoonvader zegende die hem zulk een levensgezel gegeven had. De volgende morgen ontsliep hij. Mijn moeder zei tot mij: "Als uw vader niet behouden is, dan wordt niemand behouden". Ik vroeg haar waarom, en zij antwoordde: "Hij bidt de halve nacht". Ik wist dat zij vroeger niet zo baden. Mijn ouders baden maar weinig. Zij gingen geregeld naar de kerk, maar in geestelijk opzicht waren zij niet bijzonder gecultiveerd. Doch toen ik monnik werd en zij ons klooster bezochten, 'stalen' zij beiden het gebed van de monniken, en zij begonnen op dezelfde wijze te bidden. Het was het dus waard dat zij achttien jaar lang geduld hadden geoefend, om de overige dertig jaar te leven in zulk een genade en liefde. Helaas zeggen de mensen tegenwoordig bij de eerste moeilijkheid: "O, wij passen niet bij elkaar. Adieu!" Maar door een dergelijke houding wordt niemand genezen, wordt niemand vervolmaakt.

Een professor in Parijs zei ooit: "Ik denk dat de beste voorbereiding voor het huwelijk het monnikschap is". De mensen stonden versteld en vroegen wat hij bedoelde. Hij antwoordde: "Ik had mij voorbereid om monnik te worden, maar de omstandigheden van het leven veranderden en uiteindelijk trouwde ik. Doch ik ben God zeer dankbaar, want nu weet ik hoe ik de hoogmoed moet bestrijden, en hoe ik met mijn echtgenote gelukkig kan leven. Deze principes voor het leven leerde ik tijdens mijn voorbereiding om monnik te worden. Bovendien bleef ik bewaard, zodat ik nu priester kan worden. De eerste indruk die hij gaf ontstelde, als men zijn gedachtengang niet kende. Maar zijn houding was wijs, want door middel van het monnikschap had hij vele dingen geleerd die kostbaar bleken in zijn leven: de nederigheid, het verlangen naar God, de strijd tegen de hartstochten, het gebed – al deze dingen schonken hem later een grote stabiliteit in zijn leven.

Wij moeten dus in gedachten houden dat hetzelfde geloof, dezelfde gehoorzaamheid en trouw die vereist wordt van monniken, ook vereist wordt van echtparen in het huwelijk. Zodra wij dit beseffen, "zullen wij het leven opbouwen", zoals oudvader Sophrony ons zeide. Wat betekent dit? Wij zullen de tempel Gods opbouwen, niet alleen in onszelf, maar ook in onze medemensen, en zo zullen wij de bestemming vervullen, waarvoor God ons in dit leven heeft gebracht.

I. 2

De moedeloosheid van de wereld en de ijver van de kinderen Gods

Wij mensen bevinden ons allemaal in een tegennatuurlijke staat, vanwege de tussenkomst van de val in de zonde door de ongehoorzaamheid. Als wij 'volgens de natuur' waren, dan zouden wij God liefhebben met geheel ons hart, met geheel ons wezen, en ons intellect zou zich zelfs geen moment kunnen ontrukken aan Zijn gedachtenis. Dit leren ons de heiligen, die zich God frequenter herinneren dan dat zij ademhalen. Hun ademhaling is verbonden met de Naam van God, daar zij Hem voortdurend aanroepen en deze Naam niet alleen uitroepen met de mond, maar ook in de nederige zuchten van hun hart.

Herhaaldelijk horen wij als priesters in onze geestelijke dienst zelfs uitverkoren Christenen die ons belijden: "Ik heb geen stabiliteit op de weg des Heren; ik bid niet zoveel en zoals dat zou moeten; mijn intellect is vol gedachten aan de ijdelheid van deze wereld; het Evangeliewoord blijft in mijn leven onwerkzaam; de levende hoop op Gods beloften en de onvergankelijke vertroosting van de Heilige Geest leven niet in mij; ik heb geen inspiratie; mijn intellect is vertroebeld, ik voel verdorring, afsterving van het hart" en veel soortgelijke dingen.

Het is een feit dat de wereld die ons omringt het vergeten van God cultiveert door de prikkel van haar vleselijke voorbeelden, en ons verderft met haar God-bestrijdende gezindheid. Zoals door de Heilige Geest geschreven staat: "de gezindheid van het vlees [is] vijandschap tegen God"[1] en bezwaart de ziel met de doodbrengende lusteloosheid, want "de vriendschap der wereld is vijandschap jegens God".[2]

Heel onze strijd is dus, hoe wij de tegennatuurlijke staat zullen overwinnen van ons gescheiden zijn van God, en onze natuurlijke

---

[1] Rom.8:7.
[2] Jak.4:4.

staat – die wij vaak bovennatuurlijk noemen – zullen bereiken: dat wil zeggen, dat onze geest verenigd is met de Geest Gods. Om hierin te slagen dienen wij de hartstochten te bestrijden en de slechte gewoonten die wij verworven hebben. De hartstochten zijn veelsoortig: de hoogmoed, de hebzucht, de droefheid, de hartstocht der onreinheid – en het is duidelijk dat de duivel ons daarmee bestrijdt en deze dingen gebruikt om ons van God te scheiden.

Er bestaat echter één hartstocht die vreeswekkender is dan alle andere: de moedeloosheid.[3] In de geestelijke terminologie betekent moedeloosheid: geestelijke luiheid, afwezigheid van de zorg voor het eeuwig heil. Terwijl de strijd met de verschillende hartstochten kan leiden tot groot geestelijk nut, brengt de moedeloosheid een volstrekte godvergetelheid teweeg, en vermoordt dus letterlijk de ziel, zonder dat dit enige tegenstand verwekt van de ellendige mens. De hartstocht van de moedeloosheid is niet identiek aan de psychologische moedeloosheid, die samengaat met luiheid en elke moeite zoekt te vermijden. Als hartstocht is de moedeloosheid zeer gevaarlijk, omdat deze in het intellect de gedachtenis aan God uitdooft. Wanneer de mens zich in moedeloosheid bevindt kan hij vele moeiten op zich nemen, maar niet de inspanning voor zijn heil. Om deze reden zien wij dat monniken die in moedeloosheid vervallen zijn, bijzonder actief worden. Dat wil zeggen, in plaats van zich voortdurend te bevinden in de Aanwezigheid Gods en in onophoudelijke dialoog met Hem, bemoeien zij zich met vele dingen, maar zij zijn verstoken van de rijkdom van de geestelijke veranderingen van het hart, die hen voortdurend in verlangen aantrekt tot God, hun Weldoener. De geestelijke moedeloosheid is dus één ding, de gewone psychologische moedeloosheid is iets anders.[4]

De moedeloosheid kan ofwel voortkomen uit hoogmoed, ofwel uit wanhoop.

De hoogmoed doet het hart verdorren en scheidt de mens af van de levenschenkende gemeenschap met God, maar ook met zijn broeder. Afgescheiden, alleen en verstoken van de gemeenschap der genade, die overvloedig is in het Lichaam van Christus – de

---

[3] Cf. «ΟΙΚΟΔΟΜΩΝΤΑΣ ΤΟΝ ΝΑΟ ΤΟΥ ΘΕΟΥ» *(Het opbouwen van de tempel Gods...)*, GK: deel I, p.192, deel II, p.114-123, 247, 338, 421.
[4] Cf. "The Ladder", step 13.

Kerk – wordt de mens krachteloos en is niet in staat te weerstaan aan de geest van de tegenstander en aan de hongersnood der zonde die zijn leven ruïneert. Omwille van een zekere bedrieglijke en vluchtige vertroosting geeft hij zich over aan de hartstochten der oneer, die de ziel doen afsterven en haar ongeschikt maken om te staan op de wonderbare plaats van de goddelijke Aanwezigheid, en de onvergankelijke vertroosting te smaken van God. Wanneer wij plaats bieden aan de hoogmoed, in ongeacht welke vorm waarin deze zich kan voordoen – de veroordeling, de minachting, de onverschilligheid – dan verjaagt dit niet alleen de genade in ons, maar zelfs ook de gedachtenis aan God. Deze beklagenswaardige staat van dwaling in de mens die zich overgeeft aan de dodelijke hartstocht der moedeloosheid, werd zeer treffend beschreven door de grote apostel Paulus, of veeleer, door Gods Heilige Geest, met de woorden: "Laat ons eten en drinken, want morgen sterven wij".[5]

De doodbrengende hartstocht der moedeloosheid kan ook verwekt worden door de wanhoop. De wanhoop nu is het onvermijdelijk produkt van het ongeloof. Deze hartstocht ledigt het hart van de hoop op het andere leven en het verlangen daarnaar. Er bestaat geen grotere tragedie dan dat de mens in de wereld leeft met een leeg hart en verstoken van inspiratie en goddelijke vertroosting. In het gewijde instituut van het monnikschap is heel de opbouw van het leven erop gericht de monniken te helpen de gewaarwording van God te cultiveren: de gewaarwording van de warmte, de vreugde, de vertroosting en de vrede die deze vreemde, bovennatuurlijke Aanwezigheid Gods in het hart bewerkt.

Doch wanneer de relatie van de mens met Christus afsterft om reden van het ongeloof, dan heeft de mens geen hoop meer op de opstanding. Overeenkomstig de woorden van de Heer geldt, dat waar onze schat is, daar is ook ons hart.[6] Als binnenin ons een levende hoop bestaat, dan heeft het hart zijn anker in de hemel en worden wij rijk, want aldaar is onze schat. Wanneer wij echter geen hoop hebben, dan raakt het hart niet los van de aarde. Degenen "die geen hoop hebben"[7] op de opstanding en het eeuwige leven, smaken

---

[5] 1Kor.15:32; Jes.22:13.
[6] Cf. Mt.6:21.
[7] 1Thess.4:13; cf. Ef.2:12.

reeds hier in dit leven de ontroostbare pijniging van hun gescheiden zijn van de levende en algoede God der liefde. Dit is werkelijk de geestelijke dood, die de voorbode is van de eeuwige dood in de hel. Bijgevolg is heel de strijd van de Christen gericht op het overwinnen van de moedeloosheid, die de ziel verlamt en de geestelijke dood over haar brengt.

De Heer zegt in Zijn hogepriesterlijk gebed: "Dit nu is het eeuwige leven, dat zij U kennen, de énige, waarachtige God, en Hem Die Gij gezonden hebt: Jezus Christus".[8] Met andere woorden, de eeuwigheid is een persoonlijke staat, die de mens geschonken wordt wanneer hij zijn relatie met de Persoonlijke God van de Openbaring – de Vader, de Zoon en de Heilige Geest – in geloof cultiveert en levend houdt. Immers, daar wij de "vrijmoedigheid en de toegang"[9] tot God hebben "door het geloof" in Jezus Christus, onze Heer, is duidelijk dat onze relatie met Hem van absolute betekenis is voor onze overwinning over de zonde en voor het eeuwig beërven van het heil. De relatie met Christus, die reeds nu begint, hier op aarde, hoofdzakelijk door het geloof, en die zich in de eeuwigheid zal voortzetten door de heilige liefde, is een unieke genadegave die wij voortdurend zouden moeten aanwakkeren in ons leven, opdat wij op dynamische wijze mogen voortgaan tot de meest volmaakte kennis van God en de eenwording met Hem.

Welke visie dan, en welke gedachten dragen bij aan dit grote wonder, het grootste dat de geschapen wereld kent: dat wil zeggen, de eenwording van het hart van de mens met Gods Geest?

Deze visie ontlenen wij aan de Heilige Schriften. Daaruit leren wij dat God, in Zijn allesovertreffende goedheid, het hart van de mens op unieke wijze geschapen heeft, zodat het geschikt is om zijn Schepper te ontvangen, en daartoe in staat zou zijn wanneer Hij later in de wereld zou komen omwille van het gemeenschappelijk heil. Ook leren wij daaruit dat God dit hart tot doel maakte van Zijn bezoek, van de avond tot de vroege morgen, en van de vroege morgen tot de avond.[10] In Zijn zorg voor de mens, en om hem

---

[8] Joh.17:3.
[9] Ef.3:12.
[10] Cf. Job 7:18.

"gelijkvormig"[11] te maken aan het beeld van Zijn Zoon – dat wil zeggen: de mens tot een god te maken op grond van de genade – ontwierp Hij zulk een groots plan voor hem, dat Hij om dit te verwerkelijken zelfs "Zijn eigen Zoon niet heeft gespaard".[12] Voorzeker, als Gods intellect zich met de mens bezighield "vóór de grondlegging der wereld"[13], dan moet hij waarlijk groot zijn in zijn oorsprong en zijn bestemming, en wonderbaarlijk in de vermogens die verborgen liggen in zijn natuur, die naar Gods beeld geschapen is. Deze visie inspireert tot een geloof dat werkzaam is uit liefde en dankbaarheid. In zijn dankzegging aan God voor Diens goede Voorzienigheid wordt de gelovige verrijkt met geestelijke genadegaven – de genade die wij ontvangen komt overeen met de dankbaarheid die wij tonen. Zoals de heilige Maximos zegt, God meet Zijn genadegaven aan de mensen af naar de dankbaarheid waarmee zij deze ontvangen.[14] Aldus treden wij binnen in de zalige volheid van Gods genade: Hoe meer dankbaarheid en heerlijkheid wij Hem opdragen, zoveel overvloediger schenkt Hij ons Zijn genadegaven. Door de dankbaarheid verwerft de mens zijn hypostase voor Gods aanschijn en het leven dat beantwoordt aan de eeuwigheid, zodat hij op de dag van Diens Komst in heerlijkheid in Diens onwankelbare Aanwezigheid zal kunnen staan.

Door zijn persoonlijke genadegaven treedt de gelovige tevens in gemeenschap met genadegaven van de andere leden van het Lichaam van Christus: de heiligen, en al de uitverkorenen des Heren op deze aarde. In deze rijke gemeenschap der genade, waarin de gelovige binnentreedt door de dankzegging en de dankbaarheid, vergeet hij de voorafgaande kleine genadegaven, en met dorst en honger naar Gods gave strekt hij zich uit naar een grotere volheid van liefde en volmaaktheid. Degene die leeft in dankzegging aan God kent geen geestelijke moedeloosheid. Hij wordt gekweld door een zalige droefheid, omdat hij niet in staat is God te danken op een wijze die Hem waardig is vanwege al Zijn gaven – tot zelfs de

---

[11] Cf. Rom.8:29.
[12] Rom.8:32.
[13] Ef.1:4.
[14] Cf. Maximos de Belijder, in «Περὶ Θεολογίας κεφάλαια» 5,29 (PG90, 1272BC). Engelse vertaling in "The Philokalia" II, "Third Century of Various Texts", §29, p.216.

lucht die hij inademt, de lucht die God Zelf uitgiet over het aangezicht der aarde. Een dankzegging van deze aard leidt bijgevolg tot een waarachtige berouwvolle bekering, die in dit leven geen einde heeft. Zo verstaan wij het woord waarin de Heer in het Evangelie – boven al zijn geboden – stelt, dat wij onszelf moeten veroordelen als nutteloos en onwaardig, zelfs al vervullen wij al Zijn geboden.[15] Deze gezindheid, die bewerkt wordt door de dankbaarheid jegens God, bewaart de warmte van de goddelijke genade in het leven der gelovigen en verwekt de heilbrengende inspiratie, die de dodelijke moedeloosheid op de vlucht drijft, en hen dagelijks de kracht geeft "heiligheid [te] volbrengen in de vreze Gods".[16]

De weg van de dankzegging geneest ons van de hartstocht van de hoogmoed, en geeft ons kracht tegenover de verzoeking van de wanhoop. Dankbaarheid en dankzegging vallen hier samen, zoals wij kunnen concluderen uit het woord van de apostel Paulus: "Doch wij hebben niet ontvangen de (hoogmoedige) geest der wereld, maar de (nederige) Geest, Die uit God is, opdat wij (in dankbaarheid) zouden weten de dingen waarmee wij door God begenadigd zijn".[17] Het is dus belangrijk ons te herinneren, dat de zegen en de genade van God in ons groeien door de nederigheid, en in het bijzonder door de dankzegging. De deugden van de dankzegging en de dankbaarheid zijn twee van de meest uitnemende vormen van nederigheid, en de Heilige Schrift – het Oude zowel als het Nieuwe Testament – verzekert: "God weerstaat de hoogmoedigen, doch de nederigen geeft Hij genade".[18] Wanneer wij binnentreden in de genade van de dankzegging dan verwerven wij de door God bezielde ijver die de kinderen Gods betaamt.

De mensen die God dankzeggen wanhopen nimmer, en Zijn vertroosting in hun hart raakt nooit op. Karakteristiek is het voorbeeld van een zekere Christen die biechtte dat hij zelfmoord wilde plegen, omdat alles in zijn leven misliep: zijn leven was één en al pijn en had geen enkele zin meer. Daarop vroeg de geestelijke vader hem of er in zijn leven misschien toch nog iets goeds was, bijvoorbeeld

---

[15] Cf. Lk.17:10.
[16] Cf. 2Kor.7:1.
[17] Cf. 1Kor.2:12.
[18] Jak.4:6; 1Petr.5:5; cf. Spr.3:34.

dat hij op dat moment ademhaalde en leefde. Het antwoord was bevestigend. Toen zei de geestelijke vader tot hem: "Begin dan God ervoor te danken dat gij ademhaalt, dat gij leeft, en vervolgens voor alles wat God u toont – wat gij als geschenk van Hem ontvangen hebt." Waarlijk, deze mens begon God te danken en aldus begon hij in zichzelf een kracht gewaar te worden. Daarop dankte hij God dat hij Zijn Naam kende, en vervolgens dat hij vertroosting voelde door het gebed in deze Heilige Naam. Tenslotte geraakte hij in zulk een warmte en vurigheid van dankzegging, dat hij de wanhoop en de zelfmoord volledig vergat; en zo ontsnapte hij aan deze demonische verzoeking.

Overeenkomstig de woorden van onze heilige Vaders bestaat er geen grotere deugd voor Gods aanschijn dan de dankzegging, wanneer wij lijden door ziekte, vervolging, onrecht, of vanwege de minachting der mensen. Wanneer wij in onze pijn zeggen: "Ere zij U, o God! Ik dank U, Heer, voor alles wat Gij voor mij gedaan hebt", is dit God zeer aangenaam. Toen zij de heilige Johannes Chrysostomos voortdreven naar het oord van zijn ballingschap – ziek, uitgeput en mishandeld – kwamen zij langs een kerkgebouw. Toen verzocht de Heilige dat zij hem een tijdje voor de Heilige Altaartafel zouden laten staan, waar hij toen op leunde en tot God zeide: "Ere zij U, o Heer, voor alles" – en op dat ogenblik verliet hem zijn heilige ziel, die hij in Gods handen overgaf. Wanneer ons leven in gevaar is, bestaat er geen houding die aangenamer is voor Gods aanschijn, dan de dankzegging. Want, als wij in dat moment van pijn ons intellect op God vestigen en tot Hem zeggen: "Ik dank U, o Heer, voor alles; noch de dood, nog enige andere verdrukking zal mij kunnen scheiden van U, want Gij zijt de overwinnaar van de dood", dan betekent dit dat ons geloof krachtiger is geworden dan de dood die ons bedreigt. Voor Gods aanschijn is dit een grote heldendaad, die ons doet overgaan naar de andere oever. Dat wil zeggen, dit leidt ons binnen in een dynamisch leven, in de zalige gemeenschap van alle heiligen, in de nimmer-eindigende doxologie en dankzegging aan God in alle eeuwen, in Zijn Koninkrijk.

Een groots middel dat ons gegeven is om de hartstocht van de moedeloosheid te bestrijden en de geestelijke dood te overwinnen, die ons leven verwoest en ons geestelijk afslacht, is de Goddelijke Liturgie. In de Liturgie leren wij om te beginnen datgene wat de

Apostel ons leert, namelijk om God grote dank op te dragen. Daarna leggen wij Hem nederig onze verzoeken voor, aangaande alles wat wij van Hem van node hebben[19] – met een gevoel van schaamte, vanwege onze geestelijke zwakheid. Zo is dit God welbehaaglijk, Hij schenkt ons Zijn genade, en langzaamaan nemen het licht en de gewaarwording van Zijn Aanwezigheid in het hart toe. Van een klein licht wordt het groter en groter, totdat dit in ons hart wordt als het licht van de volle dag,[20] zoals de profeet Salomo zegt – en dan zal Christus door het geloof in onze harten wonen.[21]

De Goddelijke Liturgie is de plaats, waar wij onderricht worden in de volmaakte dankzegging die passend is voor de Almachtige en Geliefde God. De Heilige Liturgie is tegelijkertijd Kruis en Opstanding, want het Lichaam en het Bloed des Heren dat wij tot ons nemen bezitten dezelfde genade en dezelfde zegen die Zijn Lichaam bezat na de Opstanding, toen Hij ten hemel voer. De Liturgie is de uitdrukking van onze dankbaarheid, met name voor het Lijden, het Kruis en de Opstanding des Heren. Daarom horen wij in het hart van de Liturgie: "Neemt, eet; dit is Mijn Lichaam".[22] "Dit is het Lichaam," zegt de Heer, "dat Ik geofferd heb, dat Ik verhoogd heb aan het Kruis, dat Ik heb doen nederdalen in het graf en dat Ik, opgestaan, heb doen opgaan tot in de Hemelen – dat Ik echter ook op aarde heb achtergelaten, in de nacht van het Mystiek Avondmaal, opdat gij daaraan zult kunnen deelnemen en aan al de genade die dit vergezelt, want daarin woont heel de volheid van de Godheid." Vervolgens horen wij: "Drinkt allen hieruit; dit is Mijn Bloed" – "Dit is het Bloed dat ik op het Kruis vergoten heb als losgeld voor de zonden, en tot heil van heel de wereld." Wanneer wij dus in elke Liturgie deze woorden herhalen, dan is dit alsof wij tot Hem zeggen: "Aan U, o Heer, komt toe alle dankzegging, alle heerlijkheid, alle zegen, want Gij hebt Uw Lichaam en Uw Bloed geofferd, opdat wij dit tot voedsel zouden kunnen hebben, om behouden te worden en eeuwig te leven." Er bestaat voorzeker op aarde en in de hemel geen andere aangelegenheid of visie die de

---

[19] Cf. Fil.4:6.
[20] Cf. Spr.4:18.
[21] Ef.3:17.
[22] Mt.26:26; Mk.14:22.

zielen van de heiligen in beslag neemt, dan die van het verlossend offer van Christus. Het overwegen van deze onbeschrijfelijke liefde van God voor ons, sterkt de geesten der rechtvaardigen om onophoudelijk te verblijven in de nimmer-eindigende dankzegging en doxologie van vreugde en liefde, die toekomt aan de heilige en algoede God.

De apostel Paulus zegt: "Alle schepsel Gods is goed, en niets is verwerpelijk, als het ontvangen wordt met dankzegging; want het wordt geheiligd door het woord Gods en door de bede".[23] Alle dingen in ons leven worden geheiligd wanneer wij ze ontvangen met dankzegging. Wanneer wij God onze dank offeren, dan wordt alles – elk ding en elk schepsel – een middel tot ons heil. Het genoemde "woord Gods" is het "Neemt, eet..., drinkt allen hieruit; dit is Mijn Bloed". Dit woord is het fundament waarop de Goddelijke Eucharistie gevestigd is en waarop de smeekbede volgt. Zoals God toentertijd deze luisterrijke en heilbrengende mysteriën voltrokken heeft, die blijven tot in eeuwigheid, zo zal Hij ook nu komen en alles vervullen met Zijn Heilige Geest. Dan zullen ook wij aan het slot van de Liturgie een nieuw overwinningslied kunnen zingen: "Wij hebben het waarachtige Licht gezien, de Hemelse Geest ontvangen, het ware geloof gevonden – in het aanbidden van de onverdeelde Drieëenheid; immers, Deze heeft ons behouden!"[24] Dit is het 'nieuwe lied' van de kinderen Gods, dat zij dagelijks zingen in de Liturgie uit dankbaarheid en liefde. Dit is de ijver en de inspiratie die de wedergeboren en liturgie-vierende Christenen bezitten.

Opdat deze ijver van de kinderen Gods – die in de Goddelijke Liturgie de icoon vormen van de Cherubim en de Serafim – zich niet zal 'terugtrekken',[25] dient onze dankzegging volledig te zijn en te geschieden met een voortdurende intensiteit: "Wij danken u

---

[23] 1Tim.4:4-5.
[24] Van deze tekst zijn verschillende vertalingen in gebruik. Deze weergave sluit zo dicht mogelijk aan bij de Griekse bewoording, waaronder een poging een plaats te geven aan het onvoltooid deelwoord *'proskunountes'* (προσκυνοῦντες) – hier vertaald: 'in het aanbidden van'. Deze werkwoordsvorm geeft hier aan dat het beleven van de genoemde genadegaven *samenvalt* met deze aanbidding. Het is in onze aanbidding dat wij Gods Licht zien, Zijn Geest ontvangen en bevestigd worden in ons geloof in de Drieëenheid – en dit is ons eeuwig behoud. *Noot vert.*
[25] Cf. Hebr.10:39.

voor al Uw weldaden, die wij kennen en die wij niet kennen, de zichtbare en de verborgene – voor alles wat Gij voor ons gedaan hebt". Uiteraard zijn de dingen die God voor ons gedaan heeft en die wij niet zien nog veel talrijker, omdat wij de ogen van onze ziel niet open hebben en deze niet verlicht zijn. Doch wij geloven in datgene wat de Kerk ons onderricht, en waarmee de Goddelijke Liturgie bidt. Daarom schenkt de Liturgie de warmte en de vlam van dankzegging en dankbaarheid. In de centrale hymne daarvan zingen wij: "Wij zingen U, wij zegenen U, wij danken U, o Heer, en wij smeken U, onze God." Drie werkwoorden van dankzegging en verheerlijking, en één van smeking, omdat onze God en Heiland alle dingen reeds voor ons gedaan heeft: Hij heeft ons geschonken wat wij maar nodig hebben opdat onze geest verbonden moge blijven met Zijn eigen Geest, en opdat wij mogen binnentreden in Zijn nimmer-aflatende zaligheid. Het enige wat nog rest is de onvergankelijkheid van onze lichamen, waarmee Hij ons zal begenadigen in de toekomende eeuwigheid, opdat wij zullen zijn als de engelen Gods in Zijn Koninkrijk, zoals de Heer zeide tot de Sadduceeën.[26]

Wij moeten echter niet vergeten dat onze deelname aan de "overvloed" van leven,[27] die de Heer ons aanbiedt in de Liturgie, afhangt van onze voorbereiding in onze "binnenkamer"[28] gedurende de voorgaande dag, zowel als elke dag. Heel ons leven dient één voorbereiding te zijn: Hoe op waardige wijze voor God te staan in Zijn huis, en Hem dank te zeggen met geheel ons hart, zoals Hem toekomt en zoals wij dat aan Hem verschuldigd zijn. De apostel Paulus zegt, dat wij allen leden zijn van het Lichaam van Christus.[29] Wanneer wij een wilde olijf enten, dan wordt het een tamme olijf. Hetzelfde doet ook de Kerk door de Doop: zij ent ons in het Lichaam van Christus. Dit is nu exact het doel van de Doop. Doch opdat wij levende leden van dit Lichaam zouden zijn, dient elk van ons de genadegave te bewaren die hij van God ontvangen heeft. "Elk heeft zijn eigen genadegave",[30] zegt de Apostel. Elk lid heeft een specifieke

---

[26] Zie Mt.22:30.
[27] Cf. Joh.10:10.
[28] Mt.6:6.
[29] Cf. 1Kor.12:27.
[30] 1Kor.7:7.

genadegave, die hij dient te cultiveren om een levend lid te blijven van dit Lichaam. Onze voorbereiding voorafgaand aan de Liturgie is de cultivering van de genadegave die God ons gegeven heeft om Christenen te zijn. Dat elk van ons enkele uren voorafgaand aan de Liturgie bidt, en dat wij naar de kerk gaan met ons hart vol warmte, geloof, liefde, hoop, verwachtende de barmhartigheid des Heren, vol van geestelijke gestemdheden – dit is een voorbereiding. Het is een geschenk, een genadegave die wij tot God brengen en tot de Kerk, tot het geheel van onze broeders die in het godshuis vergaderd zijn. De genadegave die wij elk afzonderlijk cultiveren verenigt ons met het Lichaam van Christus. Dit leidt ons binnen in de gemeenschap met alle andere begenadigde ledematen van het Lichaam van Christus – met de heiligen in de hemel, zowel als met Zijn uitverkorenen op deze aarde – en dan worden wij waarlijk verrijkt. In de kloosters hebben de monniken eveneens hun dagelijkse regel, en dat is geen 'dwangarbeid'. Integendeel, dit is een eer en een voorrecht, dat ons gegeven wordt om onze intrede te verwezenlijken in de gemeenschap van Gods genade, in de gemeenschap van de genadegaven van onze broeders en mede-asceten.

Dus in de mate waarin wij, elk voor zich, onze genadegave cultiveren, zoveel te meer zijn wij voorbereid, wanneer wij naar de kerk komen, om binnen te treden in die zalige gemeenschap van genadegaven, de zalige gemeenschap van de begenadigden, de zalige gemeenschap van Gods genade – omdat Gods genade de Kerk samensmeedt, die als een moeder de gelovigen helpt en inspireert met haar gebeden en haar Liturgieën, en hen omhoog stuwt; terwijl de heiligen – die de verheerlijkte ledematen zijn van het Lichaam van Christus – hen aantrekken met hun gebeden en hun voorsprekingen in den Hoge. Dit is de betekenis van 'Kerk': dat gij de helpende stuwkracht bezit van degenen die hier beneden zijn, en de heilbrengende aantrekkingskracht van hen die in den Hoge zijn.

Al degenen die "een offer van liefde" opdragen tijdens hun voorbereiding op de Liturgie, brengen God geschenken wanneer zij naar de kerk komen. Geschenken die inspiratie zullen overdragen op hun broeders en die hen vreugde, vrede en genade zullen overbrengen. Hoe uitgebreider en zorgvuldiger de voorbereiding is, des te reiner en krachtiger wordt onze intocht in deze familie, dat wil zeggen, in de gemeenschap van God. Een doxastikon van Theophanie zegt: "Want waar de Koning is, daar treden ook zijn legerscharen aan".[31] Dat wil zeggen, waar Christus is – de Koning van hemel en aarde – daar bevinden zich ook al de orden der hemelse geesten: Zijn alheilige Moeder, de heiligen, de aartsengelen en de engelen, en zelfs ook alle Christenen die de gave van de Heilige Geest hebben ontvangen, en die strijden voor hun vervolmaking – op iedere plaats van de heerschappij des Heren.

Als wij daarentegen onvoorbereid naar de Goddelijke Liturgie komen, dan doen wij onrecht aan God en aan onze broeders, want dan hebben wij geen geschenk in ons hart om aan God op te dragen en om die wonderbare gemeenschap te vormen met de andere begenadigde ledematen.

Dus overeenkomstig de voorbereiding van de gelovigen voorafgaand aan de Dienst, dragen zij een warmte in hun hart, zodanig dat zij, wanneer zij naar de kerk komen, geschenken brengen aan God en aan hun broeders. Het gaat hier niet om materiële gaven, zoals de Hebreeën aan God opdroegen: geitebokken, lammeren, enzovoort. Nu brengen zij hun hart als gave, vol van de warmte des geloofs, van het licht van het woord Gods door de voortdurende overweging van het Evangelie, en gesterkt door de kracht die het mysterie van God in hun hart teweeg brengt. De hoop en de verwachting die zij in zich dragen brengen de gelovigen ertoe tot God uit te roepen: "Het Uwe uit het Uwe bieden wij U aan, in alles en voor allen" – dat wil zeggen, die dingen die van Uzelf zijn, uit datgene wat van Uzelf is, die dragen wij U op overeenkomstig de geboden die Gij ons gegeven hebt, voor alles wat wij nodig hebben om te leven en om te worden behouden. En Hijzelf aanvaardt onze in wezen onbetekenende gaven – het brood en de wijn – die echter zeer kostbaar worden, omdat de gelovigen daarin heel hun geloof hebben gelegd, hun berouwvolle bekering, hun liefde, hun hoop, de verwachting die zij koesteren van de Heilige der Heiligen, en uiteindelijk heel hun leven – en hun nederigheid. Dus de Heer aanvaardt deze, zegent ze, en maakt ze tot Zijn Lichaam en Bloed. Dat wil zeggen, ook Hij legt daarin heel de kracht en de genade die Zijn

---

[31] Cf. Litie van Theophanie. [De benaming 'doxastikon' wil zeggen dat deze hymne gezongen wordt op een specifieke plaats in de orde van hymnen, nl. na de zinsnede die begint met 'Doxa' (= Ere zij...). *Noot vert.*]

Lichaam bezat na de Opstanding, en Hij geeft dit aan ons terug, zeggende: "Het Heilige voor de heiligen". Dit is de stem van God tot Zijn volk. Als de gelovigen heel hun leven in de gaven hebben gelegd, dan zal deze uitwisseling slagen; in ruil voor deze gaven zullen zij heel het leven van God ontvangen, heel de genade, heel de zegen – dat wil zeggen, heel de volheid van het heil.

Opdat de deur van Gods genade zich wederom zal openen, moeten wij Hem eerst dankzeggen "tot het einde"[32] voor alles wat Hij ons reeds geschonken heeft. Hierbij is bovendien het woord van de Heer van toepassing: "En als gij niet trouw blijkt in datgene wat niet van u is, wie zal u dan datgene geven wat u toebehoort?"[33] Dus, met andere woorden, de mens is niet in staat een grotere volheid van Gods genade te ontvangen, als hij niet eerst met godwaardige dankbaarheid geantwoord heeft in al de "veranderingen van de rechterhand des Allerhoogsten"[34] die in zijn leven zijn voorafgegaan.

De dankzegging is dus de ijver waarmee de kinderen Gods bevangen zouden moeten zijn. Deze is God zo welbehaaglijk, dat de grote apostel Paulus ons voorstelt al onze verzoeken aan de Heer voor te leggen, na eerst alles te hebben vergolden met onze dankbaarheid: "Weest in niets bezorgd, maar in alles laat uw beden, door het gebed en de smeekbede, met dankzegging bekend worden bij God"[35] en "Dankt in alles; want dit is Gods wil voor u in Christus Jezus".[36]

In deze zalige gemeenschap der genade vinden wij de waarachtige en krachtige goddelijke inspiratie, die ons op aarde geen rust schenkt, maar ons doet overgaan van geloof tot volmaakter geloof; van hoop tot een vast vertrouwen op de Levende Jezus, Die zelfs de doden doet opstaan; van liefde tot een grotere volheid van liefde; en van een klein licht tot de volmaakte en avondloze dag van Zijn Koninkrijk, waar de plaats is en de eeuwige rust van onze geest "met al Zijn heiligen"[37] en met al de "geesten die tot volmaaktheid gekomen zijn".[38]

---

[32] Een verwijzing naar de maat van de liefde van Christus, cf. Joh.13:1. *Noot vert.*
[33] Cf. Lk.16:12.
[34] Cf. Ps.76:11 (77:10/11).
[35] Fil.4:6.
[36] 1Thess.5:18.
[37] 1Thess.3:13.
[38] Cf. Hebr.12:23 [Deze laatste zinsneden klinken ook door in de hymnen uit de Dienst voor de overledenen. *Noot vert.*]

I. 3

De mens als woonplaats van de Heilige Geest door middel van de Mysteriën van de Kerk

De Allerhoogste woont niet in tempels die met handen gemaakt zijn, en ook na Zijn opgang in heerlijkheid tot boven de hemelen is Hij niet binnengetreden in een met-handen-gemaakt heiligdom om voor ons de eeuwige verlossing te verwerven.[1] Zijn heilige mond zelve weerspreekt dit en bevestigt:[2]

> "De hemel is Mijn troon,
> doch de aarde de voetbank Mijner voeten;
> wat voor huis zult gij voor Mij bouwen, zegt de Heer,
> of wat is de plaats van Mijn rust?
> Heeft niet Mijn hand al deze dingen gemaakt?

De heilige Silouan schrijft: "De beste tempel Gods is de ziel, en wie innerlijk bidt, voor hem is heel de wereld tot tempel Gods geworden".[3] Hieruit blijkt dat het doel van ons leven is om door de genade van Christus te worden opgebouwd "als levende stenen", niet-met-handen-gemaakte tempels van de Godheid, woonplaatsen van de Heilige Geest.[4]

In apostolische tijden was de ervaring van de niet-met-handen-gemaakte tempel zo algemeen en gebruikelijk, dat de grote apostel Paulus, ontsteld over enkele misstanden onder de Korinthiërs en over hun onwetendheid aangaande hun eeuwige bestemming, hen dringend en bij herhaling vraagt: "Weet gijlieden niet dat uw lichamen ledematen zijn van het Lichaam van Christus... dat uw

---

[1] Cf. Hand.7:48; Hebr.9:12.
[2] Hand.7:49-50.
[3] Cf. "Saint Silouan", GK p.378 (ed.[15]2013: p.366), EN p.294, NL p.215.
[4] 1Petr.2:5 (cf. Eph.2:22).

lichaam een tempel is van de Heilige Geest, Die in u is, Die gij hebt van God – en gij zijt niet van uzelf?"[5]

Als dus vaststaat dat God Zich richt tot niet-met-handen-gemaakte tempels, die gebouwd worden door de genade van de Geest, wat is dan de reden dat wij met-handen-gemaakte tempels bouwen, dat wij deze met zulk een ijver luisterrijk maken, dat wij ze heiligen en er met zulk een eerbetoon en vroomheid mee omgaan?

Voordat wij deze vraag beantwoorden, zouden wij eerst moeten uitleggen wat de betekenis is van een 'tempel Gods'.[6]

Datgene wat een tempel zo bijzonder kostbaar maakt is de genadevolle Aanwezigheid van God daarin. In het begin was heel de schepping, heel de aarde, Gods paradijs. Uit goedheid en omdat Hij de val van de mens voorzag en diens verdrijving uit het paradijs, concentreerde God Zijn onvergankelijke goederen vooral in de tuin van Eden, zodat Adam – nadat hij zou worden uitgeworpen uit Eden en daaruit buitengesloten zou zijn door het vurige zwaard van de Cherubim – de rest van de aarde als toevlucht zou hebben, om deze al zwoegend te cultiveren en met geduld betere dagen af te wachten, zoals God hem beloofde. Als God in Zijn wijsheid dit niet zo had beschikt, dan zou de mens geen plek hebben gehad om te staan, en dan zou hij na zijn aanvankelijke val levend in de hades zijn afgedaald. Niettemin waren heel de aarde en heel de schepping, zoals de Psalm zegt, transparant voor Gods Aanwezigheid:[7]

---

[5] 1Kor.6:15 & 6:19.
[6] Het woord 'tempel' is hier de vertaling van het Griekse *naós*, dat betrekking heeft op het eigenlijke godshuis; de kernbetekenis betreft dus m.n. *de woonplaats van de godheid* (vandaar dat dit woord in kerkelijk Grieks ook gebruikt wordt voor het kerkgebouw). In Bijbelse zin komt dit overeen met het gebouw te Jeruzalem dat het 'Heilige' en het 'Heilige der Heiligen' bevatte – waar God zetelde temidden van de Cherubim. Zowel bij de oudtestamentische Tempel als de heidense tempels was dit tempelhuis omringd door één of meer voorhoven. Het gehele tempelcomplex werd gewoonlijk aangeduid als de 'gewijde plaats' (*hieró/ἱερό*). In vertaling wordt het tempelcomplex te Jeruzalem ook vaak aangeduid als 'de Tempel', doch bij het woord *hieró* ligt de nadruk vooral op het feit dat men deze plek *door een bijzondere wijding specifiek geheiligd* heeft. In deze zin wordt ditzelfde Griekse woord ook gebruikt voor de huidige altaar-ruimte in het Orthodoxe kerkgebouw. Gezien het hier gelegde verband met de lichamen der gelovigen als 'tempel Gods', is het woord *naós* hier zoveel mogelijk vertaald met 'tempel'. *Noot vert.*
[7] Ps.138:7-9 (139:8-10).

> Waar zou ik gaan, weg van Uw Geest,
> en waar zou ik vluchten, weg van Uw Aangezicht?
> Zo ik opsteeg ten hemel, daar zíjt Gij;
> zo ik nederdaalde in de hades, Gij zijt er aanwezig.
> Zo ik mijn vleugels nam richting de morgen
> en al sloeg ik mijn tent op aan de uiteinden der zee,
> ook daar immers zou Uw hand mij leiden
> en Uw rechterhand zou mij vasthouden.

Toen Salomo de eerste Tempel voor God bouwde, streefde hij ernaar hierin dezelfde theologische visie van het oorspronkelijke paradijs uit te drukken. Deze Tempel omvatte het Heilige der Heiligen, waar de 'dichtheid' van Gods Aanwezigheid groter was – daarom ook had alleen de hogepriester het recht daarin binnen te komen, en dat slechts éénmaal per jaar. Salomo droeg deze Tempel op aan God met een verheven geest en dringende gebeden, die al de geestelijke noden dekten van het volk Gods. Zo verwierf hij het welbehagen des Heren en de aanvaarding van de Tempel door God, Die deze zegende, hem heiligde en hem verzegelde met Zijn Naam. Toen sloot God een verbond met Zijn volk Israël:[8]

> En de Heer verscheen aan Salomo... en de Heer zeide tot hem: Ik heb de stem van uw gebed gehoord, en de smeekbede waarmee gij gesmeekt hebt voor Mijn aanschijn; Ik heb u gedaan naar al uw gebed; Ik heb dit huis dat gij gebouwd hebt geheiligd *om aldaar Mijn Naam te stellen tot in eeuwigheid*, en Mijn ogen zullen aldaar zijn, en Mijn hart, te allen dage.

Datgene wat aan de Tempel de genadevolle Aanwezigheid Gods toevoegde, zodat het huis des Heren "vervuld [zou worden] van de heerlijkheid Gods", was de bezegeling van de Tempel met de Naam des Heren. Op deze wijze zou de Heer aanwezig blijven temidden van Zijn volk, en het volk zou de Allerhoogste kennen en weten dat het Hem toebehoorde.

Op dezelfde wijze zouden wij moeten zoeken naar die karakteristieken, die de mens maken tot een niet-met-handen-gemaakte tempel van de Godheid, tot drager van de wondere en genadevolle Aanwezigheid des Heren.

---

[8] 1Kon.9:2-3 (LXX 3Kon.).

Er zijn vele verschillende manieren waarop de mens leeft met de energie van de gewaarwording van God in zijn hart, vol van Diens licht en Diens vrede. Algemeen gesproken verzamelt hij de sporen van Gods Aanwezigheid in zichzelf door het aanvaarden van Gods woord, terwijl hij leeft in recht geloof en in gebed.

1) Het woord Gods schenkt ons de kennis van Zijn mysterie en van Zijn heilige en volmaakte wil voor ons heil. Het leert ons de taal waarin de Heer tot ons spreekt. Zo kunnen ook wij in diezelfde taal tot Hem spreken in ons gebed. En dan, met dezelfde woorden, bidt ook de Heilige Geest in ons, Die ons deze taal gegeven heeft.

2) Het woord Gods draagt ons het rechte geloof over, dat wil zeggen, het inspireert ons om die God lief te hebben, in Wie wij geloven en met Wie wij verenigd willen worden. Het begenadigt ons met een geloof, zoals de Apostel zegt, "dat werkzaam is door de liefde",[9] en dat toereikend is om ons te bevestigen op de weg des heils.

3) Wanneer het woord Gods onze eigen taal wordt, verkrijgt ons gebed kracht en het krijgt vleugels, zodat wij de aanraking met de Geest des Heren voortdurend en gestadig vasthouden, terwijl het gebed rein wordt en de mens een goddelijke gesteldheid ontvangt. Door het woord Gods – als openbaring van Zijn Mysterie, als inspiratie van het geloof door liefde, en als gebed dat binnenleidt in Zijn heilige Aanwezigheid – wordt de mens opgebouwd en toebereid als een tempel, die wordt opgericht door de handen van God.

In meer praktische en specifieke zin wordt de mens opgebouwd als woonplaats van de onzichtbare God in de Mysteriën van de Heilige Kerk.

De genadevolle kracht wordt op de mens overgedragen tijdens de voltrekking van de heilige Doop: "Want gij allen, die in Christus zijt gedoopt, gij hebt u met Christus bekleed".[10] Zoals in de Persoon van Christus "heel de volheid van de Godheid lichamelijk" woont,[11] zo worden ook op diegenen die met Christus bekleed worden in de Doop, de eigenschappen en de vermogens van de Godheid over-

---

[9] Gal.5:6.
[10] Gal.3:27.
[11] Kol.2:9.

gedragen, die in hen de nieuwe geboorte "uit God" bewerken. In dit Mysterie wordt door God een persoonlijk verbond gesloten met de mens, overeenkomstig waarmee deze laatste niet meer voor zichzelf leeft, maar voor de God Die hem heeft vrijgekocht uit het verderf en de dood, door het goddelijk Bloed van Zijn Eniggeboren Zoon.

De wondere en heilbrengende kracht Gods overschaduwt de mens in het Mysterie van de heilige Myronzalving, dat in de Orthodoxe Kerk voltrokken wordt ter vervanging van de apostolische handoplegging op de nieuwgedoopten door de Bisschop. De Apostelen "legden hen de handen op, en zij ontvingen de Heilige Geest".[12] Dit Mysterie heeft vooral een innerlijke werking en geneest al de vermogens van de ziel, zodat de mens in alle vrijheid geleid wordt "in al de waarheid",[13] in heel de volheid van de goddelijke liefde, die zijn hart op onzegbare wijze verenigt met de Geest van Christus. Dan treedt de mens binnen in de zalige gemeenschap van al de heiligen, en als lid van het Lichaam van Christus wordt hij verrijkt door de deelname aan hun menigvuldige genadegaven.

De mens onderscheidt zich als tempel van de Godheid in het Mysterie van de Goddelijke Dankzegging, waar hij deelneemt aan het Lichaam en het Bloed van Christus, die vol zijn van de genade van Diens Opstanding en van Diens Leven. Door dit Mysterie heeft hij de mogelijkheid in elke Goddelijke Liturgie zijn kleine en tijdelijke leven te verruilen voor het oneindige en eeuwige leven van Godde-Heiland. Hij komt naar de tempel (het kerkgebouw), de plaats waar de Goddelijke Dankzegging voltrokken wordt, en in de kostbare gaven van brood en wijn die daarin worden opgedragen legt hij heel zijn geloof, heel zijn bekering, heel zijn liefde voor God en de naaste, heel zijn leven en de verwachting van zijn heil; en bij monde van de priester zegt hij: "Het Uwe uit het Uwe bieden wij U aan, in alles en voor allen" – overeenkomstig het gebod van Christus: "Doet dit tot Mijn gedachtenis".[14] En waar het gebod van de Heer Jezus vervuld wordt, daar is ook de kracht werkzaam van Zijn Kruis en Zijn Opstanding. De algoede Heer, "de Getrouwe

---

[12] Hand.8:17.
[13] Joh.16:13.
[14] 1Kor.11:24.

Getuige",[15] die te allen tijde trouw blijft aan Zijn Verbond – "Hij kan Zichzelf niet verloochenen"[16] – vergeldt onveranderlijk dit offer van de mens: Hij legt in de gaven Zijn eigen heilbrengende genade en leven, en Hij vormt ze om tot Zijn Lichaam en Bloed, die vervuld zijn van de goddelijke kracht die Zijn levenschenkend Lichaam bezat na Zijn Opstanding uit de doden; en deze geeft Hij aan de mens terug als geheiligde en goddelijke gaven, bij de uitroep van de priester: "Het Heilige voor de heiligen". Dan wordt het grootste wonder voltrokken: de uitwisseling van het menselijk leven met het goddelijk leven, de meest ongelijke, maar ook de meest menslievende – de meest uitnemende uitwisseling, die de relatie van de gelovige met zijn God bestendigt, een relatie van dankbaarheid en liefde die voor eeuwig zal voortduren, voorbij het graf. Door zijn deelname aan dit grote Mysterie wordt de mens tot een waarachtige en duurzame verblijfplaats van God.

Een volstrekt specifieke en unieke genade vertrouwt God door middel van de Kerk toe aan de mens in het Mysterie van de heilige Priesterwijding. Hier overschrijdt God elke grens van goedheid en menslievendheid, en in een onbeschrijfelijke nederdaling levert Hij Zichzelf over in de supra-kosmische gave van Zijn Priesterschap. Door de genade van het Priesterschap kan de aardse, broze en onvolmaakte mens staan tussen God en zijn broeders, die van gelijke hartstochten zijn als hijzelf, en voorspraak doen voor hun verzoening met de Hemel der heiligen en voor hun vereniging met het verheerlijkte Lichaam van Christus – de Kerk – zodat ook zij "deelgenoten" worden "aan de goddelijke natuur"[17] en burgers van de eeuwige woontenten. Deze genade van het Mysterie is specifiek, en is voorbehouden aan diegenen die zich hebben onderscheiden door de reinheid van hun leven en door hun liefde voor God en hun medemensen.

In het Mysterie van het Huwelijk is wederom God Zelf werkzaam. De man en de vrouw komen tot de Kerk om van God een 'kapitaalsom' van genade te ontvangen, opdat zij daarop hun van nu af gemeenschappelijke leven zouden opbouwen. Zij ontvangen Gods zegen om de onzelfzuchtige liefde te leren; opdat de één de

---

[15] Openb.1:5.
[16] 2Tim.2:13.
[17] 2Petr.1:4.

ander zal aanvullen met zijn specifieke genadegaven, zodanig dat zij beiden door nederigheid hun geestelijke vervolmaking zullen bewerken, die God voor hen beiden had voorbestemd van "vóór eeuwige tijden". Zij leren om aan elkaar de voorkeur te geven boven zichzelf, om een onderlinge wedstrijd te houden hoe elk van hen het meeste de wil van de ander zal vervullen, en hoe grotere eer en liefde te bewijzen aan elkander. Op deze wijze worden zij geestelijk 'uitgebreid' om steeds een nog volmaaktere genade te ontvangen, en deze over te dragen op hun kinderen als de meest kostbare erfenis.

Het Mysterie van de heilige Ziekenzalving is eveneens een zeer praktisch middel voor de opbouw van de mens als tempel Gods. In dit Mysterie wordt Gods genade aangeroepen voor de genezing van de lichamelijke en geestelijke ziekten en zwakheden. Bij de Ziekenzalving worden al die ledematen van het lichaam gezalfd, die de zintuigen vertegenwoordigen van lichaam en ziel. In de heilige Ziekenzalving leren wij de juiste houding ten overstaan van God: Onze God, die "de Vader van alle mededogen en de God van alle vertroosting" is,[18] kwam voor diegenen "die er slecht aan toe zijn", en wij kunnen alleen met Hem verbonden worden wanneer wij Hem naderen als "wie een geneesheer nodig hebben"[19] en dan een Hemelse.

Het Mysterie der Bekering tenslotte – dat van de Gewijde Biecht – is de deur om binnen te komen in de Heilige Kerk, in de gemeenschap der genade die Christus in de wereld gesticht heeft.

De genade van de berouwvolle bekering bezoekt de mens, wanneer zijn hart Gods woord aanvaardt en verlicht wordt om zijn geestelijke behoeftigheid en vervreemding te zien, maar ook de schoonheid en de goedheid van God, die maar één uniek wilsverlangen heeft: "Die wil dat alle mensen worden behouden en tot de kennis der waarheid komen".[20]

Niemand wordt in deze wereld geboren als tempel Gods, reeds gereed als woonplaats der genade. De Schrift zegt, dat "allen hebben gezondigd en tekortschieten in de heerlijkheid Gods".[21] Er is dus

---

[18] 2Kor.1:3.
[19] Cf. Mt.9:12; Mk.2:17; Lk.5:31.
[20] 1Tim.2:4.
[21] Cf. Rom.3:23.

een grote strijd van bekering nodig, wil iemand de wet der zonde ontwortelen uit zijn binnenste en daar de wet van het geloof en de liefde vestigen – om een "nieuw mens"[22] te worden, wedergeboren "vanuit den hoge", "uit God".[23] Zoals voor de fysieke geboorte de baarmoeder van de moeder noodzakelijk is, zo is ook voor de geestelijke wedergeboorte een geestelijke moederschoot nodig, en dit biedt ons de Kerk, de geestelijke moeder van alle Christenen. De Kerk is de schatkamer des levens, waar de Goddelijke Mysteriën voltrokken worden en waar de genade des heils wordt uitgedeeld. Zo wordt in deze met-handen-gemaakte tempel de waarheid bewaard, en door de Priesterschap wordt 'het Heilige' (al de heilige Gaven) beschermd, opdat dit niet gegeven zou worden "aan de honden",[24] maar alleen aan diegenen die naderen in bekering, nederigheid en geloof, om te worden opgebouwd als tempels van de Godheid. Het doel en de functie van de met-handen-gemaakte tempel – gezuiverd, luisterrijk gemaakt en geheiligd – is om niet-met-handen-gemaakte tempels te bereiden, in wie het de heilige Heer en alvermogende God welbehaaglijk is woning te nemen. De zending van de heilige Bisschoppen, de Hiërarchen, ligt dus precies in het bewaken van de grenzen van het orthodoxe onderricht en het leven van de Kerk, zodat alle gelovigen de mogelijkheid hebben hun heiliging en hun heil te vinden.

Al de Mysteriën hebben hun basis in het woord Gods en in het aanroepen van de kracht van de Heilige Geest, een aanroep die door de Kerk wordt opgedragen. Het principe van elke mystieke en liturgische handeling wordt uitgedrukt in de woorden van de apostel Paulus aan Timotheüs: "Elk schepsel Gods is goed... want het wordt geheiligd door het woord Gods en door de bede".[25] Het eerste deel van dit fundamentele principe biedt onze Heilige Kerk om niet aan. Het tweede deel, de bede of de strijd voor onze verzoening met God, is onze bijdrage – vanuit onze eigen intentie en ons (godwelgevallig)

---

[22] Cf. Ef.4:24.
[23] Joh.3:3; Joh.1:13.
[24] Mt.7:6.
[25] 1Tim.4:4-5.

eergevoel,[26] maar altijd gesterkt door de genade die ontsprongen is aan het Kruis en de Opstanding van de Heer Jezus.

Het werk van de opbouw van de niet-met-handen-gemaakte tempel is luisterrijk en gaat ons te boven. Het wordt slechts volbracht in zijn volheid, wanneer wij binnen de Kerk de gemeenschap bewaren "met al de heiligen".[27] die vanaf de grondlegging der wereld tot op heden God welgevallig zijn geweest.

---

[26] Dit soort 'eergevoel' (de vertaling van het Griekse begrip *philotimía/φιλοτιμία*, in modern Grieks *philótimo/φιλότιμο*) heeft zijn wortels in de fijngevoeligheid van een dankbaar hart, en uit zich in een eervol streven, een godwelgevallige eerzucht: Het hart dat vervuld is van dankbaarheid jegens God en de medemensen, streeft ernaar in alle nederigheid zelfs de minste ontvangen weldaad te beantwoorden en, zo mogelijk, te vergelden. *Noot vert.*
[27] Ef.3:18.

I. 4
De harde woorden van de heilige Silouan en van oudvader Sophrony

Al de woorden die voortkomen uit de Geest Gods bij monde van Christus en Zijn heiligen zijn hard voor de mens, omdat zij de gevallen staat waarin hij zich bevindt te boven gaan. Zij maken deel uit van het perspectief van het eeuwig Evangelie, dat niet naar menselijke maat is, daar het niet door de mens gegeven is, maar geopenbaard werd door God Zelf – de God van liefde en welbehagen.

Deze woorden leiden tot een tweevoudig werk, dat groots en goddelijk is. Zij openbaren de eeuwige waarheid van de God der liefde. In het licht daarvan verstaan wij, ten eerste, dat "heel de wereld in den boze ligt"[1] en, ten tweede, dat "allen gezondigd hebben en tekortschieten in de heerlijkheid Gods".[2] Dit apocalyptische inzicht verbreekt het hart en de geest van de mens. Tegelijkertijd deelt het hem de roeping mee en de genade om zich te verbinden met de Persoonlijke en waarachtige God, "de Vader van alle mededogen en de God van alle vertroosting".[3] Door de genade van deze roeping, die de uitwerking is van het woord Gods, verwerft ook de mens een harde houding tegenover zichzelf. Deze houding stelt hem in staat Gods geboden te vervullen en standvastig te verblijven in de levende Aanwezigheid van Zijn Aangezicht. Hierin ligt de vertroostende energie van het goddelijk woord, dat eerst het hart verbreekt en dit vervolgens verenigt met de Geest der genade, door Wie heel de mens wordt wedergeboren, herschapen en toegerust. Het activeert de enige zwakheid van de algoede God der Christenen: God buigt Zich over de verbroken ziel en overschaduwt haar met Zijn genade. Doch deze zwakheid – "het zwakke van God", zoals dit genoemd wordt door de apostel

---

[1] 1Joh.5:19.
[2] Cf. Rom.3:23.
[3] Cf. 2Kor.1:3.

Paulus – is "sterker dan de mensen",[4] aangezien het heel de wereld behoudt – want "barmhartigheid" is Zijn natuur en Zijn Naam is "Heiland".

Elke keer dat de mens de harde woorden van de Almachtige Jezus of van Zijn heiligen aanvaardt, wordt hij gesterkt tot grotere zelfverloochening in het opnemen van het kruis van het leerlingschap, dat hem uiteindelijk volstrekt bevrijdt van de banden van de wereld der zonde. Elke keer daarentegen dat hij zich schikt naar de ijdelheid en de dwaling van de wereld die hem omringt, verzwakt zijn hart en wordt het hem onmogelijk voort te snellen op de weg van de heilige geboden en mee te werken aan het wonder van zijn eeuwig heil – vergeefs sterft hij in zijn zonden. De harde woorden van het Evangelie, maar ook die van al de heiligen, verbreken het hart, brengen genade over, en genezen de ziel van de gelovige. Zo zijn de woorden te verstaan van de geëerde Voorloper, waarmee hij de Joden karakteriseerde als "adderengebroed", en de vele vergelijkbare woorden waarmee hij "troostend vermanende" aan het volk het Evangelie bracht.[5]

In ditzelfde perspectief liggen ook de harde woorden van de heiligen. Deze zijn hard, doch zij dragen inspiratie en vertroosting over, opdat de mens met God kan samenwerken in een luisterrijk werk, allereerst voor zijn eigen heil en vervolgens voor het heil van heel de wereld. Hoe volmaakter de woorden zijn, des te harder worden zij, maar zij bieden ook des te grotere hulp.

De heilige Silouan verzekerde in zijn gesprek met Stratonik: "De volmaakten zeggen niets uit zichzelf... Zij zeggen alleen wat de Geest hen ingeeft."[6] En hier willen wij enkele van zulke woorden aanhalen die God gegeven heeft aan de heilige Silouan en aan oudvader Sophrony, met de bedoeling dat wij geholpen zouden worden om de sprong van het geloof te maken waar wij voortdurend voor staan in het moeilijke, maar ook scheppende werk van onze gewijde dienst. Bij de heilige Silouan verbergt de eenvoud waarmee hij zich uitdrukt vaak de diepte en de rijkdom van zijn ervaring en zijn denkbeelden.

---

[4] 1Kor.1:25.
[5] Luk.3:7,18.
[6] "Saint Silouan", GK p.70 (ed.[15]2013: p.69), EN p.57, NL p.69.

Laten wij beginnen met de harde woorden van de heilige Silouan. Een hard woord bij uitstek is dit woord van de heilige Silouan: "De volmaakten zeggen niets uit zichzelf... Zij zeggen alleen wat de Geest hen ingeeft.".[7]

Dit woord sprak Silouan uit op de dag van zijn ontmoeting met de asceet van de Kaukasus, vader Stratonik. In de nacht die daaraan voorafging hield de heilige Silouan een nachtwake en bad dat God zijn ontmoeting met deze uitzonderlijke asceet mocht zegenen. En het woord dat hem gegeven werd, is waarlijk bepalend voor de maat van de mensen Gods die geestelijk "volkomen" zijn.[8] Uit het bovengenoemde woord van de Heilige leren wij een krachtige les, die bijzonder kostbaar is voor de priesters, daar zij de dienst op zich genomen hebben van het woord Gods, terwijl zij voorspraak doen voor de verzoening van de mensen met Jezus, de Almachtige Heiland.

Wanneer wij door het gebed van berouwvolle bekering, dat verwekt wordt door het besef van onze geestelijke armoede, binnentreden in de levende Aanwezigheid van de God onzer vaderen, en wij vertroost worden door de barmhartigheid en de onvergankelijke troost van Zijn Geest, dan komen wij geïnspireerd uit deze ontmoeting te voorschijn en vinden wij in onze hart dergelijke woorden van God. Deze woorden brengen een geestelijke vurigheid teweeg "tot aansporing van liefde en goede werken".[9] Dan "houdende het woord des levens",[10] worden de priesters "medewerkers van God"[11] in het luisterrijke werk van de wedergeboorte. Zij dragen een "goed woord" over aan de kudde die Christus hun heeft toevertrouwd, en hiermee overtuigen zij het hart van de gelovigen, zodat zij hen aanzetten om het van God ontvangen talent te vermeerderen, dat zij in Zijn Kerk ontvangen hebben. Dit werk verleent aan het heilig priesterschap, dat zij van Christus hebben ontvangen, zijn meest uitnemende waarde. Elke mens die een priester van God ontmoet, zou niet moeten weggaan zonder een zekere gewaarwording van de wereld

---

[7] Ibid.
[8] Cf. 2Tim.3:17.
[9] Hebr.10:24.
[10] Fil.2:16.
[11] Cf. 1Kor.3:9; zie 2Kor.1:24.

in den hoge, van de genade des heils, die zijn kostbare ziel vertroost en verlicht.

De heilige Silouan zegt ook nog: "Het is één ding te geloven dat God bestaat, maar iets anders is het om God te kennen".[12] Hij tekent daarbij aan: "Er bestaat een zeer groot verschil tussen de allereenvoudigste mens, die de Heer kent door de Heilige Geest, en de mens die, al geniet hij groot aanzien, de genade van de Heilige Geest niet heeft gekend".[13] Dit verschil tussen de wedergeboren mens en degene die niet wedergeboren is, is de "grote kloof" die slechts door de genade van de Heilige Geest kan worden overbrugd. De mens verwerft deze genade, wanneer hij de profetische houding leert die de Heilige onderricht: "Aan U, o Heer, komt toe de heerlijkheid in de hemel en op aarde, doch mij passen de tranen vanwege mijn zonden".[14] Of, zoals hij elders zegt: "Heer, aan U komt toe de heerlijkheid in de hemelen en op aarde, doch schenk aan mij, Uw nietig schepsel, Uw nederige geest".[15]

De kennis van God wordt verleend door Zijn genade, en de genade wordt verworven door de nederigheid, overeenkomstig de onschendbare wet van de Geest: "God weerstaat de hoogmoedigen, doch de nederigen geeft Hij genade". De meest volmaakte nederigheid leerde de Heilige kennen, zoals hij getuigt, toen hij in de Heilige Geest Christus zag. Deze nederigheid definieert hij als "goddelijk en onbeschrijfelijk".[16] Toen bezat hij ook de grootste volheid van genade en liefde, in zulke mate dat als de Heer dit schouwen van Zijn Persoon nog een weinig had verlengd, Silouan dit niet had kunnen dragen en gestorven zou zijn.[17] Voorzeker, na een dergelijke ontmoeting met Christus en een dergelijke volheid van genade, die zijn ziel en zijn lichaam vervulde, kende de heilige Silouan God, en getuigde hij met overtuiging van Diens onbeschrijfelijke liefde. Dezelfde vrucht van genade en Godskennis vond hij in het reine gebed, en daarom verzekert hij ook: "Als gij rein bidt, dan zijt gij theoloog", en wederom: "Er zijn velen in de wereld die geloven,

---

[12] "Saint Silouan", GK p.449 (ed.^{15}2013: p.431), EN p.354, NL p.376.
[13] Ibid., GK p.387 (ed.^{15}2013: p.373), EN p.301, NL p.322.
[14] Cf. ibid., GK p.384 (ed.^{15}2013: p.371), EN p.299, NL p.320.
[15] Ibid., GK p.386 (ed.^{15}2013: p.373), EN p.300, NL p.321.
[16] Cf. ibid., GK p.397 (ed.^{15}2013: p.383), EN p.310, NL p.331.
[17] Cf. ibid., GK p.478-479 (ed.^{15}2013: p.458), EN p.380, NL p.401.

doch er zijn maar zeer weinigen die God kennen".[18] En uiteraard bedoelde hij: zoals hijzelf Hem kende, in de Heilige Geest. In ditzelfde perspectief van de Godskennis en op basis van dezelfde ervaring zegt ook oudvader Sophrony, de leerling van de Heilige: "Het intellect dat geneigd is tot verbeelding, is ongeschikt voor de theologie",[19] omdat de theologie geschonken wordt wanneer de mens voor Gods aanschijn staat *met een rein intellect*, in een uiterste intensiteit van berouwvolle bekering. "Het lijdende intellect (van degene die zich bekeert) zwijgt stil in een staat van intens verblijven buiten de tijd. Terugkerend uit dit ontologische schouwen, ontdekt hij in de diepte van zijn hart reeds gereed liggende denkbeelden, die hijzelf niet heeft bedacht. Deze gedachten omvatten de voorsmaak van verdere openbaringen omtrent God".[20] Met andere woorden, de uiterste bekering wordt tot bron van de Godskennis en tot begin van de theologie als een geestelijke staat. Door de berouwvolle bekering treedt de gelovige binnen in Gods Aanwezigheid, en wanneer hij terugkeert uit de ontmoeting met Hem, getuigt hij van het leven dat hem geopenbaard werd.

Elders schrijft hij: "Wanneer de mens – op vergelijkbare wijze als de Apostelen – door de genade wordt weggevoerd tot het zien van het Goddelijk Licht, dan drukt hij dit later uit in een theologie die "verhaalt" wat hij gezien en gekend heeft. De werkelijke theologie is geen bedenksel van de menselijke rede of het resultaat van kritische overwegingen, maar de openbaring van het mysterie van dat betere bestaan, waarin de mens wordt binnengeleid door de werking van de Heilige Geest".[21] Het is een dwaling om met betrekking tot de Godskennis te vertrouwen op het natuurlijke intellect of op de wetenschap. De heilige Silouan onderstreept: "De Heer heeft op aarde de Heilige Geest gegeven, en door de Heilige Geest wordt de Heer gekend, evenals alles wat hemels is; doch zonder de Heilige Geest is de mens slechts zondige aarde".[22]

Wanneer de gelovige Gods tuchtiging aanvaardt en zich in

---

[18] Ibid., GK p.185 (ed.[15]2013: p.178), EN p.143, NL p.152.
[19] "We Shall See Him", GK p.48 (ed.[5]2010: p.43), EN p.31.
[20] Cf. ibid., GK p.27 (ed.[5]2010: p.25), EN p.17.
[21] "Saint Silouan", GK p.220 (ed.[15]2013: p.212), EN p.170, NL p.179.
[22] Ibid., GK p.473 (ed.[15]2013: p.453), EN p.375, NL p.396.

gehoorzaamheid overlevert aan Diens Wil, dan leert hij de grote geboden der liefde te vervullen, en zo kent hij de Geest Gods en de gezindheid van Christus Jezus. "Zonder deze cultivering van de gehoorzaamheid blijft de mens onvermijdelijk 'een gesloten cirkel', te allen tijde nietig ten overstaan van de goddelijke eeuwigheid". Wanneer hij geen deel heeft aan Gods tuchtiging en leeft buiten de strijd van de Christelijke gehoorzaamheid, dan is het hem onmogelijk de levenbrengende theologie te kennen als een geestelijke staat.[23] Daarom ook roept oudvader Sophrony met diepbedroefde godsijver uit: "Welke zin kan de abstracte theologie over de Heilige Drieëenheid hebben, wanneer gij niet de heilige kracht gewaar zijt van de Vader, de zachtmoedige liefde van de Zoon, en het ongeschapen Licht van de Heilige Geest?"[24]

Een ander hard woord van de heilige Silouan, zoals overgeleverd door zijn leerling, is het volgende: "Als in uw hart afkeer leeft jegens iemand of wrok, dan is uw heil niet zeker". En vergelijkbaar hiermee: "Als in ons geen liefde is voor de vijanden, dan bevinden wij ons nog onder de heerschappij van de dood, en dan kennen wij God niet zoals wij Hem zouden moeten kennen".[25]

Voor de heilige Silouan, op wie de Heer de uitbreiding van Zijn liefde had overgedragen, toen Hij hem verschenen was, bestond er geen onderscheid tussen vijanden en vrienden. De Heilige kon niet aanzien dat er, al was het maar één mens, in zijn hart afwezig zou zijn. Anders zou hij zijn bestaan als verminkt beschouwen en ongelijk aan dat van de Heer der heerlijkheid, zoals hij Hem gekend had ten tijde van het schouwen. Daarom waren al de volkeren der aarde, de gehele Adam vanaf het begin tot aan de laatste dagen, de inhoud van zijn hart, en hun heil was de bede van zijn onafgebroken gebed. Aldus bezag hij de mensen met "ingewanden van medelijden" en

---

[23] Aldus oudvader Sophrony, cf. ibid., GK p.148-149 (ed.^{15}2013: p.143-144). [In de Griekse tekst is dit gedeelte, over de relatie van de mens met de Persoonlijke God, veel uitgebreider dan in de Engelse en Nederlandse uitgaven, waarin de hier aangehaalde zinsneden ontbreken. *Noot vert.*]
[24] Ibid., GK p.248 (ed.^{15}2013: p.240), EN p.186, NL p.205-206. [D.w.z. zonder de waarachtige levende Godskennis, is elke poging om uit te drukken Wie Hij Is zowel betekenisloos als nutteloos. *Noot vert.*]
[25] "We Shall See Him", GK p.153 (ed.^{5}2010: p.131), EN p.97.

onderscheidde hij hen als "degenen die God kennen en degenen die Hem niet kennen".[26]

De liefde voor de vijanden, die de Heilige Geest in het hart bewerkt en die God zo welgevallig is, omarmt de gehele Adam, de gehele schepping, zelfs de hades. Daarom ook opent alleen deze liefde de weg voor de mens tot de kennis en de opname in zichzelf van heel het geschapen 'zijn', en zelfs van het Goddelijk 'Zijn', naar de genade.

De heilige Silouan was niet naïef in zijn verkondiging van de liefde voor de vijanden. Hij wist dat dit zonder de genade van de Heilige Geest onuitvoerbaar is.[27] Tevens wist hij, dat de vervulling van het tweevoudige gebod der liefde Gods genade aantrekt, en voorzeker is de liefde voor de vijanden de hoogste top van dit tweevoudige gebod. Daarom zal diegene die de vijanden liefheeft de Heer kennen op volmaakte wijze, door de Heilige Geest. De Heilige onderricht dat de liefde voor de vijanden alle hoogmoed verdrijft uit de ziel, en in het hart de Christus-gelijkende nederigheid brengt die "zoet" is "en onbeschrijfelijk".[28] Hij stelt vast dat alwaar de liefde voor de vijanden is, daar is ook de Heilige Geest werkzaam. Hij beoordeelt de echtheid van de geestelijke ervaringen naar de mate waarin deze gevolgd worden door het gebed voor de gehele wereld en door de liefde, zelfs ook jegens de vijanden. "Als gijzelf," zo zeide hij, "meelijdt met elk schepsel en de vijanden liefhebt, terwijl gij uzelf beschouwt als erger dan allen, dan betekent dit dat de grote genade van de Heilige Geest mét u is".[29] Aldus is voor hem het criterium van de aanwezigheid van de Heilige Geest en van de echte Godskennis het gebed en de liefde voor de vijanden.

Door de liefde voor de vijanden verwerft de gelovige grote genade van God; door het gebed voor de vijanden daarenboven, kan hij deze bewaren. Door de liefde voor de vijanden wordt heel de mens deelgenoot aan God en verwerft hij de gelijkenis met Christus, Die Zichzelf overleverde tot de dood omwille van Zijn vijanden.[30]

---

[26] "Saint Silouan", GK p.154 (ed.[15]2013: p.149), EN p.115, NL p.128.
[27] Cf. ibid., GK p.356-357 (ed.[15]2013: p.346), EN p.275-276, NL p.297-298.
[28] Ibid., GK p.397 (ed.[15]2013: p.383), EN p.310, NL p.330.
[29] Cf. ibid., GK p.445 (ed.[15]2013: p.428), EN p.351-352, NL p.373-374.
[30] Zie ibid., GK p.402 (ed.[15]2013: p.388), EN p.314-315, NL p.335-336.

Daarom ook beschouwt de heilige Silouan deze staat als de hoogste genadegave van de Heilige Geest, waardoor – volgens zijn woord – de wereld bewaard blijft. "...wanneer de liefde voor de vijanden volkomen zal verdwijnen van het aangezicht der aarde," zeide hij, "dan zal de wereld ten ondergaan in het vuur van de algehele vijandschap".[31] Wij begrijpen dus, waarom de Heilige voorbijgaat aan elke hoge cultuur van deze wereld en zich slechts concentreert op één ding: "de nederigheid en de liefde voor de vijanden. *Alles hangt hiervan af*".[32] Degene die de liefde voor de vijanden niet bezit kan God niet waarlijk kennen, noch de zoetheid van de rust in de Heilige Geest, en "over hem", zegt Silouan, "wil ik zelfs niet schrijven. Hoewel ik over hem bedroefd ben, want hij pijnigt zowel zichzelf als de anderen, en de Heer zal hij niet leren kennen".[33]

Een ander hard woord van de heilige Silouan dat geciteerd wordt door oudvader Sophrony, is: "Als tijdens het gebed een daaraan vreemde gedachte in het bewustzijn binnendringt, dan is dat gebed niet 'rein' ".[34] De heilige Silouan en, vervolgens, ook oudvader Sophrony hebben dezelfde visie aangaande het reine gebed. Zij definiëren in principe als rein gebed datgene, waarbij de mens zich tijdens het gebed in 't geheel niet bewust is of hij "in of buiten het lichaam" is, maar zijn geest is volkomen verdiept in de Geest Gods.[35] Als de weg tot het reine gebed zien zij de ascese van de gehoorzaamheid, waardoor de gelovige bevrijd wordt van elke gehechtheid en van elk denkbeeld aangaande de materiële wereld, en zich overlevert aan de wil van God. In deze volmaakte overlevering ontvangt hij een goddelijke staat, terwijl hij bidt "van aangezicht tot Aangezicht",[36] in zoverre zijn menselijke wil in alle vrijheid en ten volle gelijkvormig wordt aan de grote en volmaakte wil van God. Het reine gebed is een staat van vergoddelijking, want de asceet der vroomheid heeft de wet van de vergankelijkheid en van de zonde uit zijn binnenste ontworteld, en als een nieuwe schepping in Christus

---

[31] Ibid., GK p.298-299 (ed.^{15}2013: p.287), EN p.225-226, NL p.244.
[32] Ibid., GK p.302 (ed.^{15}2013: p.291), EN p.228, NL p.247.
[33] Ibid., GK p.378 (ed.^{15}2013: p.366), EN p., NL p.315.
[34] "We Shall See Him", GK p.153 (ed.^{5}2010: p.131), EN p.97.
[35] Cf. "Saint Silouan", GK p.182 (ed.^{15}2013: p.176), EN p.141, NL p.150.
[36] 1Kor.13:12.

heeft hij de weg van Christus' geboden geïnstalleerd als enige en eeuwige wet van zijn bestaan.[37]

Bij de heilige Silouan gaat het reine gebed vooraf aan het gebed voor de gehele wereld. Bij oudvader Sophrony volgt het reine gebed op de diepgaande bekering, die gekarakteriseerd wordt door de zelfhaat. Dit leidt tot het gebed voor de gehele Adam, wat ook de verwerkelijking is van de waarachtige hypostase in het wezen van de mens, en de voleinding van zijn bestemming "naar [Gods] gelijkenis". Oudvader Sophrony drukt deze onbegrijpelijke en paradoxale ervaring als volgt puntig uit: "Haat uzelf uit liefde voor God, en gij zult al wat bestaat omvatten door deze liefde".[38]

Nog een ander onovertroffen woord van de Oudvader, in overeenstemming met het onderricht van zijn heilige leraar Silouan: "Voor ons mensen is de uiterst bereikbare maat om voor de gehele Adam te bidden zoals voor onszelf. Dergelijk gebed is het teken dat in ons dat "beeld" hersteld is, wat de mens oorspronkelijk gegeven werd (cf. Gen.1:26)".[39]

Voor de Oudvader is het gebed voor de gehele Adam de verwerkelijking van het hypostatische beginsel in de mens. Dat wil zeggen, pas dan wordt de mens een waarachtige hypostase of persoon naar het beeld van Christus, de Nieuwe Adam, in Wiens Persoon al het hemelse en al het aardse werd samengevat. Hypostatisch gebed, overeenkomstig het onderricht van de Oudvader, is: ten eerste, het gebed des Heren in Gethsémane, dat alles omvatte en Hem, als de inhoud van Zijn hart, vergezelde aan het Kruis, in het Graf en in Zijn opgang tot boven de hemelen; ten tweede, het gebed van voorspraak van de Alheilige Moeder Gods en van de heiligen voor het heil der wereld; en ten derde, het liturgische gebed dat al de noden van de mensheid omvat, en dat de gelovigen binnenleidt in de zalige gemeenschap van de genadegaven van alle heiligen.

De Oudvader weet dat een dergelijk gebed alleen gegeven wordt aan de mens die in zichzelf het volmaakte sterven draagt van de Heer Jezus,[40] en daarom zegt hij: "Als iemand met Hem verenigd

---

[37] Cf. «ΑΣΚΗΣΙΣ ΚΑΙ ΘΕΩΡΙΑ» (*Over de ascese en het schouwen*), p.18.
[38] "We Shall See Him", GK p.329 (ed.⁵2010: p.278-279), EN p.199.
[39] Ibid., GK p.370 (ed.⁵2010: p.313).
[40] Cf. 2Kor.4:10.

wordt, door de gelijkenis aan Zijn dood – in diep gebed voor de wereld en in de ondraaglijke dorst naar het heil der mensen – dan ontvangt hij een voorsmaak van de gelijkenis aan de Opstanding (cf. Rom.6:5; 8:11)".[41]

De aanblik van de Persoon van Christus en het schouwen van Zijn lijden vanwege de volmaakte liefde die zich daarin verbergt, wordt in het hart van de gelovige omgevormd tot zelfhaat. Het gebed dat verwekt wordt door deze heilige zelfhaat verbindt hem op onzegbare wijze met Christus, Die hij dan erkent als de absolute Waarheid, de Almachtige God en de alwijze Schepper van alle eeuwen. De Oudvader getuigt: "In dit gebed werd het mij gegeven "de zichtbare tijdelijke dingen" te overstijgen en bekleed te worden met de "onzichtbare eeuwige dingen" (zie 2Kor.4:18)".[42]

In de beoefening van de berouwvolle bekering geeft de Oudvader een volmaakte regel die de mens in zijn belijdenis onfeilbaar en waarachtig maakt, zodat hij met gemak de Geest der Waarheid aantrekt, door Wie hij wordt bevrijd en hernieuwd:

"Hoe dieper wij onze zonde beleven als een dodelijke wonde, des te vollediger leveren wij onszelf over in gebed tot God, en door Zijn levenschenkende kracht breken wij los uit de banden van tijd en ruimte".[43]

Een ander hard woord van oudvader Sophrony: "De liefde van Christus wordt in deze tegenwoordige wereld onderworpen aan een uiterst zware "vuurgloed der verzoeking" (1Petr.4:12), want de liefde van Christus is in deze wereld onvermijdelijk altijd 'lijdende' (cf. Hand.26:23)".[44]

Als Christus in deze wereld een doornenkroon draagt en lijdt, zijnde het hoofd van het Lichaam der Kerk, hoe kunnen dan de gelovigen – Zijn ledematen – hun leven doorbrengen in alle rust, en zonder de pijn van de niet-met-handen-voltrokken besnijdenis van het hart, die het teken is van de ledematen van de Heer der heerlijkheid: "Door het Kruis [kwam er] vreugde in de gehele wereld". Daarom ook, zoals de Oudvader wederom zegt, weeklagen al

---

[41] "We Shall See Him", GK p.388 (ed.⁵2010: p.327-328).
[42] Ibid., GK p.410 (ed.⁵2010: p.345), EN p.233.
[43] Ibid., GK p.401 (ed.⁵2010: p.337-338), EN p.227.
[44] "Saint Silouan", GK p.34 (ed.¹⁵2013: p.33), EN p.28, NL p.39.

degenen, die verstoken zijn van de genade die zij van God ontvangen hadden, toen zij hun verbond met Hem sloten, meer dan een moeder die haar eniggeboren zoon heeft verloren.

Deze harde woorden worden gevolgd door een bij uitstek troostend woord: "In het leven dat werkelijk van genade vervuld is bestaat geen ascese".[45]

Gewoonlijk bedoelen wij met de term 'ascese' de strijd die de mens voert om zijn hartstochtelijke neigingen te overwinnen, die bewerkt worden door de wet der zonde in zijn ziel en lichaam. Wanneer hij echter verlicht wordt door de genade en de kracht van God, dan worden het intellect en het hart als krijgsgevangen door de liefde van Christus. Wanneer de liefde een zekere volheid bereikt, dan wordt dit omgevormd tot het schouwen van het ongeschapen Licht, dat de kennis verleent van de Persoon van Christus. Deze kennis vult de ziel met vreugde, dankbaarheid, vrede en een onbeschrijfelijke nederigheid. Degenen die de Heer hebben aanschouwd in de Heilige Geest worden gedreven door een liefde die "de vrees" voor de dood "buiten drijft",[46] en zij bezitten een volmaakte nederigheid en een door God geschonken inspiratie, zodat zij onophoudelijk de plaats zoeken waar het Licht en de heilige Aanwezigheid van de Almachtige Jezus hen bezoekt. Het schouwen van de Persoon van Christus maakt tevens dat de mens op vreemde wijze vertrouwd raakt met het Evangeliewoord, dat hem op indirecte wijze Diens "gedaante" openbaart en Diens "stem" doet horen.[47] Tegelijkertijd wordt het woord van Christus ingesteld tot wet van zijn bestaan en tot wet der genade, en het leidt hem tot de volmaakte geestelijke vrijheid. De Oudvader zegt: "Er komt een tijd dat de aanblik van de heiligheid van Christus, de nederige God, als een vuur heel onze natuur zal verteren terwijl het deze omvormt tot een allesomvattend elan van liefde".[48] Dit door God geschonken verlangen is voor de Oudvader de charismatische ascese en het leven, dat elk ander verlangen, elke hartstochtelijke gehechtheid, overwint en

---

[45] "We Shall See Him", GK p.250 (ed.⁵2010: p.212), EN p.162.
[46] 1Joh.4:18.
[47] Cf. Joh.5:37-38; cf. "We Shall See Him" , GK p.266, 283 (ed.⁵2010: p.227 & 240), EN p.172, 183-184.
[48] "We Shall See Him" , GK p.386 (ed.⁵2010: p.326).

heel de plaats van het hart geeft aan haar alwijze Formeerder. Dit verlangen is zo sterk en "gewelddadig", in de zin van het Evangelie, dat de Oudvader dit vergelijkt met "een dorst ten dode toe".[49] Zoals de Apostel vermaant, met ditzelfde charismatische leven in de zin: "overwin het kwade door het goede.[50]

Laten wij een harde term van oudvader Sophrony en de heilige Silouan markeren, die ontspringt aan de geest en het onderricht van het Evangelie: de zelfhaat – die paradoxale haat, de haat jegens onszelf; om preciezer te zijn, jegens ons oude zelf. "Wanneer wij onszelf haten vanwege het kwaad dat in ons leeft, dan worden ons de oneindige horizonnen geopend van de liefde die ons geboden is".[51] Slechts de berouwvolle bekering die samengaat met de heilige zelfhaat, heeft de kracht om de mens te bevrijden van de banden van de eigenliefde en van zijn ijdele gehechtheden aan deze wereld, en om hem binnen te leiden in de onbeschrijfelijke en wondere wereld van de liefde van Christus, Die ons "heeft liefgehad tot het einde",[52] Die Zichzelf voor ons heeft overgeleverd tot de schandelijke kruisdood.

Oudvader Sophrony getuigt dat de bekering die gepaard gaat met de schrikwekkende zelfhaat, het hart van de mens volledig opent om een goddelijke gesteldheid te ontvangen. Deze volkomen zelfontlediging en zelfvermindering van de mens in de beoefening van de bekering geeft alle plaats aan de liefde van Christus, opdat deze in ons moge worden grootgemaakt. Dit wordt uitgedrukt door het hypostatische gebed voor het heil van de gehele wereld, naar het voorbeeld van de Heer, de Nieuwe Adam, toen Hij bad in Gethsémane en voortging tot Zijn vrijwillig en heilbrengend Lijden. Wanneer ook de mens, door de genade van Christus, heel de wereld omvat, en door zijn gebed van voorspraak elk schepsel voor Gods aanschijn brengt, dan toont hij dat in hem het vóóreeuwige plan van God verwezenlijkt is, en dan wordt hij op volledige en volmaakte wijze "naar het beeld en naar de gelijkenis van God". Aldus waagt de Oudvader het dit harde en beslissende woord uit te spreken:

"Degene die niet genaderd is tot de grenzen van deze gesteld-

---

[49] Ibid.
[50] Rom.12:21.
[51] "We Shall See Him", GK p.228 (ed.^{5}2010: p.195), EN p.145
[52] Cf. Joh.13:1.

heden, laat hij het niet wagen zichzelf Christen te noemen zonder vreze en schaamte, maar laat hem met pijn beseffen dat hij deze roeping onwaardig is".[53]

De heiligen die deze maat van zelfhaat bereiken, en van het hypostatische gebed voor de gehele wereld, verheerlijken voorzeker op waardige wijze God-de-Heiland, Die wonderbaar blijkt "in Zijn heiligen". Deze genadegave, al is zij zeldzaam in de boezem van de Kerk, is niettemin die samenbindende kracht die de wereld in stand houdt. Dit is het leidende licht dat al de gelovigen verlicht. Hoe hard het woord van de Oudvader ook moge lijken, het omvat niettemin ook het verlossende licht van de hoop.

Wanneer de gelovige leeft in diepe bekering met zelfhaat, dan is het mysterie van het Kruis met kracht in hem werkzaam – de uitbreiding van de goddelijke liefde, die hem losmaakt uit de ijdelheid van deze wereld en hem op onzegbare wijze verenigt met de Heer Jezus, de Zoon van de liefde en het welbehagen van de Vader. Dan verwerft hij het hypostatische gebed voor de gehele wereld. Doch wanneer hij niet deze paradoxale werkingen in zijn hart bezit, maar zijn geestelijke armoede belijdt "met vreze en schaamte" – zoals het hierboven aangehaalde woord van de Oudvader aantekent – ook dan voltrekt zich in hem het begin van het heil. Deze belijdenis brengt nederigheid in zijn ziel en de bereidheid zijn leven toe te vertrouwen aan de algoede God, "Die wil dat alle mensen worden behouden en tot de kennis der waarheid komen".[54] Dan verwerft hij de genadegave van de geestelijke armoede, die de Heer in Zijn Evangelie zaligspreekt.[55] Deze genadegave is fundamenteel, want zij maakt de gelovige niet alleen tot leerling van het Kruis, maar ook tot leerling van de zaligheid en van de overvloed van het leven dat Christus op aarde heeft gebracht. Door het gevoel van zijn nietigheid begint hij te leven in berouwvolle bekering en te treuren, daar ook hij de weldoende God wil vergelden door een heilig leven, door elke "deugd" en elke "lofprijzing".[56] De genadegave van de geestelijke armoede wordt de voorloper van de genadegave der bekering,

---

[53] "We Shall See Him", GK p.228 (ed.⁵2010: p.195), EN p.146.
[54] 1Tim.2:4.
[55] Cf. Mt.5:3.
[56] Cf. Fil.4:8.

gedurende welke de gelovige verrijkt begint te worden met nog andere genadegaven van de Geest. En één genadegave van de Heilige Geest, hoe klein ook, verenigt hem met het Lichaam van Christus, de Kerk, en maakt hem deelgenoot aan de genadegaven van alle andere heilige leden van Diens Lichaam in de Hemel, en van al de uitverkorenen des Heren op de aarde.

De harde woorden van ons geloof zijn dus geen bijkomstige uitersten, maar haar wezenlijke kenmerken, die degenen die ze met nederigheid aanvaarden inspireren en tot bekering leiden. Zij zijn niet slechts tot enkelen gericht, maar tot alle gelovigen. Al slagen slechts weinigen erin ze te volbrengen, toch zijn ze voor allen weldadig, omdat ze volmaakt zijn en de gelovigen er op richten navolgers te worden van Gods volmaaktheid.

Het gebruik van harde woorden en voorbeelden komen wij vaak tegen bij de heilige Vaders van de Kerk en misschien wel op de meest nadrukkelijke wijze in "De Ladder" van de heilige Johannes van Sinaï. Toen deze Heilige de onuitsprekelijke ascetische werken beschreef van degenen die in bekering leefden in de zgn. 'Gevangenis' buiten Alexandrië, hun ontroostbare treurnis en hun onbarmhartige bekering die reikte tot aan de drempel van de dood, zeide hij, dat dit alles aan velen ongelooflijk zou toeschijnen, aan anderen moeilijk te geloven, en aan anderen ontmoedigend. Overeenkomstig de reactie van degenen die zijn verhaal hoorden onderscheidt hij drie categorieën mensen. De eersten, de manmoedigen, bij het horen van de heldendaden van de zalige gevangenen, verkregen daardoor voor hun levensweg nog grotere ijver en een vlam van berouwvolle bekering in het hart. De tweeden, met minder moed, beseften hun zwakheid en hun armoede, en door zichzelf te berispen kwamen zij gemakkelijk tot nederigheid en snelden de eersten achterna. De heilige Johannes is er niet zeker van, of zij de eersten misschien zelfs hadden ingehaald. De derden zijn diegenen die nalatig zijn, en het zou hen beter zijn de inspanningen van de eersten niet eens te benaderen, opdat zij niet wanhopen en het weinige verliezen dat zij menen te bezitten.[57]

Wij zien dus, dat de harde woorden van de Heilige Schriften en de onderrichtingen van de heiligen wijzen op "de goede en wel-

---

[57] Zie "The Ladder", step 5:27 (p.63).

gevallige en volmaakte wil van God",[58] om ijver en warmte over te dragen voor de lofwaardige gewelddadigheid jegens onszelf ter verwerving van het hemels Koninkrijk. Zij hebben tot doel de Christenen te inspireren om met zo groot mogelijke exactheid het voorbeeld te volgen van het leven van de Heer, dat volmaakt was en rechtvaardig en zondeloos. Maar zelfs degenen die het aan ijver ontbreekt – wanneer zij hun onvolmaaktheid beseffen en zich vernederen – trekken Gods medelijden aan dat aanvult wat hen ontbreekt.[59] In deze geest verstaan wij het woord van de apostel Paulus tot zijn leerling Timotheüs: "Alle Schrift is door God geïnspireerd, en is nuttig tot onderricht, tot berisping, tot verbetering, tot de opvoeding in rechtvaardigheid, opdat de mens Gods volkomen zij, ten volle toegerust tot alle goed werk".[60]

Het doel van de harde woorden van het Evangelie en van het onderricht van de heiligen is, dat wij daarin het licht der waarheid zien, en de goddelijke maat onderscheiden waartoe de algoede God ons "vóór eeuwige tijden" heeft voorbestemd.[61] Onszelf te vergelijken met die maat die verwezenlijkt werd in het leven van de Heer en van Zijn heiligen vermorzelt onze eigendunk, want dan begrijpen wij "dat wij zeer verarmd zijn",[62] en dit beweegt ons ertoe onze toevlucht te nemen tot de Heer-en-Heiland, met onbeschrijfelijke nederigheid en onophoudelijke smeekbede om Zijn hulp en Zijn barmhartigheid. Het onafgebroken gebed der bekering dat verwekt wordt door het inzicht in onze nietigheid bevestigt de waarheid van het woord van de Heer, Die zeide: "Zonder Mij kunt gij niets doen".[63]

De harde woorden zijn in wezen een roeping tot berouwvolle bekering, die het hart van de mens verfijnt opdat hij het woord van Gods genade kan bevatten en dit kan overdragen tot nut en opbouw van de naaste. Het betreft hier dus de vervulling van het tweevoudige gebod der liefde, waarop de Wet, zowel als het onderricht van de profeten, gebaseerd zijn.

---

[58] Rom.12:2.
[59] Cf. H.Gregorius Palamas, Homily 11 (PG151,140C); Engelse vertaling in "The Homilies", zie de Bibliografie voor nadere details.
[60] 2Tim.3:16-17.
[61] 2Tim.1:9; Tit.1:2.
[62] LXX Ps.78(79):8.
[63] Joh.15:5.

I. 5
Fundamentele aspecten van het geestelijk leven

De mens als niet-met-handen-gemaakte tempel Gods

Wat is nu waarlijk datgene wat de mens tot zulk een luisterrijke en wondere tempel van heiligheid maakt? De sleutel voor het antwoord hierop is te vinden in Gods woorden tot Salomo, toen deze de bouw van de Tempel voltooid had, die aan de Heer was toegewijd: "En de Heer zeide tot hem: Ik heb de stem van uw gebed gehoord, en de smeekbede waarmee gij gesmeekt hebt voor Mijn aanschijn; Ik heb u gedaan naar al uw gebed; Ik heb dit huis dat gij gebouwd hebt geheiligd om aldaar Mijn Naam te stellen tot in eeuwigheid, en Mijn ogen zullen aldaar zijn, en Mijn hart, te allen dage".[1] "En Ik zal wonen temidden van de zonen van Israël".[2]

Datgene wat de tempel Gods luisterrijk maakt, is Zijn wondere en genadevolle Aanwezigheid. Het is een plaats waar de mens voortdurend strijdt om de Naam van God vast te houden en om zo Zijn genade en Zijn welbehagen aan te trekken, voor zichzelf en voor de gehele wereld. De tempel Gods is de plaats die bij uitstek geheiligd is door Gods genade. Het is bovendien de gewijde moederschoot die heiligen vormt. Het maakt hen tot tempels van de levende God; tempels die niet door menselijke handen gemaakt zijn, maar door de wondere Aanwezigheid van de Heilige Geest, precies zoals de Heer zeide: "Gij zijt tempels van de levende God, zoals God zeide: Ik zal in hen wonen en Ik zal onder hen wandelen, en Ik zal hun God zijn, en zij zullen Mij tot volk zijn".[3]

De geestelijke vader en stichter van ons klooster, archimandriet Sophrony, droeg ons enkel die elementen over van de Athonitische traditie, die ons zouden kunnen helpen om de heilige berg Gods te worden – de plaats waar God woont. Om reden van onze zwakheid

---

[1] 1Kon.9:3 (LXX 3Kon.).
[2] 1Kon.6:13 (LXX 3Kon.)
[3] Cf. 2Kor.6:16.

en de ongehoorde omstandigheden van de tegenwoordige westerse wereld, vereenvoudigde oudvader Sophrony in zekere zin de veelvormige monastieke praktijk en benadrukte die punten die het wezen vormen van de gewijde Traditie en die onontbeerlijk zijn voor de vervulling van de monastieke roeping.

De voortdurende Aanwezigheid Gods in ons hart is een levenswerk, en het bewaren daarvan is de roeping en de zending van elke Christen, doch nog zoveel te meer van de monniken.

Om de fundamentele aspecten te tonen van het geestelijk leven zullen wij ons beperkten tot de drie voornaamste elementen, waarop oudvader Sophrony bijzondere nadruk legt: de Goddelijke Liturgie, het aanroepen van de Naam van Christus, en het woord Gods.

a) De Goddelijke Liturgie

Naar het inzicht van oudvader Sophrony is de Goddelijke Liturgie een goddelijke handeling die zowel de geschapen als de ongeschapen werkelijkheid omvat, de tijd en de eeuwigheid. Van de kant van het gebed bezien noemt hij de Liturgie hypostatisch gebed. Dit past de mens als hypostase of persoon "naar het beeld en naar de gelijkenis" van de Hypostatische of Persoonlijke God. De Oudvader benadrukt daarbij dat de Goddelijke Liturgie zodanig gestructureerd is en door zulk een geest overschaduwd wordt, dat dit het "werk" van Christus op aarde in ons bewustzijn grift en inspireert tot het schouwen van Zijn ethos en Zijn leven, wat het intellect en het hart van de mens vervoert. Wanneer wij de weg van Christus volgen, zoals deze ons geopenbaard wordt in de Goddelijke Liturgie, dan beginnen wij Christus te ontvangen als onze Metgezel, zoals de drie heilige Jongelingen in de vuuroven van Babylon of de twee leerlingen op de weg naar Emmaüs.

Oudvader Sophrony vereenzelvigt het liturgische gebed met het gebed van Christus in Gethsémane, dat wil zeggen, het gebed dat Hij "eens voor altijd" opdroeg aan God de Vader voor het heil van de gehele wereld. Dit wereldomvattende gebed bestrijkt volgens de oudvader de geschiedenis en de tragedie van heel de mensheid.[4] Tijdens de Goddelijke Liturgie werd zijn geest geheel beheerst door

---

[4] Cf. "We Shall See Him", GK p.349 (ed.⁵2010: p.295).

het schouwen van Christus Die opgaat tot Golgotha met het gebed van Gethsémane in Zijn hart, Die sterft aan het Kruis en opstaat op de derde dag, en mét Zich heel de Adam doet opstaan, voor Wie Hij gestorven was.

Tijdens de Goddelijke Liturgie is het gebed, door de kracht van de eeuwige Geest, werkzaam op het ontologische niveau. Daar overstijgt de mens zijn psychologische staat en verruilt hij zijn geschapen en vergankelijke leven voor het ongeschapen en onvergankelijke leven van de opgestane Zoon van God. Oudvader Sophrony, die al de fundamentele vormen van het monnikschap beleefd had – het cenobitische, het hesychastische en het herderlijke: eerst als monnik in een coenobium,[5] vervolgens als kluizenaar, en tenslotte als geestelijke vader en hegoumen – verzekerde ons dat er in deze tegenwoordige wereld geen volmaaktere wijze van eredienst aan God bestaat dan de Goddelijke Liturgie, en dat de Liturgie op het niveau van het gebed dezelfde vruchten draagt als het hesychastische gebed. Tevens voegde hij daaraan toe dat er in onze dagen geen geschikte omstandigheden meer bestaan voor het hesychastische gebed, zoals deze in het verleden bestonden. De nadruk die hij legde op de Goddelijke Liturgie was zo intens, dat deze in zijn Klooster de fundamentele ascese werd en het centrum van het leven.

Het is dus in de Goddelijke Liturgie dat wij worden tot heilige berg of tempel van de Levende God. Door de Goddelijke Communie woont de kracht van de Aanwezigheid van Christus diep in ons wezen, zoals de Heer Zelf ons verzekert: "Wie Mijn vlees eet en Mijn bloed drinkt, blijft in Mij, en Ik in hem".[6] De apostel Paulus bevestigt deze zelfde ervaring van volheid, zeggende: "Die zelfs Zijn eigen Zoon niet heeft gespaard, maar Hem voor ons allen heeft overgeleverd, hoe zal Hij ons, mét Hem, niet ook met alle dingen begenadigen?"[7]

---

[5] De benaming 'coenobium' (Grieks:'*koinobion*', van *'koinos'* = gemeenschappelijk, algemeen & *'bios'* = het aardse leven) betreft de monastieke gemeenschap die gekenmerkt wordt door het feit dat heel de leefwijze van de monniken gemeenschappelijk is – niet alleen in materiële zin, maar ook m.b.t. het dagelijks programma van diensten, werk, maaltijden, enz. *Noot vert.*
[6] Joh.6:56.
[7] Rom.8:32.

b) Het aanroepen van de Naam van Christus

Opdat een bouwwerk tot tempel Gods wordt, geheiligd en vervuld van Zijn medelijden, dient daarop de Naam van God te worden geplaatst, zoals wij in het begin hebben gezegd. Hetzelfde geldt ook voor de mens. Om te worden tot tempel Gods of tot heilige berg van God, dienen wij te allen tijde de Naam van God te gedenken.

In het Oude Testament is het de aanroeping van Gods Naam die het heil bewerkt. "En het zal zijn, dat eenieder die de Naam des Heren zal aanroepen, zal worden behouden".[8] In het Nieuwe Testament worden de dingen meer concreet, meer tastbaar. De Naam die ons bij uitstek gegeven is door openbaring, is de Naam van de Heer Jezus Christus.[9] De apostel Petrus onderrichtte met goddelijk gezag: "... in geen ander is het heil; want er is ook onder de hemel geen andere Naam, die onder de mensen gegeven is, in welke wij moeten worden behouden".[10] In de apostolische tijd noemde men de leerlingen des Heren "degenen die de Naam aanroepen". Dezen waren het, die de apostel Paulus vóór zijn ommekeer vervolgde: "Is dit niet degene, die te Jeruzalem diegenen uitroeide, die deze Naam aanroepen..?"[11]

De apostel Paulus richtte zijn brieven aan de plaatselijke Kerken, aan diegenen die "geheiligd" waren "in Christus Jezus, de geroepen heiligen, met al degenen die de Naam van onze Heer Jezus Christus aanroepen".[12] Elders maakt hij duidelijk, dat wil deze aanroeping door God aanvaard worden en vruchten dragen van eeuwig leven, dit dient te geschieden "uit een rein hart".[13]

Aldus, overeenkomstig de Orthodoxe Traditie, wordt het aanroepen van de Heer Jezus "uit een rein hart" het doel van elke Christen, en in het bijzonder van de monnik. De ascese van deze aanroeping, al lijkt dit ook eenvoudig, is een grote wetenschap, waarbij iemand heel de duur van zijn leven in de leer is, om het punt te bereiken

---

[8] Hand.2:21; Joël 3:5.
[9] Zie Fil.2:9-11.
[10] Hand.4:12.
[11] Hand.9:21.
[12] Cf. 1Kor.1:2.
[13] 2Tim.2:22.

waar wij hierboven over spraken: het reine hart dat God Zelf aanschouwt, overeenkomstig Zijn belofte.[14]

Het doel van het gebed door de aanroeping van de Naam des Heren is dat de mens zich ten volle zal kunnen overleveren aan de Aanwezigheid van de Levende God. Deze Aanwezigheid is buitengewoon weldadig en genezend. Dit doet geest der boosheid verdwijnen en geneest het intellect en het hart van de mens. Het verenigt zijn wezen en voltooit hem. Bij zijn voltooiing heeft de mens maar één gedachte, één gerichtheid van geest, één verlangen, en hij aanbidt de Drieëne God "in geest en waarheid".[15] Hij jaagt na deze staat te bereiken door het gebed van berouwvolle bekering en door het éénwoordelijke gebed, zoals het Jezusgebed ook wel wordt genoemd.

De Naam van Jezus Christus is onafscheidelijk van Zijn Persoon. Hem aan te roepen, met intensiteit en nederigheid, trekt daarom de kracht van de Heilige Geest aan. Het geheim ligt in de intense aandacht en de nederigheid – dit zijn de verborgen aspecten die het Jezusgebed vruchtbaar en doeltreffend maken. In de beoefening ervan vinden we twee elementen, die in harmonische eenheid dienen te zijn. Het éne is uiterst klein, het andere groot: Het eerste is de inspanning van de mens zich in zijn hart te concentreren en zijn geest nederig gestemd te maken, om het grote deel te ontvangen, dat is, de genade van de Heilige Geest: "...niemand kan zeggen 'Heer Jezus', dan alleen in de Heilige Geest".[16] De theoretische kant van deze ascese is eenvoudig. Doch het zich inprenten, het ingriffen van de Naam van Jezus, diep in het hart, en de onafgebroken innerlijke herhaling daarvan, vereist grote manmoedigheid en is een geschenk van de goddelijke genade.

Met betrekking tot het Jezusgebed zijn in het verleden vele boeken geschreven, en evenzo in de laatste decennia. Wij zullen hier niet refereren aan de vele details; wat dit betreft zullen wij slechts één element markeren: Het Jezusgebed, dat ook gekarakteriseerd wordt als 'éénwoordelijk gebed', is het gebed van één enkele gedachte. De eenvoud ervan maakt dit gebed uiterst veeleisend. Om te beginnen concentreren wij ons intellect op de zin

---

[14] Cf. Mt.5:8.
[15] Joh.4:23.
[16] 1Kor.12:3.

van de woorden van het gebed, waarbij wij het intellect verzamelen in het bovenste deel van het hart. Zo vermijden wij de verstrooiende werking van de verbeelding en de verkleefdheid aan de geschapen wereld, zoals dit geworden is sinds de val van de mens. En ten tweede, zoals wij reeds hebben genoemd, trainen wij het hart en het intellect om te leven met slechts één gedachte, de gedachte aan God, vergezeld van een gezindheid van diepgaande bekering.

Deze ascetische inspanning verwekt verbrokenheid in het hart en maakt dit gevoelig voor de geestelijke pijn. Het hart wordt het centrum van onze hypostase. De geestelijke pijn van het hart trekt het intellect aan, dat uiteindelijk daarin verankerd raakt. Het intellect en het hart worden verenigd en gesterkt door de genade. De vereniging van het intellect en het hart is een genezend proces, dat – zoals wij gezegd hebben – verwezenlijkt wordt door het harmonisch samengaan van het Goddelijke en het menselijke element. De mens wordt genezen en vervolmaakt door zijn eigen inspanning en de genade van God. Hij bereikt de natuurlijke geestelijke staat en raakt zo in staat het grootste goddelijke gebod te vervullen: "Gij zult liefhebben de Heer uw God, uit geheel uw hart, en uit geheel uw ziel, en uit geheel uw kracht".[17] Het verlangen naar God beheerst dan heel het wezen van de mens.

Gedurende deze strijd, die wij hierboven beschreven hebben, leren wij vele verschijnselen kennen van het mystieke leven in Christus. In het streven ons intellect in het hart te houden, het te concentreren op de éne enkele gedachte aan God, leren wij langzaamaan niet onwetend te zijn aangaande de denkbeelden van de vijand, zoals de apostel Paulus schrijft.[18] Bovendien leren wij door het éénwoordelijk gebed om van God de denkbeelden aan te grijpen die het hart uitbreiden, en "elk denkbeeld krijgsgevangen te maken tot gehoorzaamheid aan Christus".[19] Dan werkt alles op zodanige wijze, dat het bijdraagt aan de heiliging door de liefde in de Geest. Tevens functioneert de waakzaamheid van het intellect op natuurlijke wijze, want Hij Die de troon van ons hart bezit, "is groter dan hij die in de

---

[17] Dt.6:5 (LXX); Mt.22:37.
[18] Cf. 2Kor.2:11.
[19] Cf. 2Kor.10:5.

wereld is".[20] De geest van oudvader Sophrony richtte niettemin zijn blik altijd op de uiterste grenzen van de mogelijkheden van de geschapen menselijke natuur. Wat het gebed betreft, sprak en schreef hij over het reine gebed in de Heilige Geest. Om een zekere definitie te geven zeide hij, dat het reine gebed een staat is, waarin de mens zelfs geen besef heeft van zijn lichaam, maar God ziet van aangezicht tot Aangezicht in het ongeschapen licht. Dit is werkelijk de staat van de goddelijke aanneming.[21] Oudvader Sophrony, zoals ook zijn leermeester, de heilige Silouan de Athoniet, baden dat de zegen van zulk gebed het bezit zou worden van alle mensen.

Oudvader Sophrony, die de fundamenten legde van het leven in ons klooster, zei over het gebed, dat dit een "nimmer-eindigende schepping" is.[22] En dat is juist. Omdat de mens, die geschapen is "naar het beeld en de gelijkenis" van God, door middel van het gebed Zijn Schepper navolgt, Die in onze natuur het zaad heeft gelegd van deze grootste deugd en heerlijkheid.

Door het aanroepen van de Heilige Naam van onze God en Heiland wordt de nederige geest geïnstalleerd in het diepe hart. Daar ontvangen wij "de Geest der aanneming, door Wie wij roepen: Abba, Vader".[23] Dezelfde Geest begenadigt de mens met het waarachtige gebed en "pleit voor ons met onuitsprekelijke verzuchtingen".[24] Zo overheerst de genadevolle Aanwezigheid van God in de mens, die tot heilige berg of tempel van God wordt: "Want de tempel Gods is heilig, en dat zijt gij".[25]

c) Het woord Gods

De mens wordt tot tempel Gods, wanneer hij overvloeit van ijver voor het woord Gods. Wanneer dit woord de mens bezoekt, dan wordt heel zijn wezen omgevormd tot tempel Gods. "Levend immers

---

[20] Cf. 1Joh.4:4.
[21] Cf. "Saint Silouan", GK p.127-128, 182 (ed.¹⁵2013: p.123, 176), EN p.102, 141, NL p.114, 150; zie "We Shall See Him", GK p.280-282, 312-313 (ed.⁵2010: p.238-239, 265), EN p.182-183.
[22] "On Prayer", GK p.15 (ed.³2010: p.15), EN p.9.
[23] Rom.8:15.
[24] Rom.8:26.
[25] 1Kor.3:17.

is het woord Gods, en vervuld van energie, en scherpsnijdender dan enig tweesnijdend zwaard, en het dringt door tot aan de verdeling van ziel en geest, en van gewrichten en merg, en het oordeelt de overwegingen en de intenties van het hart".[26]

Het woord Gods beheerst de mens. Tezamen daarmee dringt de kracht der genade in hem binnen, die hem zodanig inspireert en verlicht, dat Christus in zijn hart woning neemt.[27] De mens die het woord Gods op bovenstaande wijze in de wereld brengt, wordt tot profetisch teken van God voor zijn generatie. Door de genade van God schenkt zijn woord een innerlijke verzekering aan de harten van zijn medemensen, zodat zij een oplossing kunnen vinden in hun menigvuldige moeilijkheden.

Reeds vanaf de vierde eeuw begonnen vele asceten "de woorden en heldendaden van de roemrijke oudvaders" op te schrijven. Deze geschriften worden bestudeerd als heilige teksten en innig geliefde lezingen, in het bijzonder in monastieke kringen, omdat de schrijvers en hun verzamelaars eenvoudige en heilige mensen waren, die het onderricht uitdrukten op eenvoudige en ongekunstelde wijze, in een streven naar het nut van velen. Hun reine hart ontving Gods woorden, en zijzelf of hun leerlingen schreven deze neer als herinnering voor zichzelf en tot nut van hun broeders, de ledematen van de Kerk. De eerste aanraking met het woord Gods was voor hen een alles-doordringende gebeurtenis. Maar ook de daaropvolgende herinnering hieraan was in hun hart werkzaam met een vernieuwende kracht, die hun schreden richtte in de sporen van de Aanwezigheid van Christus, de Mond van God. De uitspraken van de Oudvaders bieden niet de wijsheid van de 'verstandigen' van deze wereld, maar vormen een gewijde en scheppende vertelling, die de harten van hun leerlingen innerlijk verzekert van de genade, en in hen het heilige beeld afdrukt van hun Formeerder.

Het "Gerondikon" als toegepast Evangelie, vormt een eerbiedwaardige inleiding in het geestelijk leven, waarin men wordt ingewijd door de neerslag van de heilige ervaring van eeuwen. Het is een onweerlegbare waarheid, dat "zonder heiliging niemand de Heer

---

[26] Hebr.4:12.
[27] Zie Ef.3:17.

zal zien".²⁸ Toch hebben zelfs diegenen "in wie geen plaats is" voor de geest van het "Gerondikon" nut van de lezing daarvan. Zij verkrijgen zo het besef van hun zwakheid, berispen zichzelf, en worden aldus behouden.

Door de nederige nederdaling van de Heer Jezus tot de nederste delen der aarde, en vervolgens Zijn opgang tot boven de hemelen, werd het woord Gods aan de mens gegeven en werd het ons vertrouwd. Deze nederdaling en opgang vormen de weg des Heren, die leidt tot de waarheid en tot de "overvloed" van het leven.²⁹

Door het gebed wordt het woord Gods ontvangen in het hart van de mens. De profeet Jesaja zegt, dat wanneer een bepaald woord "uitgaat uit de mond" van God, dit geen rust heeft en niet ledig terugkeert, voordat het eerst zijn werk heeft volbracht.³⁰ De geestelijke vaders van de Kerk van Christus verrichten de dienst van dit profetische werk van het goddelijk woord.

De geestelijke vader, door de strijd van zijn leven in bekering opdat hij moge verblijven op de nederige weg van de Heer, treedt binnen in Diens Aanwezigheid – omdat, zoals de Heer Zelf verzekerde, Hij de Weg, de Waarheid en het Leven is.³¹ De Aanwezigheid van de Heer reinigt en verfijnt het hart van de geestelijke vader. Als hij onophoudelijk op deze weg verblijft en zijn toevlucht neemt tot God met pijn in zijn hart, vurig zoekend naar het kennen van de goddelijke wil en een passend woord om deze uit te drukken, om dit over te dragen tot nut en inspiratie van zijn broeders, dan zal zijn hart vast en zeker een woord ontvangen, als een eerste en onvermoede gedachte die in hem verwekt wordt.

Het woord Gods dat de geestelijke vader overdraagt aan de gelovigen, is vaak beknopt of zelfs maar één woord. Doch het is beladen met de energie van de genade en met een indrukwekkend gezag, dat de ziel van de ontvanger overtuigt van de herkomst ervan. De Heer zeide: "Mijn onderricht is niet van Mij, maar van Hem Die Mij gezonden heeft; zo iemand Zijn wil zou willen doen, hij zal van dit onderricht herkennen, of dit uit God is, of dat Ik uit Mijzelf

---

[28] Cf. Hebr.12:14.
[29] Joh.10:10.
[30] Cf. Jes.55:11.
[31] Cf. Joh.14:6.

spreek".[32] Degene die het woord van de Oudvaders aanvaardt, is overtuigd van de goddelijke herkomst ervan. De priesters, als monden van het woord Gods en getuigen van de levenschenkende genade van de opgestane Jezus, zouden dit gezag moeten najagen, en niet het gezag dat slechts verleend wordt door de gebeurtenis van hun priesterwijding.

In zijn boek "Over het gebed" schrijft oudvader Sophrony: "Een kort antwoord, maar het woord Gods brengt in de ziel een nieuwe, bijzondere gewaarwording van het 'zijn'. Het hart ontvangt de ervaring van een volheid van lichtdragend leven. Plotseling verstaat het intellect tot dan toe verborgen betekenissen. De nabijheid van God begeestert ons. De aanraking van Zijn scheppende kracht doet ons herleven".[33] Op een ander punt schrijft hij wederom: "Hij uit een beknopte zin, maar een heel leven is ontoereikend om de inhoud ervan in ons op te nemen".[34] Met andere woorden, het woord Gods dat in het hart ontvangen wordt door het gebed, verandert ons leven en doet de geest van de mens wedergeboren worden.

Als de heilige oudvaders niet hun eigen woord uitspreken, maar de woorden die de Heilige Geest hun schenkt nadat zij dit in gebed hebben gezocht, dan is duidelijk dat ook de nadering en de aanvaarding van de ontvanger daarvan vergezeld dient te gaan van geloof, nederig gebed en een geest van gehoorzaamheid. Wanneer de voorwaarden voor het uitspreken en het ontvangen van het woord Gods vervuld worden, dan voltrekt zich het vernieuwende werk van het goddelijk woord omwille van het heil van de mens.

---

[32] Joh.7:16-17.
[33] "On Prayer", GK p.52 (ed.^{3}2010: p.48), EN p.35.
[34] Ibid., GK p.57 (ed.^{3}2010: p.52), EN p.38.

I. 6
De tweevoudige visie in het geestelijk leven

Het geestelijk leven kan beginnen met kleine dingen, maar het is mogelijk te eindigen met het grote geschenk van het heil. Het begin van ons heil is gebaseerd op het woord van Christus Zelf, onze Heiland. Wij geloven in Zijn woord, en het geloof bewerkt in ons het schouwen: Wij zien onze geestelijke armoede. Wanneer wij ervaring verwerven van onze geestelijke staat, beginnen wij daar bezorgd om te zijn, te strijden om niet in onze armoede te blijven. Dan, langzaamaan, komt de genade van de Heilige Geest en reinigt onze geestelijke blik, opdat wij kunnen zien waarin wij tekortschieten. Nadat wij namelijk eerst op meer heldere wijze de gedaante van de Heer Jezus hebben gezien, die in ons hart wordt afgedrukt, zien wij onze tekortkomingen.

De Heer Zelf zegt in het Evangelie: "Want één is uw leermeester, namelijk Christus"[1] – Gij hebt één leermeester: Christus. Maar hoe gebeurt dat?

Christus is onze Leermeester door de heilige woorden die Hij uitte en die blijven tot in eeuwigheid. Wijzelf, gebaseerd op ons geloof, streven ernaar ons leven te bouwen op het fundament van Zijn woorden. Maar het Evangelie is niets anders dan Christus Zelf. Degene die Christus heeft gezien, heeft ook Zijn woord in zijn hart, levend, sprekend en werkzaam. Dit doet ons denken aan het woord van de apostel Paulus, die zegt dat hij het Evangelie dat hij verkondigde ontvangen had door openbaring, en niet van de mens.[2] Hoe geschiedde dat? De apostel Paulus had de Heer niet in het vlees gezien, noch was hij Diens volgeling geweest. Doch hij zag Hem in de Heilige Geest, toen hij werd "weggevoerd tot in de derde Hemel",[3] en toen kende hij in één ogenblik heel het Evangelie.

In de grote pijn die verwekt wordt door het godwelgevallige

---

[1] Cf. Mt.23:8.
[2] Cf. Gal.1:12.
[3] Cf. 2Kor.12:1.

lijden en de bekering, wendt de mens zijn persoon geheel en al tot God. Dan wordt zijn wezen verenigd en zijn Leermeester wordt Christus Zelf. Op deze wijze kan de mens zijn bestemming bereiken: God lief te hebben uit geheel zijn hart, uit geheel zijn verstand, uit geheel zijn wezen.[4] In dit tweevoudige schouwen, van enerzijds de zachtmoedige en nederige God, en anderzijds zijn persoonlijke armoede, gaat de mens van de ene volheid van liefde op tot een nog grotere volheid.

Maar hoe zal de mens de volheid der liefde vasthouden? In de praktijk ziet hij hoe hij daar voortdurend uit wegvalt. Om deze genade niet te verliezen, dient hij te leren haar te bewaren door de geestelijke treurnis, want, zoals de Vaders zeggen, "de godwelgevallige treurnis bewerkt en bewaart".[5] Dat wil zeggen, deze vervult het gebod dat God in het begin aan Adam gaf, toen hij hem zeide het paradijs te bewerken en te bewaren. Kort gezegd, de heilige treurnis bewerkt en bewaart het paradijs in ons.

Doch hoe bereiken wij die zalige staat, die ook door de profeten voorzegd werd? Jeremia zeide, dat er dagen zullen komen, waarin God aan de mensen Zijn Geest zal geven, en Die zal Gods Verbond ingriffen in hun hart en in hun verstand. Tevens zag Ezechiël in een gezicht de wagen der Cherubim, waarop de Heer gezeten was.[6] En deze twee profeten zijn voorafbeeldingen, zoals de Vaders ons zeggen, van de staat van de ziel wanneer deze op Christelijke wijze leeft. Met andere woorden, wij kunnen niet Christelijk leven als onze denkbeelden niet beheerst worden door de goddelijke denkbeelden, en als wij niet met heel onze aandacht, met heel onze kracht, de schat der genade bewaren die God ons heeft toevertrouwd. De heilige Makarius van Egypte zegt, dat de mens die verwaardigd werd deze genade in zichzelf te dragen, geheel aandacht wordt, geheel en al oog;[7] hij heeft noch voorzijde noch achterzijde, hij is geheel en al aangezicht. Dit dient in de ziel te geschieden, als zij Gods genade wil bewaren.

---

[4] Zie Mk.12:30.
[5] Cf. HH.Barsanuphius en Johannes, «Κείμενα Διακριτικὰ καὶ Ἡσυχαστικὰ (Ἐρωταποκρίσεις), ἐκδ. Ἑτοιμασία, Ἀθήνα, τομ. Β', antwoord 256 (p.96).
[6] Cf. Jer.38:33; 39:40-41; Ez.43:3; Sir.49:8.
[7] Cf. Makarius van Egypte, «50 Πνευματικὲς Ὁμιλίες», εκδ. Σχοινᾶ, Βόλος 1964, p.23 (Homilie XXXIII, 2, PG 34:741D).

Wanneer de mens wordt ingewijd in deze tweevoudige visie, dat wil zeggen, aan de ene kant het schouwen van zijn Oerbeeld, dat is, de Heer Jezus Zelf, en aan de andere kant het schouwen van zijn eigen gruwel, dan wordt hij gewond door een grote geestelijke pijn, die het geestelijk oog wordt van de mens. Het geestelijk leven is ondenkbaar zonder deze pijn van het hart. Deze pijn, zoals ook de heilige Barsanuphius zegt, schenkt de mens de mogelijkheid zijn denkbeelden, zijn gedachten, te onderscheiden. Zo komt de mens tot de vervulling van het woord van de grote Apostel: "want wij zijn niet onwetend aangaande zijn denkbeelden".[8] Dat wil zeggen, de denkbeelden van de duivel worden vreemd aan de natuur van de mens die ééngeworden is in deze heilige pijn.

Degene die gevestigd is in deze tweevoudige visie, heeft voortdurend goede veranderingen van het hart, en het is mogelijk dat hij vreemdsoortige bezoeken ontvangt van Gods genade, zoals de vervoering door Diens Geest en de ontvangst van grote gaven. Dan wordt het woord van de Apostel verwezenlijkt, dat ons heil begint door het woord van Christus, maar dat daarna God Zelf komt om dit te bevestigen door tekenen en wondertekenen, door velerlei krachten en bedelingen van de genadegaven van de Heilige Geest.[9] Wanneer de mens dit onvergankelijke gewaad verwaardigd wordt, dit geestelijk en lichtend kleed, dan wordt hij geheel bevangen door een eerbied en godvrezendheid, die niet toelaten dat zijn intellect zich tot de aarde neigt.

De energie van Gods liefde is zodanig dat de gelovige het gevoel heeft, zoals de heilige Simeon de Nieuwe Theoloog zegt, dat hij met allen kan omgaan, met allen in aanraking kan komen, maar door niets wordt bezoedeld en door niemand beïnvloed wordt.[10] Of zoals onze heilige vader Silouan zegt, de mens wandelt op de aarde, hij werkt met zijn handen, uiterlijk gedraagt hij zich zoals iedereen, maar met zijn intellect verblijft hij in God.[11]

Vanaf het begin van mijn opleving in Christus werd mijn ziel

---

[8] 2Kor.2:11.
[9] Cf. Heb.2:3-4.
[10] Cf. H.Simeon de Nieuwe Theoloog, «Κατηχήσεις» 1, 81-83, "Sources Chrétiennes", vol.96, p.230. (Engelse vertaling, zie "Discourses", I §3, p.43.)
[11] Zie "Saint Silouan", GK p.513-514 (ed.^{15}2013: p.491), EN p.410, NL p.431.

bekoord door een vers uit het Lukas-evangelie, en ik streefde ernaar de zin daarvan te begrijpen. Al denk ik niet dat ik de volle zin ervan zal kunnen bevatten, toch zou ik dit willen aanhalen. De heilige Evangelist zegt: "...toen de dagen van zijn opneming vervuld werden, zo richtte Hij Zijn aangezicht om naar Jeruzalem te gaan".[12] Hier zien wij dat de mens Christus Jezus ons een houding ten voorbeeld geeft: Zijn aangezicht, zegt het, was "gericht" – het was 'vastgezet' op Jeruzalem. En wij allen weten wat deze gang naar Jeruzalem betekende; dit betekende de vervulling van de wil van de Hemelse Vader en het heil der wereld. Met die gedachte en met dat doel was de Heer in de wereld gekomen. De profeet David en de apostel Paulus leggen de volgende woorden in de mond van de Heer, toen Hij het wereldrijk binnentrad: "Zie, Ik ben gekomen, o God, om Uw wil te doen".[13]

Voor ons is deze tweevoudige visie onontbeerlijk: aan de ene kant de gedaante van Jezus, voelbaar afgedrukt in ons hart, en aan de andere kant de gedaante van ons leven, gewond door de menigte van zondige daden. Door deze tweevoudige visie wordt het leven in Christus het enige programma voor het bestaan van de mens – het bewaren van de wil van de Hemelse Vader. Hier ligt het unieke doel van ons leven. Voor de gelovige is dit het enige natuurlijke leven. Wanneer de tweevoudige visie krachtig in de mens gevestigd is, dan maakt dit hem dood voor de zonde, en het maakt in hem het volmaakte geloof werkzaam dat vol is van manmoedigheid.

De mens kent aan de ene kant zijn eigen zwakheid en beeft daarvoor, en aan de andere kant de zwakheid van God, dat is, Zijn oneindige barmhartigheid. De Christen weet dat God in de wereld gekomen is "om zondaars te behouden, van wie [hijzelf] de eerste" is.[14] Hij weet dat de God die hij dient – de God waarop hij heel zijn leven en zijn hoop heeft gezet – gekomen is om alle mensen te behouden, en dat Deze niet wil dat iemand verloren gaat.[15] En dit verwekt een jubelen in zijn binnenste.

Wanneer de mens door God waardig geoordeeld wordt, dan

---

[12] Lk.9:51.
[13] Hebr.10:9; cf. LXX Ps.39:8-9 (40:7-8).
[14] Cf. 1Tim.1:15.
[15] Cf. 1Tim.2:4.

wordt de diepe geestelijke droefheid gevolgd door dit tweevoudige schouwen. Hij ziet wat het doel is van het leven van de mens, maar hij beseft dat niet allen deze zalige weg vinden. Dan, zoals de heilige Silouan zegt, draagt hij in zijn hart een grote droefheid, omdat niet allen behouden zijn, en hij wenst voor allen een rijkdom aan goede dingen en het heil. Dus de tweevoudige visie vervult hem aan de ene kant met dankbaarheid, met dankzegging, met een vurige liefde voor God, aan de andere kant met haat jegens zijn eigen zondigheid. Op deze wijze neemt de gelovige de geest van God in zich op, die niets anders is dan de geest die Christus Zelf ons getoond en gegeven heeft door Zijn Kruis, Zijn dood en Zijn Opstanding. De mens neemt de geest van liefde in zich op, van menslievendheid, van barmhartigheid, van mededogen. Hij vergeeft alle mensen hun feilen, en toont barmhartigheid jegens allen, waarmee hij het apostolische gebod vervult: "Verdragende elkander, en elkaar onderling begenadigend zo iemand een grief heeft tegen iemand; zoals ook de Heer ulieden begenadigd heeft, doet ook gij alzo".[16]

Het medelijden jegens allen bewaart ons voor de hoogmoedige veroordeling van onze broeder, en aldus bewaart dit de geestelijke staat, de schat der genade die God ons heeft toevertrouwd. Dan wordt de God Die in ons troont "groter dan [de boze] die in de wereld is". Juist dit is de meest volmaakte, de meest effectieve wijze om ons intellect en ons hart te bewaren, hetgeen wij nodig hebben om het verbond te bewaren dat wij gesloten hebben met onze God.

"Neig mijn hart tot Uw getuigenissen, o Heer, volgens Uw heilige verbond".[17]

---

[16] Kol.3:13.
[17] Cf. LXX Ps.118(119):36.

II

Het woord Gods en de Goddelijke Eredienst

II. 1

De Christelijke verkondiging

De Christelijke verkondiging is het woord van het Lichaam van Christus, de stem van de genadevolle Aanwezigheid van de Heilige Geest, de geheimnisvolle taal van de Heilige Kerk, de school van de gehoorzaamheid des geloofs, de inwijding in "de goede en welgevallige en volmaakte" wil van God.[1]

De verkondiging is vooral een woord over Christus. Het is een woord dat verhaalt van de grote werken Gods, zoals die geopenbaard werden door de verheerlijking van de Zoon van God. In de Persoon van de Heer Jezus heeft God Zijn volmaakte liefde voor de mens geopenbaard. Aldus blijft Hijzelf voor altijd "waarachtig" en "gezegend tot in eeuwigheid",[2] terwijl "ieder mens leugenachtig"[3] is en "zonder verontschuldiging".[4] Zoals de apostolische stem zegt: God, "Die zelfs Zijn eigen Zoon niet heeft gespaard, maar Hem voor ons allen heeft overgeleverd, hoe zou Hij ons, mét Hem, ook niet met alle dingen begenadigen".[5] Wanneer deze eeuwige waarheid verkondigd wordt met geloof en vreze, is dit overtuigend en draagt genade over op de toehoorders – het draagt de kracht over van Gods nederige liefde, die verzekering schenkt aan de geest, de harten tot rouwmoedigheid brengt en het leven van de ontvangers doet herleven.

Door de Priesterwijding worden de priesters verwaardigd getuigen te zijn van het grote mysterie van Christus, en herauten van Zijn wondere daden. Het is echter noodzakelijk dat zij twee fundamentele zaken in herinnering houden. Ten eerste, dat de Heer ons behouden heeft door de zwakheid van Zijn liefde en niet door de almacht van Zijn Goddelijkheid. En ten tweede, dat Hij dagelijks zorg voor ons draagt door de nederige hand van Zijn volmaakte Voorzienigheid. Hij trekt ons aan doordat Hij Zich op onbeschrijfe-

---

[1] Rom.12:2.
[2] Rom.3:4; 9:5
[3] Cf. Rom.3:4.
[4] Cf. Rom.1:20.
[5] Rom.8:32.

lijke wijze nederbuigt, zonder ons beschaamd te doen staan door Zijn rechtvaardigheid en Zijn grootheid. Bijgevolg dient ook het woord van de verkondiger nederig te zijn, zodat het troostend wordt, zoals de Heer als bevel aan zijn priesters aanzegt: "Troost, troost mijn volk".[6]

Wanneer de verkondiging nederig is, draagt zij sporen van liefde en wijsheid over, die de eigendunk van de geschapen kennis vermorzelen – sporen van een liefde, die de vrijheid van de ander eerbiedigt, en van een wijsheid, die de onrechtvaardigheid van de zonde onthult.

God heeft ons uit niets geschapen en ons geëerd door ons te vormen naar Zijn beeld en naar Zijn gelijkenis. Maar zelfs na de val in de zonde, en het verlies van Zijn heerlijkheid, is God wederom trouw, en onveranderlijk leeft Hij samen met ons de menselijke tragedie. De mens blijft het vaste 'doelwit' van de onophoudelijke goddelijke zorg, die zijn hernieuwing en herstel zoekt in de oorspronkelijke eer die de Formeerder hem geschonken had. De heraut van de goddelijke goedheid heeft het voorrecht medewerker van God te worden in Gods werk voor de herschepping van de kinderen des Hemels. Deze dienst van de verzoening der mensen met God-de-Heiland is vol van nimmer aflatende inspiratie. De verkondiger doet al het mogelijke opdat de Heer zal worden grootgemaakt bij de oogst der zielen. En voor elke ziel, voor wie hij samenwerkt opdat deze moge terugkeren "uit de dwaling" en behouden worde, zal hij zijn loon ontvangen.

De leerlingen van Christus verkondigen te allen tijde in overeenstemming met de Heilige Schriften, die van begin tot eind spreken over Christus. Hun persoonlijke band met de opgestane en levende Christus maakt hen "van God geleerd",[7] zodat zij de goddelijke openbaring met inspiratie kunnen uitleggen. Het evangelie van hun persoonlijke ervaring legt de betekenis van de Schriften voor hen open. Dan brengt de Geest de letter tot leven, en getuigen de gegevens der openbaring van Christus, Die gekomen is om de wereld te behouden en Die zal wederkomen om te oordelen de levenden en de doden.

In deze laatste dagen van ons tijdperk zijn de hartstochten der

---

[6] Jes.40:1.
[7] Cf. Joh.6:46; Jes.54:13.

oneer uitgemond in een kunst van uitdaging tot zo intens mogelijk genot, omdat de mensen de levende hoop op het eeuwige leven verloren hebben. En dit leidt tot verwoesting van de ziel. Ter compensatie verkondigen de herauten van Christus aan hun generatie de onvergelijkelijke rijkdom van de genadegaven van de Heilige Geest en de onvergankelijke vertroosting die deze in de ziel teweegbrengen. Zij tonen elk gebod, elk woord van Christus als een potentiële geestelijke genadegave, en met apostolische overtuiging leggen zij hun tijdgenoten voor: "Want voor u is de belofte en voor uw kinderen".[8] Met andere woorden, elke mens kan zich baseren op het woord van Jezus en daar zijn persoonlijk experiment mee doen. Dan zal hij niet meer onbeproefd zijn, maar hij zal de innerlijke kennis bezitten van de genade "des heils" van Christus. Daarom zei ook de grote Paulus, nadat hij gesproken had over de genadegaven Gods: "Onderzoekt uzelf of gijlieden in het geloof zijt, beproeft uzelf. Of kent gij uzelf niet, dat Jezus Christus in u is? Tenzij dat gijlieden ondeugdelijk zijt.

De genadegaven van de Heilige Geest bewerken een sterke en onvergankelijke vertroosting die elk werelds verlangen overwint. Elk van deze genadegaven brengt de gelovige in aanraking met Christus en verzekert de geest door een onvervreemdbare vreugde. De Heer zelf verzekert ons hiervan: "Doch ik zal u wederom zien, en uw hart zal zich verheugen, en niemand zal uw vreugde van u wegnemen".[9]

In de atmosfeer van de geestelijke genadegaven, zoals bijvoorbeeld de geestelijke armoede en de treurnis van de berouwvolle bekering, wordt alle leed beleefd als tijdelijk, omdat de vertroosting die daarmee gepaard gaat de onwankelbare overtuiging schenkt dat de onzichtbare goederen een "eeuwig gewicht der heerlijkheid" bezitten.[10] En als zodanig vormen zij het enige doel van het leven der gelovigen.

De verkondiging zou zich niet moeten uitputten in onderrichtingen van enkel ethische inhoud. De theologische verkondiging schenkt de mens meer inspiratie, omdat deze beantwoordt aan zijn roeping: "Weest dus gijlieden volmaakt, zoals ook uw Vader, Die

---

[8] Hand.2:39.
[9] Joh.16:22.
[10] 2Kor.4:17.

in de hemelen is, volmaakt is".[11] Wij vergelijken onszelf niet met de mens, maar met de goddelijke maat van de Eniggeboren Zoon van de Vader. In het streven Hem na te volgen, zien wij dat wij ontoereikend zijn. Dan wordt in ons een nederige spanning verwekt en een profetische houding voor het aanschijn des Heren, waarbij wij alle heerlijkheid toekennen aan Zijn Naam, doch aan onszelf de schaamte voor onze onvolmaaktheid en onze armoede. Deze nederigheid echter trekt de genade aan, opdat wij des te getrouwer zullen kunnen zijn als leerlingen van de Geest van Christus, de enige Leermeester.

De profeet Samuël, als "jongen" in de Tempel Gods, hoorde tot driemaal toe de stem des Heren, en pas de vierde maal – en met de hulp van Eli, de priester van de Tempel – kon hij zijn roeping tot de profetische genadegave herkennen en antwoorden: "Spreek, Heer, want Uw dienstknecht hoort".[12] En de verkondiging van de Kerk heeft eveneens tot doel de gelovigen de taal van God te leren, opdat zij Zijn stem kunnen onderscheiden en met geloof de uitnemende Christelijke roeping ontvangen, die leidt tot de genade van de aanneming tot zonen door de Vader van heel de schepping.

De inspiratie voor de verkondiging komt, wanneer het intellect van de priester, die Gods volk liefheeft en de Schriften onderzoekt, zich verenigt met de apocalyptische Geest van de Heer. Het woord Gods wordt gegeven, maar alleen aan de mens die dit zoekt. "Zoekt, en gij zult vinden",[13] zegt de Heer.

---

[11] Mt.5:48.
[12] Cf. 1Sam.3:10 (LXX 1Kon.)
[13] Mt.7:7.

II. 2

De Goddelijke Eredienst

Voor de geestelijke mens is de Goddelijke Eredienst het werk bij uitstek, waarin de waarheid blijkt van zijn schepping "naar het beeld en naar de gelijkenis" van God. Door het voltrekken van de Eredienst wordt datgene verwezenlijkt waar de mens ontologisch toe verwaardigd is: zijn intrede in het feest van de "vervolmaakte" zielen van het hemelse Jeruzalem.[1]

Met de term "Goddelijke Eredienst" bedoelen wij hoofdzakelijk de Goddelijke Liturgie, maar daarnaast ook alle Mysteriën van de Kerk.[2] In de Goddelijke Eredienst is Christus, overeenkomstig Zijn belofte, aanwezig te midden van Zijn gezalfden, dat wil zeggen diegenen die aan Hem deelhebben. Hij verenigt hen in één Lichaam, Zijn Kerk, en wordt hun gemeenschappelijk Hoofd, waarbij Hij hen het leven en de genadegaven schenkt van Zijn Geest.

De Goddelijke Eredienst wordt voltrokken in met-handen-gemaakte tempels, die door Christenen zijn opgericht en opgedragen aan God, opdat daarin de Heilige Mysteriën voltrokken worden en opdat aldaar het woord des Levens "recht wordt gesneden".[3] Een "tempel" is die plaats, die God heiligt – door deze te verzegelen met Zijn Naam en te vervullen met Zijn bijzondere genadevolle Aanwezigheid. Vóór alles is het de plaats van de ontmoeting en het samenzijn van God met de mensen. Daar geschiedt de inwijding van de gelovigen in de genade van de Heilige Geest, hun opbouw tot het heilig Lichaam van Christus, en hun groei "tot heil".[4] Aldaar maakt de Heilige Geest uiteindelijk "een ieder"[5] van de leerlingen des Heren tot niet-met-handen-gemaakte tempel van de Godheid.

---

[1] Cf. Hebr.12:22-23.
[2] In Orthodoxe context is dit de gebruikelijke aanduiding voor alle sacramenten en sacramentele handelingen van de Kerk. *Noot vert.*
[3] Een uitdrukking m.b.t. de Christelijke verkondiging, zie 2Tim.2:15. *Noot vert.*
[4] 1Petr.2:2.
[5] Hand.2:3.

Het is echter te betwijfelen, of alle Christenen wel weten op welke wijze zij Gods tempel zijn of worden. En toch stelt de apostel Paulus de vraag in positieve termen, alsof dit een volstrekt algemene werkelijkheid en waarheid betreft: "Weet gij niet, dat gij Gods tempel zijt, en dat de Geest Gods in u woont? Zo iemand de tempel Gods verderft, hem zal God verderven; want de tempel Gods is heilig, en dat zijt gij".[6] Deze vraag is allereerst theologisch en wordt op evenzeer tijdige en indringende wijze gericht tot de Christenen van alle eeuwen. Dus: hoe worden wij in de Goddelijke Eredienst tot tempels van de Godheid en deelgenoten van de genadegaven van de Geest?

De Goddelijke Eredienst is het middel dat ons de mogelijkheid verschaft ons vergankelijke en tijdelijke leven te verruilen voor het onvergankelijke en eeuwige leven van God-de-Heiland. In de heilige gaven van het brood en de wijn van de Goddelijke Eucharistie leggen wij heel ons geloof, onze berouwvolle bekering, de hoop op ons heil; al de gebeden voor onszelf, voor de huisgenoten des geloofs en voor heel de wereld – kort gezegd, heel onze liefde en ons verlangen naar de onzichtbare en eeuwige dingen, heel ons leven. Wij dragen deze gaven op aan God, in navolging van Jezus, de Grote Hogepriester, en in antwoord op de geest van Zijn offer en Zijn gebod zeggen wij: "Het Uwe uit het Uwe bieden wij U aan, in alles en voor allen".[7] En de Heer – daar Hij goed is en trouw aan Zijn verbond – aanvaardt dit offer van ons kleine leven, omwille van de vervulling van Zijn gebod en het betonen van onze dankbaarheid; en op Zijn beurt legt Hij Zijn eigen grote Leven in de kostbare gaven – zijn Heilige Geest – en verandert ze in het Lichaam en Bloed van Zijn Zoon. Dus Hij heiligt ze, en schenkt ze dan terug aan Zijn volk met de meest plechtige, luid uitgesproken bevestiging: "Het Heilige voor de heiligen".[8]

Al de gelovigen die met vrucht deelhebben aan deze uitwisseling

---

[6] 1Kor.3:16-17.
[7] Goddelijke Liturgie van de H. Johannes Chrysostomos en de Heilige Basilius de Grote: Gebed van de Heilige Anaphora.
[8] Goddelijke Liturgie van de H. Johannes Chrysostomos en de Heilige Basilius de Grote: Uitroep bij de opheffing van het Heilig Brood. [Het eerste woord in deze zinsnede "*Het Heilige* voor de Heiligen" betreft in het Grieks een meervoud, en refereert dus heel concreet aan "de Heilige Gaven". *Noot vert.*]

van hun leven met het leven van God, zingen tenslotte het overwinningslied van hun heil: "Wij hebben het waarachtige Licht gezien, de hemelse Geest ontvangen..."[9] of "Wij hebben de aard gezien van Uw Opstanding. Wij zijn vervuld met Uw nimmer-eindigende Leven. Wij hebben Uw onuitputtelijke geneugten genoten..."[10]

Willen de gelovigen slagen in deze uitwisseling van hun tijdelijke leven met het eeuwige leven van de Grote God, dan dienen zij gelijkvormig te worden aan de aard van de Heilige Mysteriën. Zij zijn verschuldigd het Verbond te hernieuwen dat zij met God gesloten hebben in de Doop: Niet meer te leven voor hun hartstochtelijke 'zelf', maar voor God-de-Weldoener, Die hen heeft vrijgekocht tegen de onvatbare prijs van Zijn Bloed. Dat wil zeggen, te wandelen in overeenstemming met de Evangelische inzettingen, en een geest te bezitten van berouwvolle bekering, die het geheel van al de geboden vervult.

De visie waartoe de Goddelijke Liturgie inspireert dient de levenswijze te worden in het dagelijks leven. De gelovigen dienen de veelheid aan overbodige zorgen te vermijden, en zich "in het verborgene" voor te bereiden op hun opdracht in de Goddelijke Eredienst van het volk Gods. Zij zouden het woord des Heren moeten bezitten als fundament en als licht van hun leven. En zij dienen al de weldaden des Heren te gedenken, en bovenal de "grotere liefde" van Zijn offer, en "in alles" dank te zeggen aan de gaven-schenkende God. Deze voortdurende dankzegging is een voorspraak bij God voor hun zwakheden en verschaft hun de vrijmoedigheid hun verzoeken aan Hem voor te leggen. Dit wordt de kostbare school, waar de gelovige leert te rusten in Gods Geest en Zijn goedheid aan te trekken.

De 'ethos' van de mens die God aanbidt "in geest en waarheid", is die welke ademt in de woorden van de profeet Jesaja, die worden uitgesproken aan het begin van de Proskomidie: "Als een schaap werd [Christus] ter slachting geleid, en als een smetteloos Lam, dat stemmeloos is tegenover zijn scheerder, doet Hij Zijn mond niet

---

[9] Goddelijke Liturgie van de H. Johannes Chrysostomos en de Heilige Basilius de Grote: Hymne na de Communie.
[10] Liturgie van de Heilige Basilius de Grote: Gebed bij het nuttigen van de Heilige Gaven.

open. In Zijn nederigheid werd Zijn oordeel weggenomen; doch zijn afkomst (van boven en van beneden), wie zal die verhalen?"[11] Naar het model van Christus geeft de gelovige zelfs zijn wettige rechten op, zoals de Apostel voorstelt: "Waarom lijdt gij niet liever onrecht?"[12] Hij ambieert niet, door de bevlekking van het luciferische verlangen, om op te klimmen naar omhoog, maar hij gaat nederig naar omlaag, Christus volgend, Die "niet gekomen is om gediend te worden, maar om te dienen, en Zijn leven te geven tot losgeld voor velen".[13]

De wonderbare genadegave die de Goddelijke Eredienst schenkt aan de leden van het Lichaam van de opgestane Heer is niet te beschrijven: De Persoon van Christus wordt waarlijk "het uiterste der begeerlijkheden".[14] De Goddelijke Liturgie drukt in het hart de gedaante af van de Heer Jezus – Die, zoals de Schrift zegt, "voortreffelijk is in Zijn schoonheid boven de zonen der mensen".[15] De Liturgie maakt al de gewaarwordingen en denkbeelden van haar deelgenoten als het ware krijgsgevangen. Zij draagt inspiratie en ijver over op de gelovigen, zodat zij voortdurend het licht zoeken van het Aangezicht des Heren en voortgaan in de sporen van Zijn Aanwezigheid. De Liturgie wordt het waarachtige en onvergelijkelijke model van het leven, dat de onvergankelijke vertroosting verwaardigd wordt van de algoede en troostende God. Uiteindelijk overwint dit elk verlangen van de in ijdelheid en dwaling levende wereld – elk verlangen dat wedijvert met de grote gave van Christus: het eeuwige heil.

---

[11] Cf. Jes.53:7-8 (LXX).
[12] 1Kor.6:7.
[13] Mt.20:28.
[14] Troostcanon tot de Moeder Gods, Irmos 3ᵉ Ode: «τῶν ἐφετῶν ἡ ἀκρότης».
[15] Cf. LXX Ps.44:3 (45:2/3).

II. 3

De overdracht van de liefde voor de Goddelijke Eredienst aan de jongeren

Overeenkomstig het profetische woord is de Eredienst aan God een vreugdevolle zaak: "Ik was verblijd over degenen die mij zeiden: laat ons gaan in het huis des Heren".[1] En deze vreugde bezit een onvergankelijke vertroosting: "... één dag in Uw voorhoven is beter dan duizend daarbuiten".[2]

God is "de God onzer vaderen" en de priesters hebben, als vaders, het meest uitnemende en scheppende werk op zich genomen, om het volk van God binnen te leiden in het feest van de goddelijke liefde, en hen aldus deelgenoot te maken van het eeuwige heil van Christus.

De priester is tevens bij uitstek de leermeester. Elk van zijn handelingen dient vergezeld te gaan van een woord; een woord dat het hart van "degenen die het horen"[3] – dat wil zeggen, van de gelovigen – zal toerusten, zal opbouwen, en innerlijk zal verzekeren door de genade. Waar het de jongeren betreft, is het noodzakelijk hen geloofsonderricht en richtlijnen te geven, opdat zij uiteindelijk het besef verwerven dat zij kostbare ledematen zijn van een groot en wonderbaarlijk Lichaam, en dat is de Kerk, met als Hoofd de Heer Zelf, de Heiland "van alle mensen, vooral van de gelovigen".[4] Dit Lichaam wordt in heel zijn bovennatuurlijke harmonie geopenbaard in de Eredienst.

Datgene wat de mystieke band van de ledematen van het Lichaam met het Hoofd – en bijgevolg met elkaar – levend houdt, is het gebed. De priester streeft ernaar de jongeren aan te moedigen om te bidden en om door het gebed langzaamaan hun hart te vinden, opdat zij daar de gewaarwording van God ontdekken en aldus

---

[1] LXX Ps.121(122):1.
[2] LXX Ps.83:11 (84:10/11).
[3] Zie Ef.4:29.
[4] 1Tim.4:10.

binnentreden in de innerlijke rijkdom van de Goddelijke Eredienst. Overeenkomstig de Heilige Schriften is het pas wanneer de mens deze noëtische en goddelijke gewaarwording in zijn hart verwerft, dat hij kostbaar is in de ogen van God, want alleen dan kan hij wandelen op de weg van de goddelijke geboden.[5] Door middel van het gebed zal de jongere de mogelijkheid bezitten zijn tijdelijke leven te verruilen voor het "betere bestaan" van God.[6] Deze uitwisseling is het meest fundamentele en noodzakelijke goed, en wordt aan allen aangeboden, jonge mannen en vrouwen, ongeacht hun geslacht.

De apostel Paulus zegt: "De zwoegende landman moet als eerste van de vruchten genieten".[7] Met andere woorden, de priester, als degene die de vruchten van de Eredienst overdraagt, moet daaraan ook zelf deelgenoot zijn. En het woord Gods bezegelt deze waarheid: "Komt, gij kinderen, hoort naar mij; ik zal u de vreze des Heren leren".[8]

Wij kunnen ons vele uiterlijke manieren indenken voor de praktische deelname van de jongeren aan de Eredienst. Dit is niet volstrekt overbodig; het is nuttig. Doch wij hebben van dergelijk soort inspanningen in andere christelijke kerken geleerd, dat deze zaken niet het verlangde resultaat hebben. Die kerken hebben de Eredienst aanmerkelijk ingekort en hebben vele middelen bedacht om de interesse van de jongeren aan te wakkeren en hen aan te trekken tot de plaats van de Eredienst. Niettemin is het doel vrijwel onbereikbaar gebleven.

De jongeren zullen slechts antwoorden met godwelgevallige eerzucht, wanneer zij gewaarworden dat Gods liturg hen met liefde aanvaardt, zonder onderscheid te maken aangaande hun geslacht of leeftijd, of hun persoonlijke gesteldheid, hoe erbarmelijk die ook zij; maar dat hij bereid is "mede te lijden voor het Evangelie"[9] en aan hun zijde te strijden voor hun wedergeboorte.

Als de priester met de jongeren omgaat met eerbied en een gevoel van verantwoordelijkheid, dan zal hij ook hen inspireren tot

---

[5] Zie LXX Ps.118(119):32.
[6] Hebr.10:34.
[7] 2Tim.2:6.
[8] LXX Ps.33(34):12.
[9] Cf. 2Tim.1:8.

eerbied en verantwoordelijkheidsgevoel, en vooral zal hij hun vertrouwen winnen, hetgeen ook de onontbeerlijke sleutel is voor hun vooruitgang.

Als hijzelf celebreert met vreze, zich op eerbiedige wijze gedraagt en een waardig voorbeeld toont, dan zullen ook de jongeren geïnspireerd worden tot vreze en zij zullen hem met vertrouwen volgen. De vreze nu, zoals de Schrift zegt,[10] is het begin der wijsheid; die wijsheid, die de voorkeur geeft aan de "onzichtbare" en "eeuwige" dingen, boven de "zichtbare" en "tijdelijke" dingen.[11] Wat de jongeren bovenal aantrekt en bewaart is de tedere zorg van de herders voor hen en hun bijstand door het gebed.

Na te hebben verwezen naar een aantal algemene en fundamentele principes, zouden wij vervolgens ook praktische middelen kunnen ontdekken voor het welslagen van ons gewijde doel. Bijvoorbeeld, het organiseren van een liturgische katechese met visuele middelen; het uitbuiten van de vrije dagen van het jaar, door deze te verbinden met de Goddelijke Eredienst; het aanmoedigen van de deelname aan de zang, zoals wij dat doen op de Grote Vrijdag;[12] de bereiding van prosfora door de jongeren als voorbereiding op de Goddelijke Liturgie.

Laten wij, in plaats van de Liturgie in te korten, en dat vaak ook nog zonder enige onderscheiding, deze soms antifonaal zingen,[13] zoals dit in de kloosters dagelijks wordt gedaan. Dan is ook de deelname aan de zang gemakkelijker. Laten wij de feesten op waardige wijze benutten, en in het bijzonder de langere feestperioden (Pascha, Kerstmis, Ontslaping),[14] waarbij wij de bijzondere

---

[10] Cf. LXX Ps.110(111):10; Spr.1:7; Sir.1:14.
[11] 2Kor.4:18.
[12] Vooral in de Grieks-sprekende Orthodoxe kerken bestaat het gebruik dat de zgn. 'Klaagzangen' door de gehele gemeenschap in beurtzang gezongen worden, staande rond de icoon van de Graflegging ('Epitaphion') in het midden van de kerk. Deze reeks hymnen vormt een dramatisch hoogtepunt in de Diensten van Goede Vrijdag, waarbij de Kerk zich in de geest aansluit bij het lijden van de Moeder Gods, bij het zien van het lijden en sterven van haar Zoon en God – daarbij tevens vooruitziend naar de belofte van de Opstanding. *Noot vert.*
[13] Dat wil zeggen, met twee koren in beurtzang. *Noot vert.*
[14] In de Orthodoxe Traditie worden zowel Pasen als Kerstmis a.h.w. 'verlengd' tot een langere feestperiode (tot na Pinksteren resp. Theophanie), voorafgegaan door een periode van vasten – perioden die ook in hymnografisch opzicht zeer

betekenis daarvan uitleggen en de karakteristieke hymnen daarvan – en zo zijn er nog veel andere dingen.

Het is mijn nederige overtuiging, dat speciale Liturgieën, alleen voor jongeren of kinderen, niet de aangewezen weg is. Dat is alsof wij het oog scheiden van ons lichaam, en het dan zeggen: Zie, de wonderwerken Gods! Dit is onmogelijk wanneer het oog losgerukt is uit haar organische eenheid. In de Eredienst hebben wij alle ledematen van het Lichaam nodig om de harmonische band te vormen met het Hoofd, dat is, met Christus.

In de landen van de diaspora bestaan bijzondere omstandigheden en noden. Het is bijvoorbeeld onontbeerlijk twee talen te kennen, en beide in de Eredienst te gebruiken. Wij bemerken met droefheid, dat de voorvechters van alleen de lokale taal geen vruchtbare weg hebben gevonden. Maar ook degenen die de taal van hun vaderland voorstaan zouden meer succes hebben als zij ten dele ook de lokale taal zouden gebruiken, waardoor de overgang van de ene naar de andere taal op een opbouwende wijze zal geschieden en de overlevering van de traditie bewerkt. Wij hebben nood aan vertalingen, die niet enkel een idee geven waar het over gaat, maar met exactheid de diepere zin ervan overbrengen, opdat zij een liturgische atmosfeer scheppen en aldus het diepe hart van de jongeren als het ware 'krijgsgevangen' kunnen maken.

Het woord aangaande de Goddelijke Eredienst is onuitputtelijk. Doch ik geloof dat het probleem van de overdracht van liefde voor de Eredienst veeleer onszelf als priesters betreft, dan de jongeren.

---

instructief zijn. Ook het feest van de Ontslaping van de Moeder Gods (15 aug.) wordt voorafgegaan door een vastenperiode (vanaf 1 aug), waarin het gebruik bestaat om elke dag de Troostcanon van de Moeder Gods te zingen. Bovendien wordt ook dit Feest gevolgd door een 'nafeest' van 8 dagen. Hierdoor staat vrijwel de gehele maand augustus, die bovendien besloten wordt met een kleiner Feest van de Moeder Gods, in het teken van haar gedachtenis. *Noot vert.*

II. 4
Een bredere en meer profijtelijke deelname van de gelovigen aan de Goddelijke Eredienst

Uit het Oude Testament weten wij dat God een Verbond wilde sluiten met het volk van Israël, om Zijn tent op te slaan in het midden van Israël, en om te wandelen onder de mensen met de vertrouwelijkheid van een Vader tegenover Zijn kinderen.[1]

In antwoord op de wil van God bouwde Salomo voor de Eredienst van Jahwe een tempel, die hij inwijdde en aan God offerde met een geïnspireerde smeekbede en een verheven geest. De Heer aanvaardde deze opdracht van Salomo en heiligde het werk van diens handen, zeggende: "Ik heb de stem van uw gebed gehoord, en de smeekbede waarmee gij gesmeekt hebt voor Mijn aanschijn; Ik heb u gedaan naar al uw gebed; Ik heb dit huis dat gij gebouwd hebt geheiligd om aldaar Mijn Naam te stellen tot in eeuwigheid, en Mijn ogen zullen aldaar zijn, en Mijn hart, te allen dage".[2] En inderdaad zou dit van kracht zijn, zolang Salomo en zijn volk zouden wandelen voor het aanschijn des Heren "in toewijding des harten en in oprechtheid", door Zijn "inzettingen en geboden" te bewaren.[3]

De Eredienst van de waarachtige God veronderstelt dus de aanwezigheid van een met-handen-gemaakte tempel. Deze tempel is "getekend" met de Naam van de Heer der heerlijkheid. Deze Naam voegt daaraan de wondere en genadevolle Aanwezigheid van God toe, en alle handelingen van eredienst in de tempel worden voltrokken door Hem aan te roepen. Doch wil de Eredienst God welgevallig zijn, dan dienen Zijn geboden en inzettingen te worden vervuld.

In het Nieuwe Testament, door de vreeswekkende Heilseconomie van de Zoon van God en de daaropvolgende nederdaling van de Geest, de Trooster, werd de Goddelijke Eredienst nog veel geeste-

---

[1] Zie Lev.26:11-12.
[2] 1Kon.9:3 (LXX 3Kon.).
[3] Cf. 1Kon.9:4 (LXX 3Kon.).

lijker, intenser, transparanter en tastbaarder. Het Lichaam van de opgestane Christus werd de niet-met-handen-gemaakte tempel bij uitstek, waarin "heel de volheid van de Godheid lichamelijk" woont.[4] De Naam, waarmee dit Lichaam getekend is, is de Naam van de Heer Jezus Christus, die door openbaring gegeven is. Dit is ook de "Naam boven alle naam", die aan de mensen gegeven is, en "waarin wij moeten worden behouden".[5]

Door het aanroepen van de Naam worden de gelovigen ingevoegd in het Lichaam van Christus en treden zij binnen in Zijn levende Aanwezigheid. Bij hun opdracht (in de Eredienst) maken zij hun lichamen tot een "levend, heilig, godwelgevallig offer" en aldus offeren zij hun "redelijke eredienst".[6] God heeft een welbehagen in deze eredienst, wanneer zij voltrokken wordt in de geest van de goddelijke liefde, waarvan het Kruis van Christus de meest volmaakte openbaring vormt. In het Kruis worden al de geboden Gods samengevat en vervuld. Als zodanig wordt de mens, door het opnemen van het kruis en de wandel in de voetsporen van Christus, begenadigd met de goddelijke liefde, en wordt hij gemaakt tot een niet-met-handen-gemaakte en onvergankelijke tempel van God.

Met andere woorden, zonder dat wordt voorbijgezien aan de betekenis van de met-handen-gemaakte tempel, treedt God in het Nieuwe Testament, door de uitstorting van de Goddelijke Geest "over alle vlees",[7] in een nauwere relatie en eenwording met de mensen. Hij bouwt tempels die niet met handen gemaakt zijn en vormt een Lichaam van gelovigen. Dit Lichaam is de Kerk, die in de geschiedenis wordt opgebouwd en geopenbaard door de voltrekking van de Mysteriën, in het bijzonder dat van de Doop en van de Goddelijke Eucharistie.

In de Doop worden de gelovigen bekleed met de menselijke natuur van Christus, waarin heel de vreugde en de waarheid woont. Bij de Doop sterven zij voor de zonde en de elementen van deze wereld, en worden zij opgericht tot een "nieuwheid des levens" naar de geest van Gods geboden. De aanvaarding van het Kruis

---

[4] Kol.2:9.
[5] Hand.4:12 & cf. Fil.2:9.
[6] Cf. Rom.12:1.
[7] Hand.2:17; zie Joël 3:1.

leidt de gelovigen binnen in het mysterie van het goddelijk leven. In de Goddelijke Eucharistie wordt wederom hetzelfde Verbond van het Kruis gesloten met Christus, de Heiland. Al wie deelneemt aan het Lichaam en Bloed van de Heer dient dood te zijn voor zichzelf en alleen te leven voor God, Die hem heeft vrijgekocht door Zijn kostbaar Bloed. Dit vrijwillige sterven, dat verbonden is met de Goddelijke Eucharistie, helpt de mens om heel zijn leven op te dragen aan God, en zijn tijdelijke, vergankelijke bestaan te verruilen voor het eeuwige en onvergankelijke leven van God. Door deze uitwisseling van levens in de Liturgie wordt de gelovige tot tempel Gods en woonplaats van Diens Geest.

Christus is gestorven en opgestaan om aan allen het eeuwige leven te schenken. De ledematen van Zijn Lichaam, de gelovigen, die de vrucht van Zijn offer tot hun eigendom willen maken, worden uitgenodigd de weg van Christus te volgen en een levenschenkende dood te verduren, die lijkt op de dood van Christus. Doch dan wordt in hen ook de nieuwheid des levens bewerkt, die gekomen is door Zijn Opstanding. De inwijding in het mysterie van het Kruis en de Opstanding van Christus wordt niet alleen verwezenlijkt door de Mysteriën, zoals wij hierboven hebben vermeld, maar ook door een leven dat gelijkvormig is aan het model en het beeld dat in de Mysteriën uiteengezet wordt. De eredienst in het Nieuwe Testament is een voortdurende leertijd in het mysterie van het Kruis en de Opstanding van Christus, waarbij het onvergankelijke en eeuwige leven van God wordt verworven tegen de prijs van het tijdelijke en vergankelijke bestaan van de mens.

Als dus de Kerk de plaats is, waar het grootste wonder plaatsvindt – van de uitwisseling van het aardse leven met het hemelse leven van God, waarbij de mens wordt tot tempel van de Godheid – wie kan dan het belang van de Goddelijke Eredienst, die de uitdrukking is van het innerlijke leven van het Lichaam van de Kerk, naar waarde schatten?

Voor een bredere en meer profijtelijke deelname van de gelovigen aan de Eredienst is het onontbeerlijk dat twee factoren samengaan: De eerste is goddelijk en oneindig groot. Het is de goddelijke genade van het heil, dat ontsprongen is aan het Kruis en de Opstanding van Christus. Deze is werkzaam en een gegeven. De tweede factor is de menselijke, zeer klein, maar absoluut noodzakelijk. Er zijn met-handen-gemaakte tempels nodig, toegewijd aan Gods Naam, die tot werkplaatsen en moederschoot worden voor de vorming van niet-met-handen-gemaakte tempels.

De rentmeesters van het Nieuwe Testament en dienaren van de geestelijke wedergeboorte der gelovigen – de bisschoppen en de priesters – dienen tegelijkertijd liturgen te zijn van de Mysteriën van de Kerk, herauten van het woord Gods, en 'peetvaders' van de bekeerlingen in het Mysterie van de Gewijde Biecht. Als liturgen voltrekken de geestelijken de Mysteriën. Dit werk is de vervulling van een goddelijk gebod, en het is gebaseerd op het woord des Heren en op de smeekbede van de Kerk. Alles wordt geheiligd "door het woord Gods en door de bede".[8]

Als herauten brengen de geestelijken het woord Gods over, dat de harten van degenen die het horen innerlijk verzekert van de genade. De aanvaarding van het woord Gods doet de mens sterven en maakt hem levend. Het doet hem sterven ten aanzien van de zonde en het maakt hem levend bij God. Het integreert hem in het mysterie van het Kruis. Daarom ook dienen de dienaren van het woord voortdurend het evangelie te verkondigen van het mysterie van Christus, "gelegen of ongelegen".[9]

Als 'peetvaders' van de bekeerlingen aanvaarden zij de biecht van de gelovigen, en strijden zij om hen in zuiverheid te doen staan voor het aanschijn des Heren, in navolging van de ijver van de apostel Paulus die zeide: "Want ik ijver voor u met de ijver van God; want ik heb u aan één man verloofd, om u als een zuivere maagd voor Christus te doen staan".[10] Zij moedigen de gelovigen aan om de schaamte voor hun zonden te dragen in het Mysterie van de Biecht. Deze schaamte wordt omgevormd tot een kracht die de hartstochten en de zonde overwint. Christus heeft ons behouden door een kruis van schande te dragen. En wijzelf, wanneer wij schaamte dragen in onze berouwvolle bekering, dan wordt dit ons toegerekend als wedergave van dankzegging aan de Heer, en aldus verwerven wij de genade van Zijn Kruis.

De priesters zijn de 'apostelen' van de Kerk, die het mysterie

---

[8] 1Tim.4:5.
[9] 2Tim.4:2.
[10] 2Kor.11:2.

dienen van de verzoening van de mensen met God. Door de mensen in te voegen in het Lichaam van Christus, worden de priesters tot instrumenten van de goddelijke en onvergankelijke vertroosting. Elke keer wanneer de oude Israëlieten opgingen tot de Tempel van Salomo, waren zij "als hen die vertroost zijn".[11] En nu worden de gelovigen door hun deelname aan de genade, die onveranderlijk woont in het Lichaam van Christus, niet alleen tot leerlingen van het Kruis, maar ook tot leerlingen van Zijn zaligheid. Zij bezitten de "sterke vertroosting"[12] van Christus, aan Wie zij hun leven hebben geofferd. Zij verheugen zich en springen op van vreugde en jubel, zelfs ook in hun lijden, omdat zij weten aan Wie zij toebehoren.

In onze dagen zijn de tragische uitzichtloosheid van de algemene crisis en de smart van de verdrukkingen in grote mate geïntensiveerd. Dit moet ons niet terneer slaan, want de Heer heeft dit vooruit gezien en tot ons gezegd: "terwijl de mensen bezwijken van vrees en verwachting van de [verschrikkingen], die het wereldrijk overkomen... zo ziet omhoog en heft uw hoofden opwaarts, want uw bevrijding komt nabij".[13] Deze wereldomvattende crisis, waar wij steeds dieper in verzeild raken, is niets anders dan een uitdaging om met nog groter zekerheid te weten dat er geen andere weg is dan die van het Kruis van Christus. Dienovereenkomstig dienen wij ons tevens te verdiepen in het Mysterie van het leven van Christus, "om Hem te kennen, en de kracht van Zijn Opstanding, en de gemeenschap van Zijn lijden".[14]

De priesters worden uitgenodigd deze kennis over te dragen aan de gelovigen. Zij hebben de dienst op zich genomen van de verzoening van de wereld met God. De priesters zijn de 'apostelen' van de Kerk, die het woord Gods zullen brengen aan de mensen, en hen zullen leiden op de weg des Heren. Door hun onderricht zullen zij in de harten der gelovigen een gewijde 'transformator' vestigen, die alle negatieve energieën van hun hartstochten in deze wereld zal omvormen tot een energie van berouwvolle bekering en van ver-

---

[11] Cf. LXX Ps.125(126):1. [Het Hebreeuws gebruikt hier de uitdrukking "als degenen die dromen", de Septuagint spreekt hier meer letterlijk over Gods troost. Deze psalm werd gezongen bij het betreden van de Tempel. *Noot vert.*]
[12] Hebr.6:18.
[13] Lk.21:26-28.
[14] Fil.3:10.

zoening met God. Door hun woord en hun onderricht zullen zij hun lijdende broeders ertoe inspireren voordeel te behalen uit elke positieve zowel als negatieve gebeurtenis in het leven, zodat – of zij zich nu in vreugde bevinden of in smart – Christus in hen verheerlijkt wordt. In dit perspectief wordt zelfs de dood tot de grootste zegen en de meest kostbare genadegave, die de mens doet binnentreden in de eeuwigheid. Het persoonlijke kruis van elk wordt tot het Kruis van Christus, dat de mens rechtvaardigt. De grootste leermeester van deze profetische houding voor Gods aanschijn is de rover aan het kruis, die de rechtvaardigheid toekent aan Christus, en alleen zijn eigen onrechtvaardigheid berispt. Ook de Heilige Geest wijst deze weg op de Grote Dag van het Pinksterfeest: "Tegen U alleen hebben wij gezondigd, en U alleen aanbidden wij".[15] Het is op deze weg dat de gelovigen de waarachtige en onvergankelijke vertroosting zullen vinden, waarmee zij de hartstochten en de zonde zullen overwinnen en Christus in hen "groter" zal worden "dan degene die in de wereld is".[16] Zo zullen zij worden tot tempel van de Levende God, en zij zullen God aanbidden "in Geest en waarheid".[17] Zij zullen waarachtig worden door de geest der waarheid, die het kenmerk is van de bekering vanwege hun val en hun zondigheid, maar ook door de Heilige Geest, die leidt "tot al de waarheid",[18] tot de volheid van de grotere liefde van Christus – die liefde, die de wereld heeft behouden.

---

[15] Uit de Knielgebeden in de Vespers voor de Maandag van de Heilige Geest (dat is, Pinkstermaandag).
[16] 1Joh.4:4.
[17] Joh.4:24.
[18] Joh.16:13.

II. 5

De omvorming van de schaamte tot kracht tegen de hartstochten in het mysterie van de bekering en van de gewijde Biecht

De mens is het meest volmaakte schepsel van Gods schepping. De dorst naar een steeds diepgaander kennis van de grootheid van onze roeping van "vóór de grondlegging der wereld" zou ons intellect en ons hart geen rust moeten schenken, maar zou zich onophoudelijk moeten intensiveren "elke dag, zolang het nog 'heden' genoemd wordt, opdat niet iemand onder u zich verharde door de misleiding der zonde".[1] De grootse eer van de mens ligt in zijn schepping "naar het beeld en naar de gelijkenis" van God, en in zijn roeping "de Heer zijn God" lief te hebben "met geheel zijn hart en met geheel zijn ziel en met geheel zijn verstand".[2] Terwijl hij een schepsel is, heeft hij het gebod ontvangen een god te worden.

In het paradijs, vóór de Val, waren de Eerstgeschapenen "gekroond met heerlijkheid en eer".[3] Zij beiden waren naakt, "Adam en zijn vrouw, en zij schaamden zich niet".[4] Zij droegen een geestelijk omhulsel en zij hadden hun geest gewend tot hun Oerbeeld, tot God, Die hen bovendien Zichzelf toonde tot navolging en gemeenschap. Er bestond geen enkele schaamte. Doch toen Adam zijn blik vestigde op de geschapen wereld en vervolgens Gods gebod overtrad, werd hij ontdaan van het lichtende kleed van de goddelijke adem. Toen "werden hun beider ogen geopend, en zij bekenden dat zij naakt waren, en zij naaiden vijgebladeren aaneen en maakten zich schorten".[5] Toen kwam de schaamte in het leven der mensen. Zij verloren hun geestelijke eer en konden de aanwezigheid van God, de Weldoener, niet verdragen. Daarom ook "verborgen zij zich voor het

---

[1] Cf. Hebr.3:13.
[2] Cf. Mt.22:37.
[3] Cf. LXX Ps.8:6.
[4] Gen.2:25 (LXX).
[5] Gen.3:7 (LXX).

Aangezicht van de Heer God".[6] Doch hun verwijdering van God en de vervreemding van Diens leven bereikten een zodanige maat, dat de mens gelijk werd aan het redeloze vee en in zijn hart beleed: "Er is geen God".[7]

Door de val van Adam, reeds midden in het paradijs, werd de menselijke natuur dodelijk gewond. Hij raakte onderworpen aan het verderf en de dood. Toen Jesaja in het licht van de wereld in den hoge de waarachtige dimensie zag van deze Val, drukte hij dit als volgt uit: "Van de voeten tot het hoofd toe is er niets geheels in hem; noch wonde, noch litteken, noch ontstoken kwetsuur zijn genezen; er valt geen pleister op te leggen, noch olie, noch verbanden".[8] De mens had een groot verderf ondergaan en verviel tot een tegennatuurlijk leven.

Christus komt om deze ziekte van de menselijke natuur te genezen. Hij heeft onze zwakheden op Zich genomen, en door Zijn vrijwillig lijden en Zijn Opstanding heeft Hij onze door de zonde afgestorven natuur weer levend gemaakt. In het Oude en het Nieuwe Testament staat geschreven: "De Geest des Heren is op Mij, Die mij ertoe heeft gezalfd om aan de armen het evangelie te brengen; Hij heeft mij gezonden om loslating te verkondigen aan de krijgsgevangenen en het opzien aan de blinden; om de geslagenen uit te zenden in vrijheid, om te verkondigen het aangename jaar des Heren".[9]

Christus biedt Zich dus aan de wereld aan als de waarachtige Geneesheer en Verpleger van de menselijke natuur. Het heldenfeit van de genezing van de gevallen mens wordt verwezenlijkt door de Nieuwe Adam, "Die om de vreugde die vóór Hem lag, het kruis heeft verduurd, de schande verachtende".[10] Met andere woorden, door de schande van het Kruis te verduren heeft Christus ónze schande uitgewist en ons behouden. Hijzelf zegt echter: "De sterken hebben de geneesheer niet nodig, maar zij die er slecht aan toe zijn... want Ik ben niet gekomen om rechtvaardigen te roepen, maar

---

[6] Cf. Gen.3:8.
[7] LXX Ps.13(14):1; cf. LXX Ps.48:21 (49:20/21).
[8] Jes.1:6 (LXX).
[9] Lk.4:18-19; cf. Jes.61:1-2 & 58:6.
[10] Hebr.12:2.

zondaars, tot bekering".[11] De Heer nodigt degenen 'die er slecht aan toe zijn' en de zondaars uit tot bekering. En de genezing is dus onverbrekelijk verbonden met de bekering.

Het Evangelie van Christus begint met de woorden: "Bekeert u, want het Koninkrijk der Hemelen is nabijgekomen".[12] Deze woorden herstellen de dialoog tussen God en de mens, die in het paradijs verbroken werd door de ongehoorzaamheid van de Eerstgeschapenen.[13] Zij worden nu uitgesproken met het zicht op een nieuwe schepping, een nieuw geslacht, waarvan de stamvader de Schepper Zelf is, Christus. De berouwvolle bekering is dus het middel, waardoor de zonde wordt uitgewist en waardoor tenslotte de oorspronkelijke uitspraak van God over de mens verwezenlijkt wordt: "Laat Ons de mens maken naar Ons beeld en naar Onze gelijkenis".[14]

Doch wil de mens zich bekeren en genezen worden, dan dient hij eerst zijn zonde te kennen. Ver van God zijnde, bevindt hij zich in de duisternis en is het hem onmogelijk de maat van zijn val te kennen. En wanneer hij door het geloof in Christus Gods woord aanvaardt, ontvangt hij tegelijkertijd in zijn hart het hemelse vuur van de goddelijke genade. Dan wordt hij verlicht en verwerft hij een nieuwe visie. Deze visie is tweevoudig. Enerzijds vormt het hemelse vuur in het hart van de mens het hemelse beeld van het Woord "Dat hem geschapen heeft", doch anderzijds openbaart dit de geestelijke armoede en de afgrond der duisternis waarin de mens zich bevindt door zijn val. Deze visie is een wonderbare gave van de Hemel en houdt niet op de mens te inspireren tot berouwvolle bekering. Deze verwekt in hem de dorst om "alle vuiligheid en overvloed van kwaad"[15] van zich af te leggen en zich in bekering te wenden tot het Huis van de Vader "Die in de hemelen is".

Het voornaamste obstakel voor de verlichting en de tweevoudige visie die wij zojuist genoemd hebben, is de hoogmoed. Deze versteent het hart en stompt het geestelijk gezichtsvermogen van de ziel af, zodat hem het inzicht ontbreekt in de metafysische aard

---

[11] Mt.9:12-13.
[12] Mt.4:17.
[13] Cf. "On Prayer", GK p.138 (ed.³2010: p.124), EN p.133.
[14] Gen.1:26 (LXX).
[15] Jak.1:21.

en dimensie van de zonde. De hoogmoed zondert de mens af in zichzelf en maakt hem dronken van het genot van de luciferische zelfvergoddelijking. Het leidt hem tot een verpletterende leegte, tot krijgsgevangenschap in de hades, en tot waanzin. Wanneer de mens, getiranniseerd door het geweld van de hartstocht der hoogmoed, zijn toevlucht naar buiten neemt, zoekend naar compensatie voor zijn innerlijke woestenij in de wereld die hem omringt, dan verzinkt hij in nog diepere ontaarding en verwoesting, waarbij hij in staat raakt tot ongeacht welke misdaad en zonde.[16]

In deze tragische gesteldheid staat de mens voor een vreeswekkend dilemma: Ofwel zich te verbergen "voor het aangezicht van de Heer God", en dan voorzeker te sterven "in zijn zonden"[17] daar hij het gewicht van de schaamte voor zijn zondigheid niet kan verdragen; ofwel zijn verdorven rede van zich af te werpen, die zijn val voor hem rechtvaardigt, en de roep van Christus tot bekering te aanvaarden. De aanvaarding van het woord des Heren, zoals wij hierboven hebben uitgelegd, brengt de verlichting met de tweevoudige visie en gewaarwording. Aan de ene kant worden de heiligheid en de onberispelijke liefde van Christus zichtbaar, aan de andere kant verwekken de duisternis der zonde en de dwaling der hartstochten tot schrik.

Deze verlichting van de genade schenkt de ziel niet slechts de visie, maar draagt op haar ook de kracht over voor de sprong van de belijdenis. Zodra de gelovige zijn zonde erkent, verbergt hij deze niet, maar hij belijdt zijn val voor het aanschijn van de Persoon van God. Hij brengt zijn zonde aan het licht en daardoor wordt deze uitgewist. Hier ligt de kracht van het Mysterie van de Biecht.

Door de bekering en de biecht voor Gods aanschijn belijden wij allereerst een grote en pan-kosmische waarheid, de waarheid van onze Val. Wij zouden kunnen zeggen dat als er één geval bestaat waarin de mens onfeilbaar blijkt, en wel in de ogen des Heren, dit is wanneer hij zijn zondigheid belijdt. Dan is hij bij uitstek waarachtig. Doch wanneer hij waarachtig is, trekt hij de Geest der Waarheid aan, Die de gelovige brengt tot een diep besef van zijn geestelijke armoede en hem vervolgens leidt tot berouwvolle bekering. Dezelfde

---

[16] Cf. "We Shall See Him", GK p.46-47 (ed.⁵2010: p.41-42), EN p.30-31.
[17] Cf. Joh.8:24.

Heilige Geest verleent tegelijkertijd de genezing en de rechtvaardiging. Deze waarheid wordt bevestigd door Johannes, de geliefde leerling des Heren: "Indien wij zeggen dat wij geen zonde hebben," zegt de Apostel, "dan misleiden wij onszelf, en de waarheid is in ons niet. Indien wij onze zonden belijden, Hij is getrouw en rechtvaardig, dat Hij ons de zonden vergeve en ons reinige van alle onrechtvaardigheid".[18]

Door de berouwvolle bekering en de biecht erkent de mens tevens Gods heil en getuigt dat hij zijn hoop niet gesteld heeft op een mens, noch op een engel, maar op Christus Zelf, Die hem heeft vrijgekocht voor een grote prijs, het Bloed van Zijn offer.

De berouwvolle bekering en de biecht zijn het kruis dat de gelovige op zich neemt voor zijn rechtvaardiging en zijn heil. Het is de praktische belijdenis van zijn geloof. De Heer waarschuwt echter: "Al wie zich zal schamen voor Mij en Mijn woorden, in dit overspelig en zondig geslacht, voor hem zal ook de Zoon des mensen Zich schamen, wanneer Hij komt in de heerlijkheid van Zijn Vader".[19] Met andere woorden, al wie zich schaamt om Christus te aanvaarden als de gekruisigde God en Heiland, en het woord van het Kruis, Zijn Evangelie, als de kracht Gods "tot heil van ieder die gelooft",[20] voor hem zal ook Christus Zich schamen op de dag van Zijn Wederkomst in heerlijkheid. Op een andere plaats zegt de Heer wederom: "Een ieder dan die Mij zal belijden in tegenwoordigheid der mensen, hem zal ook Ik belijden in tegenwoordigheid van Mijn Vader, Die in de hemelen is; doch zo wie Mij zal verloochenen in tegenwoordigheid der mensen, hem zal ook Ik verloochenen in tegenwoordigheid van Mijn Vader, Die in de hemelen is".[21]

Uit dit woord van de Heer blijkt dus, dat de belijdenis die verwezenlijkt wordt door onze invoeging in het Lichaam van Christus en die wordt uitgedrukt in een wereld die "in den boze ligt",[22] vergezeld gaat van schande. Dit getuigenis is moeilijk, doch het heeft grote kracht en schenkt het eeuwige heil. Door dit de mens voor te

---

[18] 1Joh.1:8-9.
[19] Cf. Mk.8:38.
[20] Rom.1:16.
[21] Mt.10:32-33.
[22] 1Joh.5:19.

houden, eert Christus hem door hem gelijk te stellen aan Zichzelf. Als de mens Hem verloochent, dan zal ook Hijzelf op Zijn beurt de mens verloochenen. Dit woord van Christus, hoe streng het ook moge lijken, is tegelijkertijd ook zeer welwillend. Het is streng, om ons te inspireren tot vreze en ons te behouden van de schande van het Laatste Oordeel en de uiteindelijke vernietiging. Het is welwillend, omdat het inspireert tot dankbaarheid voor het grote geschenk van het heil, en ons aanzet tot een godwelgevallig eergevoel om de schaamte van de ondankbaarheid te vermijden. De schande en de smaad die iemand wachten die in zijn leven het kruis van Christus opneemt, leidt tot zijn erkenning door de Heer. Aldus wordt het omgevormd tot de genade van de aanneming als zonen en tot de kracht van het onvergankelijke leven in het Koninkrijk van de Vader en Zijn Engelen.

Dezelfde eer wordt tijdens de Biecht aangeboden aan de mens, die door de zonde zijn eer verloren heeft. De gelovige verduurt de schaamte voor het aanschijn van de biechthorende priester, die "van gelijke hartstochten" is. Zodra hij zijn wetteloosheid belijdt, verbergt hij deze niet: "Hij spreekt tegen zichzelf zijn wetteloosheid uit voor de Heer".[23]

Voor de schaamte die hij ondergaat door de daad van zijn bekering, vergeeft de Heer hem "de goddeloosheid van [zijn] hart" en Hij hernieuwt hem door de genade van het eeuwige heil. Hoe dieper de schaamte is die het uitspreken van de zonden in de biecht vergezelt, des te groter zal de kracht en de genade zijn die hij zal ontvangen voor de hernieuwing van zijn leven. De eeuwenlange Traditie getuigt van de waarheid van dit woord, tot zelfs aan onze dagen toe. Door de biecht worden de gelovigen in de Kerk hernieuwd en behouden. Het is overbodig te zeggen hoeveel eerbied de biechthorende priester heeft voor de biechtende zondaar, die immers heel de Hemel aan zijn zijde heeft – die zich verheugt "over één zondaar die zich bekeert".[24]

Het element van schaamte in het Mysterie van de Biecht is niet alleen gezond en natuurlijk, maar bevestigt tegelijkertijd dat deze daad van bekering geofferd wordt vanuit het hart van de mens; dit

---

[23] Cf. LXX Ps.31(32):5.
[24] Lk.15:7.

is vrijwillig en van een diepe nederigheid. Degene die biecht in waarachtige bekering, neemt heel de verantwoordelijkheid voor zijn misstappen op zich en rechtvaardigt zichzelf niet, zoals Adam dat deed in het paradijs. Hij werpt de verantwoordelijkheid niet op God of op zijn naaste, maar hij verduurt nederig en met manmoedigheid de schaamte voor zijn zelfverkozen zonden. Deze vrome daad geneest de mens van het kwaadaardige gezwel van de hoogmoed en brengt hem tot nederigheid, terwijl de nederigheid de genezende genade aantrekt, volgens het woord van de Schrift: "God weerstaat de hoogmoedigen, doch de nederigen geeft Hij genade".[25]

De biecht dient vrijwillig te geschieden. Het vrijwillig uitspreken van de zonde toont dat de gelovige deze niet wil en niet omarmt. Hij blijft in de geest die wordt uitgedrukt in het gebed van Pinksteren: "Tegen U hebben wij gezondigd, maar U alleen aanbidden wij, o Christus onze God". De godsdienstige daad van de biecht bereidt de gelovige toe om de genade van de Heilige Geest te ontvangen, die uiteindelijk de zonde zal verslinden. Door de berouwvolle bekering en de biecht leert de mens een juiste houding en intentie te bezitten tegenover God. Dat is, hij wordt ingewijd in de kennis van de goddelijke wil en bijgevolg vindt hij de weg des levens.

Doch waarom wordt de schaamte in de biecht omgevormd tot een kracht die de hartstochten en de zonde overwint? En waarom plaatst de houding van deze daad de mens op de weg des levens?

Bovengenoemde vragen zullen onmiddellijk begrijpelijk worden, als wij de perikoop van het Evangelie onderzoeken met betrekking tot Zachéüs van Jericho. Deze vooraanstaande man, oppertollenaar en rijk, werd beheerst door een verlangen – "hij zocht Jezus te zien, wie Hij was".[26] Dit was een moeilijke onderneming vanwege de menigte en zijn kort postuur. Zachéüs aanvaardde uit vrije keuze de schaamte en om eventueel te worden uitgelachen door de menigte, en hij klom "in een wilde vijgeboom" om Jezus te kunnen zien. Toen de Heer op die plaats aankwam, merkte Hij Zachéüs op; Hij nodigde hem uit om uit de boom naar beneden te komen, om hem te ontmoeten. Hij verleende hem zelfs de eer zijn huis te bezoeken en bij hem te verblijven. Doch het resultaat van dit bezoek is ver-

---

[25] 1Petr.5:5; cf. Spr.3:34 (LXX).
[26] Zie Lk.9:1-10.

bazingwekkend wonderbaarlijk. De menigte was vergeten. Zachéüs werd hersteld. Het onrecht van de wetteloosheden van zijn verleden werd met rechtvaardigheid "viervoudig" hersteld. En voorzeker, zoals de heilige mond van God-de-Heiland bevestigde: was "aan dit huis (van Zachéüs) het heil geschied".

Hoe bewerkte de kracht van dit grote wonder zelfs de verandering van een onrechtvaardige tollenaar in een rechtvaardig mens, in wie Gods welbehagen een rustplaats vond en wiens huis beloond werd met de vrede van Jezus?

De Heer Jezus ging op naar Jeruzalem om smaad te dragen en te lijden omwille van het heil der wereld. Hij was op weg naar het Kruis der schande. Maar ook Zachéüs plaatste zich op profetische wijze op de weg des Heren, door schande te verduren. Hij verachtte de goede opinie van de menigte en werd tot spot omwille van Christus. Juist dit maakte dat de Heer hem opmerkte, omdat Hij in hem een zekere geestelijke verwantschap zag met Zichzelf. Aldus vond Zachéüs niet alleen onmiddellijk de Heer als Metgezel, maar ook als Disgenoot in zijn huis. Het bezoek van de Heer bracht aan het huis van Zachéüs vrede en genade. Doch allereerst breidde het zijn hart "viervoudig" uit om zijn leven te herstellen. En het woord "viervoudig" betekent niets anders dan de integratie van Zachéüs in het mysterie van de diepte, de hoogte, de lengte, en de breedte van het Kruis. Met andere woorden: dat Zachéüs zich plaatste op de weg des Heren bracht hem de uitbreiding van zijn wezen tot in het "viervoudige", dat is, het deed hem wedergeboren worden in de oneindigheid van het goddelijk leven. Dezelfde nederige weg onderricht het Evangelie ook in de voorbeelden van de Tollenaar en de Verloren Zoon.

Op basis van het bovenstaande begrijpen wij, waarom nu juist het Mysterie van de Gewijde Biecht zulk een grote genade en vernieuwende kracht bezit. Door te biechten omwille van zijn verzoening met God neemt de gelovige vrijwillig de smaad van zijn zonden op zich. Dit waagstuk van geloof wordt door de Heer beschouwd als dankzegging en dankbaarheid voor de schande van het Kruis dat Hijzelf verduurd heeft omwille van ons, en dan vergeldt Hij de mens met Zijn genade.

Al de rechtvaardigen van het Oude Testament kenden dit aspect van het mysterie van het Kruis op profetische wijze. Toen bijvoorbeeld de jonge en rechtvaardige koning Josia voor de eerste maal het Boek der Wet las, dat hij tot dan toe niet kende, bevond hij zich in grote vertwijfeling en "hij scheurde zijn klederen".[27] Hij werd Israëls afvalligheid aan de weg der vaderen gewaar, en de toorn Gods die over hen zou komen, en hij zond afgevaardigden naar de profeet Hulda om de wil des Heren te leren aangaande zichzelf en zijn volk. Toen profeteerde deze rechtvaardige vrouw dat het kwaad en Gods toorn inderdaad over het afvallige volk zouden komen. Doch tot de koning zeide zij, dat de Heer hem vergeven had, omdat hij de woorden van het Boek der Wet geloofd had en "zijn hart week geworden was en hij beschaamd was geweest voor het aanschijn des Heren... en geweend had".[28] Daarom zou hij het kwaad dat aanstonds zou komen niet zien, maar hij zou in vrede heengaan tot zijn graf en verenigd worden met zijn vaderen. Aldus werd de koning behouden door de diepe beschaamdheid van zijn hart, en deze rechtvaardigde hem in het oordeel des Heren.[29]

Christus, verlangend naar ons heil, rekende niet met Zichzelf. Zoals de Schrift zegt: "De smaadheden van hen die Hem smaadden zijn op Hem gevallen",[30] en dit speelde zich af "buiten de legerplaats".[31] Met andere woorden, de schande die God-de-Heiland verduurde voor ons heil was volledig. Aldus, wanneer ook wij in de biecht de smaad dragen van onze zonden, "buiten de legerplaats" van de goede opinie van de wereld en tegengesteld aan haar gezindheid, "dragen wij een voortdurend offer van lof op aan God".[32] Op deze wijze drukt de gelovige zijn dankbaarheid uit jegens de Aanvoerder van zijn heil. Hij plaatst zichzelf op de weg des Heren en vindt zo de Heer, Die de Weg is. Dan wordt de Heer tot Metgezel van de mens die zich bekeert. Hij draagt genade op hem over en hernieuwt zijn leven. De vernieuwing die wij ontlenen aan het Mysterie van de Biecht komt overeen, zoals wij reeds hebben gezegd, met de schaamte die wij gedragen hebben toen wij onszelf blootlegden ten overstaan van de Heer en ten overstaan van Zijn liturg.

---

[27] 2Kon.22:11 (LXX 4Kon.).
[28] Cf. 2Kon.22:19 (LXX 4Kon.).
[29] Cf. 2Kon.22:20 (LXX 4Kon.); cf. 2Kron.34:27.
[30] Cf. Rom.15:3.
[31] Heb.13:13.
[32] Cf. Hebr.13:15.

En de Heer bekleed de herboren zondaar met het kleed van het goddelijk heil en van het eeuwige leven.

Zoals oudvader Sophrony schrijft, oordeelt God niet tweemaal.[33] Als wij leven onder het oordeel van het woord Gods en de smaad dragen van onze biecht, dan ontkomen wij aan het uiteindelijke oordeel van de laatste dag: "Wie Mijn woord hoort en gelooft in Hem Die Mij gezonden heeft, die heeft het eeuwige leven, en komt niet in het oordeel, maar hij is overgegaan van de dood tot het leven".[34]

De Vaders zeggen, dat "wie vrijwillig de zelfberisping op zich neemt, zich haast naar het Lijden van Christus". Het meest karakteristieke voorbeeld is de goede rover. Door zijn zelfberisping veranderde hij zijn persoonlijke kruis in het Kruis van Christus en werd hij dezelfde dag nog behouden. De waarachtige zelfberisping geeft altijd de eer aan God en de smaad aan de gevallene. "God zij waarachtig, doch alle mens leugenachtig".[35] Deze zelfberisping vervult het hart van degene die zich bekeert met dankbaarheid en met de gewaarwording dat "Christus voor ons gestorven is, toen wij nog zondaars waren",[36] en dat Hij de goddelozen heeft behouden om niet.

De grote hiërarch Chrysostomos, verwijzend naar het lied van de drie Jongelingen in de vuuroven, zegt dat het dankgebed dat gebed is dat gepaard gaat met zelfberisping.[37]

Door de berouwvolle bekering en de biecht werpen wij de gezindheid van het vlees van ons af en nemen wij de gezindheid aan "die ook is in Christus Jezus".[38] Deze gezindheid is uiterst nederig, en leidde de Heer vrijwillig tot de nederste delen der aarde, om degenen die in de Hades gevangen waren te vinden en te behouden. De tocht van de Heer is tegengesteld aan die van Adam. Adam wilde boven zichzelf uitstijgen om gelijk te worden aan God. Als zodanig viel hij in de diepte der vernietiging. Doch degenen die zich bekeert gaat naar omlaag, naar het voorbeeld van de Heer, de

---

[33] "On Prayer", GK p.76 (ed.³2010: p.69), EN p.52.
[34] Joh.5:24.
[35] Cf. Rom.3:4.
[36] Rom.5:8.
[37] H. Johannes Chrysostomos, «Ὑπόμνημα εἰς τὸ κατὰ Ματθαῖον Εὐαγγέλιον» Ε.Π.Ε. 9, Thessaloniki 1978, p.101. (Voor een Engelse vertaling, zie NPNF "Homilies on the Gospel of Saint Matthew", §7, p.18).
[38] Fil.2:5.

Tweede Adam. En wanneer hij het niets van de nederigheid bereikt, wordt hij tot geschikt materiaal tot herschepping, omdat het de God der Christenen eigen is te scheppen uit het niets.

Voorafgaand aan de bekering heeft de mens al zijn natuurlijke krachten gericht tot de aarde "waaruit hij genomen is". Het intellect is verstrooid en verspreid over de schepping. In zich draagt hij een leegte en zijn bestemming blijft onvervuld. De waarachtige bekering en de nederige biecht gaan altijd gepaard met de verbrokenheid des harten. Deze verbrokenheid wordt tot een diepe pijn vanwege de afschuwelijke lelijkheid van de zonde. De pijn en de schaamte vanwege de zonde ploegen het braakliggende hart om en ontwortelen daaruit de hartstochten der oneer. Zij genezen en verenigen de krachten van de ziel om het gebod van de goddelijke liefde te vervullen en om voor het aanschijn des Heren te staan "in geest en waarheid".[39]

Door de oneer die de Heer voor ons verduurd heeft, overwon Hij en werd Hij verheerlijkt. Aldus wordt ook de mens, door de beschaamdheid die hij aanvaardt in de Biecht omwille van de Heer, medegenoot aan de overwinning van Christus en deelgenoot van Zijn heerlijkheid. Als wij gehecht blijven aan onze eigen waardigheid en bevreesd zijn om beschaamd te staan voor onze zonden, dan zullen wij niet de waarde leren kennen van de slagen in het gezicht, die de Heer verduurd heeft omwille van ons heil.

Op aarde bestaat er geen einde aan de berouwvolle bekering. De kinderen Gods houden niet op zichzelf te louteren door het Mysterie van de Biecht, want "God is licht, en in Hem is in het geheel geen duisternis".[40]

---

[39] Joh.4:24.
[40] 1Joh.1:5.

II. 6
Van de dankzegging tot de berouwvolle bekering

In het geestelijk leven bestaan er vele 'korte wegen' die ons helpen om Gods genade te verwerven. Eén daarvan is die van de tranen. De Vaders waardeerden het wenen in bekering, daar dit het intellect van de mens concentreert. Iemand kan niet wenen als hij allerlei verschillende gedachten heeft. Hij weent slechts wanneer hij maar één gedachte heeft. Dan is heel zijn wezen geconcentreerd in die gedachte. Evenzo concentreert het wezen van de gelovige zich op de gedachte aan God. Zelfs zijn lichaam is geconcentreerd op deze heilige gedachte. Op deze wijze beantwoordt het hart van de mens aan Gods gebod: "Gij zult liefhebben de Heer uw God, uit geheel uw hart, en uit geheel uw ziel, en uit geheel uw kracht".[1]

De Heer zeide: "Zalig de treurenden, want zij zullen worden getroost",[2] en Zijn woord wordt bewaarheid: Het wenen in bekering troost ons met de vertroosting van de Trooster. Om de schijnvertroostingen van de wereld en van de hartstochten te overwinnen, hebben wij de onvergankelijke troost nodig van de genade van de Geest Gods, die krachtiger is dan de lege vreugde van de wereld. Oudvader Sophrony zeide, dat wij wenen omdat wij niet genoeg tijd hebben om te bidden. Daar wij niet de tijd en de kracht hebben voor het werk van het gebed, wenen wij. Het kan zijn dat wij slechts korte tijd wenen, maar de geestelijke treurnis brengt zulk een energie in het hart, dat dit ons de gehele dag bewaart. Dit is één 'korte weg' in het geestelijk leven, die wij langzaamaan dienen te leren – en in het bijzonder de monniken – als wij de hartstochten willen overwinnen.

Een andere 'korte weg' is het lijdzaam ondergaan van onrecht. De heilige Johannes Klimakos zegt, dat degene die zichzelf rechtvaardigt "zijn heil heeft verloochend".[3] Wanneer wij daarentegen

---

[1] Dt.6:5 (LXX); cf. Mk.12:30 & Lk.10:27.
[2] Mt.5:4.
[3] H. Johannes Klimakos, "The Ladder", 4:44 (p.38).

het onrecht of de smaad lijdzaam ondergaan, zijn wij zalig,[4] overeenkomstig het woord van de Heer, omdat wij dan onszelf overleveren aan de rechtvaardigheid die Hem eigen is: Zijn rechtvaardigheid is volmaakt en blijft voor eeuwig. Daarom schrijft de apostel Paulus aan de Korinthiërs dat het beter is dat wij onrecht lijden, dan onderling tegen elkaar in het geding te gaan, en dat zelfs voor wereldse rechtbanken.[5] Het is beter voor ons de eerstgenoemde houding te hebben en de boze niet te weerstaan. Dit principe brengt de grootste overwinning. Als wij het voorstel van de Apostel op elk gebied van ons leven zouden toepassen, zouden wij daar grote winst uit halen. In het andere geval, als wij proberen op grond van onze eigen rede strijd te voeren omwille van de rechtvaardigheid, is onze winst minimaal. Velen die het gebod van God om het kwade te overwinnen door het goede, hebben toegepast en het onrecht lijdzaam hebben ondergaan, hebben spoedig de grote genade en barmhartigheid van God gevonden.

Een derde 'korte weg' is het ervaren van schaamte voor Gods aanschijn in het Mysterie van de Biecht. Door het beetje beschaamdheid dat wij voelen tegenover de biechtvader, tegenover een mens die van gelijke hartstochten is als wijzelf, ontvangen wij een grote kracht die ons opheft. Deze beschaamdheid richt ons op uit de val. Deze grijpt ons hart en vernedert het, en zo wordt dit ontvankelijk gemaakt voor Gods genade. En het is noodzakelijk om deze plaats (van het hart) te vinden, omdat alles zich daar afspeelt en voltrekt. Wee ons, als wij ons hart niet vinden – dan verliezen wij het doel van ons bestaan in dit leven, en nog zoveel te meer dat van de monastieke levenswijze.

Het gebod bij uitstek dat de ijdele trots volkomen opheft, is de liefde jegens de vijanden; de liefde jegens diegenen die ons niet liefhebben. Degene die een dergelijke liefdevolle houding bezit tegenover zijn broeders, reinigt zijn hart van elk spoor van trots. Als het al moeilijk is om vergeving te vragen aan degenen die wijzelf beledigd hebben, hoeveel moeilijker is het om een houding van vergeving en liefde te hebben jegens degenen die ons beledigen en schade

---

[4] Cf. Mt.5:11 & Lk.6:22.
[5] Cf. 1Kor.6:6-7.

berokkenen. Een dergelijk soort nederigheid doodt de ijdele trots en de hoogmoed, terwijl zij het hart opent voor Gods rijke genade.

Een vierde pad, als 'korte weg' tot de grote barmhartigheid Gods, is de voortdurende beschaamdheid en berouwvolle bekering voor het aanschijn des Heren. Dat wil zeggen, te merken dat ons geweten ons voor Gods aanschijn veroordeelt, en dat wij voortdurend onze behoeftigheid zien en de wanorde die wij in ons omdragen. De schaamte voor onze geestelijke armoede is zeer weldadig.

Deze vier geestelijke inspanningen helpen ons om dit tegenwoordige leven door te brengen zonder in moedeloosheid te vervallen, en zij vervullen ons met inspiratie en met de onvergankelijke troost van de Heilige Geest.

Tenslotte bestaat er nog een vijfde 'korte weg' tot de genade, die van grote betekenis is, maar waar wij doorgaans geen bijzondere aandacht aan besteden. Deze betreft de dankzegging aan God. De heilige Barsanuphius zegt, dat de voortdurende dankzegging een voorspraak is voor onze zwakheden.[6] Met andere woorden, de dankzegging vult onze gebreken en tekortkomingen aan. Degene die zich overgeeft aan de dankzegging aan God komt tot de ontdekking van een vreeswekkende ervaring: God openbaart hem voortdurend en steeds overvloediger Zijn gaven en Zijn weldaden. Dan begint de mens door deze kennis te veranderen en Hem te danken met een nog sterker verlangen. De geest van de dankzegging is zeer krachtig. Degene die zich daaraan overlevert, komt tot grote bekering, omdat hij steeds meer tot het inzicht komt dat hij niet toereikend is, dat hij niet in staat is dank te zeggen op die wijze en in die mate, die zulk een God waardig is. Hij komt tot berouwvolle bekering, omdat hij God niet waardig kan danken, en hij bereikt zulk een innerlijke staat, dat hij God zelfs dankt voor de lucht die hij inademt. Het is daarom dat ook de Kerk, in het gebed van de Grote Waterwijding met Theophanie, geïnspireerd door de Heilige Geest, God dankt Die voor ons "de lucht heeft uitgegoten om te ademen".[7]

Evenals er gebed en voorspraak bestaat van de heiligen voor de gehele wereld, zo bestaat er ook dankzegging tot God voor Zijn

---

[6] Zie HH. Barsanuphius en Johannes, , «Κείμενα Διακριτικὰ καὶ Ἡσυχαστικὰ (Ερωταποκρίσεις), ἐκδ. Ἑτοιμασία, Ἀθήνα, τόμ.Α', antwoord 142, (p.300).
[7] Cf. Gebed van de Grote Waterwijding, op het Feest van de Theophanie.

heiligen, en voor de weldaden die Hij heeft verricht voor alle mensen. Eerst danken wij God voor de genadegaven die Hij geschonken heeft aan al de heiligen, en in het bijzonder aan Zijn alheilige Moeder. Vervolgens danken wij hem op meer specifieke wijze voor de genadegaven die Hij geschonken heeft aan onze broeders, aan heel onze broederschap. Wanneer wij op deze wijze bidden, dan gaat ons hart steeds verder open. Terwijl wij God danken voor de genadegaven van onze broeders, worden hun genadegaven op een zekere mystieke en onzichtbare wijze ook de onze. Zo worden wij geestelijk rijk, waardoor wij niet alleen de afschuwelijke hartstocht van de jaloezie overwinnen, maar bovendien verrijkt worden met genade.

II. 7

De Goddelijke Liturgie: voltrekking en leefwijze

De Goddelijke Liturgie is een luisterrijk en voortdurend scheppingswerk. Het is de gedachtenis van een eeuwige en pan-kosmische gebeurtenis. Hierbij, zoals ook in het gebed, komen wij in gemeenschap met de Geest Gods, Die alles omvat. Hijzelf heeft al wat bestaat tot het zijn gebracht. Hijzelf houdt de schepping in stand. Hijzelf heiligt Zijn redelijke schepselen en maakt hen waardig.

Christus heeft, in de nacht van het Mystieke Avondmaal, alles en allen in Zijn gebed omvat. Deze voorspraak van Zijn kant, die Hij aan het Kruis bezegelde, is voldoende om heel het universum te behouden. Al wat Hij deed, deed Hij omwille van het heil der wereld. De Liturgie is een offer dat de gehele wereld omvat en behoudt. En de mens, die de Liturgie herhaalt, en binnentreedt in de geest daarvan, wordt uitgebreid naar de mate van zijn besef: hij wordt gelijksoortig aan Christus en omvat in zijn persoon, of preciezer gezegd, in zijn hypostase, de gehele wereld – evenals Christus.

De Synaxis (de samenkomst) voor het opdragen van de Goddelijke Liturgie vormt de vervulling van het gebod van Christus: "Doet dit tot Mijn gedachtenis".[1] Elke keer dat wij een woord van de Heer vervullen, één van Zijn geboden, worden wij binnengeleid in het mysterie van Zijn Kruis en Zijn Opstanding.

Het grootste gebod, het gebod bij uitstek dat de Hemelse Vader gegeven heeft, was dat Zijn Eniggeboren Zoon zou komen om geofferd te worden voor het heil der wereld. Alle andere geboden ontlenen hun kracht en hun waarde hieraan, dat zij ingevoegd zijn in dit mysterie van het Kruis en de Opstanding – de bron waaraan elke genade en elke heiliging ontsprongen zijn. Wanneer wij dus de Goddelijke Liturgie voltrekken en het gebod des Heren vervullen, worden wij deelgenoot aan het mysterie van het Kruis en de Op-

---

[1] Lk.22:19; 1Kor.11:25.

standing – en het is de andere Trooster, de Heilige Geest, Die ons inwijdt in dit mysterie. Vóór het Kruis en de Opstanding was dit nog niet aan de wereld geopenbaard, omdat, overeenkomstig de Evangelist Johannes, de Heer "nog niet verheerlijkt was".[2]

Aan het begin van de schepping sprak de Heer slechts éénmaal ("vermeerdert en vermenigvuldigt u, en vervult de aarde, en onderwerpt haar"[3]), en Zijn woord is voor altijd van kracht. Evenzo ook nu: door ons in de 'epiclese' te beroepen op het instellingswoord van de Goddelijke Dankzegging, is dit mysterie onveranderlijk werkzaam.

De Liturgie is vóór alles een goddelijke daad. Het is de tegenwoordigstelling van het offer van Christus Zelf, dat de Heer eens en voor altijd heeft opgedragen. En, vreemd genoeg, heeft Hij dit reeds een dag vóór Zijn Lijden opgedragen, op de Grote Donderdag.[4] Wij zien dus dat hier iets omgekeerd is. En dat is niet toevallig, want in Gods Intellect was de daad van het offer van Christus reeds van tevoren besloten, vóór de schepping der wereld, zoals de Apostel zegt.[5]

De Drieëne God, die de schepping van de mens bedacht, heeft diens val voorzien. In Zijn vóóreeuwige Raad had Hij besloten dat Zijn werk, ondanks de val van de mens, niet geruïneerd zou worden, maar dat Eén van de Heilige Drieëenheid – de Zoon en het Woord van God – mens zou worden, om het heil van de mens te herstellen.

In het Oude Testament richt de profetes Judith zich tot God en zegt: "Gij.. hebt de komende dingen doordacht, en geschied is hetgeen Gij U had ingedacht".[6] God denkt iets, en Zijn gedachte wordt een werk. Wat Hij ook denkt of doet is eeuwig. Aldus was ook het werk van het heil en de verlossing der mensen in Gods scheppende Intellect. Het was derhalve een werk van de eeuwigheid, waarbij de begrensde tijd teniet wordt gedaan. Daarom droeg de Heer de Liturgie op, Zijn Lichaam en Zijn Bloed, nog vóór deze werden geofferd aan het Kruis.

---

[2] Joh.7:39.
[3] Gen.1:28 (LXX).
[4] Deze benaming wordt ook gebruikt voor de dag waarop de Orthodoxe Kerk in het bijzonder de gedachtenis viert van deze gebeurtenis, op de donderdag van de Grote en Heilige Week voorafgaand aan het Pascha (in onze streken ook wel 'Witte Donderdag' genaamd). *Noot vert.*
[5] Cf. Hebr.9:26.
[6] Cf. Judith 9:5.

Het boek van de Openbaring noemt Christus "het Lam, Dat geslacht is vóór de grondlegging der wereld",[7] terwijl de apostel Petrus Hem voorstelt als een "onberispelijk en smetteloos Lam".[8] Maar ook de profeten hadden dezelfde visie. De profeet Jesaja ziet Christus als een schaap dat naar de slachtbank wordt geleid: "Als een schaap werd Hij ter slachting geleid, en als een lam dat stemmeloos is tegenover zijn scheerder, alzo doet Hij zijn mond niet open. In Zijn vernedering werd Zijn oordeel weggenomen; doch wie zal Zijn geslacht verhalen?"[9] De heilige Johannes Chrysostomos karakteriseert de vóóreeuwige Geboorte van Christus uit de Beginloze Vader, en Zijn maagdelijke Geboorte in de wereld uit de Heilige Geest en de Maagd Maria, als deze niet te verhalen geboorte.[10]

In de Liturgie, zoals wij gezegd hebben, wordt de tijd teniet gedaan. Vóór de aanvang van de Liturgie richt de diaken zich tot de priester en zegt: "Het is tijd voor de Heer om te handelen".[11] Wat betekent dit? Het is tijd dat de Heer werkzaam zal zijn. De daad die voltrokken gaat worden, behoort aan de eeuwigheid, op het niveau waarop de Heer werkzaam is. Aldus hebben wij in de Liturgie twee niveaus: het niveau van de eeuwigheid en het niveau van de tijd. Doch het niveau van de eeuwigheid regeert.

De fundamentele informatie over de instelling van het Mysterie van de Eucharistie komt van de evangelisten Matthéüs, Lukas en Markus. De evangelist Johannes spreekt niet over het Mystiek Avondmaal, doch in het zeventiende hoofdstuk van zijn Evangelie citeert hij het Hogepriesterlijk gebed. Dat wil zeggen, de drie synoptische Evangelisten zetten de gebeurtenissen uiteen, terwijl Johannes doordringt tot het hart van wat hier geschied, refererend aan de gebeden en de woorden van Christus ten tijde van het Mystiek Avondmaal. Zo geeft hij ons al de woorden en de gedachten van de eerste Goddelijke Liturgie. Deze perikoop van het Johannes-

---

[7] Cf. Openb.13:8.
[8] Cf. 1Petr.1:19.
[9] Jes.53:7-8 (LXX).
[10] Zie H. Johannes Chrysostomos, Homilie over Mt., 2 (PG 57,25), in Engelse vertaling NPNF 2, §2, p.9. [Het Griekse woord dat in het voorafgaande citaat uit Jes.53 vertaald wordt met 'geslacht', betekent ook 'geboorte'. In het Grieks is deze overeenkomst dus nog letterlijker. *Noot vert.*]
[11] LXX Ps.118(119):126.

evangelie is het eerste Evangelie dat wij lezen in de Dienst van de Metten van het Heilig Lijden, op de Grote Donderdag.[12]

De apostel Paulus tenslotte beschrijft deze gebeurtenis in het elfde hoofdstuk van de Brief aan de Korinthiërs, maar hij geeft ook een visie. Hij zegt dat de Heer, toen Hij Zijn Lichaam en Zijn Bloed aan de leerlingen gaf, zeide: "Neemt, eet, dit is Mijn Lichaam..., drinkt allen hieruit, dit is Mijn Bloed", en onmiddellijk voegt hij daaraan toe: "Doet dit tot Mijn gedachtenis".[13] Dat wil zeggen, via Zijn apostel stelt de Heer deze handeling voor als een zegeteken van de dankbaarheid van de gelovigen jegens Hem.

De Liturgie is een profetische samenkomst. Ten tijde van de apostelen gaf elk lid in deze samenkomst getuigenis vanuit zijn profetische gave en droeg daaraan bij, tot opbouw van de gemeenschap van Gods genade, de Kerk. "Wanneer gij samenkomt, heeft elk van u een psalm, hij heeft een onderrichting, hij heeft een tong, hij heeft een openbaring, hij heeft een uitleg; laat alle dingen geschieden tot opbouw".[14] Doch daarbij blijkt dat de apostel Paulus de gelovigen aanmoedigt hun profetische gave meer te gebruiken dan de tongentaal of de andere genadegaven: "Als allen een bepaalde boodschap van God hebben voor de Kerk, en er komt een ongelovige of een buitenstaander binnen in de plaats van samenkomst, dan zal datgene wat hij van allen hoort hem tot berisping zijn, tot onderzoek en tot openbaring van het verborgene van zijn hart. Dan zal hij neerknielen en hij zal God aanbidden, en verkondigen dat God werkelijk in uw midden is".[15]

Tijdens de eerste drie eeuwen van het Christendom, om reden van de vervolgingen, had de Kerk niet de vrijheid en de mogelijkheden voor een volledige uiterlijke organisatie in de wereld. Als zodanig waren de voornaamste elementen voor haar leven en vooruitgang de genadegave van de profetie, samen met het martelaarschap. Getuigenissen uit de tweede eeuw tonen dat de gelovigen de Goddelijke Eucharistie op eenvoudige en profetische wijze

---

[12] Ook wel "Dienst van de Twaalf Evangeliën" genoemd. Het betreft hier de Metten van Goede Vrijdag, traditioneel gevierd op donderdagavond. *Noot vert.*
[13] Cf. 1Kor.11:24.
[14] Cf. 1Kor.14:26.
[15] Cf. 1Kor.14:24-25.

voltrokken. Van de heilige Justinus, filosoof en martelaar, bezitten wij de volgende schets: De samenkomst der gelovigen vond plaats op zondagavond. Daarbij werden eerst gedeelten gelezen uit het Oude en het Nieuwe Testament. Dan volgde het woord van de voorganger, dat wil zeggen, de preek. Vervolgens droegen de gelovigen, staande, gemeenschappelijke gebeden op, zowel als brood, wijn en water. De voorganger zond wederom beden en dankzeggingen op "naar de mate van zijn kracht", terwijl het volk dit bekrachtigde door "Amen" te zeggen. De Eredienst eindigde met de gemeenschap aan de Geheiligde Gaven".[16]

In deze sobere beschrijving van de vroegste Goddelijke Liturgie is de korte zin "naar de mate van zijn kracht" van bijzonder belang. Dit betekent: naar de mate van de kracht en inspiratie die de profetische gave van de voorganger hem verleende. Met het verstrijken van de tijd echter, begon men de eucharistische 'anaphora' van de diverse plaatselijke Kerken op te schrijven, zodanig dat er hele families van liturgieën ontstonden. Tenslotte, met de voorafgaande eucharistische anaphora's in gedachten, componeerden de grote heiligen en oecumenische leraren van het Christendom, Basilius en Chrysostomos, de twee uitnemende liturgieën, die tot op heden in onze Kerk voltrokken worden.

Doch de compleetheid van de schepping van deze beide liturgische vormen verminderde geenszins het profetische karakter van de eucharistische samenkomst, noch doofde dit de charismatische gemeenschap tijdens de voltrekking daarvan uit. Integendeel, de theologische volmaaktheid en de geïnspireerde formulering daarvan door de voortreffelijke geesten van deze Heiligen, bevrijdde de liturgen van de psychologische spanning van de menselijke onvolmaaktheid en de improvisatie. Aldus kunnen zij zich in vertrouwen volledig concentreren op de aandachtige celebratie van de Liturgie, en deze opdragen als was het hun eigen, in dezelfde mate als deze liturgieën toebehoorden aan de grote Vaders die ze hebben overgedragen. Er bestaat geen nood meer aan de openlijke bijdrage van de genadegaven van de ledematen van de Kerk door "psalmen",

---

[16] Cf. H. Justinus, «Ἀπολογία ὑπὲρ Χριστιανῶν» 1,67 (PG 6,429). Voor een Engelse vertaling, zie NPNF, Anti-Nicene Fathers, vol.1 (Justin Martyr, First Apology, Ch. LXVII).

"onderrichtingen", "tongen", "openbaringen" en "uitleggingen", zoals in de vroegste apostolische samenkomst. Hoe echter wordt nu in de Liturgie de gemeenschap der genade bewerkstelligd, die de gelovigen hernieuwt en verrijkt met de "overvloed" des levens?[17]

De samenkomst in het godshuis, als uitdrukking van dankbaarheid voor Gods heil, maakt de gelovigen tot deelgenoten van de genade van dit Mysterie. De genade des Heren is Zijn leven, Zijn eeuwigheid. Door de genade die wij ontvangen treden wij de eeuwigheid binnen. En deze intocht in de eeuwigheid maakt ons deelgenoot aan eeuwige gebeurtenissen. Deze gebeurtenissen zijn ééns en voor altijd geschied en blijven voor eeuwig bestaan, terwijl wij door de genade die wij ontvangen – als strijdende ledematen van de Kerk – binnentreden in de eeuwigheid en "tijdgenoten", "ooggetuigen" en "deelgenoten" worden van de eeuwige dingen. Wij leven dan in de zogeheten 'liturgische tijd'.

Wat betekent 'liturgische tijd'? Al de heilbrengende gebeurtenissen – zoals de Verkondiging aan de Moeder Gods, de Geboorte van Christus, de Opstanding, het Pinksterfeest – geschiedden door de kracht van de Heilige Geest. Al wat de Heer zeide en deed, zeide en deed Hij eenmalig, maar dit blijft tot in eeuwigheid. Elk van Zijn woorden, elk van Zijn wenken, heeft een eeuwig karakter. Wanneer wij strijden om de wil des Heren te vervullen, welk van Zijn geboden dat ook zij, dan schenkt dit ons genade. Daardoor worden wij geestelijk opgewekt, wij treden binnen in de eeuwige gebeurtenis en worden daar "tijdgenoten" van. Zo kunnen wij ook zeggen: "Heden is de aanvang van ons heil",[18] "Heden is het voorspel van Gods welbehagen",[19] "Heden hangt aan het Hout".[20] Voor God bestaat er noch verleden noch toekomst; noch gisteren noch morgen. Er is slechts de eeuwige tegenwoordige tijd, het eeuwige "Heden".

Wat is de inhoud van de gedachtenis die in de Liturgie gevierd wordt? Het is heel de heilseconomie van God voor de mens, waarbij het offer van Christus centraal staat. Vanaf het ogenblik dat wij de Proskomidie beginnen, door de woorden die wij uitspreken bij het

---

[17] Cf. Joh.10:10.
[18] Feesttroparion (apolytikion) van de Verkondiging aan de Moeder Gods.
[19] Feesttroparion (apolytikion) van de Intocht van de Moeder Gods in de Tempel.
[20] Dienst van het Heilig Lijden (Dienst v/d Twaalf Evangeliën), 15e antifoon.

snijden van het brood, vervolgens door de psalmen van de antifonen, door de Schriftlezingen, door de Heilige Anaphora, refereren wij aan de goddelijke heilseconomie. Wat betekent echter 'economie'?

Het woord 'economie', als samengesteld woord, bestaat uit het zelfstandig naamwoord *'oikos'*, dat 'huis' betekent, en het werkwoord *'nemô'*, dat 'uitdelen' of 'uitreiken' betekent. De Vaders gebruikten dit woord in de Theologie als uitdrukking voor het werk dat God doet in Zijn zorg voor de mens – elke dag, vanaf de vroege morgen tot aan de nacht en vanaf de nacht tot aan de vroege morgen. Dat is, God deelt de dingen uit van Zijn huis. Hij bezit in Zijn huis al hetgeen daarvoor nodig is. Hij biedt aan Zijn wereld het leven, de liefde, de vrede en het licht die vereist zijn om haar in stand te houden en het heil te schenken.

De Anaphora, hoewel beknopt, is zeer veelomvattend – deze spreekt zelfs over de schepping: God, Die de wereld geschapen heeft, "heeft niets ongedaan gelaten om ons de hemel in te leiden en ons Zijn toekomend Koninkrijk te schenken". Christus heeft de menselijke gedaante aangenomen en in volmaakte gehoorzaamheid Zijn liefde voor de Hemelse Vader vervuld. Doch Christus heeft ook Zijn liefde voor de mens vervuld, door het Kruis te bestijgen in de menselijke natuur die Hij had aangenomen.

De mensen waren afgescheiden. De zonde regeerde in de wereld en was tot vijandschap tegen God geworden. De mens beschuldigde God van alle kwellingen en de dood, en het was hem onmogelijk van deze zonde te worden bevrijd. Hij keerde de berisping niet tegen zichzelf. Slechts enkele profeten en rechtvaardigen deden dit. Doch de Heer, door Zijn nederdaling tot de aarde en Zijn opgang, toonde dat God liefheeft "tot het einde". Zoals de Brief aan de Romeinen zegt, dacht de Heer niet aan Zichzelf, maar liet toe dat "de smaadheden van hen die [God] smaden"[21] op Hem vielen.

In de Liturgie gedenken wij het toekomende Leven als tegenwoordig. Doch hoe kunnen wij dit doen? De reden is precies datgene wat wij hierboven hebben gezegd. De Wederkomst is reeds aanwezig in de eeuwigheid, waar ook wij binnentreden door de Liturgie. In de geschiedenis zal deze "Tweede Komst" éénmaal geschieden, zowel voor degenen die dan zullen leven en zullen veranderen, als

---

[21] Rom.15:3.

voor de gestorvenen die zullen opstaan. Doch in de eeuwigheid bestaat dit reeds en wordt beleefd als een feit.

Christus toonde zulk een zondeloze levenswijze, zulk een grote liefde, dat Hij gestorven is omwille van de mensen, zelfs voor Zijn vijanden. Toen de Hemelse Vader deze volmaakte wandel en dit offer van Christus zag, herkende Hij in Zijn Persoon de mens, zoals Hij hem gedacht had "vóór eeuwige tijden". Daarom wordt degene die de voetsporen en het voorbeeld volgt van Jezus, van deze Hemelse Mens, door God aanvaard en aan de rechterhand van Zijn Troon gesteld. Wanneer wij Hem volgen, dan wordt Hij voor ons tot "Eerstgeborene uit de doden" en wij worden Zijn broeders. Aldus schenkt Christus ons "om niet" dezelfde heerlijkheid die Hij gewonnen heeft door Zijn Lijden en Zijn Opstanding.

Toen de Heer tot de jongeling zeide dat wij God moeten liefhebben met geheel ons hart en met geheel onze ziel, weifelden de aanwezigen en zeiden: "Wie kan dan behouden worden?"[22] Het is waar, het is ons onmogelijk het voorbeeld van Christus te imiteren. Doch het is voldoende voor ons dat wij Hem volgen. "Gijzelf, volg Mij!"[23] zegt de Heer; en "de dingen die onmogelijk zijn bij de mensen, zijn mogelijk bij God".[24] Het is ons onmogelijk de weg van de Heer te volgen, maar Hijzelf heeft deze onmogelijke daad mogelijk gemaakt. Wij dienen slechts in Hem te geloven en Hem te volgen. Het niet van belang op welk punt van de weg des Heren wij ons bevinden; het is toereikend deze te bewandelen. De Heer is de Weg, vanaf het begin tot het einde, van de 'alfa' tot de 'omega'.[25] Het volstaat dat wij op deze weg voortgaan. Op deze wijze wordt datgene wat Hij gewonnen heeft door Zijn Kruis en Zijn Opstanding ook onze eigen winst.

Deze gedachtenis is geen psychologische kwestie, maar een charismatische inwijding in de Geest van het Mysterie. Door het eucharistische gebed worden alle dingen geheiligd. Hier is bij uitstek het principe van kracht dat de grote apostel Paulus formuleerde, en dat de basis vormt van elke liturgische handeling: "Elk schepsel Gods

---

[22] Cf. Mk.10:26 & Lk.18:26.
[23] Joh.21:22.
[24] Lk.18:27.
[25] Zie Joh.14:6.

is goed, en niets is verwerpelijk, als het ontvangen wordt met dankzegging; want het wordt geheiligd door het woord Gods en door de bede".[26] In de Goddelijke Liturgie is Christus – Hij Die komt en Die zal wederkomen – aanwezig als Degene "Die offert en geofferd wordt en ... gegeven"[27] wordt aan de gelovigen tot spijs en drank, terwijl de Heilige Geest de samenkomst van het volk overschaduwt en de Heilige Gaven transformeert. Voor ons die op wettige wijze of waardig deelnemen aan de Goddelijke Eucharistie, zegt de Apostel, "zijn de einden der eeuwen gekomen".[28]

Doch hoe wordt onze deelname aan de genade van deze profetische gebeurtenis doorleefd?

In het begin danken wij God voor elk van Zijn weldaden: Wij danken Hem vanuit ons hart dat Hij ons in dit leven heeft gebracht, dat Hij ons de openbaring heeft geschonken van Zijn Heilige Naam, waarin wij het heil vinden. Wij danken Hem dat Hij gekruisigd is, dat Hij voor ons gestorven is en weer opgestaan. In het kort, wij danken Hem voor al wat Hij voor ons gedaan heeft en voor ons doet. Vervolgens dragen wij onze berouwvolle bekering op, eerst voor onze eigen persoonlijke zonden en dan voor de zonden van alle mensen. Dat wil zeggen, wij leven in berouwvolle bekering vanwege onze zonden en vanwege de zonden van de gehele Adam, want wij zijn deel van de gehele Adam. Vervolgens dragen wij de smeekbede op voor onszelf, waarbij wij God vragen ons te zegenen en te verlichten. Daarop volgend doen wij voorspraak en voorbede voor de gehele wereld. Eerst voor de broeders met wie wij deze Synaxis vormen, en dan voor de gehele Kerk en voor heel de wereld.

Als wij een dergelijke smeekbede hebben opgedragen met geheel onze ziel, dan – ten tijde van het onbloedige offer, waarbij de Heilige Geest zal nederdalen om de Kostbare Gaven te overschaduwen ("zend Uw Heilige Geest neer op ons en op de hier neergelegde gaven")[29] – zal Gods zegen worden uitgespreid over alles

---

[26] 1Tim.4:4-5.
[27] Goddelijke Liturgie van de HH. Johannes Chrysostomos en Basilius de Grote: Gebed van het Cherubikon, voorafgaand aan de Grote Intocht.
[28] 1Kor.10:11.
[29] Goddelijke Liturgie v/d H. Johannes Chrysostomos: Gebed van de Heilige Anaphora.

wat ons gebed heeft omvat. Hoe volmaakter, hoe vollediger en dieper onze smeekbede, des te krachtiger zal ook Gods zegen zijn.

Wanneer wij de Liturgie beginnen en zeggen: "Gezegend zij het Koninkrijk van de Vader en van de Zoon en van de Heilige Geest", dan wordt onze mystieke intocht voltrokken in Gods eeuwigheid. Het is jammer dat wij de Liturgie niet leven met de vereiste kracht en intensiteit. Misschien lukt dit ons een enkele maal, en is het God welbehaaglijk dat wij binnentreden in Zijn eeuwigheid; Hij overschaduwt ons, Hij omvangt ons – maar helaas houden wij het niet vol heel ons leven te leven met diezelfde intensiteit.

In het leven van de heilige Efraïm de Syriër wordt gezegd, dat hij éénmaal de Liturgie celebreerde en daarna niet weer wilde celebreren. Dit toont dat die ene keer dat God hem schonk de Liturgie op te dragen door de kracht van de Heilige Geest, volstond voor zijn gehele leven. Dit geeft aan dat de Heilige levenslang in de Geest van deze Liturgie bleef. Christus heeft de Liturgie éénmaal voltrokken op volmaakte wijze, zodat dit blijft voor alle eeuwen. Wijzelf, door deze Liturgie te herhalen, tonen haar als het zegeteken van onze dankbaarheid. Wij drukken onze dankzegging uit jegens God voor al wat Hij voor ons gedaan heeft. Hijzelf, zoals de evangelist Johannes getuigt, heeft ons liefgehad tot het einde, met een unieke liefde.[30] En wanneer wij Zijn offer opnieuw tegenwoordig stellen, dan drukken wij onze dankbaarheid uit als wedergave voor Zijn eigen liefde. Samenvattend zouden wij kunnen zeggen, dat de Liturgie de uitdrukking is van Gods liefde voor ons en van onze dankbaarheid jegens Hem.

De deelname aan de Goddelijke Liturgie vereist grote godvrezendheid. De voorbereiding van de Kostbare Gaven (de 'proskomidie') dient te geschieden met een nederige gezindheid. In het brood, de wijn en het water dat wij in het Mysterie opdragen, leggen wij op geheimnisvolle wijze ook heel ons leven – ons geloof, het verborgen gebed van onze berouwvolle bekering. Wij leggen daarin heel onze dankzegging tot de enige algoede en menslievende God, voor al wat Hij gedaan heeft voor ons en voor de gehele wereld, voor de bescherming en instandhouding van de gehele schepping, voor elke ademtocht die Hij ons schenkt. Wij leggen daarin ons ver-

---

[30] Cf. Joh.13:1 & 15:13.

trouwen in Zijn kracht en in Zijn beloften; onze nederigheid en onze trouw aan Zijn woord; de beste gestemdheden van ons hart, en vooral de warmte van onze liefde omdat wij zijn vrijgekocht uit het verderf en de dood door Zijn kostbaar Bloed. Dit alles en nog ontelbaar meer, dat de inhoud vormt van het leven van de gelovigen, zijn de gaven die wij op discrete en onzichtbare wijze in de heilige synaxis brengen.

De kleine gaven die wij elk afzonderlijk verzameld hebben in onze verbroken harten, verbinden ons met het Lichaam van Christus en verenigen ons met de genadegaven van Zijn andere ledematen – degenen die in dit leven strijden, en degenen die verheerlijkt worden en vervolmaakt zijn in de eeuwigheid. De kleine genadegaven van onze strijd worden tot een sleutel die ons binnenleidt in de gemeenschap van de rijkdom der genadegaven van al de leden van het Lichaam. Deze gemeenschap der genade vormt het leven van de Kerk. Daarin worden zelfs de armen verrijkt, terwijl ook de rijken nederig blijven en behouden worden door de genade van het Hoofd van de Kerk en door de gebeden van haar vervolmaakte ledematen, zelfs wanneer de Heer hen grootprijst: "Alleluia! het heil en de heerlijkheid en de kracht zij aan onze God".[31]

De warmte en de vrede die wij in de verborgen "binnenkamer" van ons hart gecultiveerd hebben, zullen ons vergezellen tijdens de gemeenschappelijke samenkomst in de Goddelijke Liturgie. Zij zullen in ons de gewijde en mystieke plaats vormen, waar onze geest zich vrijelijk en op scheppende wijze kan bewegen. Deze geestelijke staat maakt het ons mogelijk onze opdracht, ons 'staan' voor het aanschijn des Heren, op nederige wijze te verrichten, zoals het profeten betaamt, zonder de noodzaak van uiterlijk vertoon van vroomheid. Aldus eerbiedigen wij de geestelijke ruimte van onze broeders, en wanneer wij de woorden uitspreken: "Het Uwe uit het Uwe bieden wij U aan, namens allen en voor alles", dan wordt ons offer aanvaard. Dan plaatst de Heer in de heilige gaven Zijn eigen Leven, terwijl Hij met de stem van Zijn goedheid zegt: "Het Heilige voor de Heiligen". En aldus wordt het wonder voltrokken van de ongelijke uitwisseling – die echter vol is van liefde voor het goede – van ons kleine leven met het oneindige leven van de Schepper en

---

[31] Cf. Openb.19:1.

Verlosser. Tenslotte kunnen ook wij, het Nieuwe Israël, het overwinningslied zingen: "Wij hebben het waarachtige Licht gezien, de Hemelse Geest ontvangen, het ware geloof gevonden – in het aanbidden van de onverdeelde Drieëenheid; immers, Deze heeft ons behouden!"[32] Met andere woorden, wij wachten de Komst van de Heer Jezus niet passief af, maar op profetische wijze – zoals de eersttronende apostel Petrus bevestigt – snellen wij naar die heerlijke ontmoeting en haasten wij ons naar "de Komst van de dag Gods".[33]

De Liturgie is bovendien een leerschool, waar wij de weergaloze wereldomvattendheid van Christus leren. Door Zijn nederdaling en Zijn opgang omvatte en resumeerde Christus alle dingen in Zijn Persoon: de Hemel, de aarde, en het onderaardse.[34] In de Goddelijke Liturgie wordt ons wezen uitgebreid en worden wij pan-kosmisch en supra-kosmisch, naar het beeld van de supra-kosmische Christus. Dit is uiteraard een grootse visie. Het is de ervaring van de heiligen. Maar zelfs door een kruimeltje daarvan dat God ons schenkt, kunnen wij deze waarheid van het Mysterie vaststellen en kennen. Deze ervaring volstaat om ons te bevestigen in het geloof dat "eens voor altijd aan de Heiligen" is overgeleverd.[35]

Wanneer zich voor ons aanschijn het beeld ontvouwt van het onberispelijk en smetteloos Lam, dan blijft ons hart verbroken en zien wij hoezeer wij tekortschieten tegenover Zulk Een God. Aan de ene kant schouwen wij het beeld van de hemelse en supra-kosmische Christus, terwijl wij aan de andere kant onze eigen kleinheid zien, en dit verwondt ons hart. Doch deze wonde is heilzaam. Het zijn de merktekenen van de Heer Jezus, waarover de Apostel spreekt.[36]

---

[32] Zie hfst. I (3), noot 24.
[33] 2Petr.3:12.
[34] Cf. Paascanon, troparion van de 3e Ode.
[35] Cf. Jud.1:3.
[36] Cf. Gal.6:17. [Het hier gebruikte Griekse woord *'stigmata'* wordt in Bijbelse en patristieke context ook gebruikt voor met een puntig voorwerp aangebrachte tekentjes op diverse voorwerpen – zoals bv. het kruisteken. Dit begrip wordt ook wel vertaald als 'wonde-tekenen' of 'littekens', doch daarvoor gebruikt het Oud-Grieks doorgaans andere woorden. De oorspronkelijke betekenis betreft het merkteken (in de vorm van een tatoeage) van de lijfeigene, de soldaat, of iemand die toegewijd is aan de (heidense) tempeldienst – het is dus allereerst een teken van het verbonden zijn aan iemand, in dienst van die persoon. *Noot vert.*]

De Goddelijke Liturgie: voltrekking en leefwijze 115

Deze diepe wonde is zeer kostbaar. Het is ons heil: "Door genade zijt gij behouden".[37]

Ere zij God, dat er ook vandaag de dag nog asceten bestaan, die overgelukkig zijn wanneer zij deze diepe wonde in het hart bezitten. Zij jagen geen visioenen na, noch zoeken zij wonderen in hun leven. Zij willen alleen deze wonde, die hen eraan herinnert dat Christus de Heiland is met een onmetelijke liefde, terwijl zijzelf nietswaardig zijn en bovendien nood hebben aan behoud. Hun ziel mat zich af tussen deze twee aspecten, en voortdurend beroeren zij de wond die zij in hun borst omdragen.

Deze wonde wordt vooral gevormd door de Goddelijke Liturgie en de berouwvolle bekering. Daarom hebben wij na de Liturgie vaak een dubbel gevoel van vreugde en verdriet. Vreugde vanwege het Hemels Koninkrijk, dat Christus ons heeft getoond, daar Hijzelf het Koninkrijk is; maar tegelijkertijd ook verdriet, omdat wij maar een klein gedeelte hebben gesmaakt van deze zaligheid. Daarom zegt Basilius de Grote: "Wij hebben de aard gezien van Uw Opstanding. Wij zijn vervuld met Uw nimmer-eindigende Leven. Wij hebben Uw onuitputtelijke geneugten genoten..."[38]

De Liturgie is de opstanding van de ziel. De ziel van de mens krijgt vleugels en zijn geest wordt vervoerd door de Geest Gods. Wanneer wij in de Liturgie met vurige warmte bidden, dan verlaten wij het godshuis "als zij die vertroost zijn",[39] dronken van de zoetheid van de genade van de Heilige Geest. En wij smeken: "Geef ons nog diepgaander aan U deel te hebben in de avondloze dag van Uw Koninkrijk".[40] Wij streven ernaar niet ons doel te missen op de dag van de Wederkomst in heerlijkheid van onze Heer, maar de volheid van dit geschenk op volmaakte wijze te leven. Wanneer wij de Communie ontvangen, zeggen wij: "Ik dank U, Heer, dat Gij mij heden hebt aanvaard, maar aanvaardt mij ook op die grote Dag". Aldus leven wij het Koninkrijk Gods nu, door de genade van de Goddelijke Communie, en verwachten wij de volle openbaring daarvan.

---

[37] Ef.2:5.
[38] Liturgie van de Heilige Basilius de Grote: Gebed bij het nuttigen van de Heilige Gaven.
[39] Zie LXX Ps.125(126):1 [Zie hfst. II(4), noot 11.]
[40] Paascanon, troparion van de 9e Ode.

De Liturgie is de voorbereidende openbaring van de laatste dingen (van de 'eschaton'). Door het vieren van de Liturgie ontvangen wij een kleine voorsmaak van datgene wat God ons aanstonds in de eeuwigheid zal geven, in heel de volheid daarvan. En dit is ook het onderpand van het toekomend Koninkrijk. Normaal gesproken bestaat er geen groot verschil tussen de gemeenschap aan het Lichaam en Bloed van Christus en het paradijs. Als er verschil bestaat, is dat hieraan te wijten, dat wijzelf niet tot de Goddelijke Communie naderen zoals dat zou moeten. Daarom hebben wij het verdriet dat wij ook hierboven genoemd hebben.

Dit verdriet hebben wij met betrekking tot God. Wanneer wij echter onze medemensen bezien, dan ontstaat er een ander soort verdriet – het verdriet dat de Heer in de nacht van het Mystiek Avondmaal uitdrukte met de volgende woorden: "O Rechtvaardige Vader, en de wereld heeft U niet gekend".[41] Ons hart is vol verdriet over de wereld die zulk een rijke God niet kent. En dan begint op natuurlijke wijze het gebed voor de wereld. De Heer doet voorspraak en offert Zich voor het heil van de gehele wereld. Als wij werkelijk Christus in onszelf hebben ontvangen, dan kunnen wij geen ander verlangen hebben dan dat de wereld behouden zal worden. En wij kunnen geen ander gebed hebben dan het gebed voor de gehele wereld. Ziedaar de wijze waarop de Liturgie ons leert pan-kosmisch te zijn.

Daarom eindigt de Liturgie nooit. Wanneer wij uit de kerk naar buiten komen, dan zouden wij moeten leven op dezelfde wijze die wij daar hebben geleerd. Laten wij dezelfde houding vasthouden jegens God en jegens onze broeders. Zoals wij in de Liturgie niet kunnen vergeten dat Christus, de Koning der Koningen, in ons midden is, en zoals elke beweging die wij maken bepaald wordt door Zijn aanwezigheid, zo moeten wij ook na het beëindigen daarvan niet in vergetelheid vervallen, wat volgens de Vaders de grootste hartstocht is. Al de hartstochten verwonden ons, doch de vergetelheid betekent letterlijk onze dood. Laat dus, wanneer wij uit de Liturgie komen, de gedachtenis aan God ons vergezellen. Laten wij, gewond zijnde door de aard van het waarachtige leven dat wij gezien

---

[41] Joh.17:25.

hebben, deze "wonde" vasthouden, ook in de dagelijkse handelingen van ons leven.

De Liturgie leert ons ook hoe wij met elkaar zouden moeten omgaan. In de Liturgie zijn wij degenen "die op mystieke wijze de icoon vormen van de Cherubim". Wij zijn iconen van God en iconen van de engelen. Zoals de engelen Gods troon omringen, zo omringen ook wij het altaar van God, en dat is Christus. Wanneer de priesters een Concelebratie hebben, dan zijn overbodige bewegingen of woorden niet toegestaan. Er gebeurt alleen het strikt noodzakelijke. Elk kent zijn plaats. Allen gedragen zich met grote godvrezendheid, want Christus is in ons midden. Zij bewegen zich rond het altaar, de troon van Christus, in vreze en met schroom – in het besef dat zij aards zijn en zondaars. Hier wordt een grote waarheid verwerkelijkt: dat wij allen ledematen zijn van het Lichaam van Christus, en elk van de leden is gericht op de overigen met liefde, nederigheid en solidariteit. Autonomie is niet toegestaan. Wij weten dat onze broeder ons leven is, en alles functioneert op harmonische wijze, zodat in de Synaxis het Hoofd van het Lichaam verheerlijkt wordt: Christus, de Aanvoerder van ons geloof en van ons heil. Zo leven wij, zoals de apostel Paulus zegt, in aansporing van liefde en goede werken. Elke relatie is een relatie van liefde, die aanspoort, aanmoedigt en opwekt tot goede werken: "Laat ons op elkander acht geven, tot aansporing van liefde en goede werken".[42]

Tenslotte leert de Liturgie ons de waakzaamheid, het werk dat de asceten van de woestijn beoefenen. Zij leven in stilte, zij letten op hun hart en laten niet toe dat daar een vreemd denkbeeld, een vreemde gedachte, binnendringt. Dit schenkt de Liturgie aan ons allen om niet, omdat Degene die daar Aanwezig is heel het intellect en heel het hart als krijgsgevangen maakt. Op natuurlijke wijze blijft er geen plaats meer over voor een vreemde gedachte. Samenvattend zouden wij zeggen, dat de Liturgie de inwijding is in de kennis van de Weg des Heren, waarbij wij, als wij daarin verblijven, geleid zullen worden tot de volheid van de waarheid en van het eeuwige leven.

---

[42] Cf. Hebr.10:24.

III

*De genadegave
van het Priesterschap*

III. 1
De supra-kosmische genadegave van het Priesterschap als dienst der verzoening van de wereld met God

Het Priesterschap van Christus, waar wij als priesters deel aan hebben, is een grote en buitengewone genadegave van de Heilige Geest, en de reden daarvoor is "moeilijk uit te leggen".[1] Deze openbaart zich in de wereld als een dienst van verzoening van de mensen met God-de-Heiland. Al degenen die deze gave ontvangen, hebben als voornaamste levenswerk te bidden voor het pan-kosmische heil waarmee Christus ons begenadigt, en zich in te spannen voor de geestelijke wedergeboorte van de kudde, die Hijzelf hen heeft toevertrouwd.

Zoals voor elke handeling en elke stap in het leven van de gelovige de Persoon, het Leven en het woord van de Almachtige Jezus het volmaakte "voorbeeld" en de waarachtige "weg" vormen, zo ook voor de priesterlijke dienst; buiten de Openbaring van Christus Zelf bestaat er geen ander licht om zich te richten op de godwelgevallige vervulling daarvan en de eeuwige verlossing – die van de priester persoonlijk en die van de gehele wereld.

De apostel Paulus zegt: "God was in Christus en verzoende de wereld met Zichzelf".[2] Met andere woorden, Christus, Die voor ons de enige Leermeester is, werd ook de Priester bij uitstek, die door Zijn offer onze zekere "toegang"[3] verkreeg tot de Hemelse Vader der lichten – en zo beërfden wij de genade van de aanneming tot zonen. Wij werden vrienden van Christus, Zijn broeders en mede-erfgenamen.

Doch hoe bewerkte Christus dit bovennatuurlijke werk, waardoor Hij tot Priester werd van het pan-kosmische heil? Voorzeker door Zijn onzegbare zelfontlediging en Zijn onvatbare nederigheid.

---

[1] Hebr.5:11.
[2] 2Kor.5:19.
[3] Cf. Rom.5:2.

Opdat de priester weet "van welke geest" hij is, of zou moeten zijn, zal ik twee punten aanhalen die de Verschijning en de wandel van Christus temidden van ons karakteriseerden.

Niemand kan de grootte van de zelfontlediging van de Zoon van God meten, wanneer Zijn ongeschapen goddelijke natuur verenigd wordt met de geschapen menselijke natuur. Noch kan men de diepte beschrijven van Zijn nederigheid, wanneer Hij de nimmereindigende tragedie en de ziekelijkheid van de kosmische val op Zich neemt. Hij plaatste Zichzelf lager dan allen, om allen te behouden. Hij kwam niet als gezagsdrager, of als vorst of machthebber. Deze dingen karakteriseren de afgodendienaars, zoals Hijzelf zeide. Hij werd tot Dienaar van allen: "Doch Ikzelf ben in uw midden als Degene die dient". Hij leerde ons een vreemde les: de "dienaar" is "groter" dan "degene die aanligt".[4] En Hij gaf als gebod om van Hem diezelfde nederigheid te leren: dat degene die "groot wil worden", "dienaar" en "dienstknecht" dient te worden ten dienste van de anderen. In de zwakheid van het vlees dat Hij had aangenomen, toonde Hij de onbegrijpelijke en onvatbare volmaaktheid.

De volmaakte navolger van Christus, de grote apostel Paulus die de "onuitsprekelijke woorden" hoorde van het paradijs, onderrichtte tegelijkertijd om in dit tijdelijke leven aan niets de voorkeur te geven, dan alleen aan het kennen van "Jezus Christus, en Dien gekruisigd".[5] Ongeacht welke afwijking van dit oerbeeld maakt ons "zinneloos",[6] dat is, zot en onbewogen ten overstaan van de liefde "tot het einde"[7] van de Gekruisigde God. Door het voorbeeld van de lijdende Heer der heerlijkheid schrok de Apostel nergens voor terug, maar "vrij zijnde van allen, maakte hij zich voor allen tot dienstknecht, opdat hij velen zou winnen".[8] Ingewijd in het mysterie der vroomheid heeft hij het "intellect" en de "gezindheid van Christus", die hij in de Brief aan de Filippenzen als volgt uitdrukt: "Doet niets uit twist of uit ijdele trots, maar door de nederige gezindheid achte de een de ander uitnemender dan zichzelf. Laat

---

[4] Cf. Lk.22:26-27.
[5] 1Kor.2:2.
[6] Cf. Gal.3:1.
[7] Joh.13:1.
[8] Cf. 1Kor.9:19.

niet elk bedacht zijn op zijn eigen dingen, maar elk ook op die van de anderen. Want deze gezindheid zij in u, die ook is in Christus Jezus".[9] Te allen tijde is de ander van belang, die wij van dienst zouden moeten zijn in het voornaamste werk van zijn verzoening met God. Het behoud van de minste broeder, "voor wie Christus gestorven is",[10] is uitmuntender dan het behoud van onszelf.

De priesters, als navolgers van de grote apostel Paulus, eren alleen dan hun dienst, wanneer zij zichzelf lager plaatsen dan elke mens die hen benadert – wanneer zij hem met ongeveinsde nederigheid opwekken tot de eerzucht om het woord van het Evangelie te aanvaarden, en aldus bijdragen aan de wedergeboorte, al is het maar van enkelen. Als zij tijdens hun priesterlijke dienst aan al wat zij doen en aan elk woord dat zij uitspreken een deeltje nederige liefde toevoegen, dan zal de goede God hen beslist zegenen, zodat eerst zijzelf en vervolgens de gelovigen het grote deel der genade zullen beërven, dat ontsprongen is aan het Kruis en de Opstanding van Zijn Geliefde Zoon.

Een ander karakteristiek punt, dat de volheid en de onbereikbare volmaaktheid van het offer van Christus toont, is dat Hij "geleden heeft buiten de poort".[11] Met andere woorden, Jezus "Die algoed is jegens allen", heeft het Lijden verdragen in uiterste verachting. Zoals de Apostel elders zegt, heeft Christus – niet om Zichzelf te behagen, maar om de mens wel te doen en te troosten – aanvaard om al "de smaadheden van hen die [God] smaden"[12] op Zich te laten vallen. En de priesters, zoals de Apostel hen voorhoudt, dienen hetzelfde te doen, om Jezus Christus te ontmoeten en binnen te treden in Zijn levende Aanwezigheid. Zij dienen buiten de legerplaats van de wereld te gaan, "dragende de smaad van Christus",[13] en "zoekende de toekomende [stad]".[14] Dan zal ook hun eigen eredienst God welgevallig zijn en nuttig voor de anderen.

De priesters worden niet alleen ingevoegd in deze eschatologische tocht wanneer zij het onbloedige offer opdragen van het

---

[9] Fil.2:3-5.
[10] Rom.14:15.
[11] Cf. Hebr.13:12.
[12] Rom.15:3.
[13] Cf. Hebr.13:13.
[14] Cf. Hebr.13:14.

onberispelijk en smetteloos Lam, maar ook wanneer zij het Mysterie voltrekken van de Gewijde Biecht. Wanneer zij bijvoorbeeld de biecht horen van de gelovigen, dan is heel de Hemel der heiligen aanwezig om de mens te ontvangen die nadert tot het Mysterie van de berouwvolle bekering. De Heer verzekerde dat er "vreugde [is] in de hemel over één zondaar die zich bekeert".[15] Daarom ook ontvangt de priester degene die zich bekeert met uiterste aandacht, eerbied en vroom ontzag. Hij spant zich in door zijn gebed de intensiteit van de bekering van degene die nadert te vatten, opdat hij het werk der genade niet zal belemmeren, maar als goede rentmeester van Gods mysterie daarmee zal samenwerken, naar de mate van zijn kracht, voor de wedergeboorte van de mens. De geestelijke vader dient zich indachtig te zijn dat hij zich niet moet gedragen alsof hij enig gezag bezit, maar "als degene die dient",[16] bereid om zichzelf lager te plaatsen dan elke mens die hij van dienst wil zijn. De vruchtbaarheid van zijn dienst zal altijd afhangen van de maat van de nederigheid, het gebed en de liefde die hij biedt aan zijn broeders.

Doch ook buiten deze dienst van de Gewijde Biecht wordt de priester bij elk contact met de gelovigen tot instrument van God voor de opbouw van de niet-met-handen-gemaakte tempel van hun hart.

De geestelijke dimensie van het werk van de priester is onschatbaar groot. Als deze dimensie krachtig en bestendig aanwezig blijft, dan zullen ook al zijn activiteiten in de wereld gezegend worden. Dan zal ongetwijfeld het getuigenis van de Opstanding des Heren bevestigd worden "tot het uiteinde der aarde"[17] en Zijn Heil "tot aan de voleinding der wereld".[18]

De Heer zeide tot Nicodemus: "Tenzij iemand opnieuw geboren wordt (vanuit den hoge), kan hij het Koninkrijk Gods niet zien".[19] De Bezitter van dit Koninkrijk is uit de hemel afkomstig, en Hij is

---

[15] Lk.15:7.
[16] Lk.22:27.
[17] Hand.1:8 & 13:47.
[18] Mt.28:20.
[19] Joh.3:3. [Doorgaans wordt het werkwoord in deze verzen gelezen als "opnieuw geboren worden", maar sommigen hebben erop gewezen dat het Griekse woordje *anôthen* (ἄνωθεν) normaal gesproken wil zeggen: 'van bovenaf' of 'vanuit den hoge'. Ook in commentaren wordt soms verwezen naar deze bijzondere, dubbele connotatie. *Noot vert.*]

boven allen. Hijzelf is bij uitstek het Huis Gods, want "in Hem woont al de volheid der Godheid lichamelijk".[20] En wij, om Zijn eigen "huis"[21] te worden, dienen te worden wedergeboren uit de hemelse Geest des Heren en innerlijk te veranderen, zodat wij een nieuwe natuur hebben, nieuwe gewaarwordingen, nieuwe gedachten en een nieuw en enig doel: "onze Verlosser welgevallig te zijn "hetzij wij leven, hetzij wij sterven".[22]

De psychologische mens, om te ontkomen aan het verderf – dat hij geërfd heeft door de vleselijke geboorte, en dat zijn leven verwoest in deze wereld die "in den boze ligt:[23] – dient vernieuwd te worden om geestelijk te worden. Zo zal hij de vrije adem kunnen aangrijpen van de Goddelijke Geest. Dan zal hij een geestelijk gezichtsvermogen hebben, om de sporen van het Hemels Koninkrijk in zijn leven te onderscheiden; een geestelijk gehoor, om het woord van Christus te horen en daardoor geïnspireerd te worden; een nieuw hart, om de verheven en alvermogende Naam van God-de-Heiland lief te hebben en te dragen. Het is onmogelijk dat de mens gelukkig en vervuld is, als hij niet herboren is door de levende hoop op de "onverwelkelijke erfenis" die hem wacht in de hemel.

De priesters van de Kerk – die het heilig Lichaam van Christus is, vervuld van Zijn goddelijke genade – staan ten dienste aan dit werk van de geestelijke wedergeboorte van de mensen en van hun opbouw tot niet-met-handen-gemaakte tempels van de Levende God.

Christus, zoals de profetische geest van Jesaja Hem schouwde, is de "Vader der toekomende eeuwigheid".[24] Zijn "geslacht" (of "geboorte") uit de Maagd, en vooral uit de Heilige Geest, is niet te verhalen en daarin wil Hij al Zijn nakomelingen inlijven. Omwille van de geestelijke wedergeboorte der mensen zaaide Hij op aarde het onvergankelijk zaad van het woord Gods. Het woord dat uitgaat uit Zijn mond voltrekt het werk. De priesters, die stevig op de weg van Gods wil staan, worden tot dragers van Zijn woord. Zij worden de "mond van God", die "het eerbare haalt uit het onwaardige".[25]

---

[20] Kol.2:9.
[21] Hebr.3:6.
[22] Fil.1:20.
[23] 1Joh.5:19.
[24] Jes.9:5/6 (LXX).
[25] Zie Jer.15:19 (LXX).

Hun woord is ingevoegd in het perspectief van Gods woord, het wordt scheppend en draagt genade over, die de harten van degenen die het horen innerlijk verzekert. Het werkt mee aan hun geestelijke wedergeboorte.

Zoals Christus, om het woord van Zijn Vader in onze harten te planten, Zichzelf beneden elk schepsel plaatste, zo dient ook Zijn dienaar, de priester, om Gods woord te ontvangen en over te dragen aan zijn broeders, zichzelf te plaatsen beneden degenen die hij wil dienen. Zonder dat hij zich vernedert ten overstaan van zijn broeder zal hij hem niet doen voelen dat hij hem eert, waardoor hij hem zou opwekken tot de eerzucht om op apostolische wijze te belijden dat "Christus... in de wereld gekomen is om zondaars te behouden, van wie ik de eerste ben".[26] Zoals de Heer de uitdaging van Nathanaël niet verachtte, maar hem eerde door de openbaring van het grotere wonder van de eenwording van de hemel en de aarde; zoals Hij de onbetamelijkheid van het leven van de Samaritaanse niet minachtte, maar haar maakte tot apostel van de waarachtige eredienst aan Hem; zoals Hij de vreesachtigheid van Nicodemus om Hem openlijk te volgen niet berispte, maar hem sprak over het hoogste mysterie van de geestelijke wedergeboorte; evenzo, om een volk van God te bereiden – heilig en uitverkoren – dient ook de priester voortdurend te worden ingewijd in het mysterie van de uiterste nederigheid van Christus de Leermeester. Dan zal zijn dienst rijke vrucht dragen.

Wij moeten te allen tijde het voorbeeld van Christus voor ogen hebben, Die ons behouden heeft – niet met Zijn goddelijke almacht, om onze vrijheid niet teniet te doen, maar door de zwakheid van Zijn liefde, die ons op meer gezaghebbende wijze aantrekt dan al wat menselijk is. Ook wij priesters zouden de gelovigen niet moeten benaderen met de autoriteit van het priesterschap die ons geschonken is, maar met een nederig hart dat op reine wijze weet lief te hebben en dat elke geminachte ziel troost met vrede.

Wanneer de priester een pijnlijk hart heeft vanwege de liefde voor de Heer en zijn broeders, die Gods Voorzienigheid hem heeft toevertrouwd, dan "verheugt hij zich met hen die zich verheugen, en weent hij met hen die wenen", al naar gelang hun omstandig-

---

[26] 1 Tim. 1:15.

heden.[27] Bij elk contact met hen ontstaat er een opening naar Gods eeuwigheid. Zonder een pijnlijk hart liggen de woorden van vertroosting ongemakkelijk in de mond en klinken zij ijdel in de oren van het volk. Zij brengen noch vertroosting noch nut. Noch overtuigen zij, noch schenken zij inspiratie.

De dienst van de priesters is een genadegave en een roeping die ook de onvergelijkelijke eer omvat van de onovertroffen schepping van onsterfelijke goden en vervolmaakte geesten van het paradijs. In deze dienst betonen de nederige priesters zich als de "lieflijke geur van Christus" temidden van het uitverkoren en voor God rechtschapen volk van de Heilige Kerk.

Overeenkomstig het bovenstaande, wil de dienst van de priester waardig gekeurd worden, dan dient deze zich te onderscheiden door zijn plichtsgetrouwheid en toewijding "aan Jezus, de Aanvoerder en Voleinder des geloofs".[28] De wereld mag hem niet losrukken van het zoeken van de heilbrengende genade des Heren voor zichzelf en voor zijn broeders, noch hem bekoren door de ijdelheid van al haar prachtige dingen. Laat hem niet beïnvloed worden door haar prototypes, die "een gruwel [zijn] voor Gods aanschijn".[29] Laat hem de voorkeur geven aan de harde woorden van het Evangelie en niet verlangen om de waarheid Daarvan in overeenstemming te brengen met de liefde voor deze wereld, die "vijandschap [is] jegens God".

Door leerling te zijn van de goddelijke gezindheid van Christus, door zichzelf met medelijden beneden de ander te plaatsen en de voorkeur te geven aan de smaad van Christus buiten de legerplaats van de hoogachting der wereld, zal de priester kunnen worden ingevoegd in de nederige weg van de Heer. Hij zal kunnen binnentreden in Diens levenschenkende Aanwezigheid, en zoals Lukas en Kleopas op de weg naar Emmaüs, zal hij in zijn hart de woorden van de Heer Jezus doen opvlammen.

Doordat de priester het woord Gods levend in zich draagt, voltrekt hij zijn werk met een paradoxale autoriteit, de enige die passend is, die namelijk voortkomt uit de goddelijke Aanwezigheid, en niet enkel gebaseerd is op het gezag dat inherent is aan de rituele wijding.

---

[27] Cf. Rom.12:15.
[28] Hebr.12:2.
[29] Lk.16:15.

Aldus, in het perspectief van het woord Gods, wordt ook zijn eigen woord scheppend, omdat het tot voertuig wordt van de goddelijke Openbaring. Wanneer hij het overdraagt, overtuigt hij door de genade de harten van hen die het horen en schenkt hen de innerlijke verzekering daarvan. Dit rechtvaardigt de aanspreektitel "vader", waarmee de gelovigen zich tot hem richten, omdat hij als geestelijke vader de mensen herboren doet worden door zijn woord. Zijn dienst wordt een dienst van het woord Gods. Door dit woord troost hij de lijdende zielen der mensen. Hij vervult de twee grote geboden, omdat hij zowel God als de mensen liefheeft. Aldus heeft hij een groot loon bij de Heer, en eer bij Diens dienstknechten.

"De oudsten die goede voorgangers zijn, zijn dubbele eer waardig, vooral zij die arbeiden in het woord en het onderricht".[30]

---

[30] 1Tim..5:17.

III. 2

Het profetische leven en authenticiteit in de Kerk

In het Nieuwe Testament is een profeet niet zozeer iemand die toekomstige gebeurtenissen voorzegt, maar veeleer degene die het mysterie kent van de weg des heils voor elke ziel – degene die woorden uit door de Geest van de eeuwige en onveranderlijke waarheid, die geopenbaard werd door Christus, "Die gekomen is en Die zal wederkomen".

De gave der profetie in het leven van de Kerk is een min of meer constante geestelijke staat, die getuigt van de eeuwige waarheid van de woorden van Christus. In deze waarheid verblijven al degenen die de eerste Verschijning van de Almachtige hebben liefgehad en die zich met verlangen haasten naar de dag van Zijn Wederkomst. In hun leven wordt met wonderbare helderheid de kracht bevestigd van het grote Mysterie der vroomheid,[1] de heerlijke en heilbrengende genade van de Naam van de Goddelijke Verlosser, en de onvergelijkelijke natuur van Zijn onberispelijke liefde. In het licht van Zijn genadegaven wordt de illusie van de waarden van deze wereld aan de kaak gesteld, de onbestendigheid van haar prototypes veracht, de duisternis van haar kwaliteiten bespot, en blijkt duidelijk het absolute karakter van Zijn komend Koninkrijk. Deze waarheid kent op krachtige wijze de rechtvaardigheid toe aan God-de-Heiland, belijdt met diepe verbrokenheid de smaad van de val en van de ondankbaarheid van de wereld, en inspireert in de gelovige vooral de treurnis vanwege zijn geestelijk tekortschieten en zijn onwaardigheid tegenover de rijkdom van de openbaring van de algoede God.

De openbaring van de waarachtige God is "niet naar de mens",[2] maar gaat de menselijke maat oneindig ver te boven. Daarom is de

---

Een voordracht van Archim. Zacharias te Wichita (A.D. 2014) droeg dezelfde titel. Dit hoofdstuk biedt een uitgebreidere uitwerking van dit thema. *Noot vert.*
[1] Cf. 1Tim.3:16.
[2] Gal.1:11.

Heer Jezus de enige "Leermeester".[3] Hij bracht de volheid der Godskennis: "Alle dingen zijn Mij overgeleverd door Mijn Vader, en niemand kent de Zoon behalve de Vader, noch kent iemand de Vader behalve de Zoon, en degene aan wie de Zoon Hem wil openbaren".[4] Hij toonde met vertrouwelijkheid en in voor ons begrijpelijke woorden de weg tot de eeuwige waarheid. Alles wat Hij van de Hemelse Vader hoorde "heeft Hij ons bekend gemaakt".[5] Hij sprak over de mysteriën van het Koninkrijk der Hemelen "in gelijkenissen"[6] en "spreuken".[7] Doch Hij zond "de andere Trooster... om mét ons te blijven tot in eeuwigheid",[8] om ons Zijn woorden in herinnering te brengen, om ons Zijn gelijkenissen uit te leggen en Zijn spreuken na te vorsen. Met andere woorden, Christus werd voor ons tot de enige bron van al de genadegaven en het onvergelijkelijke Feit van de authentieke theologie.

De grote apostel Paulus verkondigt dat al de genadegaven van de Heilige Geest ontspringen aan Christus' nederdaling tot "de nederste delen der aarde" en Zijn opgang tot boven de hemelen.[9] Daarbij benadrukt hij in het bijzonder en met grote verwondering Zijn nederdaling. Deze karakteriseert de "mens des Heren",[10] zoals deze geschouwd werd door Salomo, de wijze koning van Israël. Deze weg, die bij uitstek nederig is, leidt tot de verlossing. Hij is tegengesteld aan de weg die de eerste Adam bewandelde, zowel als aan de eerzuchtige wijze waarop die der natiën tronen bestijgen en de zwakken overheersen, hetgeen leidt tot een uitzichtloze tragedie. Het is vóór alles de weg van de eeuwige waarheid, en daarom authentiek profetisch en te allen tijde toereikend om ons met zekerheid te leiden in de sporen van de levenschenkende Aanwezigheid van de Heer.

Wij blijven versteld staat van de reinheid, de diepte en de exactheid van het profetische schouwen van Jesaja, die deze wondere

---

[3] Mt.23:8.
[4] Mt.11:27.
[5] Cf. Joh.15:15.
[6] Mt.13:10
[7] Joh.16:25.
[8] Cf. Joh.14:16.
[9] Zie Ef.4:4-14.
[10] Cf. Spr.8:22.

weg van Christus bekend maakte, waardoor Hij Zijn liefde "tot het einde" openbaarde en de dood overwon: "Als een schaap werd Hij ter slachting geleid, en als een Lam dat stemmeloos is tegenover zijn scheerder, alzo doet Hij Zijn mond niet open. In Zijn nederigheid werd Zijn oordeel weggenomen; doch wie zal Zijn geslacht verhalen? Want Zijn leven wordt weggenomen van de aarde".[11] Met de woorden van dezelfde Profeet schetst de evangelist Matthéüs de karakteristieken van de nederige weg van de Heer: "Zie Mijn Knecht, Die Ik heb uitverkoren, Mijn Geliefde, in Wie mijn ziel een welbehagen heeft; Ik zal Mijn Geest op Hem leggen, en Hij zal het oordeel bekend maken aan de natiën; Hij zal niet twisten noch schreeuwen, noch zal iemand Zijn stem horen op de pleinen. Het geknakte riet zal Hij niet breken, en de smeulende vlaspit zal Hij niet uitdoven, totdat Hij het oordeel zal uitbrengen tot overwinning. En de natiën zullen hopen in Zijn Naam".[12]

De komst van Christus wordt dus gekarakteriseerd door de nederigheid. Uiteraard is deze eerste komst profetisch, want deze maakt Zijn tweede komst bekend en geeft een betrouwbaar getuigenis van de waarachtige karakteristieken daarvan. De Geest die rust op de Heer is bij uitstek nederig en richt zich op profetische wijze tot de nederigen en de "verbrokenen van hart".[13] Doch al wordt het woord van de Heer Jezus uitgedrukt op nederige en menselijke wijze, wanneer de mens dit aanvaardt, getuigt het van de goddelijke herkomst ervan. Het doet hem herboren worden en begenadigt hem met het licht van het hemelse leven.

Toen God de mens schiep, begiftigde Hij hem met de ongelofelijke mogelijkheid om leerling te worden in de school van de Evangelische geboden, die Zijn Zoon aanstonds aan de aarde zou voorstellen – een unieke school, een school van nederige en volmaakte liefde. En de Heer Jezus, die bevestigde dat Eén de Leermeester der mensen is – dat is, Christus[14] – nodigt allen uit om leerling te worden in Zijn nabijheid, om Hem te kennen, om onderricht te worden in Zijn zachtmoedigheid en nederigheid, en om de rust te vinden

---

[11] Hand.8:32-33; zie Jes.53:7-8.
[12] Mt.12:18-21.
[13] Lk.4:18.
[14] Cf. Mt.23:8.

in Zijn Koninkrijk: "Komt tot Mij gij allen, die vermoeid zijt, en die belast zijt... leert van Mij, want Ik ben zachtmoedig en nederig van hart, en gij zult rust vinden voor uw zielen".[15] In deze school is Christus het onovertroffen "voorbeeld"[16] en de verlangde maat voor Zijn leerlingen.[17]

De kennis van God is geen abstracte kennis; het is een kennis van het hart, een existentiële kennis. De mens neemt deel aan de Geest Gods met heel zijn wezen. Hij ontvangt Diens energie, Diens goedheid en Diens genade. Hij kan niet stellen dat hij de kennis van God bezit, als de genade van de Heilige Geest niet in hem is. En overeenkomstig de Heilige Schriften wordt de genade van de kennis van God geschonken aan de nederigen.[18] Daarom is de Christen heel zijn leven in de leer bij de nederige Geest van God. En deze leerschool betreft een hemelse en nimmer-eindigende wetenschap.

Zoals de eersttronende apostel Petrus onderricht, is de genade van de Heilige Geest "menigvuldig".[19] Deze wordt overgedragen in "de weidegronden der genadegaven", waaraan al de ledematen van het Lichaam van Christus deelhebben. Eén van de voornaamste genadegaven van de Heilige Geest is de gave der profetie. En van Paulus, de andere eersttronende apostel, weten wij, dat de profetische geest in het bijzonder gekarakteriseerd wordt door de nederigheid. Daardoor trekt de mens Gods genade aan, en aldus kan hij de twee grote geboden vervullen van de liefde tot God en tot de naaste. De waarachtige profeet weet dus op nederige wijze zijn geest te temmen, zodat hij niet de geestelijke plaats inneemt die de anderen toebehoort. De Ander bij uitstek is de Heer, maar bij uitbreiding betreft dit ook zijn broeders. De apostel Paulus bevestigt dit, zeggende: "De geesten der profeten zijn aan de profeten onderworpen".[20]

De profeet plaatst zichzelf op de nederige weg des Heren naar

---

[15] Mt.11:28-29.
[16] Joh.13:15.
[17] Zie Lk.6:40 – "De leerling is niet boven zijn leermeester; doch ieder die volleerd is, zal zijn zoals zijn leermeester."
[18] "God weerstaat de hoogmoedigen, doch de nederigen geeft Hij genade." 1Petr.5:5; zie Spr.3:34.
[19] Cf. 1Petr.4:10.
[20] 1Kor.14:32.

omlaag. Dit is de enige waarachtige en verlossende weg. Christus Zelf zeide: "Ik ben de Weg, en de Waarheid, en het Leven".[21] Dus wanneer de profeet zich plaatst op de weg des Heren, wordt hij met Hem verenigd en wordt hij deelgenoot aan Zijn innerlijke staat en Zijn genadegaven. De opgestane Heer, Die "de sleutel van David" heeft,[22] opent met Zijn messiaans gezag het hart van de profeet, om de kennis te bevatten van het grote mysterie der vroomheid. Hij begeestert hem met liefde voor Zijn toekomende Verschijning, terwijl de daaropvolgende verschijnselen getuigen van deze goddelijke en profetische inspiratie, die nu zijn leven vult.

Hij wordt ontvankelijk voor het goddelijk woord, dat levend is en in hem weerklinkt, en hem geheel beheerst door hem deelgenoot te maken aan de energie van de eeuwigheid en de zoetgeurende sporen van God-het-Woord, die zich in zijn hart opeenhopen. Wanneer deze een zekere volheid bereiken, gaat het hart wijd open, opdat daarin de Heilige der heiligen woning neemt. Dan wordt het grootste wonder voltrokken dat de geschapen wereld kent: de vereniging van het hart van de mens met de Geest van de Eeuwige. De mens wordt volkomen wedergeboren door het onvergankelijk zaad van het woord van God. Hij wordt tot een niet-met-handen-gemaakte tempel van de Geest, de Trooster, en dan is hij in staat het woord Gods niet alleen te ontvangen maar dit ook op authentieke wijze over te dragen, zodat hij de harten van hen die het horen innerlijk verzekert door de genade. Hij ontvangt de genadegave der profetie en wordt een "dienaar van het Woord".[23]

De profeet steunt niet op zichzelf, maar op God, Die zelfs de doden opwekt. Hij weet ten diepste dat het heil niet zijn eigen verworvenheid is, maar "het is Gods geschenk".[24] Hij berispt zichzelf over alles, en op deze wijze wordt hij ingevoegd in de weg van het vrijwillig Lijden van de Heer, die "de belofte van het tegenwoordige en het toekomende leven" bevat.[25] Hij leeft bestendig het grote gebod van de Heer: "Wanneer gij alles gedaan zult hebben wat u is

---

[21] Joh.14:6.
[22] Cf. Openb.3:7.
[23] Cf. Lk.1:2.
[24] Ef.2:8.
[25] Cf. 1Tim.4:8.

opgedragen, zegt dan: Wij zijn onnutte dienstknechten, wij hebben gedaan hetgeen wij schuldig waren te doen".[26] Aldus bereikt hij het "niets" van de nederigheid, hetgeen het geschikte materiaal is waaruit het de God der Christenen eigen is te scheppen.

Wanneer wij onszelf berispen voor de ellende van onze val, en voortgaan naar omlaag, dan kan de arrogante geest van de tegenstander ons niet volgen. Zo worden wij bevrijd van zijn heerschappij. Door de zelfberisping en de vrijwillige tocht naar omlaag belijden wij een pan-kosmische waarheid, die ook door de Schrift bevestigd wordt: "Allen hebben gezondigd en schieten tekort in de heerlijkheid Gods".[27] Wij worden deelgenoot aan de Heilige Geest, Die ons "wijs maakt tot heil".[28] De zelfberisping helpt ons om voortdurend nog nederiger gedachten te ontdekken, die de genadegave van de berouwvolle bekering aanwakkeren en de inspiratie tot het heil vermeerderen.

Deze wijsheid van de nederige gedachten waartoe de Geest des Heren inspireert, is zo diep en paradoxaal dat degene die deze wijsheid kent voortdurend verbaasd staat van de vreugde en de rust in zijn staan voor het aanschijn des Heren. Hij doet niets dat ingaat tegen de liefde voor de naaste. Door het cultiveren van de nederige gedachten van de zelfberisping vervult hij het fundamentele gebod van de Heer, dat heel het godwelgevallige leven zijn waarde verleent: "Hij die zichzelf vernedert, zal worden verheven".[29]

In dit perspectief verstaan wij, waarom de Vaders zeiden dat degene die zichzelf rechtvaardigt zijn eigen ziel haat, en dat het werkelijke succes zelfs niet de onafgebroken gedachtenis aan God is – zulk een uitnemend voorrecht – maar het vrijwillig op ons nemen van ons falen. Zo begrijpen wij ook het woord van de Apostel: "Waarom lijdt gij niet liever onrecht?"[30]

De charismatische profeet stelt zichzelf beneden allen om, al is het maar aan weinigen, iets te kunnen overdragen van de diepe kennis van het Mysterie van God, die hijzelf ontvangen heeft. Deze

---

[26] Lk.17:10.
[27] Cf. Rom.3:23.
[28] Cf. 2Tim.3:15.
[29] Lk.14:11.
[30] 1Kor.6:7.

kennis is bovennatuurlijk en niet met woorden te beschrijven. Doch zijn nederigheid brengt degenen die hem horen tot een godwelgevallig eergevoel, zodat zij het getuigenis van zijn ervaring aanvaarden. Daarom bezitten wij alleen dan die gezindheid die overeenkomt met die van Christus, wanneer "elk door de nederige gezindheid de ander als uitnemender beschouwt dan zichzelf; wanneer hij niet alleen bedacht is op hetgeen hemzelf aangaat, maar ook op datgene wat de anderen van nut is".[31] Zo zeide ook een hedendaagse Heilige, vervoerd door deze profetische geest: "Onze broeder is ons leven".[32]

De inspiratie van de genadegave der profetie maakt de profeet ontroostbaar in zijn zucht om God welgevallig te zijn, hetzij door zijn leven, hetzij door zijn dood. Daarom zei de aanvoerder der profeten, de grote Paulus: Ik reken nergens op, noch beschouw ik mijn leven als kostbaar, opdat ik mijn werk zal vervullen met vreugde en mijn dienst voleindigen die de Heer Jezus mij heeft opgelegd. Ik ben niet alleen bereid om gebonden te worden, maar zelfs om te sterven in Jeruzalem "voor de Naam van de Heer Jezus".[33]

De nederige profeet plaatst in zichzelf een 'transformator' van goddelijke liefde, die elke uitdaging die hij in zijn leven tegenkomt, positief of negatief, omvormt tot een energie van gebed en gesprek met God. Door deze omvorming maken de "vuurgloed der verzoeking"[34] en het "gesmaad worden in de Naam van Christus",[35] dat de Geest Gods rust vindt in het hart van de strijdende gelovige. Het "ten onrechte lijden"[36] wordt tot zaligheid en "genade bij God".[37] Dit maakt dat de gelovige jubelt "met onuitsprekelijke .. vreugde"[38] bij het smaken van de levende hoop van het uiteindelijke heil. Bovendien overwint het smaken van de vrijwillige dood omwille van het gebod des Heren de onvrijwillige dood die de mens bedreigt, om reden van de zonde die daaraan voorafging, en wist deze uit.

De nederige gedachten van de zelfberisping wakkeren het

---

[31] Cf. Fil.2:3-4.
[32] "Saint Silouan", GK p.57 (ed.[15]2013: p.56), EN p.47, NL p.58.
[33] Cf. Hand.20:24 & 21:13.
[34] Cf. 1Petr.4:12.
[35] Cf. 1Petr.4:14.
[36] Cf. 1Petr.2:19.
[37] 1Petr.2:20.
[38] 1Petr.1:8.

onafgebroken gebed aan met de Naam van de Heer. De voortdurende smeekbede tot God bevestigt het woord van de Heer, dat niets kan slagen zonder Zijn hulp.[39] Als een schepsel, dat alles van God ontvangen heeft, kan de mens zich nergens op beroemen "alsof [hij] het niet ontvangen had".[40] Hij kent alles waar hij in slaagt toe aan God, als Diens gave.

Nogmaals, de profetische eerzucht om zichzelf te verloochenen en zich over te leveren aan de heilige wil van God, bewerkt een warme vurigheid in de geest. Het inspireert tot een liefde voor de Heer en Weldoener, en tot een afkeer van al wat deze uitstorting van liefde in het hart verhindert. Hoe meer de dankbaarheid en de dankzegging van de mens tot God toenemen, des te meer worden ook de genadegaven vermeerderd, waarmee God hem vergeldt. De mens brengt vurige dank voor al hetgeen God voor hem en voor heel de wereld gedaan heeft. Ook dankt hij voor de genadegaven van al de heiligen, "bovenal" echter voor de "grote dingen" die de Heer gedaan heeft voor Zijn alheilige Moeder omwille van het heil der wereld. Hij bereikt het punt waarop hij de Formeerder zelfs dankt voor het leven dat Hij gegeven heeft aan alle levende schepselen. En hoe meer de dankzegging aanhoudt, die voor Gods aanschijn tot voorspraak is voor de zwakheid van de mens, zoveel te meer dringt de geest door tot de ondoorgrondelijke afgrond van de kennis van het Goddelijk Mysterie.[41]

Terwijl de mens de Heer en Weldoener steeds overvloediger zijn dankbaarheid betuigt, wordt hij zich bewust dat "God groter [is] dan ons hart".[42] Dan lijdt hij verdrukking, hij vernedert zich, hij wordt verbroken en komt tot berouwvolle bekering bij het zien van zijn onvermogen om God te danken, zoals Hem verschuldigd is. En de bekering uit dankbaarheid heeft geen einde op deze aarde.

De strijd van de zelfberisping, hoe nuttig deze ook moge blijken, is onze eigen zelfverkozen ascese. Daarom is dit draaglijk. Doch het verwerven van de profetische genadegave van de nederigheid

---

[39] Cf. Joh.15:5.
[40] 1Kor.4:7.
[41] De Apostel zegt: "Doch wij hebben niet ontvangen de [hoogmoedige] geest der wereld, maar de [nederige] Geest, die uit God is, opdat wij zouden weten de dingen waarmee wij door God begenadigd zijn." 1Kor.2:12.
[42] 1Joh.3:20.

van Christus wordt bevorderd door de volharding onder de kritiek die van de anderen afkomstig is: de beledigingen en provocaties, het onrecht en de bespotting, de verachting en alle onrecht. Deze leggen de verborgen hartstochten bloot en openbaren het "afschuwelijk gelaat" van het hart. Het wijze geduld onder alle oneer geneest de wonden van de ziel en weerspiegelt haar waarachtige nederigheid en vooruitgang. De heilige Johannes Klimakos zegt: "Ik zag drie monniken die terzelfder tijd beledigd werden. De eerste van hen voelde de steek en was ontsteld, maar hij zweeg. De tweede verheugde zich over zichzelf, maar hij had verdriet over de belediger. En de derde, terwijl hij de schade aan de ziel van de belediger overwoog, vergoot hete tranen. Aldus hebt gij voor u de arbeider van de vreze, de dagloner van de hoop en de zoon van de liefde".[43]

Uit al wat wij hier besproken hebben wordt duidelijk, waarom de Vaders zeggen dat wij vóór alles de nederigheid nodig hebben, die de adel uitmaakt van de leerling van Christus. Uiteraard bestaat er de ascetische nederigheid, die de vrucht is van het wettige streven en de inspanning van de geestelijke atleet. Doch er bestaat ook de charismatische nederigheid, hetgeen een onbeschrijfelijke staat is en de vrucht van het schouwen van het Aangezicht van Christus.

De aard van het monastieke leven is waarlijk profetisch. Dit is de meest volmaakte benadering van de onbeschrijfelijke zelfontlediging van Christus, die de bron is van al de genadegaven van de Heilige Geest en vooral van de profetische genadegave van de nederigheid. Deze waarheid wordt geschetst in een kort verhaal uit het "Gerondikon":

"Abba Mozes zeide ooit tot broeder Zacharias: 'Zeg mij wat ik zou moeten doen.' Hem horende, viel deze aan zijn voeten, zeggende: 'Gij vraagt dat aan mij, vader?' De Oudvader zegt tot hem: 'Mijn kind Zacharias, geloof mij, ik heb de Heilige Geest op u zien nederdalen en sinds die gebeurtenis heb ik het nodig u te vragen'. Toen nam Zacharias zijn kap van zijn hoofd, wierp deze onder zijn voeten en vertrapte hem, zeggende: 'Als iemand niet zodanig vermorzeld is, kan hij geen monnik zijn'."[44]

---

[43] Cf. H. Johannes Klimakos, "The Ladder" 8:27 (p.85).
[44] "The Sayings of the Desert Fathers", Abba Zacharias §3. Nieuwgriekse weergave in: «Εἶπε Γέρων», Μεταφρ. Βασιλείου Πέντζα (p.86).

Het verwerven van de genadegave der profetie op de weg van het monnikschap wordt ook begunstigd door die ascese, waarbij de monniken leven met slechts één gedachte in hun geest, hun ziel en hun lichaam: dat in heel hun leven Christus zal worden grootgemaakt, terwijl zijzelf, al is het maar als onnutte dienstknechten, volledig met Hem verzoend zullen worden, zodat niets hen van Hem zal kunnen scheiden. Deze leefwijze met slechts één gedachte wordt onderhouden wanneer zij bidden met het éénwoordelijk gebed van de Naam van de Heer Jezus, wanneer zij biechten, wanneer zij met elkaar in gesprek zijn, en vooral in hun staan voor Gods aanschijn in berouwvolle bekering. Niemand kan wenen vanuit zijn hart in het zoeken naar het Aangezicht des Heren, als hij in zijn intellect twee gedachten heeft. Christenen vinden de weg der tranen door te treuren met slechts één gedachte. Dit geneest en verenigt heel hun wezen, zodat zij zich vervolgens ten volle tot God kunnen wenden. Zo kunnen zij onwrikbaar blijven staan in Zijn heilige Aanwezigheid en hun volkomen heiliging volbrengen. Daarom hebben de monniken in hun ontmoetingen met heilige Oudvaders slechts één verzoek: "Vader, geef mij een woord". En naar dit woord richten zij heel hun leven voor Gods aanschijn en in deze wereld.

Doch datgene wat, meer dan al het andere, aan het monnikschap zijn profetische karakter geeft, is de ascese der gehoorzaamheid. In het vervullen daarvan aanvaardt de monnik met geloof het woord van zijn Oudvader als de wil van God. Hij legt zijn eigen aardse oordeel en zijn eigen wensen af. Aldus geniet hij het voorrecht om zonder verzoekingen of overleggingen op te stijgen tot het niveau van de unieke wil van God, en de eenheid en de reinheid van het intellect te verwerven. Dan wordt hij geleid tot het reine gebed, waarbij hem – overeenkomstig de ervaring van de heilige Silouan en oudvader Sophrony – een goddelijke staat wordt overgedragen: Wanneer hij bidt, weet hij niet of hij zich in het lichaam bevindt of buiten het lichaam.[45] Hij is geheel verzonken in de Geest van God; hij wordt door Hem geleid en omgedragen. Hij is dood ten overstaan van de ijdelheid van de wereld en wordt bevrijd van haar patronen. Hij verwerft de goddelijke inspiratie en de geestelijke vrijheid.

---

[45] Cf. "Saint Silouan", GK p.182 (ed.[15]2013: p.176), EN p.141, NL p.150; zie 2Kor.12:2.

Behalve de weg van de zelfberisping, die ingevoegd is in het mysterie van de nederdaling van Christus tot de "nederste delen der aarde", en de weg van het monnikschap, die het voorbeeld navolgt van de zelfontlediging van Zijn leven,[46] bestaat er ook nog de geestelijke plaats van de Goddelijke Liturgie, die de genadegave der profetie cultiveert en bewaart voor alle gelovigen.

Doel van de genadegave van het profetische leven is de openbaring van het diepe hart – de plaats van Gods Aanwezigheid in de mens. "Doch als zij allen zouden profeteren, en er komt een ongelovige of een buitenstaander [zonder geestelijke genadegave] binnen, dan wordt hij door allen berispt, door allen onderzocht – de verborgen dingen van zijn hart worden openbaar, en aldus zal hij nedervallen voor uw aangezicht en God aanbidden, en verkondigen dat God waarlijk in u is".[47] De Heer maakt ons hetzelfde bekend, zeggende dat wanneer de Trooster zal komen, Deze de wereld zal berispen "omtrent de zonde, en omtrent de rechtvaardigheid, en omtrent het oordeel".[48] Het te voorschijn doen komen en levend maken van het hart is het werk van de Heilige Geest. Hij berispt en reinigt het hart, en maakt dit gevoelig om het woord des levens te ontvangen, opdat het hart verlicht wordt en daarin de gedaante van de Heer Jezus zou worden ingegrift. Op deze wijze wordt de zonde uitgewist van het ongeloof in Christus als God, de waarlijk Zijnde van vóór alle eeuwen, en zo vindt in het hart de inwijding plaats van de rechtvaardigheid en de tucht van het Kruis. De Heilige Geest getuigt in het hart dat alleen Jezus heilig, rechtvaardig en waarachtig is. En tenslotte wordt de vijand beschaamd en bestraft in de lichamen der gelovigen, die in hun tegenwoordige leven hetzelfde oordeel aanvaarden en verduren als de Zoon van God. "Welnu, God zij waarachtig, doch iedere mens leugenachtig".[49]

De ontdekking en verfijning van het hart door Gods genadegave heeft tot doel dit toereikend te maken om Gods woord aan te grijpen en door de energie daarvan het levende en geïnspireerde getuigenis te dragen van Jezus, de Opgestane uit de doden – bij elke stap in

---

[46] Cf. Mt.8:20 & Lk.9:58.
[47] 1Kor.14:24-25.
[48] Joh.16:8.
[49] Rom.3:4.

ons leven. Dit woord openbaart terzelfder tijd twee werkelijkheden, die oneindig ver van elkaar verwijderd zijn: 1) het Koninkrijk Gods, waaruit dit woord afkomstig is, en 2) de trieste gesteldheid van de wereld, die "in den boze ligt".[50]

Al is het woord Gods naar zijn aard onuitsprekelijk, wanneer dit het hart bezoekt doet het de ontvanger niet verschrikken, maar het vervult hem met onvergankelijke vertroosting. Er vindt een profetische gebeurtenis plaats. De ziel levert zich nederig over aan dit bezoek, om het woord in zich te ontvangen en te voldragen. God sluit een persoonlijk verbond met de mens, dat vergezeld gaat van onuitsprekelijke goddelijke vertroosting. Dan wordt de geest van de mens wedergeboren, "uit een zaad, dat niet vergankelijk is, maar onvergankelijk, ... het woord van God, dat levend is, en dat eeuwig blijft".[51] Deze wedergeboorte door middel van het "woord der waarheid" en "des Levens"[52] is de ontmoeting van de mens met de levende eeuwigheid, die hem overschaduwt en hem maakt "als degenen die vertroost zijn" en "dronken" van de vreugde des heils. Aldus verrijkt door de energie van het onvernietigbare leven, wordt het woord Gods vervolgens tot bron van goddelijke inspiratie.

Deze existentiële kennis van God brengt de ziel tot een goddelijke vreze, waaruit de wijsheid voortkomt te kunnen onderscheiden tussen de ongeschapen gave des Hemels en de geschapen en vergankelijke natuur van de mens, die nood heeft aan genezing. Het onderscheid van deze tweevoudige visie verwekt in de geest het heilbrengende en vurige verlangen nog vollediger te worden verenigd met de Geest des Heren, maar ook de smartelijke, intense spanning om te worden afgescheiden van elk ding dat niet het zegel draagt van de genade en dat de komst daarvan verhindert. Deze paradoxale spanning tussen de twee volstrekt ongelijke gesteldheden die wij beschreven, is de goddelijke inspiratie die het intellect verlicht door het woord Gods en het hart doet opvlammen door de kracht van de onverzadigbare liefde van de Verlosser.

De inspiratie van dit geestelijke verlangen reinigt al de krachten van de ziel en verhoogt de kwaliteit van het leven door de voort-

---

[50] Cf. 1Joh.5:19.
[51] 1Petr.1:23.
[52] Cf. Ef.1:13 & 1Joh.1:1.

durende charismatische Aanwezigheid van Christus bij elke gedachte, bij elk woord, en bij elke handeling. De Vaders in de woestijn maten hun vooruitgang af aan de mate van deze inspiratie, en niet aan het aantal jaren dat zij in afzondering leefden. Zij waren begeesterd door het woord van de profeet Elia: "Zo waar de Heer der heerscharen leeft, voor Wiens aanschijn ik sta, heden zal ik mijzelf aan Hem doen zien".[53] Daarom leefden zij dit "heden" overschaduwd door de eeuwigheid. Zij vergaten het "gisteren" als ware dit hun vreemd, en zij leverden zich over met bereidheid tot en vertrouwen in de wil van God voor de toekomst. Zonder deze profetische houding is het onmogelijk te ontkomen aan de verblinding van de "religie van de eigenwil" en aan de ijdelheid van hartstochtelijke gehechtheden aan de dingen van deze wereld. Deze inspiratie daarentegen is dynamisch en schenkt haar dienaar geen rust, totdat zij hem gemaakt heeft tot "woontent van de God van Jakob".[54] Ongetwijfeld wordt de mens dan gedreven door de liefde Gods die "sterk [is] als de dood", terwijl Gods naijver "hard [is] als de hades".[55] Het is natuurlijk in het Oude Testament dat dit zo gesteld wordt. Inmiddels is echter gebleken dat deze liefde sterker is dan de dood.[56]

In deze wereld is Christus "lijdende"[57] – iets wat in de harten van Zijn leerlingen bevestigd wordt. Zij worden gepijnigd en lijden, omdat hun hart veel te klein is om het grote "deel" van Zijn liefde te bevatten, dat beloofd werd aan de zusters van Lazarus en aan allen. De leerling van de Leermeester is er tot het einde toe van overtuigd dat "God .. groter [is] dan ons hart",[58] en hij berispt zichzelf als een "nutteloze dienstknecht".[59] De profetische inspiratie die zijn geest in beslag neemt zal hem geen rust schenken, totdat zijn ijver het huis Gods heeft gereinigd,[60] om dit te maken tot "tempel Gods".[61] De Heer zelf legt uit: "Ik ben gekomen om

---

[53] 1Kon.18:15 (LXX 3Kon.).
[54] LXX Ps.131(132):5.
[55] Hoogl.8:6.
[56] Cf. Rom.8:38-39 & Openb.12:11.
[57] Hand.26:23.
[58] 1Joh.3:20.
[59] Cf. Lk.17:10.
[60] Zie Joh.2:17.
[61] Cf. 2Kor.6:16.

vuur te werpen op de aarde, en wat wil Ik, indien het reeds ontstoken is".[62]

"Gijzelf, volg Mij",[63] zegt de Heer. Maar waar? In de nederdaling tot de nederste delen der aarde, die vervolgens opheft tot "boven alle hemelen"[64] en de genadegave Gods beërft. Lofwaardig is niet de eerzuchtige opgeblazenheid van de wereld, die tronen begeert, maar de nederige tocht naar omlaag, tot in de diepten van de hades – het pad dat Christus volgde door "het leven Zijner ziel te geven tot losprijs voor velen".[65] Deze nederdaling is de waarachtige profetische activiteit.

Het tweevoudige schouwen en de tweevoudige visie, die wij hierboven beschreven hebben, en de nederwaartse tocht van Christus waartoe dit ons aantrekt, intensiveren de inspiratie van de leerling. Aan de ene kant ziet hij het voorbeeld van het onberispelijk en smetteloos Lam[66] – Christus Die opgaat naar Golgotha, Die lijdt en sterft voor de gehele Adam. Zijn volmaakte vorm wordt afgedrukt in het hart van de leerling. Het gewijde pand van Christus' woord – "dit is Mijn gebod, dat gij elkander liefhebt, zoals Ik u heb liefgehad"[67] – wordt onophoudelijk bevestigd door de "onuitsprekelijke verzuchtingen" van de Geest[68] en hij roept: "Abba, Vader".[69] Aan de andere kant verstaat hij dieper en klaarder dan ooit de leugen, de afschuwelijkheid, de nietigheid en de bespottelijkheid van zijn eigen liefde en trouw. Hij wordt als krijgsgevangen door de onuitsprekelijke schoonheid van de nederige liefde van de lijdende Christus, die zelfs bidt voor Zijn vijanden – "Vader, vergeef hen, want zij weten niet wat zij doen"[70] – terwijl hij in heilige vreze de knie buigt voor Diens aanschijn en God-de-Heiland aanbidt met diepe vroomheid, dankbaarheid en liefde. Op datzelfde ogenblik beseft hij dieper en klaarder dan elke andere maal zijn gruwelijke nietswaardigheid,

---

[62] Lk.12:49.
[63] Joh.21:22.
[64] Ef.4:10.
[65] Mt.20:28; Mk.10:45.
[66] Cf. 1Petr.1:19.
[67] Joh.15:12.
[68] Rom.8:26.
[69] Rom.8:15.
[70] Lk.23:34.

die niet in staat is de Heer en Weldoener te vergelden door "al wat waarachtig is, al wat eerbaar is, al wat rechtvaardig is, al wat zuiver is, al wat beminnelijk is, al wat welluidend is".[71] Hij keert zich af van zijn leugenachtige zelf, en met de gedrevenheid van de zelfhaat wendt hij zich tot de algoede Heer. Hij wordt losgemaakt van al wat geschapen is, zelfs van zijn gehechtheid aan dit tijdelijke leven, en hij wordt "één Geest" met Hem.

De dynamiek van de zelfhaat, die de diepgaande bekering vergezelt, brengt heel het leven van de leerling over naar de plaats van de Aanwezigheid van de Leermeester, Die hem Zijn eigen innerlijke staat overdraagt. Hij verwaardigt hem Zijn "gedaante" te zien en Zijn onbeschrijfelijke "stem" te horen. Dan verwerft de leerling een waarachtige kennis van het eeuwige leven, hij verzinkt in zijn hart en wordt gedoopt met het vuur van de genade die zijn hart doordringt. Wanneer hij te voorschijn komt uit de plaats van de goddelijke Aanwezigheid, vindt hij in zijn hart een gereed woord van God, dat hij aan zijn broeders overdraagt. Hij getuigt van het onvernietigbare leven dat hij heeft leren kennen, terwijl zijn getuigenis hen tegelijkertijd door de genade innerlijke verzekering schenkt, zodat ook zij deelgenoot worden aan de vreugde en de hoop van het komende heil.

De autoriteit van diegenen die zijn binnengetreden in de levende Aanwezigheid van de Heer is niet vergelijkbaar met het gezag van de machtigen van deze wereld. Het is een geestelijk gezag, van nederig dienen en liefde, "tot het slechten van de bolwerken"[72] der hoogmoed, die de vervulling van het tweevoudige gebod der liefde in de weg staan. De waarachtige profeet heeft een waarachtige relatie met God en met de anderen. Zijn houding tegenover God is vergelijkbaar met die van de grote profeet Johannes de Doper, die in verlangen naar de Heer zeide: "Hij moet groeien, doch ik moet minder worden".[73] En zijn relatie met de anderen wordt gekenmerkt door een diepe nederigheid, zoals de apostel Paulus, die getuigde: "Christus Jezus [is] in de wereld gekomen .. om zondaars te behouden, van wie ik de eerste ben".[74]

---

[71] Fil.4:8.
[72] 2Kor.10:4.
[73] Joh.3:30.
[74] 1Tim.1:15.

In de Kerk van Christus hebben wij allen de mogelijkheid om profeten, priesters en koningen te worden, naar het beeld van Christus, de Zoon van God, de enige onsterfelijke en Grote Hogepriester, Die door Zijn uniek offer de eeuwige verlossing heeft gevonden voor allen. Te worden omgevormd naar het beeld van de enige hartstochtloze Koning der koningen en Heer der heersers, Die Zijn leven heeft gegeven "tot losprijs voor velen",[75] en Die het authentieke en hemelse gezag bezit over de dood der zonde. Hijzelf schenkt de onvergankelijke kroon aan allen die tot Zijn echte leerlingen worden.

Waarachtige profeten zijn diegenen die de drievoudige berisping van de Heer verdragen omtrent de zonde, de rechtvaardigheid en het oordeel.[76] Omtrent de zonde, omdat zij geloven in de goddelijkheid van Jezus, en het Lam volgen "waar Hij ook heengaat",[77] zelfs tot in de hades. Zij berispen zichzelf in hun berouwvolle bekering en reinigen hun eigen 'zelf' van de smetten der zonde, om geschikt te worden voor het Koninkrijk van het Licht. Omtrent de rechtvaardigheid, omdat zij vrienden worden van het Kruis en omdat het tweevoudige gebod der liefde tot enige wet wordt van hun bestaan. Het toppunt daarvan is de liefde voor de vijanden, die het onfeilbare bewijs vormt van de Aanwezigheid van de Heilige Geest in hun leven. Omtrent het oordeel, omdat zij op godwelgevallige wijze voor Hem staan in Geest en Waarheid, door zichzelf te allen tijde over te leveren aan de vrijwillige dood van de bereidheid om de grote en volmaakte wil van God te vervullen. In hun overwinning op de boze bezegelen zij de eeuwige waarheid van de weg die de wonderbare Jezus als eerste bewandeld heeft: "Ik was dood, en zie, Ik ben levend tot in de eeuwen der eeuwen".[78]

De echte profeet, die een levende ontmoeting heeft gehad met de Heer Jezus en het licht van Diens Aangezicht heeft gezien, al is het slechts éénmaal, vergelijkt zich met de goddelijke maat die Christus geopenbaard heeft, en niet met de hem omringende stervelingen. Daarom ook is zijn nederigheid onbeschrijfelijk en charismatisch.

---

[75] Mt.20:28; Mk.10:45.
[76] Cf. Joh.16:8.
[77] Openb.14:4.
[78] Openb.1:18.

Het verhaal van zijn ontmoeting met de Heer der heerlijkheid en de beschrijving van de innerlijke staat die Deze hem heeft overgedragen, vormt de genadegave van de levende theologie, die de Éne God der liefde in drie Hypostasen op waardige wijze verheerlijkt. De geschiedenis van zijn leven bevestigt op krachtige wijze het "getuigenis van Jezus Christus", Die is "opgewekt uit de doden"[79] en "niet meer sterft", want "de dood heerst niet meer over Hem".[80]

Immers, "het getuigenis van Jezus is de geest der profetie".[81]

---

[79] Cf. Openb.1:2 & 2Tim.2:8.
[80] Cf. Rom.6:9.
[81] Openb.10:10.

III. 3
Dankzegging en dankbaarheid

Al de woorden die wij lezen in de Heilige Schrift, in de geschriften van de Heilige Silouan en in de boeken van oudvader Sophrony, hebben tot doel ons te maken tot iconen van God, waarachtige personen, werkelijke hypostasen. Doch hoe toont zich het mysterie van de Persoon in onze dankzegging tot God?

In het Gewijde Evangelie zien wij dat de Heer zelden gevoelens van vreugde uitdrukt. Zoals de profeten reeds tevoren verkondigden, is Christus de mens der smarten, der droefheden.[1] Toch komen wij in het Evangelie de uitdrukking tegen dat Hij "jubelde in de geest".[2] Dit is misschien de enige keer, dat de Heer toont dat Hij Zich verheugt. Jezus is veeleer gekomen om te lijden en in Zichzelf heel de Adam te dragen, die nood had aan behoud vanwege de wonde van zijn val. In dit vers zien wij dat Christus "jubelt in de geest", wanneer Hij belijdenis doet aan God de Vader en Hem dankt dat Hij Zijn grote mysteriën heeft verborgen voor de wijzen en verstandigen van deze wereld, en ze geopenbaard heeft aan Zijn onmondige leerlingen. Hier hebben wij dus het unieke voorbeeld van de Heer Die Zich verheugt, wanneer Hij als mens de Hemelse Vader dankt voor het geloof en de genade die Zijn leerlingen ontvangen hadden.

Het centrum van ons leven wordt gevormd door de Goddelijke Liturgie. En, zoals bekend, wordt deze ook Eucharistie (of: Dankzegging) genoemd, omdat juist dit onze dankbaarheid jegens God uitdrukt. De Liturgie wordt zo genoemd, omdat al die dingen waarvoor wij God zouden moeten danken menigvuldig en groot zijn, terwijl die dingen waarvoor wij Hem zouden moeten smeken in wezen veel minder zijn. God heeft ons alles geschonken: het heil, het zegel van de gave van de Heilige Geest, en de grote hoop dat wij voor eeuwig mét Hem zullen zijn.

Doch in de Liturgie smeken wij "wederom en veelvuldig", en

---

[1] Zie Jes.53.
[2] Lk.10:21.

dat wekt de indruk dat onze smeekbeden overvloediger zijn dan onze dankzegging. Dit wordt zo gedaan, omdat de smeekbede meer past bij onze gevallen staat. Wij zijn nog geen volkomen personen en de werken der bekering en de nederige smeekbede zijn passender voor ons. Gedurende de Grote Vasten houden wij nachtwaken, wij vasten, wij maken diepe buigingen, en wij zien dat deze passen bij onze innerlijke staat. Wanneer het Pascha komt, daarentegen, dan bewerkt dit één uitbarsting van vreugde, maar wij kunnen die vreugde niet langer dan een dag vasthouden.

Christus was tijdens Zijn aardse leven een waarachtige Persoon, een waarachtige Hypostase, en dit als zodanig was een reine dankzegging tot de Hemelse Vader. De Heer droeg smeekbeden op "voor ons", niet voor Zichzelf. Als zondeloze was Hijzelf een dankzegging tot God, en in Zijn Persoon had de Vader er een welbehagen in om ook ons te aanvaarden die geloven in Zijn Zoon. Met andere woorden, de smeekbede is passend voor ons die nog personen-in-wording zijn, terwijl de dankzegging passend is voor de hypostase, voor de volkomen persoon.

Het gegeven van de dankzegging is zo groot, dat abba Barsanuphius zegt: "De voortdurende dankzegging is een voorspraak bij God voor onze zwakheden".[3] De dankbaarheid is de deugd die God meer behaagt dan alle overige, zodat Hij omwille daarvan die dingen schenkt die wijzelf niet kunnen bereiken, noch kunnen bezitten. God meet Zijn genadegaven uit naar de mate van de dankbaarheid die wij Hem betonen. Ons waarachtige bezit worden slechts die genadegaven van God waarvoor wij Hem gedankt hebben.

De termen dankbaarheid en dankzegging worden soms gebruikt als synoniemen, doch er is wel verschil tussen. Zonder in detail te treden, kunnen we zeggen dat de dankzegging de Persoon schetst van God, de Weldoener. Daarom heeft de Heer ons het gebod gegeven de Goddelijke Liturgie te voltrekken tot gedachtenis aan de Weldoener, zodat de weldaden van de Verlosser onveranderlijk in ons bezit zullen blijven.

Het is niet gemakkelijk de diepe gewaarwording van de dankbaarheid te bezitten. Dit blijkt ook uit het wonder van de tien

---

[3] Zie HH. Barsanuphius en Johannes, «Κείμενα Διακριτικὰ καὶ Ἡσυχαστικὰ (Ἐρωταποκρίσεις)», τομ. Α', antwoord 142 (p.300).

melaatsen, van wie na hun genezing slechts één de nederigheid had om dank te zeggen. Weliswaar danken wij God in de Liturgie, in de Anaphora, met vele en heilige woorden voor al Zijn weldaden, bekend en onbekend. Maar het is niet gemakkelijk om deze weldaden werkelijk te kennen en God waardig te danken. Slechts zelden vinden wij de kracht Hem waardig te danken, als is het maar ten dele. In de Liturgie van Basilius de Grote smeekt de priester, voorafgaand aan het "Onze Vader": "Leer ons om U op waardige wijze te danken..." – dat wil zeggen, onze fundamentele zorg en ons doel is om op godwaardige wijze dank te zeggen. De gewaarwording van de dankbaarheid is zwaar, en de mensen drukken dit niet vaak uit, omdat zij het gevolg daarvan vrezen, dat is, de nederigheid.

In de Brief aan de Korinthiërs komen we een woord van de apostel Paulus tegen, dat als een groot licht geconcentreerd is op de dankbaarheid: "Doch wij hebben niet ontvangen de geest der wereld, maar de Geest Die uit God is, opdat wij zouden weten de dingen waarmee God ons begenadigd heeft".[4] Er bestaan dus twee geesten: de geest der wereld, en de Geest van de Vader Die in de hemelen is. Degene die de geest van deze wereld heeft, ontvangt als zijn erfdeel deze vergankelijke en eindige wereld. Doch degene die de Geest Gods heeft, ontvangt van Hem de verlichting van het verstand en de opening van zijn ogen, om de genadegaven en de weldaden van God te zien, en zich deze door de dankbaarheid eigen te maken, zodanig dat God zijn erfdeel is. "De Heer is mijn erfdeel",[5] zegt de Psalmdichter.

Maar wat zijn "de dingen waarmee God ons begenadigd heeft"? Dit is het heil dat Christus op aarde *bewerkt* heeft. Het feit is, dat Hij ons gemaakt heeft tot zonen van de Hemelse Vader, tot Zijn broeders en mede-erfgenamen in Zijn Koninkrijk. Het zijn al de weldaden die ontsprongen zijn aan het Kruis en de Opstanding van de Heer. God openbaart Zich in ons hart en geeft ons ogen om overal Zijn weldaden te zien. De dankzegging en de dankbaarheid stellen ons al deze grote genadegaven voor ogen.

In de geschriften van oudvader Sophrony lezen wij dat de

---

[4] 1Kor.2:12.
[5] LXX Ps.15(16):5.

persoon geopenbaard wordt in het gebed voor de gehele wereld.[6] Ditzelfde onderricht ons ook het gebed van de heilige Silouan, dat tevens het gebed is van al de heiligen.[7]

Wanneer wij God danken, dan maakt Hij ons waardig om Zijn genadegaven te ontvangen. Doch er bestaat nog een ander soort dankzegging: Wij danken God, niet alleen voor alles wat Hij voor onszelf gedaan heeft, maar ook voor de genadegaven die Hij geschonken heeft aan onze broeders. Wanneer wij ons verheugen over de genadegaven van onze broeders, dan wordt al wat God geeft ook het onze, zoals wij zien in de gelijkenis van de Verloren Zoon, waar de Heer iets zegt wat ook geldt voor elk van ons: "Al het Mijne is het uwe".[8] Want onze broeder is niet een vreemde, maar hij is een ledemaat van ons eigen lichaam.

In de Tweede Brief aan de Korinthiërs formuleert de apostel Paulus een woord, dat niet onopgemerkt aan ons voorbij moet gaan. In het begin spreekt hij over zijn dankbaarheid jegens God, Die hem behouden heeft van de dood, en hij besluit met te zeggen dat deze genadegave vergolden zou moeten worden door de dankzegging van velen: "... opdat voor de genadegave, die in ons is omwille van velen, voor ons dankzegging geschiede door velen".[9] De genadegaven die God ons geeft zijn zo groot, dat niemand op zichzelf toereikend is om daarvoor waardig dank te zeggen aan God. Daarom moeten wij allemaal God danken voor de genadegaven van onze broeders. God die ons dit alles geeft is "groter dan ons hart",[10] en als zodanig heeft niemand de kracht Hem waardig te danken. "Wie is voor deze dingen toereikend?"[11] zegt de Apostel.

Om de eenheid van de broederschap te bewaren, dient elk van ons dagelijks voor de anderen te bidden. Elke vijandige gedachte is als een scheur in onze geestelijke vesting. Zoals de Heer in Zijn Hogepriesterlijk gebed voor Zijn leerlingen bad, dat zij één zouden

---

[6] Cf. "We Shall See Him", GK p.301, 309 (ed.[5]2010: p.255,262), EN p.195, 203.
[7] Zie "Saint Silouan", GK p.460-461, 497 (ed.[15]2013: p.441, 475), EN p.364, 395-396, NL p.386, 416-417.
[8] Lk.15:31.
[9] 2Kor.1:11.
[10] 1Joh.3:20.
[11] 2Kor.2:16.

zijn, zoals de Vader, de Zoon en de Heilige Geest Eén zijn,[12] zo moet ook onze eerste zorg in dit leven de eenheid zijn van de broederschap. Wij moeten voor elkaar bidden, naar het gebod dat wij ontvangen hebben. Maar laten wij niet vergeten God ook voor elkaar te danken, want het is niet onbeduidend te zien dat onze broeder de zonde overwint, dat hij leeft in het licht van het geloof, dat zijn hart tot God is gewend. Dit is een grote genadegave en wij dienen God te danken voor onze broeders die het geloof bewaren en de geest dragen die wij van onze Vaders ontvangen hebben, waarin wij leven en bewegen. Wanneer bijvoorbeeld één van de broeders de 'verjaardag' viert van zijn monnikswijding, dan zouden wij allen God moeten danken voor de genade van het monnikschap die aan onze broeder geschonken is.

Wij hebben van node dat onze dankzegging, voor onszelf en voor onze broeders, voortdurend geschiedt, juist omdat wij arm zijn. Door het vasthouden aan de dankzegging bewaren wij het woord van de Apostel: "Dankt in alles".[13] Doch wanneer wij dergelijke gedachten en dergelijke gevoelens hebben jegens elkaar, zullen wij aangenaam worden, vol liefde jegens de broeders, en op deze wijze zullen wij nog een ander apostolisch gebod vervullen: het "weest aangenaam".[14]

Sommigen vragen zich af, hoe wij de woorden van de Heer verstaan in Zijn Hogepriesterlijk gebed waar Jezus voorspraak doet bij de Vader, schijnbaar niet voor de wereld, maar specifiek voor Zijn leerlingen. Het feit dat de Heer in dit hoofdstuk[15] specifiek voor Zijn leerlingen bidt sluit de wereld niet uit. Bij het aandachtig lezen van dit hoofdstuk zien wij, dat de Heer bidt voor zijn leerlingen, omdat zij de grote genadegave van het geloof hadden ontvangen. Zij hadden geloofd in het woord van de Vader, dat de Zoon hen had overgedragen. De leerlingen waren het kleine zuurdeeg, dat heel het wereldrijk zou doorzuren.

---

[12] Zie Joh.17:21.
[13] 1Thess.5:18.
[14] Kol.3:15. [Deze Griekse uitdrukking (*gíneste eucháristoi*/γίνεστε εὐχάριστοι) kan op twee manieren worden verstaan: "weest dankbaar" (in de zin van 'dankzeggend') of "weest aangenaam" – hetgeen het hier beschreven verband ook in letterlijke zin onderschrijft. *Noot vert.*]
[15] Cf. Joh.17.

Met andere woorden, in het Hogepriesterlijk gebed deed de Heer voorspraak voor de gehele wereld, maar ook hierin kunnen wij gradaties onderscheiden. Voor de apostelen bad Hij op specifieke wijze. Ons gebed wordt opgezonden omwille van de gehele wereld, maar onze broeder is nog iets meer: hij is onze blijdschap. Dit is overigens ook de reden waarom de Apostel voorstelt: "... laat ons het goede doen voor allen, doch vooral voor de huisgenoten des geloofs".[16] Ook bestaat er een troparion dat zegt: "Laten wij de broederliefde opbouwen, als broeders in Christus".[17] Dit staat niet in tegenstelling tot het onderricht van onze Vaders aangaande de persoon, dat de persoon door het gebed heel de wereld omvat en haar lotgevallen doorleeft. Ook de Heer deed in dat vreeswekkende ogenblik specifiek voorspraak voor Zijn leerlingen, omwille van hun geloof, terwijl Hij daarmee een onderscheid maakte dat het gebed en de liefde voor de gehele wereld niet uitsluit. Zoals ook de grote Paulus zegt, dient onze liefde allereerst onze broeders te omvatten, met wie wij samen deelhebben aan het Lichaam van Christus. Want als deze kern van eenheid er is, dan zullen al degenen die zich daaromheen bevinden dezelfde genade van Christus vinden.

Wij doen dus goed jegens allen. Wij bidden voor allen, koningen, oversten, leiders,[18] zoals de Apostel ons voorstelt in de Eerste Brief aan Timotheüs. Onze smeekbede tot God betreft heel de wereld, maar onze broeder is onze blijdschap. Onze liefde en ons gebed dient allereerst hem te gelden, als wij "te rechter tijd" ook de wereld op volmaakter wijze willen dienen. Als wij deze gedachten hebben, dan kunnen wij onderling elkanders tekortkomingen dragen en dan vinden wij allen gezamenlijk de genade des heils.

Bij de heilige Antonius de Grote komen wij de volgende tekst tegen aangaande de dankzegging in het algemeen: "Wanneer gij in dankbaarheid [jegens God] naar uw bed gaat, terwijl gij in uzelf Gods weldaden en Zijn grote voorzienigheid jegens u gedenkt, dan wordt gij vervuld van goede denkbeelden. Gij verblijdt u des te meer, en de slaap van uw lichaam wordt u tot waakzaamheid der ziel, en het sluiten van uw ogen tot het waarachtige schouwen van

---

[16] Gal.6:10.
[17] Dienst van het Heilig Lijden (de Twaalf Evangeliën), 4e Antifoon.
[18] Cf. 1Tim.2:1-2.

God, en uw stilzwijgen, zwanger geworden van het goede, brengt voortdurend heerlijkheid aan de God van allen, uit geheel de ziel en [geheel haar] kracht, in volle gewaarwording. Want wanneer er geen kwaad is in de mens, dan is de dankbaarheid op zich – boven elk kostbaar offer – God welbehaaglijk. Aan Hem zij de heerlijkheid in de eeuwen der eeuwen. Amen".[19]

De psychologie leert dat er in de mens een 'onderbewuste' bestaat. Doch in het bovenstaande citaat leert de heilige Antonius ons, dat degene die leeft, ontwaakt en slaapt vol dankbaarheid en dankzegging voor Gods algoede Voorzienigheid, het onderbewuste verlicht – en zijn slaap wordt als waakzaamheid en hij ziet zijn leven als één rechte lijn. Hij wordt niet gehinderd door de 'gewoonte-neigingen'[20] uit het verleden. Zoals ook een hedendaagse ervaren monnik zeide: "Als wij ons monastieke leven op de juiste wijze leiden, dan worden wij niet gehinderd in onze slaap. Als er iets gebeurt, dan komt dit voort uit ons leven 'van vóór Christus'". Met andere woorden, hetzij wij leven, hetzij wij sterven – of slapen – "wij zijn des Heren".[21]

---

[19] Een tekst uit de Philokalia, zie de Griekse uitgave: «Φιλοκαλία τῶν Ἱερῶν Νηπτικῶν», τόμ. Α', εκδ. Ἰ.Μ. Κοιμήσεως Θεοτόκου Μπούρα, Ἀρκαδία, 2010 (p.154-155).
[20] Het hier gebruikte Griekse woord uit het ascetisch vocabulaire van de Vaders is *prólêpsis* (πρόληψις), dat door de heilige Markus de Asceet gedefinieerd wordt als "de onvrijwillige aanwezigheid van vroegere zonden in het geheugen". Een dergelijke *gewoonte-neiging* (in de Engelse Philokalia vertaald als: *prepossession* – vooringenomenheid) wordt veroorzaakt door herhaalde zondige daden. Hoewel de mens in deze gesteldheid nog wel in staat is uit vrije wil een andere reactie te kiezen, maakt de kracht der gewoonte, bij herhaald toegeven hieraan, het steeds moeilijker te weerstaan aan de ingevingen van de tegenstander. (Zie "The Philokalia", glossary: "Temptation"). *Noot vert.*
[21] Rom.14:8.

III. 4
Goddelijke inspiratie

Hoe houden wij in ons leven als Christenen de inspiratie van de Heilige Geest vast, zodat wij het verbond kunnen vervullen dat wij met God gesloten hebben in de Doop, en kunnen meewerken in het werk van ons heil?

In de Heiligenlevens lezen wij dat deze of gene Heilige "rust vond in de Heer". Werkelijk, de goede arbeider vindt rust van het werk van zijn moeite. En wijzelf strijden om te verblijven in de hitte van de berouwvolle bekering. Ons leven is niet "natuurlijk". Ooit had één van de broeders van het Klooster een lang aanhoudende koorts, en hij besloot naar de dokter van het dorp te gaan. De dokter poogde hem ervan te overtuigen het monastieke leven te verlaten, zeggende dat alleen de idee van het monnikschap hem reeds koorts bezorgde. Dit is de wijze waarop wereldse mensen ons leven zien. Waarlijk, onze levenswijze is vreeswekkend, want het is een genadegave van God, en alle dingen van God zijn vreeswekkend.

Oudvader Sophrony zeide vaak dat het klooster niet enkel een plek is om te wonen.[1] In dit woord vatte hij al de denkbeelden samen die de inhoud vormen van de Dienst van de Monnikswijding, door aan te duiden dat het klooster geen plaats van rust is, maar een plaats van afsterven omwille van de opstanding in een nieuw leven. De apostel Paulus zegt: "Want indien gij leeft naar het vlees, zult gij aanstonds sterven; doch indien gij door de Geest de daden van het lichaam doodt, zult gij leven".[2]

Helaas is het gemakkelijk te vervallen in de "religie van [onze] eigenwil"[3] en te rusten op het weinige dat wij geleerd hebben te doen, zonder dat wij onze hoge bestemming vervullen. Doch de Christen dient als een kunstenaar te zijn, die volledig in beslag genomen wordt

---

[1] Cf. de Griekse uitgave van de voordrachten tot zijn monastieke broederschap: «ΟΙΚΟΔΟΜΩΝΤΑΣ ΤΟΝ ΝΑΟ ΤΟΥ ΘΕΟΥ ΜΕΣΑ ΜΑΣ ΚΑΙ ΣΤΟΥΣ ΑΔΕΛΦΟΥΣ ΜΑΣ», τόμ. Α', Ὁμιλία 20 (p.255) – "Wij komen niet naar het klooster om te leven, maar om behouden te worden."
[2] Rom.8:13.
[3] Cf. Kol.2:23.

door zijn kunst en ernaar streeft deze op de meest volmaakte wijze tot uitdrukking te brengen. Zo dient ook de Christen in beslag genomen te worden door datgene waardoor hij "gegrepen" is.[4] De Oudvader wilde ons geïnspireerd zien: dat wij niet verblijven in de religie van onze wil, maar het woord van de Apostel in praktijk brengen: "vergetende hetgeen achter (ons) ligt, doch (ons) uitstrekkend naar hetgeen vóór (ons) ligt"[5] Laten wij elk offer en elke vrome inspanning van het verleden vergeten en ons met groeiend verlangen haasten naar de ontmoeting met de Heer. Degene die op gezonde wijze leeft voor Gods aanschijn, brengt zich niets van dat alles in herinnering, maar elk offer achter zich gelaten hebbend, strekt hij zich uit naar wat vóór hem ligt. Van betekenis is het verlangen van nu, de inspiratie in het heden. De oude Vaders maten hun leven af aan het woord van de profeet Elia: "Zo waar de Heer leeft, voor Wiens aanschijn ik heden sta".[6]

Wat is deze inspiratie? De Oudvader definieert inspiratie als de energie van de genade, die de mens de vurige warmte brengt die het hart verwarmt en de wijsheid die het intellect verlicht. Wanneer de mens deze wijsheid en deze warmte in het hart heeft, dan wordt heel zijn leven onbezwaard. Hijzelf arbeidt niet meer, maar veeleer de genade Gods die in hem woont.[7]

Elke zaligheid van de Heer omvat in potentie een bepaalde genadegave. De Heer zegt: "Zalig die hongeren en dorsten naar de rechtvaardigheid, want zij zullen worden verzadigd".[8] Wee ons, als wij zelfgenoegzaam zijn in onze "religie van de eigenwil". Wij dienen te allen tijde dorstig te zijn naar de rechtvaardigheid van God – altijd ons doel voor ogen te hebben. "O monnik, waartoe zijt gij gekomen?" zeiden de Woestijnvaders. Degene die in beslag genomen wordt door deze inspiratie, heeft maar één verlangen: Hoe hij een rein hart zal verwerven, toebereid om Gods woonplaats te worden. De Heer, geleid door de ijver die verwekt wordt door de goddelijke inspiratie, verjoeg te Jeruzalem diegenen die het huis

---

[4] Cf. Fil.3:12.
[5] Cf. Fil.3:13.
[6] Cf. 1Kon.18:15 (LXX 3Kon.)
[7] Cf. 1Kor.15:10.
[8] Mt.5:6.

Gods tot een huis van koophandel hadden gemaakt, en hiermee gaf Hij ons een voorbeeld.

De goddelijke inspiratie komt op verschillende manieren. Allereerst door de navolging van onze vaders, degenen aan wie de zorg voor ons is toevertrouwd. De inspiratie van de leerling is om niet zijn eigen wil te doen, zoals de Heer ons heeft geleerd. "... Ik ben uit de hemel nedergedaald, niet opdat Ik Mijn wil zou doen, maar de wil van Hem Die Mij gezonden heeft".[9] Het streven van de discipel is dat de geboden van Christus tot enige wet van zijn bestaan worden. De inspiratie van de leermeester is anders. Deze streeft ernaar de leerling te vormen – of veeleer, zijn goede verlangen is, dat Christus gevormd moge worden in het hart van de leerling.

Wij dienen deze tweevoudige zorg te hebben: hoe wij onszelf zullen reinigen zodat God in ons zal wonen, en hoe wij de grootste plaats zullen geven aan onze broeder. De liefde voor God en voor onze broeder gaan altijd samen.

Degene die in beslag genomen wordt door de van God geschonken inspiratie, wordt door niets geërgerd. Hijzelf levert zich over aan het grootste offer en de grootste moeite. Als iemand zichzelf veroordeelt tot de grootste straf – dat is, tot de hades – hoe zou hij zich dan rekenschap geven van een uitdaging of belediging door zijn broeder?[10] Wij hebben dus in onze monastieke roeping de goddelijke inspiratie nodig, zodat niet wijzelf arbeiden, maar Gods genade. Het is goed om van tijd tot tijd de beloften van de Monnikswijding te lezen, opdat onze ijver wordt aangewakkerd en ons werk scheppend wordt, boeiend en derhalve pijnloos.

Het is van groot belang dat wij het monastieke leven niet uit gewoonte leven, zoals oudvader Sophrony zeide tot een zekere nieuw-gewijde priester, op het ogenblik dat hij voor de eerste keer de Gewijde Altaarruimte betrad: "Waak ervoor, dat gij nimmer gewend raakt aan deze plaats!" Hetzelfde woord zouden wij ook kunnen zeggen over elk geschenk van God, en in het bijzonder over het monnikschap. De monastieke leefwijze van de ascese is een geschenk van de Heilige Geest, dat alle andere gaven omvat. Ons

---

[9] Joh.6:38.
[10] Zie H. Gregorius Palamas, Homilie 2 (PG151,32). Voor een Engelse vertaling, zie "The Homilies", 2 §20 (p.13-14).

streven is er enerzijds op gericht, hoe wij de energie van de Heilige Geest in onszelf kunnen ontvangen, en anderzijds, hoe onze broeder geen hindernis in de weg te leggen. Niet alleen geen hindernis van de linkerkant – dat is, door uitdaging, veroordeling, enzovoort – maar ook niet van de rechterkant. Dat wil zeggen, als wij van God een bepaalde genadegave hebben ontvangen, laten wij dit dan niet tonen, maar onszelf nog meer vernederen, zodat wij het geweten van onze naaste niet tarten. Wat ons Orthodoxen betreft, worden de genadegaven verstaan als mystieke goddelijke energieën in onze ziel. Het openlijk blijk onzerzijds van welke genadegave dan ook, toont dat er ergens iets fout zit. Alles dient in het verborgene te geschieden. Noch door een woord, noch door een gelaatsuitdrukking zou iets daarvan moeten blijken aan de anderen.

In het "Gerondikon" lezen wij dat een zekere oudvader een zucht uitte vanuit het diepst van zijn ziel, denkend dat hij alleen in de kerk was. Doch zodra hij besefte dat er zich een jonge monnik in de kerk bevond, ging hij naar hem toe en maakte een diepe buiging voor hem, waarbij hij hem om vergeving vroeg. Onze Vaders weigerden met volharding de genadegaven te tonen die zij bezaten. Voor ons is dit een voorbeeld tot navolging. De waarachtige profeet is degene die de geest van de profeet verbergt. Als iemand waarlijk wedergeboren is, dan spant hij zich in, hoe zichzelf nog meer te vernederen, hoe de laatste te zijn. Als wij ijver bezitten, laat dit dan een ijver zijn tot nederigheid, een ijver tot berouwvolle bekering. Laat het een verlangen zijn tot reinheid van hart, zachtmoedigheid, dorst naar God en honger naar Zijn rechtvaardigheid. Dit zijn de genadegaven waarvoor wij zouden moeten ijveren. Laten wij dergelijke mystieke gestemdheden hebben zonder daar blijk van te geven. Gezien het feit dat onze Vaders de dwaasheid op zich namen om hun genadegaven te verbergen, hoe zouden wij zulk een zotheid tonen om blijk te geven van onze minimale deugden. Laten wij de monastieke zede van de oude Vaders vasthouden, die zochten hoe zij zichzelf nog meer konden vernederen, zoveel als maar mogelijk was. De hoogmoed is een onreinheid die ons vervreemdt van God, terwijl de nederigheid een licht is, waarin wij komen tot kennis van Hem: "God weerstaat de hoogmoedigen, doch de nederigen geeft Hij genade".[11]

In het Evangelie zegt de Heer over de Trooster: "... gekomen zijnde, zal Hij de wereld berispen omtrent de zonde, en omtrent de rechtvaardigheid en omtrent het oordeel".[12] Met andere woorden, wanneer de Heilige Geest in de mens woont, dan inspireert Hij hem tot een juiste houding tegenover de zonde, de rechtvaardigheid en het oordeel.

De belijdenis van onze zondigheid is de juiste houding tegenover de zonde. Overigens is deze situering ook het enige dat met zekerheid toont dat de mens niet in dwaling verkeert. Deze houding verwekt in ons de haat jegens de zonde, die wij dan ook belijden totdat wij deze hebben uitgewist. De rechtvaardigheid van God werd geopenbaard aan het Kruis van Christus en wordt samengevat in het woord: "Vader, vergeef hun, want zij weten niet wat zij doen".[13] Dit gezichtspunt omtrent de rechtvaardigheid beheerst altijd de wedergeboren mens. Tenslotte, wat het oordeel betreft: geïnspireerd door de Trooster streeft de mens ernaar om door de zelfveroordeling en de zelfberisping Gods oordeel over zichzelf vóór te zijn. De apostel Paulus schrijft: "Want indien wij onszelf zouden oordelen, zouden wij niet geoordeeld worden".[14] Laten wij als eersten onszelf oordelen voor Gods aanschijn met volle gewaarwording van het hart, dan zullen wij vrij zijn van het oordeel van God, want God oordeelt niet tweemaal, zoals oudvader Sophrony zegt.[15]

De monnik wordt verteerd door de ijver, hoe zich te onderwerpen "aan iedere menselijke instelling"[16] omwille van de Heer. Onze Vaders hadden één parool in hun leven: Wat er ook gebeurt, als het maar niet mijn wil is. Helaas is deze geest in onze dagen verloren gegaan. Maar wij moeten niet vergeten dat de geest van deze wereld een gruwel is voor God. Laten wij de gerichtheid van onze geest naar omlaag vasthouden. Laten wij de moed hebben te wandelen op de nauwe weg vol verdrukkingen. Het gebeurt veel-

---

[11] Jak.4:6; 1Petr.5:5.
[12] Joh.16:8.
[13] Lk.23:34.
[14] 1Kor.11:31.
[15] "Saint Silouan", GK p.100 (ed.^{15}2013: p.97), EN p.81, NL p.92.
[16] 1Petr.2:13.

vuldig dat wij het monastieke leven beginnen met grote inspiratie, maar het is van belang deze vlam tot het einde toe vast te houden. Vaak komt de genade bij de Monnikswijding als een (krachtig stromende) winterbeek, maar als wij niet oppassen zal deze ons verlaten. Hoe kan de monnik deze genade tot het einde toe bewaren, opdat hij zal worden behouden?

God verlangt er smartelijk naar Zijn genade te schenken aan allen. Daarom kunnen zelfs ook mensen buiten de Kerk genade ontvangen. Als zij echter niet toetreden tot de Kerk, dan zullen zij er niet in slagen deze genade te bewaren. De institutie van de Kerk is onontbeerlijk. De apostel Paulus zag Christus, terwijl hij een vervolger van de Kerk was. Maar hij had deze gave niet kunnen vasthouden, als hij niet naar de Apostelen was gegaan om hen te ontmoeten en zich aan hen te onderwerpen. Aldus zien wij dat de Kerk het vat is, waarin de kostbare parel bewaard kan blijven. In de Traditie en de Eredienst van de Kerk leren wij de zede van het onberispelijk en smetteloos Lam.

Al de genadegaven in de Kerk functioneren tot eenheid, tot opbouw en tot nut van het Lichaam. "... laat ons op elkander acht geven, tot aansporing van liefde en goede werken".[17] Het coenobium[18] is de meest volmaakte institutie voor het heil. In de woestijn betekent de moedeloosheid de dood. In het coenobium kan iemand jarenlang in moedeloosheid verkeren terwijl het gebed van de broeders hem steunt, en zelfs het eenvoudig samenleven met hen. Op deze wijze wordt het coenobium tot een reddingsplank om binnen te komen in de haven van God. In het coenobium bestaat geen enkele zorg, behalve de gehoorzaamheid aan de overste en aan de broeders. De volmaaktheid van deze institutie bleek reeds vanaf de eerste dagen van de instelling daarvan in de woestijn, door de volmaakte armoede en de exacte navolging van de nederige weg des Heren.

Wanneer wij ons inspannen om door de ijver tot nederigheid en geduld de weg te volgen die de Heer als eerste gegaan is, dan komt Hijzelf bij ons. Dit wordt bevestigd door de bekende geschiedenis van de drie Jongelingen. De drie jongemannen, Sadrach,

---

[17] Hebr.10:24.
[18] Zie Deel I, Hfst.5, noot 5, aangaande de aard van een dergelijke monastieke gemeenschap. *Noot vert.*

Mesach en Abednego weigerden zich te onderwerpen aan het bevel van Nebukadnezar om zijn standbeeld te aanbidden. Temidden van de vurige oven, waarin men hen wierp vanwege hun weigering, werden zij niet hoogmoedig dat zij niet verbrandden, noch hieven zij hun handen op met superieure gevoelens, zeggende "Ere zij u, o God". Maar zij vernederden hun geest en zeiden: "Wij hebben gezondigd en wetteloosheid bedreven door U afvallig te zijn, en in alles hebben wij gezondigd en geen gehoor gegeven aan Uw geboden, noch hebben wij ze bewaard, noch hebben wij gedaan zoals Gij ons geboden had, opdat het ons wel zou gaan".[19] Dat wil zeggen: Gij o Heer, hebt rechtvaardig met ons gehandeld; en al verbranden wij niet, toch zijn wij Uw barmhartigheid onwaardig. De drie vrome jongelingen plaatsten zichzelf op de weg van de uiterste nederigheid des Heren, en toen bevond de Heer zich bij hen, zodat de goddeloze tiran midden in de vuuroven een vierde jongeling zag, lichtstralend als de Zoon van God. Kort gezegd, de Heer is de Weg, en wanneer wij Hem volgen, worden wij met Hem verenigd en zijn wij samen met Hem behouden.

Laten wij leren de wil van God te aanvaarden, al is deze ook tegengesteld aan onze psychologische gesteldheid. De psychologische mens aanvaardt het woord Gods niet. Laten wij strijden om onze psychologische gezindheid te overstijgen. De heilige Gregorius g bad met de woorden: "Heer, verlicht mijn duisternis". Om iets goddelijks te zien, dienen wij een gesteldheid te bezitten die overkomt met die van God. Laten wij door de ingespannen strijd van het gebed de goddelijke inspiratie bewaren, en streven naar de aanwezigheid van de Heilige Geest in ons. Dan zal ook onze eigen overgang verwezenlijkt worden van het psychologische tot het goddelijke niveau, en door de genade van Christus zullen wij in onszelf de mogelijkheid herstellen om het goddelijk leven te ontvangen.

---

[19] LXX Dan.3: Gebed van Azarja & Lied van de drie Jongelingen (vs.5-6). [In veel Bijbeluitgaven wordt deze tekst gerangschikt onder de zgn. 'deuterocanonieke' boeken. In Orthodox Christelijke uitgaven m.b.t. de Diensten is deze tekst te vinden in de zgn. 7e Ode (doorgaans opgenomen in het Psalterion). *Noot vert.*]

IV

*De weg van
het monnikschap*

IV. 1
De weg der gehoorzaamheid

Het monnikschap is een gave van de Heilige Geest. De centrale spil ervan is de gehoorzaamheid. De heilige Silouan zegt, dat de gehoorzaamheid een groot mysterie is. Om ons dit eigen te maken is geloof nodig. De Heilige begint zijn woord over de gehoorzaamheid als volgt: "Zeldzaam zijn degenen die het diepe mysterie kennen van de gehoorzaamheid. De gehoorzame is groot voor Gods aanschijn; hij is een navolger van Christus, Die ons in Zichzelf het model heeft gegeven van de gehoorzaamheid".[1] In drie regels raakt de Heilige aan de diepere kanten van dit onderwerp. De gehoorzaamheid is dus een groot mysterie, door middel waarvan wij behouden worden van de wonde van de ongehoorzaamheid. Om binnen te treden in dit mysterie hebben wij het geloof nodig. Overigens, al wat niet uit geloof geschied, zegt de Apostel, is zonde.[2]

Christus Zelf heeft ons het model gegeven van de gehoorzaamheid, vanaf de dag van Zijn Geboorte tot aan het laatste ogenblik waarin Hij het grote woord uitsprak: "Het is volbracht".[3] Eerst onderwierp de Heer Zich aan Zijn voogden naar het vlees. "Hij was hen onderdanig",[4] zegt het Evangelie. Hetzelfde mysterie van de gehoorzaamheid zien wij, toen Hij het woord van de Vader bekend maakte en zeide: "Ik heb niet gesproken uit Mijzelf, maar de Vader Die Mij gezonden heeft, Die heeft Mij een gebod gegeven, wat Ik zal zeggen en wat Ik zal spreken. En Ik weet, dat Zijn gebod het eeuwige leven is".[5] Zo gehoorzamen wij aan het gebod van God, dat ons Zijn wil bekend maakt, en daaraan onderworpen zoeken wij de wegen des levens, zoals de Psalm zegt: Er is "leven in Zijn wilsverlangen".[6]

---

[1] "Saint Silouan", GK p.526 (ed.[15]2013: p.503), EN p.420, NL p.443.
[2] Cf. Rom.14:23.
[3] Joh.19:30.
[4] Lk.2:51.
[5] Joh.12:49-50.
[6] LXX Ps.29:6 (30/5/6).

Hoe kunnen wij de wil van God kennen? Daar wij 'gevallenen' zijn, gehecht aan de schepping in plaats van aan de Schepper, en verdeeld zijn in onze ziel, hebben wij vele wilsverlangens, vele begeerten en gehechtheden, vele "strevingen" zoals de heilige Vaders zeggen. Wij zijn gevallen en psychologische mensen, die de dingen van de Geest niet aanvaarden.[7] De psychologische mens is niet gunstig gestemd jegens het gebod van God. Om ontvankelijk te worden voor de goddelijke wil, dienen wij een verbroken geest te hebben. Zonder de verbrokenheid blijven wij gesloten voor de stroom van het goddelijk leven.

Groot is het thema van de gehoorzaamheid. De Vaders zeggen, en wij komen dit ook tegen in de geschriften van de heilige Silouan, dat de gehoorzaamheid gelijkwaardig is aan het martelaarschap. Zij stellen dit zelfs boven het gebed, omdat in wezen ook het gebed gegeven wordt dankzij de gehoorzaamheid. In de woorden van de Heilige lezen wij: "De Heilige Geest heeft de ziel van de gehoorzame lief, en daarom zal zij spoedig de Heer kennen en de gave ontvangen van het noëtische gebed des harten".[8] Hoe gebeurt dit? Door de gehoorzaamheid maakt de gelovige zijn leven afhankelijk van God. En als behoeftige die van God afhankelijk is richt hij voortdurend smeekbeden tot Hem en verwacht hij het heil als een geschenk van God. Zo ontkomt hij aan de dwaling van de autonomie, waarin Adam gevallen was.

De Heer heeft ons heil bewerkt en de dood overwonnen door de gehoorzaamheid aan de Hemelse Vader. Tijdens zijn aardse leven was Hij ook gehoorzaam aan zijn voogden naar het vlees, doch vóór alles was Hij gehoorzaam aan de wil van de Vader: "gehoorzaam tot de dood, ja, de dood des kruises".[9] Dankzij Zijn strikte gehoorzaamheid werden alle dingen aan Hem onderworpen, zoals de Apostel zegt, en ook op de dag van Zijn wederkomst in heerlijkheid zal alles aan Hem onderworpen zijn. Dan zal God "alles in allen" zijn.[10]

De heiligen bereikten de volmaaktheid van hun leven door de

---

[7] Cf. 1Kor.2:14.
[8] "Saint Silouan", GK p.526 (ed.[15]2013: p.503), EN p.420, NL p.443.
[9] Fil.2:8.
[10] Cf. 1Kor.15:28 (zie ook Fil.2:10-11).

gehoorzaamheid. Uiteraard zou iemand kunnen tegenwerpen dat sommigen daar aankwamen zonder de strijd te doorstaan van de gehoorzaamheid aan een ander mens, zoals bijvoorbeeld de toegewijde Maria van Egypte en sommige anderen. Doch dit zijn uitzonderingen. En zelfs bij hen zien wij dat zij het mysterie van de gehoorzaamheid vervullen: Hun vlees en hun ziel waren onderworpen aan de Geest Gods. Hieruit leren wij nog zoveel te meer, dat de gehoorzaamheid niet ligt in uiterlijke geboden, in uiterlijke inzettingen. De gehoorzaamheid is niet alleen dat wij ons losmaken van de "streving" die wij bezitten aangaande de dingen van deze wereld, maar ook dat wij uit ons binnenste de voorwendselen voor dit streven verwijderen – dat is, dat wij de hartstochten ontwortelen. Bovenal betekent de gehoorzaamheid het openen van het hart voor het woord van de oudvader en vervolgens voor het woord van God, want ook het woord van de oudvader is een woord van God. De waarachtige gehoorzaamheid is een houding van het hart. Zoals de heilige Silouan zegt, wordt het intellect dat de gehoorzaamheid beoefent geheel in beslag genomen door het woord van God en het gebod van de oudvader. Hij bezit dus de opening van het hart, zodat hij het woord van de oudvader aangrijpt, en door dit woord gaandeweg ook vertrouwd raakt met het woord van God.

Degene die gehoorzaamt is bij uitstek degene die gelooft. Zoals Christus in het Boek der Openbaring "de Getrouwe Getuige" wordt genoemd,[11] evenzo ontvangt degene die de gehoorzaamheid van Christus navolgt de Geest van Christus, en dan bezit hij het onophoudelijk gebed en heeft hij stabiliteit in zijn leven. De apostel Paulus roemt in zijn lijden en zegt: "Want ik weet, in Wie ik geloofd heb, en ik ben er zeker van dat Hij bij machte is mijn pand te bewaren tot op die Dag."[12] Zonder begrip van dit gegeven zullen wij geen vrienden van het Kruis kunnen worden, maar wij zullen Zijn vijanden zijn, dat is, ongehoorzaam aan het gebod van God.

Vrienden van het Kruis zijn al diegenen die de gemeenschap

---

[11] Openb.1:5. [De Griekse woorden voor 'geloven', 'gelovige' en 'getrouw' hebben dezelfde wortel, hetgeen een direct verband legt dat in vertaling minder duidelijk uitkomt: Het woord voor 'de Getrouwe' (*pistós*/πιστός) wordt ook gebruikt voor de 'gelovige'. Terwijl degene 'die gelooft' eventueel ook vertaald zou kunnen worden als 'die trouw beoefent'. *Noot vert.*]
[12] 2Tim.1:12.

hebben ontvangen aan het lijden van Christus, en daarmee ook de kracht van Zijn Opstanding. De gehoorzame heeft hetzelfde lot, dezelfde erfenis als Christus. Zoals de heilige Barsanuphius zegt, verheft de gehoorzaamheid degenen die haar verwerven "tot de hemel en verenigt hen met de Zoon van God".[13] Voor het monnikschap, als mysterie der gehoorzaamheid, is geloof nodig. De basis voor dit mysterie is het eigen leven van de Aanvoerder en Voleinder van ons geloof.

De gehoorzaamheid is onontbeerlijk om de wil van God te vinden. De drie Personen van de Godheid – de Vader, de Zoon en de Heilige Geest – hebben slechts één leven, één liefde, één wil. De mens, de gelijkenis en de weerglans van de God der liefde, zou slechts één wil moeten hebben, één gedachte, één ziel – dat is, één volkomen natuur. Heden ten dage hebben de mensen vele wilsverlangens. Het monnikschap gebiedt de verzaking, om deze éne unieke wil te vinden, dit éne leven.

De mens werd door God geschapen. De levende adem van God droeg op hem het goddelijk leven over. Het was dus natuurlijk voor hem om één wil te hebben en het centrum te zijn van heel de geschapen wereld, terwijl de wereld met de mens als koorleider gericht is op de ongeschapen Zon van het paradijs, tot God – zodat er één wil is, één doxologie, één liturgie van heel de geschapen wereld. Want boven allen en alles regeert de éne God.

Door zijn val en het aanvaarden van de verzoeking gaf Adam de voorkeur aan de autonomie van de dwaling. Zo raakte zijn natuur verdeeld, en vervolgens ook zijn wil. Vanaf het ogenblik dat de mens zich weer tot God gaat keren, is het noodzakelijk al die (uiteenlopende) wilsverlangens van zich af te werpen – dat is, de wil van zijn vergankelijke natuur te verloochenen en zich volledig te onderwerpen aan de wil van God.

Dit is precies wat Christus heeft gedaan in onze plaats. En wij, door het onderhouden van Zijn geboden, streven ernaar ons de vrucht van Zijn offer eigen te maken. Bezit de mens iets kostbaarders in zijn leven dan zijn wil? Dit nu offert hij, dit verzaakt hij omwille van de grote wil van God. Deze verzaking is het offer dat God het

---

[13] HH. Barsanuphius en Johannes, «Κείμενα Διακριτικὰ καὶ Ἡσυχαστικὰ (Ἐρωταποκρίσεις), τόμ. Β' (p.83).

meest welgevallig is. Hier ligt dan ook de kracht van het mysterie van de gehoorzaamheid. Wij brengen een offer dat God welgevallig is, en in plaats daarvan begenadigt God ons met een nederige geest, een verbroken geest. Nadat de verwaandheid van de gevallen natuur verbroken is, komt de nederige geest die de ziel ertoe neigt zowel als in staat stelt om de geboden van Christus te aanvaarden op absolute wijze, zodat zij worden tot wet van ons bestaan. De mens dient deze diepte van de goddelijke nederigheid te bereiken, zodat hij alle dingen zal aanvaarden als gaven Gods en erover zal beschikken met liefde en vol dankzegging jegens God en de naaste. De nederigheid en de zachtmoedigheid zijn tekenen van het leerlingschap bij Christus.

De gehoorzaamheid, als volmaakt offer dat de mens aan God opdraagt, ontvangt ook een volmaakte gave. De gelovige laat alles afhangen van God en onderwerpt zich in alles aan Diens wil. Evenzo onderwerpt God alle dingen aan de waarachtige discipel.[14] Zoals Christus de overwinnaar der wereld werd door gehoorzaamheid aan de Vader, zo heeft ook de waarachtige discipel in zichzelf een dergelijke geest van het leven, dat verheven is boven de wereld en de "wereldheersers van deze eeuw".[15] Deze overwinning bestaat erin dat de mens op noëtische wijze deelheeft aan het goddelijk leven, afsterft jegens de wereld en leeft voor God. Door de gehoorzaamheid overstijgen wij de grenzen van onze geschapen en gevallen natuur – dat is, wij overwinnen onze eigenliefde en wij leven voor het gebod van God en voor de naastenliefde. De gehoorzaamheid opent het hart voor Gods woord, dat ons gegeven wordt hetzij door middel van de Oudvader, hetzij op directe wijze door God.

Een andere grote vrucht van de gehoorzaamheid is het gebed. Het waarachtige gebed is geen eigenschap van onze gevallen natuur, maar een gave van de Heilige Geest. Degene die de wil van God heeft liefgehad en zich deze heeft eigen gemaakt door de gehoor-

---

[14] Het woord 'discipel' is hier gebruikt als weergave van het Griekse woord *hypotaktikós* (ὑποτακτικός) dat in de Orthodoxe kerkelijke context gebruikt wordt voor degene die leeft in gehoorzaamheid, onderworpen aan het woord en de leefwijze van zijn oudvader. Hiernaast bestaat ook het woord *mathêtês* (μαθητής), dat zowel in het Grieks als het Hebreeuws rechtstreeks verbonden is met het werkwoord 'leren', en derhalve in deze vertaling is weergegeven als 'leerling'. *Noot vert.*
[15] Cf. Eph.6:12.

zaamheid, wil niet gescheiden worden van de gemeenschap met Hem, een gemeenschap die gerealiseerd wordt door het onafgebroken gebed. Als dit gebed zich intensiveert, is het mogelijk dat dit haar topppunt en vervolmaking bereikt, het zogenoemde reine gebed. Zoals wij geleerd hebben van onze Vaders in God, leeft en bidt God Zelf in de mens gedurende dat gebed, terwijl de mens niet weet of hij zich in het lichaam of buiten het lichaam bevindt. Hij heeft enkel de gewaarwording dat niet meer hijzelf leeft, maar God leeft in hem.

Ooit, toen ik mij in Griekenland bevond, werd het mij verwaardigd een grote Oudvader te dienen in zijn ziekte. Hij was de dood nabij en in het ziekenhuis was hij alleen. Ik bleef twee weken bij hem. Toen hij weer beter werd en mij niet meer nodig had, vroeg ik zijn zegen om een bepaald Klooster te bezoeken. Deze mens Gods vroeg mij: "Bezitten zij in dat klooster het noëtische gebed?" Ik antwoordde: "Hoe zou ik dat weten, Oudvader? Dat is een verborgen arbeid." Toen vroeg hij mij, of de vaders de gehoorzaamheid bezaten. Op deze vraag antwoordde ik, dat allen verbonden en verenigd waren in de gehoorzaamheid. En hij zeide tot mij: "Als zij de gehoorzaamheid bezitten, dan bezitten zij beslist ook het noëtische gebed." Uit dit woord van die zalige Oudvader zien wij welk criterium de vaders hebben aangaande het leven in Christus.

De heilige Silouan zegt, dat de discipel zich overlevert aan de wil van God, en daarvoor de vrijheid ontvangt en de rust in Gods nabijheid, en hij bidt met een reine geest. Degene die niet in gehoorzaamheid leeft kan niet rein bidden en bezit niet de zekerheid dat de Heer zijn zonden vergeven heeft. Doch degene die in de gehoorzaamheid verblijft, bezit de innerlijke verzekering des harten, dat de Heer hem zijn zonden vergeven heeft. Wanneer de discipel dus als enige zorg in zijn leven heeft om de wil van God te zoeken en te gehoorzamen, dan wandelt hij met een rein intellect, want alle andere dingen blijven buiten.

Eveneens zegt de Heilige, dat degene die genade in zich draagt, al is het maar een weinig, zich met vreugde onderwerpt aan elke overheid. Hij herinnert ons aan het woord van de apostel Petrus dat zegt: "Onderwerpt u dan aan iedere menselijke instelling omwille van de Heer".[16] Degene die de genade Gods vindt door de gehoorzaamheid, heeft een volmaakt geloof in God en wordt door niets ontmoedigd, al "gaat hij midden in de schaduw des doods".[17]

Hij weet aan Wie hij zijn leven heeft toegewijd, en dat Deze trouw is en Zijn Verbond bewaart, zelfs al zijn wij niet in staat daar volmaakt trouw aan te zijn. Hij blijft getrouw, want "Hij kan Zichzelf niet verloochenen".[18] De heilige Silouan zegt tevens dat de discipel die zich heeft overgeleverd aan de wil van God de dood niet vreest, omdat zijn ziel eraan gewoon is geraakt met God te leven en Hem liefheeft. Degene die de heilige liefde bereikt heeft door middel van de gehoorzaamheid en de navolging van God, kan door niets van God gescheiden worden – "noch [door] enig ander schepsel",[19] zoals de Apostel zegt.

De discipel die zijn eigen wil heeft afgesneden, zegt de heilige Silouan, kent noch de lichamelijke noch de psychische strijd die de ongehoorzame en stijfhoofdige pijnigt. De volmaakte discipel vindt de volmaakte vrede. Naar het inzicht van abba Dorothéüs, daar hij zijn eigen wil niet wil, wordt de wil van de broeder zijn eigen, en hij verliest nimmer zijn vrede.[20]

Wij noemen de gehoorzaamheid een offer. Doch in wezen is dit geen offer, maar een voorrecht. Het is een weldaad, dat iemand de lagere en vergankelijke dingen kan achterlaten omwille van God, om de hogere en eeuwige dingen te vinden. Daarom spreken wij over een weldaad. Toen de Apostelen aan de Heer vroegen, bij monde van Petrus, wat er zou worden van degenen die alles hadden achtergelaten en Hem hadden gevolgd, kregen zij ten antwoord dat zij de goddelijke maat zouden vinden als rechters der wereld.[21] En de gewijde Chrysostomos vraagt: "Wat hadden Petrus en de Apostelen achtergelaten? Wat was dat "alles"? Het net, het ambacht, de vissersboot?"[22] Dit "alles" waren hun wilsverlangens – deze lieten zij achter, en zij aanvaardden om Christus te volgen tot het einde toe.

---

[16] 1Petr.2:13.
[17] Cf. LXX Ps.22(23):4.
[18] 2Tim.2:13.
[19] Rom.8:39.
[20] Cf. Abba Dorothéüs, «Ῥήματα διάφορα ἐν συντόμῳ» (PG88, 1810BC).
[21] Zie Mt.19:27-28.
[22] Cf. H. Johannes Chrysostomos, Homilie over Matthéüs, 64 §1 (PG58, 609);

Daar de gehoorzaamheid datgene is wat ons maakt tot leerlingen van Christus, dat ons in staat stelt Zijn woord te ontvangen in ons hart, laten wij deze gehoorzaamheid voldragen en (deze waarheid) ook aan onze broeders bekend maken. Wij hebben veel oefening nodig in deze kunst, om het woord van God te kunnen horen dat begint met het woord van onze oudvader – om dit te kunnen aanvaarden met geheel ons hart, ons leven daaraan gelijkvormig te maken, en het op nauwkeurige wijze te kunnen verkondigen aan onze broeders. Vaak kan de wil van God volstrekt verschillend zijn van onze wil. Wij dienen onze zinnen geoefend te hebben om deze te kunnen herkennen, om deze te onderscheiden, opdat wij ons doel niet missen. Dit wordt zichtbaar in het leven van de apostelen en de profeten. Vaal was hun wilsverlangen niet in overeenstemming met de goddelijke wil, maar zij waren in staat deze te onderscheiden en zich daaraan tot het einde toe te onderwerpen.

Door de gehoorzaamheid werpen wij de vleselijke gezindheid af en verwerven wij het intellect van Christus. Zoals de Vaders zeggen, dient degene die gevallen is van de hoogte van het goddelijk leven, de weg vanwaar hij gevallen is in tegengestelde richting te bewandelen. Daar wij uit het paradijs gevallen zijn "door de ongehoorzaamheid", kan de weg van onze terugkeer niets anders zijn dan de weg der gehoorzaamheid.

Door de val raakte de mens verdeeld, hij verwierf vele wilsverlangens en wandelde in ijdelheid. Maar wanneer hij de vergankelijke wil afwerpt, dan begenadigt God hem met de kennis van Zijn eigen grote wil. Doch helaas heeft niet alleen de wil van de mens het verderf ondergaan, maar ook zijn denkbeelden. Zijn intellect werd vleselijk, dat is, het werd verduisterd. Nu bestaat de strijd van de mens erin, hoe die denkbeelden te vinden – die gezindheid van "de eenvoud in Christus"[23] – waardoor hij het raadsbesluit van God kan aanvaarden en niet in dwaling vervalt.

De vernieuwing van het intellect komt eveneens door de gehoorzaamheid. De discipel aanvaardt het woord van de Oudvader, het woord van de geestelijke vader, en verwerft zo de eenheid van zijn intellect en de geestelijke stabiliteit. In zijn intellect bewaart hij

---

voor een Engelse vertaling, zie NPNF, Homilie LXIV §1 (p.391).
[23] Cf. 2Kor.11:3.

slechts het gebod. Zo blijven alle verderfelijke denkbeelden, ingegeven door de geest van de boze, buiten hem. Door de gehoorzaamheid vindt hij de eenvoud der gedachten. Hij ziet de denkbeelden van de vijand, als niet "onwetend" daaraan,[24] en blijft daar vrij van. Daarom veronderstelt de aanvaarding van het woord van de Oudvader de kruisiging van de rede van de discipel, een rede die verduisterd is door de val in de zonde. Zoals wij gezien hebben, is dit bij uitstek het geloof in God, omdat de Oudvader niets anders is dan de vriend van de Bruidegom, die ernaar streeft de ziel van de discipel vrij te maken van elke krijgsgevangenschap en hem binnen te leiden in de vrijheid van de kinderen Gods. God heeft met ons een verbond gesloten, en de Oudvader, als borgsteller daarvan, streeft ernaar ons te helpen trouw te blijven aan ons verbond met God. Op deze wijze werpen wij de gezindheid van het vlees van ons af en aanvaarden wij, door middel van de Oudvader, het woord van God, Die de discipel genade schenkt. Deze kruisiging van de gezindheid van het vlees, die de wereld dwaasheid toeschijnt, wordt – zoals de Apostel zegt – omgezet in "de kracht Gods en de wijsheid Gods".[25]

De heilige Johannes Klimakos zegt, dat als wij te allen tijde in gedachten houden dat onze geestelijke leidsman ons mogelijk op de proef stelt – en dat zelfs doen wanneer wij niet de kracht vinden ons daarnaar te schikken, of veeleer, wanneer wij niet de reden zien voor hetgeen ons geboden is – wij ons nimmer zullen vergissen. Degene die gehoorzaamt aan het woord van zijn Oudvader, verwerft stabiliteit in zijn leven en de eenheid van geest, en in elke situatie kent hij de eer toe aan God en rechtvaardigheid aan zijn Oudvader. Het is noodzakelijk deze wetenschap te leren, als wij ten volle op Christus willen lijken, Die de Zoon is der gehoorzaamheid. Gedenkt het woord van Christus, Die terwijl Hij van de Vader het gebod had ontvangen te sterven opdat de wereld zou worden behouden, zeide dat de gehoorzaamheid aan de Vader "het eeuwige leven is".[26]

Hetzelfde zien wij ook in de dienaren van God. De apostelen beschouwden het als een grote vreugde en heerlijkheid te schande

---

[24] Cf. 2Kor.2:11
[25] 1Kor.1:24.
[26] Joh.12:50.

te worden gemaakt door het Sanhedrin der Joden. De apostel Paulus kwam tot de drempel van de dood, en toch zeide hij dat dit hem noodzakelijk was, opdat hij niet op zichzelf zou hopen, maar op God "die de doden opwekt".[27] Door de gehoorzaamheid wordt dus zulk een gestemdheid verwekt in de ziel van de discipel, dat hij omwille van het gebod zelfs de dood aanvaard als "eeuwig leven" en als een groot voorrecht. Juist dit is de gezindheid die wij dienen te verwerven, om onwankelbaar te zijn in het godwelgevallige leven. Aldus kunnen wij zeggen, evenals de apostel Paulus, dat wij "het intellect van Christus" bezitten.[28]

Door de gehoorzaamheid wordt de nauwe cirkel van ons leven geopend en ontvangen wij de wil, het leven, maar ook (de zienswijze van) het intellect van God. Zo overstijgen wij de dood en vinden wij het eeuwige leven. Waarin ligt dit overstijgen van de dood? Doordat wij de genade smaken van Gods woord, leveren wij ons volledig over aan God en aan onze broeder, en wij maken ons niet meer "zorgen om het vlees", hetgeen knechtschap is aan de vrees voor de dood – omreden waarvan de mens alles doet om te overleven in dit tijdelijke bestaan en derhalve zijn bestemming verspeelt.

Het volstaat niet om het woord van onze Oudvader in uiterlijke zin te bewaren en oppervlakkig gezien onberispelijk te zijn. Boven alles dient ons hart gespannen te zijn om het woord aan te grijpen en het gebod te bewaren. Op deze wijze wordt de psychologische mens onderworpen aan de Geest Gods. De gehoorzaamheid is juist deze innerlijke gestemdheid die alle menselijk verstand te boven gaat. Hij schrijft de rechtvaardigheid toe aan het woord van de oudvader, hij aanvaardt het met heel zijn hart, en leeft met dit woord. Dit is de beste voorbereiding voor de mens om alle hoge zeeën in dit tijdelijke leven te doorstaan en nimmer de blaam te werpen op God of de oudvader, maar enkel heerlijkheid en rechtvaardigheid.

Een klassiek voorbeeld is Job, die in zijn schrikwekkende beproevingen heftig streed met zijn gedachte om te verstaan waarom dit alles gebeurde, terwijl noch hijzelf noch zijn vrienden, de theologen, de reden konden bespeuren. Toen hij echter de Geest Gods

---

[27] Zie 2Kor.1:9.
[28] 1Kor.2:16. [D.w.z. mét Diens innerlijke gezindheid (*phrônêma*/φρόνημα – cf. Fil.2:5) bezitten wij tevens de zienswijze van het intellect (*nous*/νοῦς). *Noot vert.*]

ontving, had hij geen enkele vraag meer. Toen zag hij dat alle dingen hun zin hadden, en hij gaf eer aan God en blaam aan zichzelf.[29]

Het is onontbeerlijk voor ons om de gehoorzaamheid te leren, omdat wij daarzonder het woord Gods niet kunnen verstaan. Door de eeuwen heen werd de genadegave van de theologie gegeven omwille van de gehoorzaamheid, zoals aan de drie Heiligen die de Kerk 'de Theoloog' heeft genoemd: Johannes, Gregorius en Simeon. De laatste met name, had zulk een vertrouwen en een zodanige gestemdheid jegens zijn oudvader, dat hij, zoals hij zeide, in de geest zelfs zijn voetsporen vereerde.

Een ander beknopt woord uit het "Gerondikon" zegt: "Zij zeiden van abba Silvanus (= Silouan), dat hij ooit in Scetis aan het wandelen was met de oudvaders, en hij wilde hen de gehoorzaamheid tonen van zijn leerling Markus, en waarom hij hem liefhad. En toen hij een klein wilde zwijn zag, zeide hij tot hem: "Ziet gij die kleine buffel daar, mijn kind." Hij zeide tot hem: "Ja, abba". "En zijn horens, hoe innemend zij zijn?" "Ja, abba". En de oudvaders verwonderden zich over zijn antwoord, en werden opgebouwd door zijn gehoorzaamheid".[30] Dat wil zeggen, hij toonde zijn leerling het wilde zwijn, noemde het een buffel, en de discipel, die geleerd had te vertrouwen op het woord van zijn oudvader en niet op zijn eigen logica, zag het dier zoals zijn oudvader zei. Als iemand een gehoorzaamheid bezit van deze aard, dan zal hij daardoor vele wondere gebeurtenissen verstaan die beschreven worden in de Heilige Schrift en in de geschiedenis van de Vaders van de Kerk.

De genadegave van het monnikschap omvat alle genadegaven, en het wezen daarvan is de gehoorzaamheid. De heilige Palamon, één van de oudvaders uit het "Gerondikon", zegt dat degene die de gehoorzaamheid vervult op geen van de geboden uit het Evangelie acht behoeft te slaan. Uiteraard moeten wij deze uitspraak uit het "Gerondikon" op de juiste wijze verstaan: Wanneer iemand de gehoorzaamheid vervult, bewaart hij automatisch ook al de Evangelische geboden, omdat hij aldus aan God de meest welgevallige eredienst offert, het meest welkome offer. De heilige Vaders achtten

---

[29] Cf. Job 42:5-6.
[30] Over Abba Markus, §2. Griekse tekst: «Ἀποφθέγματα Γερόντων» (PG65, 296B); voor een Engelse vertaling, zie "The Sayings of the Desert Fathers".

de gehoorzaamheid zo verheven, dat zij de houding van de discipel jegens zijn oudvader vergeleken met de houding van de priester jegens het altaar Gods. De gehoorzaamheid is een kwestie van geloof en vertrouwen in God en in onze 'trainer', zoals de heilige Johannes Klimakos zegt.

Het Christendom is een paradoxaal leven, een paradoxaal verschijnsel. Alle religies van de wereld zijn logisch. Het Christendom vormt daarop een uitzondering. Het is een geloof dat ons éénmaal door Christus is overgeleverd, en dat vormt het bewijs dat dit ook het enige waarachtige geloof is. Alle andere religies zijn logisch, terwijl het onze boven de logica uitstijgt. Het gaat om een feit dat ons geopenbaard is. Wij zijn het niet die dit feit oordelen, maar wanneer wij het aanvaarden, dan schenkt het ons de innerlijke zekerheid daarvan. Daarom was het Christendom altijd dwaas in de ogen van de wijzen van deze wereld. En de monastieke gehoorzaamheid komt ons juist deze dwaasheid leren – om ons in staat te stellen de gehoorzaamheid van Christus te aanvaarden en ook zelf in praktijk te brengen.

De apostel Paulus zegt: "Wie is voor deze dingen toereikend?"[31] En wij verstaan datgene wat Jesaja zag, dat is, dat de Geest Gods zover verwijderd is van ons eigen intellect, van onze eigen denkbeelden, als de hemel verwijderd is van de aarde.[32] Daarom vertrouwen wij niet op onszelf, maar wij trachten iemand te vinden die dit leven bezit, om hem aan te hangen en dit leven van hem te beërven. Zoals de heilige Simeon de Nieuwe Theoloog zegt, schiep God geen meesters en dienstknechten, maar vaders en zonen – en de zonen, op hun beurt, beërven de aarde en worden zelf vaders.

Er zijn vele kanten aan de gehoorzaamheid. Doch datgene wat het meeste schokt is het afleggen van elk logisch begrip omwille van het geloof in het gebod, en dat wij onszelf daaraan overleveren. Wij zien dat de strijd erin bestaat het goddelijk leven en de goddelijke wil te ontdekken, en wij begrijpen dat wij daartoe niet toereikend zijn in de gevallen staat waarin wij ons bevinden. Zo wordt in wezen datgene wat van buitenaf dwaasheid lijkt, door het geloof voor ons tot wijsheid en de reden dat wij de kracht Gods

---

[31] Cf. 2Kor.2:16.
[32] Cf. Jes.55:9 (LXX).

ontvangen. Wanneer wij onze eigen wilsverlangens achterlaten, onze eigen gedachten, dan leggen wij kleine en onbruikbare zaken af, doch wat ons in ruil daarvoor geschonken wordt is oneindig groot.

"De Ladder" van de heilige Johannes bevat het volgende verhaal: Een zekere heerser uit Alexandrië ging naar dat ideale coenobium dat Johannes in dit boek voorstelt, om daar het monastieke leven te leiden. Nadat hij een week lang in het Klooster had doorgebracht en de engelgelijke leefwijze van de vaders had gezien, vroeg de hegoumen hem of hij monnik wilde worden. Verwaand en hard, zoals rijken gewoonlijk zijn, antwoordde hij hem dat hij zich aan hem overleverde, zoals het ijzer is overgeleverd aan het aambeeld van de smid. De herder van het coenobium was tevreden met dit voorbeeld en gaf hem een ascese. Hij maakte hem poortwachter van het klooster en vroeg hem om een diepe buiging te maken voor ieder die daar inging en uitging, en hen om hun gebeden te vragen en te zeggen dat hij epileptisch was. Deze mens was niet epileptisch. Logisch gezien lijkt dit een monsterlijk gebod, maar hij aanvaardde dit. Hij deed zijn hart geweld aan en in het begin was het alsof hij bloed vergoot. Doch na het verstrijken van één of twee jaar geloofde hij niet alleen wat hij zei, maar hij verwierf een nog nederiger gedachte. Hij boog zijn lichaam naar omlaag en zijn gedachte nog lager, en hij beschouwde zichzelf geheel onwaardig voor de omgang met die heilige vaders van het klooster.[33]

Uit dit voorbeeld zien wij, dat de gehoorzaamheid werkelijk leidt tot het waarachtige geestelijke schouwen. Degenen die dit schouwen bereiken hebben één gemeenschappelijk denkbeeld, zoals Jesaja, die toen hij de heerlijkheid Gods zag de menselijke rechtvaardigheid vervloekte, of zoals Petrus, die toen hij de wondere werken van Christus zag zichzelf karakteriseerde als Diens Aanwezigheid volstrekt onwaardig, of zoals de honderman, die het buitengewone wonder zag van de zelfontlediging van de Heer der heerlijkheid, en Diens Goddelijke herkomst beleed. Door de gehoorzaamheid vervult de mens heel de Wet en de Profeten, dat is, het gebod van liefde tot God en tot de naaste, en in ruil daarvoor verkrijgt hij genade, waardoor hij zijn "leugenachtige" leven ziet – want, zoals wij weten, het waarachtige schouwen begint met het schouwen

---

[33] Cf. "The Ladder" 4:23-24 "About Isidore" (p.28-29).

van onze zondigheid en onrechtvaardigheid. De gehoorzaamheid trekt Gods genade aan, omdat het deze twee grote geboden der liefde vervult, en in het licht van deze genade zien wij onze eigen innerlijke staat en onze nutteloosheid.

Als wij de tucht van onze geestelijke vaders niet aanvaarden, dan kunnen wij het tweevoudige perspectief van de Schriften niet verstaan. Soms spreken deze vanuit het goddelijk perspectief en richten vanuit den hoge het woord tot de mens. Doch soms spreken zij, of veeleer, spreekt God via de Schriften, door Zichzelf te plaatsen in het perspectief van de gevallen mens. Als wij dit niet weten, dan zullen wij in de Schriften vaak tegenstrijdigheden zien. Bijvoorbeeld, enerzijds zegt Christus dat de poort nauw is en de weg smal,[34] omdat Hij spreekt volgens onze eigen veronderstelling, onze eigen gesteldheid en begrip; terwijl Hij anderzijds zegt dat Zijn juk zacht is en Zijn last licht.[35] En deze beiden zijn waar.

De heilige Johannes Klimakos en de heilige Silouan drukken hetzelfde leven uit door verschillende uitspraken, schrijvend dat de discipel, degene die gehoorzaamt, twee dingen in gedachten heeft en ademt: God en de herder, dat is, het woord van God en van de herder. Dit geeft stabiliteit in het leven van de discipel en hij wordt het tegengestelde van datgene wat de Apostel schrijft: "Een dubbelhartig man, ongestadig op al zijn wegen".[36] Hij wordt dus een man die 'enkelhartig' is, één van ziel, stabiel en onwankelbaar op al zijn wegen. Wij zien dus dat door de gehoorzaamheid de weg geopend wordt om te komen tot het onwankelbare leven, tot de vereiste stabiliteit, zodat wij ongeschokt zullen blijven staan op de dag van de Wederkomst des Heren.

De gehoorzaamheid is het afsnijden van de wil, en nog meer het afleggen van de eigen gezindheid. Wanneer de mens genade ontvangt van God, al is het maar een weinig, dan gehoorzaamt hij gemakkelijk. Omdat deze genade aan de mens zijn eigen begrensde intellect toont, zijn eigen gezindheid, zijn ontoereikendheid – en aldus aanvaardt hij met graagte de dwaasheid van het gebod en

---

[34] Cf. Mt.7:14.
[35] Cf. Mt.11:30.
[36] Jak.1:8. [Het Griekse woord voor 'dubbelhartig' (*dipsychos*/δίψυχος), betekent letterlijk 'dubbel van ziel'. *Noot vert.*]

van de gehoorzaamheid, wanneer hij leert dat deze dwaasheid de waarachtige wijsheid is en de kracht Gods. Wij dienen de gehoorzaamheid te allen tijde te bewaren. Want als wij deze soms bewaren en soms niet bewaren, dan betekent dit dat wij alleen gehoorzamen wanneer wij het daarmee eens zijn, dat wil zeggen, uiteindelijk doen wij altijd onze eigen wil.[37]

Er bestaan twee niveaus van leven en twee niveaus van kennis. Het ene is de zichtbare wereld, waarin wij leven, en het andere is de onzichtbare wereld van het Koninkrijk Gods. De zichtbare wereld met de mens als centrum heeft grote schade geleden door de ongehoorzaamheid en bevindt zich in een uitzichtloze situatie. De enige uitweg is de gehoorzaamheid. Anders zullen er overal tegenstrijdigheden zijn en onoplosbare moeilijkheden. Daar wij ons bevinden tussen twee werelden, twee werkelijkheden, en vooral uiterlijk leven – dat is, wij leven niet met het hart maar met de logica – valt het ons moeilijk om geestelijke stabiliteit te vinden. De enige manier om gestadig te worden "op al onze wegen" is om het woord der gehoorzaamheid te aanvaarden. Dit leidt ons binnen in het mysterie van Gods tucht, waarbij wij zien dat God Zich jegens ons gedraagt als jegens Zijn kinderen. Wij zijn vleselijke wezens geworden. Wij leven op vleselijke wijze. Wij moeten een uitgebreide 'bewerking' ondergaan om ook geestelijke wezens te worden, om geestelijk te leven. Dit is een gecompliceerd proces, en brengt vaak pijn en wanhoop teweeg. Doch als wij onderwezen zijn in de gehoorzaamheid, dan zullen wij te allen tijde de rechtvaardigheid toekennen aan God en onze overste, en de berisping richten tegen ons eigen zelf.

In het leven van de heilige Pachomius is er een geschiedenis die toont, dat wij klaar moeten zijn voor deze tucht van de gehoorzaamheid, omdat zelfs God Zelf Zijn voorzienigheid jegens ons wijzigt, al naar gelang onze eigen innerlijke staat, en een nieuw woord tot ons richt. Dit verhaal betreft de heilige Theodoor de Geheiligde, een leerling van de heilige Pachomius, die met grote nauwgezetheid de gehoorzaamheid bewaarde en voor slechts één gedachte zeer streng

---

[37] Cf. «ΑΣΚΗΣΙΣ ΚΑΙ ΘΕΩΡΙΑ» (*Over de ascese en het schouwen*), p.52 & «ΟΙΚΟΔΟΜΩΝΤΑΣ ΤΟΝ ΝΑΟ ΤΟΥ ΘΕΟΥ ΜΕΣΑ ΜΑΣ ΚΑΙ ΣΤΟΥΣ ΑΔΕΛΦΟΥΣ» (*Het opbouwen van de tempel Gods in onszelf en in onze broeders*), p.254.

getuchtigd werd door zijn vader Pachomius. Deze tekst verduidelijkt, of veeleer, bezegelt hetgeen wij hierboven hebben gezegd:

Theodoor, zoals wij reeds genoemd hebben, was gesteld tot trooster van de zielen der broeders, samen met hem (dat is, Pachomius). Doch na zeven jaar stond God toe dat hij een grote beproeving onderging.

Terwijl de gezondheid van abba Pachomius in een kritieke staat verkeerde, verzamelden de oudste vaders en de hegoumens van de kloosters zich in de cel van Theodoor, en zeiden tot hem: "Wij vrezen dat de Heer onze vader misschien plotseling zal bezoeken en wij te gronde zullen gaan. Dus, aangezien niemand van ons zijn levenswijze beter kent dan gij, aanvaard en beloof ons, dat als er zoiets gebeurt, gij ons niet zult weigeren om zijn opvolger te worden, opdat wij als broeders niet zullen worden verstrooid." Daar zij nu, ondanks de herhaalde weigering van Theodoor, niet opgaven, gaf hij tenslotte zijn woord.

Doch toen abba Pachomius hier later van verwittigd werd, beviel hem dit niet. Hij nodigde al de hegoumens van de kloosters uit: Sorus, Psenthaïsius, Paphnutius, Cornelius, en Theodoor zelf. En hij zegt tot hen het volgende: "Laat elk van ons zijn gebrek uitspreken. Ikzelf zal eerst het mijne zeggen. Ik ben nalatig in het bezoeken van de broeders en in hen te troosten, daar ik mij de gehele dag buiten op het eiland bevind en mij bezighoud met het cultiveren van het veld om te zorgen voor voedsel voor mijn broeders – want er was toen grote honger. Welnu, zeg ook gij, Theodoor, het uwe." Theodoor zegt: "Het is nu zeven jaar dat ik in gehoorzaamheid aan u de kloosters bezoek en alle aangelegenheden regel, net als gijzelf. En tot nu toe was nooit in mijn hart de gedachte opgekomen: "Na hem ben ikzelf de volgende in de hiërarchie". Doch nu wordt ik gestoord door deze gedachte en ik heb hem nog niet kunnen verslaan." Abba Pachomius zegt tot hem: "Goed. Gij hebt geen enkel gezag meer. Trek u terug op uzelf en smeek de Heer u te vergeven." En deze stond diep bedroefd op en vertrok naar zijn rustige cel, om te treuren over zichzelf met groot geween en in smart, uit vreze dat God misschien Zijn Aangezicht van hem had zou afwenden,[38] *aangezien hij Diens dienstknecht (Pachomius) had bedroefd; want hij beschouwde hem als volmaakt en feilloos.*

Zo ging er twee jaar voorbij met deze boetedoening, terwijl zijn oudere broeders hem vaak kwamen troosten, daar zij oordeelden dat hetgeen hem overkomen was geen zonde was, maar enkel de eenvoudige gedachte "na hem ben ik het". Doch Pachomius wilde hem volmaakt maken, en geheel en al vrij van heerszucht, en daarom legde hij hem deze boetedoening op. En voordat hij heenging, zeide Theodoor tot hem: "Ik zal een aangelegenheid in Monchose moeten regelen, sta mij toe erheen te gaan en ik zal spoedig terugkeren." Dus zond hij hem alleen.

Op de weg weende hij, zeggende: "Heer, bestaat er voor mij nog wel bekering?" Hij kwam bij een boot die ganzen vervoerde en ging daarin scheep. In de boot bevonden zich twee oudvaders. De een begon Theodoor te prijzen, zeggende tot de ander "Zalig is deze monnik!" En de ander zegt: "Waarom prijst gij deze ellendige gelukkig? Hij heeft nog niet de maat van de mand bereikt.[39] *De ander antwoordt: "Wat is die maat?"*

Dan begint deze het volgende te vertellen: "Er was een landman die zo hard was, dat er zelden iemand in staat was een heel jaar bij hem door te brengen. Dan staat er iemand op, gaat naar hem toe en zegt tot hem: "Ik zal samen met u werken". Hij antwoordt hem: "Goed." Welnu, op de dag om te irrigeren zegt de landman tot hem: "Laten wij water halen om de akker in de nacht te bewateren, niet overdag." En deze antwoordt met de volgende woorden: "Dat is inderdaad wijs; zo zal noch enig dier, noch een mens, noch iets anders van het water drinken." Toen wederom de ploegtijd aanbrak, zeide hij tot hem: "Laten wij de akker op deze wijze bezaaien: in één perk kweken wij tarwe, in een ander gerst, in een ander linzen, in een ander erwten; en laten wij ook de rest

---

[38] Cf. LXX Ps.26(27):9.
[39] Voor de vertaling van deze uitdrukking, zie "Pachomian Koinonia, Volume One – The Life of Saint Pachomius and His Disciples", p.282 (noot Sbo 95,2) & p.372. De exacte vorm van deze mand en de oorsprong van het gebruikte woord hiervoor zijn onzeker. Doch verderop refereert het verhaal aan een gebruikelijke werkwijze, waarbij men met behulp van een dergelijke mand, bij wijze van korenmaat, het graan afmat om de grootte van de oogst vast te stellen. *Noot vert.*

op dezelfde wijze bezaaien." En deze antwoordt hem: "Deze gedachte is nog verstandiger dan de voorgaande. Want als het zaad rijpt, zal het veelkleurige bloemen voortbrengen." En toen de tarwe ontsproot, nog voordat het zaad droeg, zeide hij tot hem: "Kom, we gaan oogsten." Deze antwoordt: "Laten we gaan. Onze winst uit het stro zal groot zijn, want het is groen en goed." Toen zij gereed waren met dorsen, vroeg hij hem om de mand te brengen: "Dan brengen wij het stro beetje bij beetje binnen." En hij antwoordt hem: "Dit is het meest verstandige van alles, want zo blijft het stro bewaard." Nadat hij hem dan in al deze dingen beproefd had, en zich ervan verzekerd had dat hij absolute gehoorzaamheid bezat, zegt hij tot hem: "Gij zijt geen dienstknecht meer, maar mijn zoon en erfgenaam." Daarom, als het ook deze monnik lukt om de maat van de mand te bereiken, zal hij een zaligspreking waardig zijn."

En de andere Oudvader zegt tot hem: "Nadat gij deze gelijkenis verteld hebt, geef nu ook de betekenis ervan." Hij zegt hem dan het volgende: "De landman is God; en Hij is hard, daar hij het gebod geeft dat men zijn kruis op zich moet nemen en niet de wil van zijn eigen hart volgen.[40] Pachomius, de geestelijke vader van deze hier (Theodoor), bezat absolute gehoorzaamheid aan God en werd welgevallig voor Diens aanschijn.[41] Als ook deze monnik vergelijkbaar geduld betoont, zal hij voorzeker erfgenaam worden." Dit horende bleef Theodoor sprakeloos, vol verbazing over deze woorden en over de twee die samen gesproken hadden. Toen hij echter uit het schip ging zag hij hen nergens meer, want het waren engelen Gods die hem op deze wijze verschenen waren ter verbetering en vertroosting, zoals abba Pachomius dit alles later uitlegde.

Terwijl hij dan terugkeerde naar het klooster en weer in Pabau kwam, overdacht hij voortdurend al hetgeen hij gehoord had – en Theodoor werd vertroost. Doch hij was bedroefd, niet omdat hij bestraft was, maar hoofdzakelijk omdat hij een dergelijke gedachte had aangenomen. Bovenal echter gaf hij zich rekenschap van de woorden van abba Pachomius: "Precies zoals een dode niet tot andere doden zegt: 'Ik ben uw aanvoerder", zo heb ook ik tot nu

---

[40] Cf. Lk.14:27 & LXX Jer.23:36.
[41] Cf. Gen.17:1 (LXX).

toe nimmer gedacht dat ik de vader van de broeders ben. Vader is alleen God Zelf."[42]

En na dit alles was er iemand, Zachéüs genaamd, een man Gods en een dienaar van de broeders, die aan abba Pachomius om Theodoor vroeg, zeggende: "De ogen van Theodoor zijn beschadigd van het wenen. Wilt gij dat ik hem met mij meeneem in de boot naar Alexandrië?" En deze antwoordde hem: "Neem hem." In de boot en overal was Theodoor als een nieuw-gewijde monnik, die pas gisteren monnik was geworden, gesierd met een diep nederige gezindheid en grote zachtmoedigheid.[43] *En hierna beleed abba Pachomius aan Theodoor dat de Heer hem zevenmaal grotere genade had geschonken dan hij tevoren bezeten had.*[44]

In dit citaat wordt heel het mysterie van de gehoorzaamheid beschreven. Wij kunnen de verzoeking nimmer overwinnen door onze logica. Als wij echter de gezindheid hebben die God door Zijn engelen aan abba Theodoor openbaarde – dat wil zeggen, die gehoorzaamheid – dan zullen wij een andere, door God geïnspireerde logica ontvangen. Dit herinnert aan het woord van de apostel Paulus dat zegt, dat de geestelijke mens alles onderscheidt, maar dat hijzelf door niemand onderscheiden wordt.[45]

Het verhaal van de heilige Theodoor is wonderbaarlijk. Het toont precies wat de gehoorzaamheid dient te zijn, en wat het einde daarvan is. Het maakt de mens tot Gods erfgenaam. God lijkt een moeilijke landman, omdat Hij ons een kruis aanbiedt, maar in wezen is Hij menslievend, omdat Hij wil dat wij volmaakt worden zoals Hijzelf,[46] en dan zal al het Zijne het onze worden.

---

[42] Cf. Mt.23:9.
[43] Cf. Ef.4:2.
[44] Uit het leven van abba Pachomius, cf. de Griekse uitgave: «Βίος Παχωμίου» 1, 106-109, «Βιβλιοθήκη Ἑλλήνων Πατέρων» τόμ. 40 (p.170-172).
[45] Cf. 1Kor.2:15.
[46] Cf. Mt.5:48.

IV. 2
De Christelijke ascese

Christus is "het uiterste der begeerlijkheden", zoals de heilige Kerk zingt. De aantrekking tot de Persoon van Christus inspireert tot de ascese om aan Hem gelijk te worden. Hoe vollediger het schouwen is van het Aangezicht van Christus, des te geïnspireerder wordt de strijd voor het vervullen van de geboden der liefde en des te volmaakter de gelijkenis van het redelijk schepsel met Zijn Formeerder.

Oudvader Sophrony definieert als doel en zin van de Christelijke ascese het bewaren van de geboden van Christus. Doch dit bewaren dient te geschieden met zulk een toewijding, dat deze geboden worden tot "de enige en eeuwige wet van heel ons wezen".[1]

De ascese die geschiedt omwille van de wedergeboorte en de transfiguratie van ons leven overeenkomstig de Geest des Heren, wordt bepaald door twee elementen, de wil van God en de goede intentie van de mens. Het eerste element is oneindig groot, terwijl het tweede oneindig klein is, maar tegelijkertijd ook van absoluut belang voor de succesvolle samenwerking tussen deze beide.

De Oudvader onderscheidt tevens twee vormen van ascese.[2] De eerste vorm is negatief, de tweede positief of charismatisch. In de eerste vorm overheerst vooral het menselijke element en de strijd tegen de "wet der zonde"[3] die in ons werkzaam is. In de tweede vorm van ascese, de positieve, heeft de geestelijke activiteit de overhand, voor de groei van de mens in het goede en de verwerving van de volheid der goddelijke liefde.

In de eerste vorm van ascese onderneemt de mens een smartelijk streven tot het uiterste, om God ervan te overtuigen dat hij de Zijne is. Wanneer hij erin slaagt dit te bereiken, dan wordt onverwacht het wonder voltrokken dat het intellect te boven gaat en het hart

---

[1] «ΑΣΚΗΣΙΣ ΚΑΙ ΘΕΩΡΙΑ» (*Over de ascese en het schouwen*), p.18.
[2] Cf. «ΑΓΩΝΑΣ ΘΕΟΓΝΩΣΙΑΣ (*De strijd om de Godskennis*), Griekse tekst, ed.²2006, p.303.
[3] Cf. Rom.7:22-25.

versteld doet staan. Hij ontvangt de verlichting van de ongeschapen Zon, dat zijn ziel vertroost en verlicht en zijn intellect als krijgsgevangen maakt door een nieuwe visie. Deze visie wordt geïnspireerd door het schouwen van de nederige God, dat heel de menselijke natuur doet ontvlammen en elk van haar energieën omzet in één allesomvattend elan van liefde. Hier is de ascese charismatisch. Dat wil zeggen, de genade van God "arbeidt"[4] nog overvloediger voor de mens. De ziel is vervuld van een afkeer jegens de zonde en de verborgen diepten van het verderf dat zij in zich draagt. Zij wordt geheel in beslag genomen door het sterke verlangen, vergelijkbaar met een dodelijke dorst, de God der liefde na te volgen en Hem welgevallig te zijn. Deze inspiratie is zodanig rijk en maakt het leven van de gelovige zodanig charismatisch, dat dit in wezen de strijd met de wet der zonde uitwist, en zoals de Oudvader zegt, dan "bestaat er geen ascese".[5] Het apostolische woord wordt vervuld dat "het kwade door het goede" overwonnen wordt,[6] op precies dezelfde wijze waarop uiteindelijk "het sterfelijke wordt opgeslokt door het leven".[7]

De eerste vorm van ascese, als het zich ontdoen van de oude mens der zonde en der hartstochten, duurt bij de meesten langer en leidt tot de tweede vorm van ascese, die het positieve 'aandoen' van de nieuwe mens is, die is wedergeboren door de genade van de Heilige Geest. Deze positieve of charismatische ascese wordt geïnspireerd door het schouwen van de Persoon en het voorbeeld van de Heer Jezus. Doch in deze beide vormen van ascese vervult de leerling van Christus de geboden, zij het op een verschillend niveau. Op deze wijze plaatst hij zich op de weg des Heren.

Ongeacht welke vorm het ascetische leven van de mens aanneemt, het voorbeeld en de weg van de Heer zijn daarvoor van absoluut belang, als hij inderdaad met Hem verenigd wil worden. Wil de mens de geestelijke genadegaven verwerven, dan dient hij het nederig schouwen van het Aangezicht van Christus levend te houden en voortdurend voort te gaan op Diens weg. Deze twee,

---

[4] Cf. 1Kor.15:10.
[5] "We Shall See Him", GK p.250 (ed.⁵2010: p.212), EN p.162.
[6] Rom.12:21.
[7] 2Kor.5:4.

het voorbeeld en de weg des Heren, zijn de bron van inspiratie en kracht voor de leerling die zijn geestelijke vervolmaking wil bereiken, overeenkomstig het "voornemen en [de] genade [van God], die ons gegeven is in Christus Jezus vóór eeuwige tijden".[8]

Dit nederig schouwen van het Aangezicht des Heren wordt door vele profeten beschreven, doch met bijzondere en wondere precisie door Jesaja. Deze profeet voorzag Christus als Degene die "geplaagd" werd en voortging "als een schaap ter slachting"[9] omwille van onze zonden. Ook Zijn weg wordt geprezen door de rechtvaardigen van het Oude Testament. Zo prees de profeet Baruch Israël zalig vanwege de kennis van deze weg: "Zalig zijn wij, o Israël, want de dingen die God aangenaam zijn zijn ons bekend".[10] Op nog verbazingwekkender wijze verkondigden de oude Rechtvaardigen reeds tevoren dat de weg van God een Persoon is, waarvan de grondslag "vóór de eeuwen" gelegd werd in de Drieëne Raad. Dit is de "mens des Heren" die God zou "opbouwen" uit de Maagd "voor Zijn werken" omwille van het heil der wereld.[11]

In het onderricht van de Oudvader heerst dezelfde visie. Hij houdt niet op hieraan te refereren en de karakteristieken daarvan naar voren te halen. Doch in twee gevallen toont hij deze met grotere helderheid en volheid. In het eerste geval – om de weg van Christus aan te duiden, die leidt tot de rechtvaardigheid van de goddelijke liefde en tot de vrijheid van de kinderen van de Geest – beschrijft hij het volgende originele beeld, de volgende visie:

Heel de mensheid, zegt de Oudvader, lijkt op een piramide. Deze is opgebouwd uit hogere en lagere klassen van mensen. Doch deze verdeling en hun ongelijkheid zijn gevolgen van de val van de eerstgeschapene. Zij die zich aan de top van de piramide bevinden, overheersen degenen die lager staan en doen hun gezag over hen gelden,[12] waarbij er geen rechtvaardigheid is, hetgeen toch de eis is van de geest van de mens die naar Gods beeld geschapen is. Om nu heel de mens te genezen, om de uitzichtloosheid van de

---

[8] 2Tim.1:9.
[9] Cf. Jes.53:4-8.
[10] Baruch 4:4.
[11] Cf. Spr.8:22.
[12] Cf. Mt.20:25.

onrechtvaardigheid op te lossen en al de vernederden der aarde op te heffen, heeft Christus de piramide van het 'zijn' omgekeerd. Hij heeft de top ervan onderaan geplaatst, en aldus de uiterste volmaaktheid ingesteld.[13] De top van deze omgekeerde piramide is uiteraard Christus Zelf, als hoofd van het Lichaam van de "nieuwe schepping".

«Deze visie van de omgekeerde piramide werd geïnspireerd door de woorden van Christus, Die "niet gekomen [is] om te gediend te worden, maar om te dienen, en het leven Zijner ziel te geven tot losprijs voor velen".[14] Hij heeft heel het gewicht van de piramide op Zich genomen en, zoals de Apostel zegt, is Hij "voor ons tot een vloek geworden".[15] God heeft "Hem, Die geen zonde heeft gekend, voor ons tot zonde gemaakt"[16] en "zelfs Zijn eigen Zoon niet gespaard, maar Hem voor ons allen overgeleverd"[17] tot "de dood des kruises".[18] En dit voorzeker, omdat "Jezus... daar Hij de Zijnen, die in de wereld waren, liefhad, zo heeft Hij hen liefgehad tot het einde".[19]» Aan de bodem van de omgekeerde piramide heerst de nederige en heilbrengende geest van de gekruisigde Christus, Die het nuttig was vernietiging te ondergaan "ten behoeve van het volk".[20] Daar, volgens het onthullende woord van de Oudvader, "is een volstrekt bijzonder leven werkzaam, daar wordt een volstrekt bijzonder licht openbaar, en daar ademt een bijzondere geur".[21] Christus is de Aanvoerder en de Dienaar van deze zichzelf ontledigende en onbeschrijfelijke liefde. Zijn liefde is absoluut en volmaakt in elk van haar uitingen. Hij betoonde Zich volmaakt jegens de Hemelse Vader door het aannemen van de gedaante van een dienstknecht, door mens te worden. En Hij betoonde Zich eveneens volmaakt jegens de mens door de

---

[13] Cf. "Saint Silouan", GK p.312-316 (ed.[15]2013: p.300-304), EN p.237-240, NL p.256-259.
[14] Mt.20:28.
[15] Cf. Gal.3:13.
[16] 2Kor.5:21.
[17] Rom.8:32.
[18] Cf. Fil.2:8.
[19] Joh.13:1.
[20] Joh.18:14.
[21] "Saint Silouan", GK p.315 (ed.[15]2013: p.303), EN p.239, NL p.258.

gehoorzaamheid en het aanvaarden van het kruis der schande. In de tuin van Gethsémane gaf Hij Zijn wil over aan de Hemelse Vader. Aan het Kruis offerde Hij Zijn lichaam, en met Zijn heilige ziel daalde Hij neder in de hades voor van het heil van allen. Hijzelf verzekerde, dat "niemand.. groter liefde [heeft] dan deze".[22]

«De geest van de Oudvader was zozeer gegrepen door de volmaaktheid en de grootheid van Christus' heiligheid, zoals geopenbaard werd in Diens Godwaardige zelfontlediging en Diens nederige liefde, dat hij in diepe nederigheid en verwondering zegt: "Christelijk te leven is onbereikbaar. Men kan slechts Christelijk sterven".[23] Doch deze dood wordt hoofdzakelijk verwezenlijkt op het niveau van de gezindheid en de activiteiten van de 'oude mens'; het is een tocht 'naar beneden', naar de top van de omgekeerde piramide, achter Christus aan – en dat "dagelijks".[24]»[25]

Wij zien dus dat de weg de Heren naar omlaag gericht is. Deze heeft als onwrikbare wet Zijn woord: "Hij die zichzelf vernedert zal worden verheven".[26] Bijgevolg heeft deze weg feitelijk twee richtingen: Eerst de nederdaling en dan de opgang. De apostel Paulus zegt, dat de nederdaling van Christus "tot de nederste delen der aarde" en Zijn opgang "tot boven de hemelen" de oorzaak werden van al de genadegaven van de Heilige Geest.[27] In het bezit nu van deze nederige visie van de tweevoudige weg des Heren, verzekert de Oudvader dat degenen "die geleid worden door de Heilige Geest, nimmer ophouden zichzelf te berispen als God onwaardig".[28] Zij gaan voortdurend naar omlaag in het verlangen tot "zelfvermindering". Zij volgen Christus na, door zich in te spannen om zichzelf te ontledigen van elke hoogmoedige neiging

---

[22] Joh.15:13.
[23] "Saint Silouan", GK p.311 (ed.[15]2013: p.299), EN p.236, NL p.255. [Aldus de Griekse tekst. De Engelse versie van deze uitspraak verwoordt dit door een verwijzing naar de apostel Paulus: "al wat men kan doen is 'dagelijks' te sterven, in Christus"– cf. 1Kor.15:31. *Noot vert.*]
[24] Lk.9:23; 1Kor.15:31.
[25] Cf. Archim. Zacharias, «ΑΝΑΦΟΡΑ ΣΤΗ ΘΕΟΛΟΓΙΑ ΤΟΥ ΓΕΡΟΝΤΟΣ ΣΩΦΡΟΝΙΟΥ» (*Anaphora aan de theologie van oudvader Sophrony*), p.73-74; Engelse vertaling in "Christ, Our Way and our Life", p.55-56; Nederlandse editie, p.65.
[26] Lk.14:11.
[27] Cf. Ef.4:8-10.
[28] Cf. "On Prayer", GK p.195 (ed.[3]2010: p.173), EN p.174.

en aldus tot woonplaats te worden van de Drieëne God.[29] De Oudvader benadrukt tevens dat op deze ascetische tocht naar omlaag "de volheid van de zelfontlediging voorafgaat aan de volheid van de volmaaktheid".[30] Met andere woorden, de rijkdom van de geestelijke genadegaven hangt af van de diepte en bijgevolg van de maat van de zelfontlediging die de Christen op deze tocht bereikt.

De weg van Christus, die vrijwillig is en zonder zonde, strekt zich uit – door middel van de dood – tot de kerkers van de hades. Ook de tocht van de mens naar omlaag dient vrijwillig te zijn en in overeenstemming met Gods gebod. Voordat de Heer verheerlijkt was, verwekte Zijn weg "verbaasde ontsteltenis" en "vreze" in de leerlingen.[31] Doch na de nederdaling van de Trooster gingen diezelfde leerlingen "heen van het aangezicht van het Sanhedrin, verheugd dat zij verwaardigd waren te worden onteerd omwille van de Naam" en zij "verheugden zich in hun lijden".[32] Na de dood en de opstanding van Christus is de dood teniet gedaan, en de heerschappij van de vrees daarvoor overschaduwt de weg niet meer, want deze leidt nu tot het eeuwige leven.

De kracht van de weg des Heren, zowel als de tocht naar omlaag, worden verwerkelijkt door het opnemen van het werk van de berouwvolle bekering. Het wezen van de bekering is dat de mens de gezindheid van het vlees afwerpt en zijn vertrouwen niet meer op zichzelf stelt, maar op de gave van God. Degene die zich bekeert omarmt door het geloof het gebod van God, hij kruisigt zijn intellect door de vreze des Heren, en hij ontvangt een voorbereidende verlichting die het hart nederig maakt. Hij verwerft kennis van zijn geestelijke armoede en begint door de treurnis en op verschillende andere manieren zorg te dragen voor zijn heiliging en zijn heil. Hij gaat voort naar omlaag. Hoe meer zijn nederigheid en zijn zelfverloochening toenemen, des te meer intensiveert zich de bekering, zowel als al zijn inspanning om gereinigd te worden van alle vuiligheid van vlees en geest.

---

[29] Cf. ibid., GK p.36 (ed.^{3}2010: p.33-34), EN p.24-25.
[30] Cf. "We Shall See Him", GK p.81 (ed.^{5}2010: p.71), EN p.53.
[31] Cf. Mk.10:32.
[32] Hand.5:41, zie Kol.1:24.

De tocht naar omlaag valt samen met de nederdaling van het intellect in het hart. Zolang de geest der bekering voortduurt en zich verdiept, vermeerdert zich ook de verlichting van de genade in het hart. De Heilige Geest schetst daar de gedaante van de Heer Jezus. En wanneer de bekering een bepaalde volheid bereikt, dan vindt het intellect het diepe hart, het wordt als krijgsgevangen door het beeld van Christus en staat versteld van Zijn nederige Geest. Dan verwerft de mens een duidelijke kennis van zijn geestelijke armoede, terwijl zijn opdracht (aan God) voltrokken wordt naar de goddelijke maat van Christus, die voortaan in Hem leeft. Uiteindelijk gaat zijn nederigheid de menselijke maat te boven. Deze wordt onbeschrijfelijk, goddelijk.

De eenwording van de geest van de mens met de Geest van Christus geschiedt dus in het diepe hart. Daar ontdekt de Christen dat zijn bestaan op onzegbare wijze verbonden is met heel de mensheid. Hij smaakt de genade en de energie van de liefde van Christus, die zich uitstrekt over heel de wereld en over de gehele mensheid. De liefde van Christus verschaft hem de gewaarwording dat heel het geslacht der mensen onverbrekelijk deel uitmaakt van zijn bestaan. Dan verstaat hij het gebod "heb uw naaste lief als uzelf" in zijn existentiële dimensie. In het voegwoord 'als' wordt hij de ontologische gemeenschap gewaar en de eenheid in wezen van alle mensen.[33] Waar hij zich ook bevindt, in de geest ziet hij de wereld en doorleeft haar lijden. Hij heeft ten aanzien van de wereld dezelfde gevoelens die ook God Zelf heeft; hij wordt begeesterd door dezelfde liefde. Hij leeft in berouwvolle bekering en bidt voor heel de wereld, net zoals voor zichzelf.

Het nederige beeld van Christus, Die "als een schaap ter slachting werd geleid", en door "de boze niet te weerstaan" geleden heeft voor de zonden van heel de Adam, maakt voelbaar in het hart van de gelovige de liefde van de Heer jegens de mens "tot het einde" toe. Deze liefde van Christus in het hart van haar dienaar wordt omgevormd tot de volmaakte liefde van de zelfhaat. In deze geestelijke gesteldheid is hij er definitief van overtuigd, dat "indien God zó is, als de gekruisigde Christus Hem heeft geopenbaard, dan zijn wij allen – en alleen wijzelf – verantwoordelijk voor al het kwaad waar

---

[33] Cf. "Saint Silouan", GK p.57-58 (ed.^{15}2013: p.57), EN p.47, NL p.58.

de gehele geschiedenis der mensheid van vervuld is".[34] Deze overtuiging sterkt het hart op de weg van de Heer, maakt de mens los van alle "zichtbare" en "tijdelijke" dingen,[35] en leidt hem "tot al de waarheid"[36] van de volheid van de liefde van Christus.

Overeenkomstig de theologie van de Oudvader zijn de onbeschrijfelijke nederigheid die gekend wordt door degenen die in de Heilige Geest de Heer hebben aanschouwd, de liefde tot God die reikt tot aan de zelfhaat, en het gebed voor de gehele wereld, samen met de liefde jegens de vijanden, de centrale karakteristieken die de mens vertoont als Persoon-Hypostase.

Centrale punten in de ascetische visie van de Oudvader, zoals wij reeds hebben aangetekend,[37] zijn de ascese van het Jezusgebed en het voltrekken van de Goddelijke Liturgie. In de ascese van het Jezusgebed leert de mens te leven in de Aanwezigheid van de Persoon van Christus, hetgeen hem reinigt van het verderf der zonde en hem doet herleven door de energie van de genade van Zijn Naam. De Oudvader kende het grootste belang toe aan het voltrekken van de Goddelijke Liturgie. Hij beschouwde dit als de verlenging van het gebed dat de Heer opdroeg in Gethsémane voor het heil van de gehele wereld. Hij bevestigde dat een juiste voltrekking daarvan op het niveau van het gebed dezelfde vruchten van de genade draagt als het hesychastische gebed in de woestijn.

---

[34] Cf. "On Prayer", GK p.53 (ed.³2010: p.49), EN p.36.
[35] 2Kor.4:18.
[36] Joh.16:13.
[37] Zie hoofdstuk I.5 a) *De Goddelijke Liturgie*, en b) *Het aanroepen van de Naam van Christus*.

IV. 3
Leven "buiten de legerplaats van deze wereld"

Het monnikschap is een antwoord van dankbaarheid in de geest van het offer van Christus, terwijl dit in diepste zin niets anders is dan de vervulling van Diens woord: "Indien iemand tot Mij komt, en niet haat zijn vader en moeder, en vrouw en kinderen, en broeders en zusters, ja zelfs zijn eigen ziel, die kan Mijn leerling niet zijn... doch zo wie het leven zijner ziel zal verliezen omwille van Mij, die zal het behouden".[1]

Het monnikschap ontstond in de loop van het kerkelijk leven als een uitgelezen vrucht van de gezonde wandel van het Lichaam als "nieuwe schepping".[2] Het jaagt na gelijk te worden aan de volmaaktheid van het leven van Christus. Dit betekent dat de gelovige de sporen volgt van Diens aardse wandel. Al de geboden van Christus vereisen deze volmaaktheid. Doch in de gesteldheid waarin de gevallen mens zich bevindt is hij niet in een positie om Christus te volgen. Zijn voornaamste obstakel is de hoogmoed. Deze, zoals de heilige Silouan zegt, verhindert de liefde.[3] Daarom ook is heel het monastieke leven gericht op de geest van de nederigheid van Christus, om aldus ook de volmaaktheid van Zijn liefde te bereiken.

Overeenkomstig het onderricht van de apostel Paulus hebben al de leden van het Lichaam van Christus geestelijke genadegaven, hetgeen getuigt van hun eenheid in Christus. Elk lid "heeft zijn eigen genadegave van God".[4] En het monnikschap is een wijze van leven die de mens de grootste mogelijkheid verschaft om het voorbeeld na te volgen van de nederigheid van Christus en deelgenoot te worden van de genadegaven van Zijn geest. Juist hier ligt de voornaamste bijdrage ervan. Het vormt de monnik in een tocht naar

---

[1] Cf. Lk.14:26 & 9:24.
[2] Cf. 2Kor.5:17 & Gal.6:15.
[3] Cf. "Saint Silouan", GK p.303 (ed.^{15}2013: p.291), EN p.229, NL p.247.
[4] 1Kor.7:7.

omlaag omwille van het "nieuwe gebod"[5] van Christus, waarvan de vervulling "het eeuwige leven" is.[6]

In het leven van de wereld die ons omringt vindt een strijd plaats om het gezag. De een wil nog hoger stijgen dan de ander, om dan gezag uit te oefenen over de zwakkeren. Doch de grootheid van de mens wordt onthuld, wanneer hij zichzelf bij het zien van de nederigheid van zijn naaste nog meer vernedert en alle plaats geeft aan zijn broeder. Dit is de sublieme wedstrijd van de nederigheid van degenen die wedergeboren zijn in Christus, en deze wordt geïnspireerd door de leefwijze die gecultiveerd wordt door de monastieke verzaking.

De strijd van de nederigheid is ook de noodzakelijke voorwaarde voor het leerlingschap in de Geest van Christus, zoals Hijzelf ons aanzegt: "Komt tot Mij gij allen, die vermoeid zijt en die belast zijt, en Ik zal u rust geven; neemt Mijn juk op u en leert van Mij, want Ik ben zachtmoedig en nederig van hart; en gij zult rust vinden voor uw zielen".[7] Het gaat dus om een kunst, om een wetenschap die wij dienen te leren, als wij de genadegave van het eeuwige leven willen vinden die de Heer geeft aan al degenen die Hem volgen "waar Hij ook heengaat".[8] De verwerving van deze geestelijke wetenschap en de overdracht van de onvermengde Evangelische geest aan de komende generaties is het werk en het doel van het monnikschap.

De geest van het woord van Christus tot de heilige Silouan – "Houd uw geest in de hel en wanhoop niet" – toont de omvang van de weg van Christus en vormt de samenvatting van de boodschap van het Evangelie. In zijn geschriften noemt de heilige Silouan dit woord een "Grote Wetenschap".[9] De Leermeester van deze Wetenschap is Christus Zelf en het leren daarvan duurt tot het eind van ons leven. De inhoud van deze Wetenschap is de nederigheid van Christus, Die als een "onberispelijk en smetteloos Lam"[10] geslacht wordt voor het heil der wereld. Deze kennis is een goddelijk geschenk, noodzakelijk voor het welslagen van de geestelijke strijd tegen de noëtische vijanden. De nederige geest overwint de vleselijke hartstochten en de zonde, en

---

[5] Cf. Joh.13:34.
[6] Cf. Joh.12:50.
[7] Mt.11:28-29.
[8] Openb.14:4.
[9] Cf. "Saint Silouan", GK p.547 (ed.[15]2013: p.523), EN p.437, NL p.460.
[10] Cf. 1Petr.1:19.

bevrijdt heel het gebied van de ziel, opdat in haar de Geest des Heren woning kan nemen. Degene die deze Wetenschap bezit kan bestendig verblijven op de weg des Heren, om met Hem verenigd te zijn en de rijkdom te bezitten van Zijn genadegaven.

Toen de apostelen Christus smeekten om hen meer geloof te geven, besloot de Heer Zijn onderricht met de raad: "Wanneer gij gedaan zoudt hebben al hetgeen u is opgedragen, zegt dan, Wij zijn onnutte dienstknechten, wij hebben gedaan wat wij schuldig waren te doen".[11] En wederom, op een ander punt in het Evangelie, stelt de Heer als voorwaarde voor de leerschool van Zijn Geest het "haten van (het leven van) uw ziel in deze wereld [der hartstochten]", want aldus, "waar Hij is, aldaar zal ook Zijn dienaar zijn".[12] Maar ook de heilige Silouan, de dienaar van deze Grote Wetenschap, zegt: Als iemand zich waarlijk wil bekeren en Christus wil volgen "waar Hij ook heengaat", en hij ziet dat hij zich bevindt in de hel van de nutteloosheid en het afgescheiden zijn van Hem, dan dient hij zichzelf vrijwillig te veroordelen als de hades waardig vanwege zijn zonden, terwijl hij niettemin door het geloof alles toevertrouwt aan de barmhartigheid van Hem, Die als eerst is nedergedaald in de hades omwille van ons, om ons te bevrijden en ons omhoog te voeren naar het Koninkrijk van Zijn liefde.

De profeten kenden de waarheid van deze Grote Wetenschap, overeenkomstig de woorden van de profeet Micha, "ik zal de toorn des Heren dragen, want ik heb tegen Hem gezondigd",[13] en van de profeet Daniël, "aan U, Heer, is de rechtvaardigheid, en aan ons de schaamte des aangezichts".[14] Het wonder van deze Wetenschap werd op profetische wijze verkondigd door de drie Jongelingen in Babylon. Zij veroordeelden zichzelf vrijwillig als de vuuroven waardig, terwijl zij de zonden en de wetteloosheden van heel Israël op zich namen, dat toentertijd afvallig was geworden aan het geloof van hun vaderen. Juist toen daalde een vierde Jongeling vanuit de hemel neder in de vuuroven, om de vlam te verkoelen en de drie Jongelingen te vergezellen, die onterecht leden.

---

[11] Lk.17:10.
[12] Zie Joh.12:25-26.
[13] Micha 7:9.
[14] Dan.9:7.

De eerste die deze Grote Wetenschap op volmaakte wijze onderrichtte was de goede rover. Terwijl hij aan het kruis hing en met de ogen van zijn ziel de hel zag, die hem wachtte vanwege zijn werken, vond hij de kracht om dapper zijn eigen onrecht te belijden en de onschuld van de gekruisigde God.[15] De Heer merkte de rover op en zette hem diezelfde dag nog als eerste in het paradijs. De grote Apostel der natiën zegt: "Want indien wij onszelf [vrijwillig] oordeelden, dan zullen wij niet [onvrijwillig] geoordeeld worden".[16] Met andere woorden, als wij de geest leren van deze Grote Wetenschap, en onszelf vrijwillig veroordelen vanwege onze nutteloosheid en onze zondigheid, dan zal de Heer ons bevrijden van het onvrijwillige Laatste Oordeel en Hij zal ons de Geest geven Die onweerlegbaar in ons hart zal getuigen van ons heil.

De Grote Wetenschap gaat de menselijke maat te boven en de volmaaktheid ervan is onbereikbaar. Doch deze wordt geïnspireerd door de genade van God. Naar de mate waarin de mens gelijkvormig wordt aan de geest van Gods geboden groeit de energie van de genade in zijn ziel en vermeerdert zijn dankbaarheid jegens Christus en voor het heil dat bewerkt is voor de zondaars. Wanneer de genade in kracht toeneemt en de grote liefde van Christus het hart raakt, dan wordt aan de mens de kracht geschonken om bestendig te verblijven op de weg des Heren met een Godwaardig verlangen, dat de heerlijkheid van God-de-Heiland moge groeien, terwijl hijzelf kleiner wordt vanwege zijn zonden. Dat is, hij verlangt heel de plaats te geven aan de Hemelse Bezoeker.

Deze van God geleerde Wetenschap inspireert de monnik te wandelen in de voetsporen van Christus. Hoe meer hij Christus benadert in Diens nederige nederdaling, zoveel te meer zal hij Hem naderen in Diens opgang in heerlijkheid. Met andere woorden, dit zal op hem de geestelijke staat overdragen van de Opstanding van Christus. Door de kracht van Diens Geest zal hij in zijn gebed heel de breedte van de ruimte omvatten en alle eeuwen. Hij zal deelgenoot worden van de universaliteit van de Nieuwe Adam en vertegenwoordiger van heel het geslacht van de oude Adam. Dan zal hij de

---

[15] Zie Lk.23:41-42. "En wij toch rechtvaardig, want wij ontvangen wat onze daden waardig zijn; doch Deze heeft niets verkeerds gedaan".
[16] 1Kor.11:31.

roeping van de monnik vervullen die, naar het woord van de heilige Silouan, wordt tot "voorspreker voor de gehele wereld".[17]

De ziel van de Heer was "bedroefd ten dode toe"[18] vanwege de onbekeerlijkheid van de wereld. Dit blijkt uit de woorden van Zijn Hogepriesterlijk gebed: "O Rechtvaardige Vader, en de wereld heeft U niet gekend".[19] Op vergelijkbare wijze wordt ook de monnik, de deelgenoot aan de innerlijke staat van Christus, gedreven door dezelfde droefheid, "daar niet allen behouden zijn".[20]

Het werk van het gebed voor de gehele wereld is de meest kostbare dienst die de wereld haar bestaan geeft. De monniken strijden voor dingen die een absolute en nimmer voorbijgaande waarde hebben. De eer der wereld is voorspraak van de rechtvaardigen.

De monnik hangt tussen twee onbeschrijfelijke gesteldheden in: de onzegbare zaligheid die zijn geest gewaar wordt als hij verzonken is in de Geest Gods, en de grote weeklacht voor het heil van de gehele wereld. Deze gesteldheden wisselen elkaar af. De monnik heeft God lief en door de liefde Gods heeft hij ook de wereld lief.

Uit de geschriften van de heilige Silouan weten wij, dat na het voorstel van de Heer om zijn geest in de hel te houden en niet te wanhopen, de Heilige dit begon toe te passen. Toen merkte hij met verbazing een verandering in zijn innerlijke staat. Zijn intellect werd gereinigd en zijn ziel vond rust in God.[21] Met andere woorden, het toepassen van de Grote Wetenschap bracht de overwinning. Deze overwinning, als is het maar in enkele afzonderlijke personen, is uiterst kostbaar en neemt pan-kosmische dimensies aan. Dit schenkt stabiliteit aan het leven van de gehele Kerk.

De Grote Wetenschap, als de weg der bekering bij uitstek, integreert de monnik in het Lijden van Christus en trekt in zijn hart Gods genade aan, die heel de mens verenigt en geneest. De hartstochten der wereld maken de mens verdeeld. Doch de nederigheid wendt heel het hart en het intellect tot God – Die, als een naijverig God, geen verdeelde liefde verdraagt.

---

[17] Cf. "Saint Silouan", GK p.510 (ed.[15]2013: p.488), EN p.407, NL p.429.
[18] Cf. Mt.26:38 & Mk.14:34.
[19] Joh.17:25.
[20] Cf. "Saint Silouan", GK p.510 (ed.[15]2013: p.488), EN p.407, NL p.429.
[21] Cf. ibid., GK p.541, 572 (ed.[15]2013: p.517-518, 546), EN p.431, 460-461, NL p.445-455, 484-485.

Het monnikschap is een eervolle en Godwaardige wedergave voor de liefde van het offer van Christus voor de wereld. Om het gelovige volk te heiligen door Zijn goddelijk Bloed, toonde de Heer Jezus "de uitnemende maat"[22] van Zijn nederige liefde en leed Hij "buiten de poort".[23] En de monniken, om hun nederige dankbaarheid te tonen jegens "de Meester Die hen heeft gekocht",[24] "gaat tot Hem uit buiten de legerplaats" van deze wereld. Daar dragen zij Zijn "smaad"[25] en verduren zij de schaamte van hun geestelijke armoede.

Deze "uittocht" betreft niet de plaats, maar de wijze waarop – in ascetische en geestelijke zin. Het is een weg van de navolging van de kenotische liefde van Christus. Christus "heeft het kruis verdragen, de schande verachtende",[26] en betoonde Zich de "wijsheid uit God, rechtvaardigheid, en heiliging, en verlossing".[27] Op deze weg overheerst de nederige beweging "tot zelfvermindering" en verdwijnt de hoogmoedige neiging "tot zelfvergoddelijking". Doch het gaat hier om de nederige tocht naar omlaag, die geneest van de gevolgen van de voorvaderlijke zonde.

De monnik plaatst zichzelf bewust en op concrete wijze op de weg des Heren. De weg van de Grote Wetenschap die vervat ligt in de woorden van de Heer tot Silouan – "Houd uw geest in de hel en wanhoop niet" – toont bij uitstek de weg van de Heer. Het vat al de elementen samen die daar deel van uitmaken. Het leidt tot eenwording met Christus, Die de Alfa en de Omega is, het begin en het einde van deze weg.

De monnik die zichzelf onderwerpt aan de uiterste veroordeling van de hel vanwege zijn zondigheid en zijn onwaardigheid voor het aanschijn van zulk een nederige en weldoende God, Die hij kent en liefheeft, hoe zou hij kunnen morren of tot wankelen worden gebracht door ziekten, verzoekingen, minachting van de kant van anderen, ontberingen of vervolgingen? Hijzelf heeft voor zichzelf de uiterste straf van de hel bepaald en, zoals oudvader Sophrony gewoon was te zeggen, hij is een vervolger van zichzelf geworden,

---

[22] Ef.1:19.
[23] Hebr.13:12.
[24] 2Petr.2:1.
[25] Hebr.13:13.
[26] Hebr.12:2.
[27] 1Kor.1:30.

meer dan de anderen hem zouden kunnen vervolgen. Zo, onder ongeacht welke omstandigheden van vrede of strijd, blijft het woord van de Apostel waar: "Doch allen die vroom willen leven in Christus Jezus zullen worden vervolgd".[28]

De "uittocht" omwille van de "smaad" van Christus, waarover wij zojuist spraken, geeft aan het monnikschap een eschatologisch karakter en plaatst dit in een eschatologisch perspectief. Dit schept gunstige voorwaarden om zich te bevrijden van de vele zorgen voor het bestaan, en inspireert tot een bestendige assimilatie van de geboden van Christus. Het "monastieke" levensmodel toont zich als navolging en "nederdaling van de wereld der engelen op deze aarde".[29] Het staat ten dienste aan de éne en unieke wil van God. Met andere woorden, de weg van het monnikschap in zijn eschatologisch perspectief, wordt tot bron van inspiratie.

De asceten van de woestijn zeiden, dat als de mens het wil, hij tussen de morgen en de avond de "goddelijke maat" kan bereiken. Doch de moeilijkheid is de inspiratie te bezitten om elke dag in deze goddelijke maat te blijven. Een hulp hierbij is de monastieke weg in eschatologisch perspectief te plaatsen. Daarom verbindt ook de apostel Paulus dit met de aanstaande Wederkomst van de Heer in heerlijkheid, elke keer wanneer hij de volmaaktheid van de Christelijke leer uiteenzet.[30] Het verwachten van de Heer Jezus schenkt de inspiratie en de kracht waardoor de gelovige bestendig kan verblijven in de "heilbrengende" genade Gods.[31] De evangelist Johannes schrijft: "Geliefden, nu zijn wij kinderen Gods, en wat wij zullen zijn is nog niet geopenbaard; doch wij weten dat, als Hij Zich zal openbaren, wij gelijk zullen zijn aan Hem, want wij zullen Hem zien zoals Hij is. En een ieder, die deze hoop heeft, maakt zichzelf zuiver, zoals ook Hij alzuiver is".[32] Onze hoop dient niet

---

[28] 2Tim.3:12.
[29] «ΑΣΚΗΣΙΣ ΚΑΙ ΘΕΩΡΙΑ», p.22.
[30] Zie bv. Tit.2:11-13, "Want de heilbrengende genade van God is verschenen voor alle mensen en onderwijst ons, opdat wij zouden verzaken aan de goddeloosheid en de wereldse verlangens, en bedachtzaam en rechtvaardig en vroom zouden leven in deze wereld, verwachtende de zalige hoop en de verschijning der heerlijkheid van onze grote God en Heiland Jezus Christus."
[31] Cf. Tit.2:11.
[32] 1Joh.3:2-3. [Het Bijbels Grieks kent verschillende begrippen m.b.t. de geeste-

te blijven staan op het theoretische vlak, maar belichaamd te worden door de voortdurende reiniging en de bestendiging van de hoge staat van de aanneming tot zonen.

De beoefening van de Grote Wetenschap, waarover de vaders met vervoering spreken, is een bron van inspiratie. Door de zelfberisping en de zelfveroordeling staat de monnik voortdurend voor de vreeswekkende rechterstoel van Christus. Doch aangezien hij dit vrijwillig doet, voorkomt dit de eeuwige veroordeling op die Dag, de dag van het Oordeel, terwijl hij van de Heer "een mond en wijsheid"[33] ontvangt, die zijn onzichtbare vijanden beschaamt. Deze houding voor het aanschijn van Gods gericht verbreekt het hart en verwekt onophoudelijk het gebed der berouwvolle bekering.

Deze Wetenschap is niet voor alle mensen, zelfs niet voor alle monniken. De intensiteit ervan is groot en vereist een psychische gezondheid, die verworven wordt door de vervulling van de monastieke geloften. Bovendien dient de toepassing hiervan gradueel te geschieden. In het eerste stadium vernedert de monnik zichzelf en houdt hij zichzelf voor de ergste van allen. In het tweede stadium beschouwt hij zichzelf als "het eeuwige vuur waardig" en dan verdwijnen de hartstochtelijke gedachten. Doch in het derde stadium, wanneer de Heilige Geest in hem komt wonen en de monnik van Hem de charismatische en goddelijke nederigheid leert, dan heeft hij Christus lief tot aan zelfhaat toe, en deze liefde is de meest volmaakte uitdrukking van de menselijke hypostase.

Deze staat van vergoddelijking vindt zijn uitdrukking in de volmaaktheid van de genadegaven van de Heilige Geest en de "grotere liefde",[34] die getuigen van de gelijkwording aan Christus op de meest volledige wijze.

---

lijke reiniging. Meestal wordt gesproken over 'rein' en 'reinigen' *(katharos & katharizô* / καθαρός & καθαρίζω), wat vooral verband houdt met de vereiste staat voor het betreden van de Tempel. In deze verzen wordt het woord 'agnos' (αγνός) gebruikt, dat vooral betrekking heeft op de ongerepte staat van iets of iemand, en hier derhalve vertaald is met 'alzuiver' (naast *agnizô*/αγνίζω – zuiver maken). Daarnaast vinden we ook nog het woord 'louteren' (zoals zilver in het vuur: *pyrôô*/πυρόω), dat specifiek betrekking heeft op de verwijdering van onzuiverheden. *Noot vert.*]
[33] Lk.21:15.
[34] Cf. Joh.15:13.

De weg van het monnikschap is dus een genadegave van de Heilige Geest. Dit bewaart op aarde de kennis van de weg van God, die onderricht wordt door de van God geïnspireerde 'Grote Wetenschap' van de woorden van Christus. De volmaakte kennis van deze weg bewerkt de pan-kosmische 'uitbreiding' van de menselijke persoon die, door de genade, tot middelaar wordt tussen God en heel de schepping.

De heilige Johannes Klimakos zegt: "Het licht der monniken zijn de engelen, en het licht van alle mensen is het leven der monniken".[35] Dit licht is de kennis van de weg des Heren. In het licht daarvan wordt de leerling geleid tot de geest van de Grote Wetenschap, die God ons in de tot wanhoop vervallen wereld leert, door middel van zijn dienaar Silouan. De Kerk bewaart de schat van deze kennis bij uitstek in de boezem van het monnikschap.

In het boek Handelingen wordt gezegd, dat de heilige apostelen na het zien van de opgestane Heer, getuigen werden van Zijn Opstanding, en dat "met grote kracht".[36] Al degenen onder de monniken die deelgenoot worden aan deze Grote Wetenschap, onderscheiden zich eveneens, op vergelijkbare wijze, als levende getuigen van de eeuwige waarheid van het Evangelie, dat het hart van de mens verzekert van het heil.

De Twaalf Apostelen oordeelden dat het niet "welgevallig" was dat zij het werk van het onderricht in het woord Gods zouden verlaten om "de tafels" te dienen.[37] Evenzo dienen de monniken die de Grote Wetenschap bezitten, niet in beslag genomen te worden door de uiterlijke dienst aan hun medemensen. Het is nuttiger dat zij overgeleverd blijven aan het werk van het gebed en van de bekering.

Het monastieke leven is een offer aan God, dat Zijn Naam en Zijn menslievendheid verheerlijkt. Dit trekt de goddelijke genade aan, die het hart reinigt en dit toebereid als woonplaats van de Heilige Drieëenheid. Op deze weg, door de vruchtbare vervulling van de monastieke geloften, wordt de monnik zich bewust van zijn 'adamitische uitbreiding', die hem maakt tot waarachtige hypostase en drager van heel de schepping – van heel het 'zijn', goddelijk en

---

[35] Cf. "The Ladder", 26:31, p.167 (in sommige uitgaven, 26:23).
[36] Hand.4:33.
[37] Hand.6:2.

menselijk. Op deze wijze wordt de mens pan-kosmisch, en deze universaliteit wordt bezegeld door zijn gebed "voor heel de Adam als voor zichzelf".[38] Doordat hij voortdurend de energie der genade in zich draagt, wordt dit een waarachtig "koninklijk priesterschap"[39] en dient hij in de Geest het heil der wereld. Hij wordt tot "medewerker van God"[40] in de goddelijke wedergeboorte.

In het bijzonder door de ascese van de gehoorzaamheid leert de monnik in zichzelf de wil en het leven te aanvaarden van de anderen, zijn mede-asceten. Als hij bidt, draagt hij in zijn hart het leven van heel de broederschap. Hij gaat over van het eigen "ik" tot het "wij" van heel de mensheid. Hij leeft haar pijn en haar eeuwige bestemming als een brandende persoonlijke aangelegenheid. Zo wordt het monnikschap tot de geestelijke "plaats" waar de mens tot leerling kan worden van de Grote Wetenschap en ingewijd wordt in de hypostatische "wijze" van bestaan. Door in zichzelf één concrete broederschap te dragen, bereikt hij uiteindelijk het zijn "naar het beeld" van Christus; hij wordt toereikend om, evenals Christus, het geheel van de mensheid te omvatten – in tijd en ruimte.

Op basis van hetgeen wij hierboven hebben gezegd, verstaan wij waarom nu juist het Mysterie van de Gewijde Biecht zulk een kracht en genade bezit. De gelovige die biecht om zich met God te verzoenen, neemt vrijwillig de schaamte van zijn zonden op zich. De Heer beschouwt dit waagstuk van geloof als een wedergave van dankbaarheid voor de schaamte die Hijzelf verdragen heeft omwille van ons. Op deze wijze bevindt de gelovige zich op de weg des Heren, terwijl de Heer hem bezoekt met Zijn genade en zijn leven hernieuwt. De vernieuwing die wij verkrijgen door het Mysterie van de Biecht komt overeen met de schaamte die wij ervaren, wanneer wij onze ziel blootgeven voor het aanschijn van de Heer en van Zijn liturg. En Hijzelf bekleedt ons met Zijn eigen gewaad der genade.

---

[38] «ΑΣΚΗΣΙΣ ΚΑΙ ΘΕΩΡΙΑ» (*Over de ascese en het schouwen*),p.100.
[39] 1Petr.2:9.
[40] Cf. 1Kor.3:9.

IV. 4
De charismatische nederigheid

God, Die de mens formeerde, heeft hem begiftigd met de uitnemende mogelijkheid om leerling te worden van de school van het Evangelie, die Zijn Zoon aanstonds op aarde zou stichten – een school van nederigheid en volmaakte liefde. Om de mens te helpen zijn Formeerder te kennen en in zijn leven de goddelijke volmaaktheid te weerspiegelen, gaf de Heer hem het tweevoudige gebod der liefde: "Gij zult liefhebben de Heer, uw God, uit geheel uw hart, en uit geheel uw ziel, en uit geheel uit kracht, en uit geheel uw verstand; en uw naaste als uzelf".[1] De vervulling van dit gebod verschaft de mens de kennis van God en maakt hem ongelofelijk luisterrijk.

De Heer Jezus bevestigt dat één de Leermeester is, namelijk Christus,[2] en Hij nodigt allen uit om leerling te worden in Zijn nabijheid, om Hem te leren kennen,[3] en de rust en de zaligheid te vinden van Zijn Hemels Koninkrijk: "Komt tot Mij gij allen, die vermoeid zijt en die belast zijt, en Ik zal u rust geven. Neemt Mijn juk op u, en leert van Mij, want Ik ben zachtmoedig en nederig van hart, en gij zult rust vinden voor uw zielen".[4] In deze school is Christus het "voorbeeld" en de onbereikbare doch verlangde maat voor al zijn leerlingen: "De leerling is niet boven zijn leermeester; doch ieder die volleerd is, zal zijn als zijn leermeester".[5]

Deze kennis is een tweezijdige activiteit en samenwerking – van de God, Die gekend wordt, en de mens, die Hem kent. Om de werken van Zijn handen te vervolmaken, aanvaardt God, Die oneindig groot is en almachtig, om afhankelijk te zijn van de mens, die oneindig klein is en zwak. Van de kleine deelnemer, de mens, wordt verwacht dat hij zich volledig en in vrijheid overgeeft aan de grote deelnemer, aan God – want God werkt niet zonder de

---

[1] Lk.10:27.
[2] Cf. Mt.23:8.
[3] Cf. Mt.8:27.
[4] Mt.11:27-28.
[5] Lk.6:40.

instemming van de mens. Aldus vormt de overgave van de mens ook zijn grote luister, die zich openbaart in zijn scheppende samenwerking met God voor de verwerkelijking van Diens vóóreeuwig Raadsbesluit.

De kennis van God is niet abstract; het is een kennis van het hart, een existentiële kennis. De mens neemt met heel zijn wezen deel aan de Geest Gods. Hij ontvangt Diens energie, goedheid en genade. Doch hij kan niet stellen dat hij de kennis van God bezit, als de genade van de Heilige Geest niet in hem leeft, want Deze verschaft hem de kennis en de waarheid van God. Overeenkomstig de Heilige Schriften wordt Gods genade geschonken aan de nederigen: "God weerstaat de hoogmoedigen, doch de nederigen geeft Hij genade".[6] Daarom wordt heel het leven van de Christen een leertijd bij de nederige Geest van God. De wetenschap van de nederigheid is een hemelse en voortdurende leerschool. En het aanleren daarvan is onbereikbaar enkel op basis van menselijke vermogens. De volmaakte maat van de nederigheid werd geopenbaard door Christus. En deze maat is niet menselijk,[7] maar – zoals duidelijk blijkt – goddelijk.

In de werken van de vaders van Gaza: Dorothéüs, Barsanuphius de Grote en Johannes de profeet, wordt de deugd van de 'nederige gezindheid'[8] met bijzondere nadruk uitgelicht. In de teksten van de eerste, van de heilige Dorothéüs die leefde in de zesde eeuw, vinden we een volkomen synthese en onderricht aangaande de nederige gezindheid, die deze drie vaders volledig vertegenwoordigt. Daarom zullen wij ons voornamelijk beperken tot zijn woorden.

In haar hoogste uitingen vormt de nederigheid van de ziel een onvatbaar mysterie. Uit het voorbeeld van Christus constateren wij dat Hijzelf aan de mensen bekend werd door Zijn uiterste nederig-

---

[6] 1Petr.5:5; cf. Spr.3:34.

[7] Zie Gal.1:11-12.

[8] Naast het woord voor 'nederigheid' (*tapeinôsis*/ταπείνωσις) gebruikt het Grieks nog een ander woord (*tapeinophrosýnê*/ταπεινοφροσύνη), dat eveneens vertaald kan worden met 'nederigheid', doch daaraan een zekere diepte geeft door nadruk te leggen op de 'gezindheid' (*phrônêma*/φρώνημα) van de mens – d.w.z. het gaat hier om het werkelijk bezitten van de 'nederige gezindheid', een voortdurende geestelijke staat die in diepste wezen onuitsprekelijk is (in het Slavisch: *smirenomudrije*). Indien mogelijk is dit bij voorkeur ook zo vertaald. *Noot vert.*

heid, die Hem deed nederdalen op de aarde en in de afgrond van de hel. Desgelijks treden de gelovigen binnen in de kennis van God en van Zijn mysteriën door middel van de nederigheid. Daarom hernieuwt de heilige Dorothéüs met profetische inspiratie het algemene gezegde van de Woestijnvaders: "Vóór alles hebben wij nood aan de nederige gezindheid, om bij ieder woord dat wij horen bereid te zijn om te zeggen: 'Vergeef mij!'".[9] De monniken van Egypte, in de vierde eeuw, beschouwden het "Vergeef mij" als de geestelijke adel, die elk woord en elke daad van hun leven zou moeten vergezellen, hoewel dit reeds toen zeldzaam begon te worden.

Dit "Vergeef mij", de adel der monniken, schiep het nederig kader waarin de monnik dient te leven en zich dient te bewegen, om een juiste houding te hebben jegens God en de naaste, en aldus zijn volmaaktheid te verwerven. De Heilige benadrukt op absolute wijze de noodzaak van de nederige gezindheid voor de verwerving van ongeacht welke deugd, zelfs die van het heil; en aldus bevestigt hij dat, zoals het zout het voedsel smaak geeft en conserveert, zo ook de nederigheid de ruimte van het hart bewerkt en opsiert, opdat Christus-de-Heiland daar zal wonen.

Overeenkomstig de heilige Dorothéus dient degene die in de leer is aan de school van het Evangelische leven bestendig drie beginselen vast te houden: 1) het "zichzelf berispen", 2) het "niet vertrouwen op het eigen inzicht", en 3) het "haten van zijn eigen wil".[10]

"Het zichzelf berispen" cultiveert de kennis van onze geestelijke armoede en vormt de stevige basis voor de verheffing in het Koninkrijk van de Hemelse Vader. Dit beginsel bevestigt in de mens op onwrikbare wijze de overtuiging dat hij zonder de genade van Christus "niets kan doen".[11] Het vormt de onontbeerlijke voorwaarde voor elke geestelijke vooruitgang. Tevens schept dit de gunstige geneigdheden in de ziel voor het bewaren van de Evangelische onderrichtingen en voor het verwerven van de nederige geest van liefde tot Christus, de Leermeester.

"Het niet vertrouwen op het eigen inzicht", maar zich als

---

[9] Abba Dorothéüs, «Ἔργα Ἀσκητικά», ἐκδ. «Ἑτοιμασία», Athene 2005, Διδ.Β',26 (p.112).
[10] Ibid., Διδ.Α',10 (p.88).
[11] Cf. Joh.15:5.

gelovige toevertrouwen aan de woorden van Christus, heeft tot resultaat dat de mens de ziekte verstaat van de luciferische hoogmoed, waardoor hij reeds vanaf de eerste dagen van zijn bestaan bezoedeld is. Hij wordt vermorzeld door zijn nietigheid tegenover de goddelijke maat van de geboden van Christus. Deze verbrokenheid brengt zijn ziel tot nederigheid en trekt de genade van de Heilige Geest aan, die als een goddelijke vijl de roest van het verderf verwijdert dat door de zonde wordt opgehoopt. De genade die volgt op de verbrokenheid en de nederigheid reinigt de mens van alle kwaad, installeert in zijn hart de geboden als wet van zijn bestaan, rust hem toe voor alle deugden, en verschaft hem de rust van de geestelijke vrijheid.

"Het haten van zijn eigen wil" tenslotte, betekent de volmaakte aanvaarding van de Kruis van Christus in ons leven. Dit maakt de mens volledig los van elke gehechtheid aan deze wereld, het maakt hem deelgenoot van de goddelijke verlichting, en verenigt hem op volmaakte wijze met de Geest van Christus. Dat is, het verheft hem tot het transcendente niveau van de goddelijke liefde – en door de 'uitbreiding' daarvan bereikt hij de universaliteit van Christus en doet voorspraak voor Diens aanschijn voor elk schepsel.

De drie beginselen die wij genoemd hebben, worden door de Heilige "kinderen van de nederige gezindheid" genoemd, terwijl hun tegengestelden – "het zichzelf rechtvaardigen, het zichzelf volgen, het vasthouden aan zijn eigen wil" – gekarakteriseerd worden als "kinderen van de vijandschap jegens God, de hoogmoed".

Om te verblijven in de eerste principes en vooruitgang te maken, hebben wij nood aan degenen "die ons – na God – besturen". Als iemand echter de voorkeur geeft aan zijn eigenzinnige onafhankelijkheid, zonder meester en "onbestuurd", dan verliest hij de oorspronkelijke vurigheid, de warmte van zijn ziel droogt op en "onopgemerkt" verwordt hij tot het meest miserable voorwerp van het leedvermaak der demonen.[12]

De heilige abba Dorothéüs onderscheidt twee soorten nederigheid en twee soorten hoogmoed.[13] De eerste nederigheid en de eerste hoogmoed vertonen zich vooral in relatie tot de naaste, terwijl de

---

[12] Cf. ibid., Διδ.Ε',61 (p.168).
[13] Cf. ibid., Διδ.Β',31 (p.116).

tweede nederigheid en de tweede hoogmoed de relatie van de mens met God bepalen en uiteindelijk een absoluut karakter hebben.

De eerste hoogmoed wordt merkbaar, wanneer de mens in zijn hart geen plaats geeft aan de naaste – wanneer hij zichzelf hoger acht dan zijn broeder, die hij verguist en veracht "alsof hij niets is". Wanneer hij hier geen aandacht aan schenkt en er geen zorg voor draagt deze dynamiek van het kwaad te bedwingen, dan komt hij gaandeweg tot de tweede hoogmoed, op grond waarvan hij zijn successen aan zichzelf toeschrijft en niet aan God.[14] Met andere woorden, dan verklaart hij zichzelf tot god. Doch wanneer dit kwaad demonisch wordt en de mens een dergelijke hoogmoedige houding bewaart jegens God, dan geraakt hij "buiten zinnen", dat is, hij wordt waanzinnig. De heilige Dorothéüs beschrijft nog twee andere vormen van hoogmoed. De wereldse hoogmoed, wanneer iemand zich verheven voelt op grond van natuurlijke kwaliteiten, en de monastieke hoogmoed, wanneer de monnik zich verheven voelt vanwege uiterlijke deugden, alsof dit hem "belangrijk" maakt.[15] Niettemin draagt ook de meest onschuldige hoogmoed het lucifische zaad des verderfs in zich en kan ons zo de weg versperren tot de bovennatuurlijke genadegaven van de Heilige Geest.

De eerste nederigheid is de ascese die de mens beoefent, waarbij hij zijn broeder beschouwt als verstandiger en in alles hoogstaander dan zichzelf. Het uiterste van deze ascetische nederigheid is zichzelf "beneden allen" te plaatsen.[16] Hij strijdt om het apostolische gebod te vervullen – "door de nederige gezindheid achte de een de ander uitnemender dan zichzelf"[17] – en aldus, in de leerschool van de geest der geboden, de gezindheid en het intellect van Christus te verwerven. De zelfberisping wordt voor hem een wijze van denken en leven. In deze geestelijk arbeid wordt hij geïnspireerd door het gebod van de Heer: "Wanneer gij alles gedaan zult hebben wat u is opgedragen, zegt dan: Wij zijn onnutte dienstknechten, wij hebben gedaan hetgeen wij schuldig waren te doen".[18]

---

[14] Cf. ibid., Διδ.Β',31 (p.116).
[15] Ibid., Διδ.Β',32 (p.118).
[16] Ibid., Διδ.Β',33 (p.118 & 120).
[17] Fil.2:3.
[18] Lk.17:10.

Zoals bomen meer vrucht dragen wanneer hun takken omlaag gebogen zijn,[19] evenzo wordt de asceet, wanneer hij zijn gedachten omlaag buigt door de zelfberisping en zich vernedert, door de genade gesterkt tot het bewaren van de goddelijke geboden en het voltrekken van elk goed werk. Hoe meer hij zich nu vernedert, zoveel te moeitelozer vervult hij de heilige geboden en des te meer vrucht draagt hij in de kennis van God. De vervulling van de geboden leidt de mens binnen in de levende Aanwezigheid van God. Hij ziet God "in het Aangezicht van Jezus Christus" en wordt tot nog diepere nederigheid gebracht, omdat hij zich dan vergelijkt met de goddelijke maat. Zo legt de Heilige zijn onderricht uit met eenvoudige voorbeelden,[20] "immers, al wie de heiligen Gods nabij komen, zien zichzelf als zondaars".[21] Deze volmaakte nederigheid, die door het vervullen van de arbeid der geboden wortelt in de ziel en woning neemt in het hart, definiëren wij als 'charismatische nederigheid'. Deze, zo zegt de Heilige, kan niet in woorden worden uitgedrukt.[22]

Het is de ervaring van de ontmoeting met Christus die de mens deze nederigheid leert, en niemand kan deze van een mens leren.[23] Dit is de tweede nederigheid, die alle heiligen bezitten, degenen die de Heer hebben aanschouwd, en die al hun welslagen aan God toeschrijven.[24] Dit blijkt ook uit de voorbeelden van heiligen van het Oude Testament waar de heilige Dorothéüs aan refereert om de werking van deze nederigheid uit te leggen.[25] Hij refereert aan de woorden van vroegere vaders over de charismatische nederigheid, en zegt dat geen van hen de werkelijke aard daarvan heeft kunnen beschrijven, maar dat zij enkel toespelingen maakten, omdat deze nederigheid de vrucht is van een charismatische ervaring. Een woord uit het "Gerondikon" citerend, zegt hij dat de nederigheid als zodanig een groot en goddelijk werk is. En de weg der nederigheid is de lichamelijke inspanning die met inzicht verricht wordt, het onszelf lager stellen dan elk schepsel, en onze volledige afhankelijkheid van God.

---

[19] Cf. Abba Dorothéüs, «Ἔργα Ἀσκητικά», ibid., Διδ.Β',33 (p.120).
[20] Cf. ibid., Διδ.Β',34 (p.120).
[21] Ibid., Διδ.Β',33 (p.120).
[22] Zie ibid., Διδ.Β',36 & 36 (p.122-124).
[23] Cf. ibid., Διδ.Β',33 (p.124).
[24] Cf. ibid., Διδ.Β',33 (p.120).
[25] Zie ibid., Διδ.Β', 34 & 35 (p.120-122).

Deze tweede, charismatische nederigheid "is goddelijk en onbevattelijk".[26] Het is het kostbare kleed der deugden, en om dit onbevlekt te bewaren ontvluchtten de heiligen de eer der mensen.[27] Deze nederigheid is in het hart werkzaam door de genade van de Heilige Geest, en de paradoxale rust die dit brengt is het voorspel van de eeuwige rust der rechtvaardigen. Dat is, deze getuigt in de ziel van het eeuwig heil.

De weg tot de goddelijke en charismatische nederigheid is de ascetische nederigheid, die gecultiveerd wordt door lichamelijke inspanningen, met onderscheid, door onzelf "beneden allen" te plaatsen, en door onze voortdurende smeekbede tot God. Wanneer deze drie ascetische werken samengaan, leidt dit beslist tot goede resultaten.

Het lichaam en de ziel vormen een onverbrekelijke eenheid. Daarom brengen de lichamelijke smarten de ziel tot nederigheid, wanneer de energie daarvan een gebed tot God wordt, zoals ook de goede gedachten van de ziel vrede overdragen op het lichaam. Wanneer daarentegen de ziel genotzuchtig zondigt, dan wordt zij geheel en al vlees, en kan zij de Geest des Heren niet bewaren. Doch wanneer het vlees lijdt en de ziel daarmee medelijdt, dan wordt de ziel geleid tot nederigheid. Op karakteristieke wijze zegt de Heilige: "Want de ziel van de gezonde is op de ene wijze gestemd, en die van de zieke op andere wijze, op weer andere wijze die van de hongerige, en op andere wijze die van degene die verzadigd is".[28]

Wanneer wij onszelf "beneden allen" plaatsen, zoals de Heilige onderricht, lukt het ons de weg te vinden van de Heer, Die "het leven Zijner ziel [gegeven heeft] tot losprijs voor velen",[29] door neder te dalen "tot de nederste delen der aarde".[30] Doch Hijzelf heeft gezegd: "Ik ben de Weg".[31] En degene die zichzelf op de weg des Heren plaatst, vindt Hem als metgezel en wordt met Hem verenigd. Deze weg is tegengesteld aan die van Lucifer, die zijn troon boven de Troon van God wilde plaatsen, en daarom als een bliksem uit de

---

[26] Ibid., Διδ.Β',37 (p.126).
[27] Cf. ibid., Διδ.Β',35 (p.122).
[28] Ibid., Διδ.Β',39 (p.128).
[29] Mt.20:28 & Mk.10:45.
[30] Ef.4:9.
[31] Joh.14:6.

hemel viel.[32] Wanneer wij onszelf berispen en voortgaan naar omlaag, een route die de geest van de tegenstander niet kan volgen, dan worden wij bevrijd van zijn heerschappij. Wanneer wij vrijwillig naar omlaag gaan en onszelf berispen voor de ellende van onze val, dan belijden wij een universele waarheid, die ook door de Schrift bevestigd wordt: "Want allen hebben gezondigd en schieten tekort in de heerlijkheid Gods".[33] Zo worden wij waarachtig en trekken wij de Geest der waarheid aan, Die onze zonden vergeeft en "ons reinigt van alle onrechtvaardigheid".[34] Met andere woorden, door de nederige tocht naar omlaag worden wij deelgenoten van de Heilige Geest, die ons "wijs maakt tot heil".[35] De zelfberisping helpt ons om steeds meer en overvloediger nederige gedachten te ontdekken, die voortdurend de genadegave der berouwvolle bekering aanwakkeren, en de inspiratie tot het heil doen toenemen.

De wijsheid van de nederige gedachten, waartoe de Geest des Heren inspireert, is zo diep en paradoxaal, dat degene die deze leert kennen zich in een voortdurende verbazing bevindt van vreugde en rust in zijn staan voor het aanschijn des Heren. Hij doet niets wat ingaat tegen de liefde voor de naaste, hetgeen tegenovergesteld is aan de eerste hoogmoed.[36] Door de houding van de nederige gedachten van zelfberisping vervult hij het fundamentele gebod van de Heer, hetgeen heel ons godwelgevallig leven zijn waarde schenkt: "Hij die zichzelf vernedert, zal worden verheven".[37]

De wetenschap van de zelfberisping is waarlijk goddelijk. Deze helpt de mens zijn diepe en verborgen hartstochten te ontdekken, en het rust hem toe met de wijsheid der nederigheid, zodat hij door niets wat hem overkomt en door geen enkele aanval (van de boze) verontrust wordt. Hij heeft te allen tijde een onfeilbare houding tegenover alles wat hem overkomt, positief of negatief. Hij zegt, zoals de Vaders zeiden: "Zo er iets goeds gebeurt, het is door God beschikt; zo er iets kwaads gebeurt, het is vanwege onze zonden".[38]

---

[32] Cf. Lk.10:18.
[33] Rom.3:23.
[34] Cf. 1Joh.1:9.
[35] Cf. 2Tim.3:15.
[36] Cf. «Ἔργα Ἀσκητικὰ», ibid., Διδ.Β',38 (p.126).
[37] Lk.14:11.
[38] Cf. «Ἔργα Ἀσκητικὰ», ibid., Διδ.Ζ',84 (p.212).

Door de zelfberisping, en door alles wat er in zijn leven voorvalt te refereren aan Hem Die in den hoge is, plaatst de leerling van Christus een 'transformator' in zichzelf, die al de energieën die hij tegenkomt omvormt in geestelijke energie, die hem welgevallig maakt bij God en hem heiligt.

De derde ascese, tenslotte, die het nut aanvult van de lichamelijke smarten en het zich "beneden allen" stellen door de zelfberisping, is "het voortdurend smeken tot God".

Door de voortdurende smeekbede tot God bevestigt de vrome en nederige mens dat niets goeds bewerkstelligd wordt zonder de hulp van God, van Wie wij alles "om niet" ontvangen hebben. Daarom, als een schepsel dat alles van God te leen heeft, kan hij op geen enkele genadegave roemen "alsof [hij] het niet ontvangen had.[39] Hij schrijft al zijn welslagen toe aan God, als Diens gaven.[40] Hoe meer zijn dankbaarheid en dankzegging toenemen, des te meer nemen ook de genadegaven toe, waarmee God de mens uit goedheid vergeldt. Deze dynamiek van de erkenning van onze geschapen staat en de steeds meer toenemende dankbaarheid, die al het goede aan God toekent, is het tegenovergestelde van de tweede hoogmoed, die zich pochend verheft tegenover God.

Door de volmaakte nederigheid, die de gelovige verwerft door de drievoudige ascese die wij beschreven hebben, is hij in staat bewaard te blijven in de nederige maat van de geestelijke armoede, om zo deelgenoot te worden aan de Evangelische zaligheid. De pijn van de lichamelijke ontbering, de verbrokenheid van de zelfberisping, en de genade van het onafgebroken gebed, genezen en verenigen de natuur van de mens, zodat hij zich volledig tot God kan wenden en op Godwaardige wijze de wet van de twee grote geboden der liefde kan vervullen, waar hemel en aarde van afhangen.

---

[39] 1 Kor. 4:7.
[40] Cf. «Ἔργα Ἀσκητικά», Διδ.Β',38 (p.128).

IV. 5
Het klooster als plaats waar men God behaagt

God heeft ons geschapen naar Zijn beeld, en Zijn werk bezegeld door ons vrij te kopen met Zijn Bloed. Door deze daad heeft Hij getoond, dat de mens voor Hem iets groots is en Zijn komst op aarde vormt een groot geschenk. Ooit vroeg ik aan één van de jongere broeders van het klooster: "Wat heeft gemaakt dat gij monnik werd?" En hij antwoordde mij: "God heeft zoveel voor mij gedaan, dat ik denk dat ik geen andere manier zal vinden om Hem te danken".

Vaak zeggen wij dat het klooster een plaats is van berouwvolle bekering. Maar wij zouden nog meer moeten zeggen dat het een plaats is van dankzegging aan God. Doch hoe kunnen wij God waardig danken? In het Evangelie zegt de Heer, dat wij Hem danken, wanneer wij het tweevoudige gebod der liefde vervullen (tot God en tot de naaste) op de wijze die Hij ons heeft getoond, zeggende: "Ik heb u een voorbeeld gegeven".[1] Al de geboden worden samengevat in de navolging van het voorbeeld des Heren, hetgeen een voorbeeld is van nederigheid.

De Heer heeft ons niet behouden door Zijn almacht, maar door Zijn nederige liefde. Wij hebben God niet bedacht, maar Hij heeft Zichzelf aan ons geopenbaard. Dit toont de waarheid van ons geloof. God staat boven ons, die Zijn schepselen zijn. Al degenen die verkondigen dat hun religie logisch is, doen niets anders dan aantonen dat dit een menselijke schepping is. Doch ons geloof is geen menselijke schepping, maar de waarheid die in de geschiedenis geopenbaard werd door profeten, rechtvaardigen en heiligen, door wonderen, en bovenal door de komst van Christus, Die Eén is van de Heilige Drieëenheid. Zozeer heeft God de wereld liefgehad, dat Hij Zijn Eniggeboren Zoon gezonden heeft, opdat alle mensen worden behouden en niemand verloren gaat.[2]

---

[1] Cf. Joh.13:15.
[2] Cf. Joh.3:16.

God werd geopenbaard door de liefde "tot het einde", de liefde van Christus, Die de liefde is van de Vader Die Hem gezonden heeft, en de liefde van de Heilige Geest Die al wat Christus doet bezegelt, en het geloof in Diens goddelijkheid door de eeuwen heen bevestigt. God werd geopenbaard door de dood en de Opstanding van Christus, door Zijn nederdaling en opgang. Uit de woorden van de Apostel weten wij, dat uit deze nederdaling en opgang al de genadegaven van de Heilige Geest ontsprongen zijn,[3] die gegeven werden om te getuigen van de verzoening tussen de Hemel en de aarde, en om te bevestigen dat Christus de waarachtige God is en de waarachtige mens.

Als schepselen naar het beeld van God kunnen wij Christus danken door Zijn voorbeeld te volgen en voort te gaan naar omlaag. Het klooster is bij uitstek de plaats waar ons de gelegenheid geschonken wordt deze nederdaling te verwezenlijken. De Heer daalde neder tot in de hel. Hij ontledigde Zichzelf van Zijn goddelijke almacht, terwijl Hij ongescheiden bleef van Zijn goddelijkheid. In het klooster wordt ons de genade geschonken Christus na te volgen en voort te gaan naar omlaag, zonder daardoor vernietigd te worden, terwijl wij ongescheiden blijven van God. Zoals de dood van Christus een waarachtige dood was en Zijn pijn een waarachtige pijn, zo is ook het lijden dat wij verduren een soort dood, een soort afsterven: het is de dood en het afsterven van de hartstochten. Deze "dood" dient zo werkelijk mogelijk te zijn, zodat ook de navolging van Christus waarachtiger zal zijn. Het kan dat wij ooit ook letterlijk de dood zullen ondergaan, zoals de martelaren. Dus wij danken God door Zijn voorbeeld te volgen.

De heilige Johannes Chrysostomos, in zijn commentaar op het Evangelie bij monde van Matthéüs, bevestigt dat het monnikschap de gelegenheid verschaft de dood van Christus te leven, en als erfdeel het leven der Opstanding te ontvangen. Het monastieke leven is op zodanige wijze georganiseerd, dat het ons helpt de sprong van het geloof te maken, die blijkt uit de monastieke geloften en in het bijzonder uit de gehoorzaamheid.

Oudvader Sophrony zeide, dat de gehoorzaamheid het wezen en het fundament is van het monnikschap. Grote en bovenmense-

---

[3] Zie Ef.4:9-12.

lijke ascese vinden we in verschillende religieuze culturen, buiten het geloof en de Kerk. Maar de gehoorzaamheid is de waarlijke heldendaad, die ons maakt naar de gelijkenis van de Zoon van God. Zonder de gehoorzaamheid kan geen van de monastieke geloften bewaard blijven. Voor de maagdelijkheid en de kuisheid, die de tweede gelofte vormen, zijn twee dingen nodig: Het eerste is Gods genade, en het tweede de kunst of wetenschap waardoor de mens zijn intellect niet overlevert aan de hartstocht. De monnik trekt het eerste aan, de genade, door de gehoorzaamheid als ascese. Maar ook het tweede, de reinheid of het bewaren van het intellect, komt door de gehoorzaamheid, omdat alleen daarmee het intellect van de mens genezen wordt, zodat hij vrij van zorgen wordt en zich geheel concentreert op de wil van God. Derhalve is het zonder de gehoorzaamheid niet mogelijk de maagdelijkheid te bewaren, zoals die in het Evangelie wordt verstaan, namelijk als houding en integriteit – en dan vooral van de geest.[4]

Wij dienen onze uiteenlopende steunpunten te verlaten, opdat onze overgave aan God volledig zal zijn. Heel de monastieke tucht, de tucht van de gehoorzaamheid, de kuisheid en de bezitloosheid, geschiedt opdat de uiteenlopende steunpunten onder onze voeten worden weggenomen; opdat wij gevoeliger worden, opdat wij de huiden hemden van de verharding en de ongevoeligheid afwerpen; opdat wij zien dat wij boven de afgrond hangen. Zo zullen wij met een volmaakte wanhoop de vleugels van het geloof verwerven en onze vlucht boven de afgrond verwezenlijken, zodat wij de andere oever bereiken, waar God is.

Door de gehoorzaamheid verloochent de mens het kostbaarste wat hij bezit: het oordeel van zijn intellect, zijn rede. Hij verloochent zijn vrijheid en legt die aan de voeten van Christus, in de erkenning dat de goddelijke wil zo groot is en zo heilig, dat zijn intellect dit niet kan bevatten. Hij verloochent zijn eigen kleine wil en laat de zorg over aan zijn vaders in God, in de verwachting uit hun mond de wil van God te horen. Dit is een daad van geloof.

Velen in de wereld beschouwen de gehoorzaamheid als dwaasheid, want datgene wat de mens onderscheidt van de andere schepselen is zijn vrije wil. Doch hier wordt de mens dwaas omwille van

---

[4] Cf. Mt.5:28.

God. De gehoorzaamheid is zulk een verheven cultuur, dat er geen einde is aan de resultaten ervan. Door de gehoorzaamheid wordt de mens verwant aan Hem, Die omwille van ons dwaas geworden is – dwaas in de zin van de dwaasheid van Gods liefde die geopenbaard werd aan het Kruis, en niet in de zin van de menselijke rede. De dwaasheid die wij betonen omwille van Zijn woord, vanwege van Zijn wil en Zijn gebod, gelijkt op de dwaasheid van Christus die Hem verhoogde aan het Kruis, Hem deed nederdalen in de hades, en Hem wederom verhief tot in de Hemel.

In het paradijs leefde de mens in grote geneugten en in grote rust. Zijn gemeenschap met God verschafte hem een grenzeloze zekerheid. Doch toen hij zondigde, verloor hij deze gemeenschap en kwam de dood in zijn leven, waardoor hij onderworpen werd aan de vrees daarvoor. De mens verloor de zekerheid en bij het zien van de dreiging van de dood zocht hij naar andere, schijnbare zekerheden. Hij wilde de dood weerstaan door middel van de vleselijke wil, door de voortplanting van het leven. Dit was een uitvinding van de mens naar Gods beschikking. In het monnikschap zien wij volstrekt het tegenovergestelde. De monniken doen afstand van de zekerheid van de verwantschap uit bloed en zoeken een andere verwantschap – een ander, goddelijk vaderland. Daar de mens zijn zekerheid zocht in de geschapen wereld, hechtte hij zich aan de schepping en aan het verzamelen van materiële goederen om zijn overleving te verzekeren. Doch door de bezitloosheid doen de monniken precies het tegenovergestelde. Zij schatten de geschapen wereld gering en beogen het Koninkrijk Gods, waar hun schat is en hun hart.

Het klooster is de plaats van een engelgelijke leefwijze, waar de monniken zich toebereiden voor het hemels Koninkrijk. Zij verzaken aan elk steunsel – hun aanzien en hun rede, de bloedverwantschap en de materiële bezittingen – en zij leven in zelfontlediging. Dan, zoals de Oudvader zegt, worden wij tot "niets". De Zoon van God heeft ons behouden door Zijn zelfontlediging, en door Zijn genade ontlediging wij onszelf van elke steun en zekerheid, van alle "vertrouwen op het vlees".[5]

Wanneer wij tot "niets" worden, het niets van de nederigheid,

---

[5] Cf. Fil.3:4.

dan stort God Zijn genade uit en begint onze herschepping. Daarom noemt de Oudvader de cultuur van de gehoorzaamheid een gewijd werk van herschepping, en zegt dat de geestelijke vader in samenwerking met de discipel een herschepping volbrengt. Een mens maakt hij tot god, een afstammeling van dochter Eva promoveert hij tot kind van de Heilige Geest, en een kind van knechtschap maakt hij tot een kind van de vrijheid. In het klooster willen wij nederdalen, minder worden, opdat Christus in ons worde grootgemaakt. Wij willen onszelf vernederen, zoveel wij maar kunnen, opdat God ons moge opheffen. Wij willen niet ons 'eigen ik' leven, maar dat Christus in ons leeft.[6] Dit is de waarachtige herschepping.

Zoals wij zojuist gezegd hebben, wanneer wij in het monnikschap erin slagen ons te ontdoen van alle steunselen, dan worden wij tot "niets". Er blijft slechts één steun over: ons vertrouwen op God. Maar hoe verwerven wij dit? Door het gebed. De mens wordt geheel en al gebed. Door de vrijwillige zelfontlediging bereikt de monnik het reine gebed. Dit, zoals de heilige Johannes Klimakos zegt, is het wezenlijk samenzijn van de mens en God.[7] De mens vertrouwt heel zijn leven toe aan Hem Die liefheeft. Hij wendt heel zijn wezen tot God, en dan geeft Deze Zichzelf geheel aan de mens.

Wij komen naar het klooster uit verlangen naar God, in het streven Hem te behagen. Wij dragen de smaad van Christus, "buiten de legerplaats".[8] Daarom dragen wij de rasso,[9] die het symbool is van de smaad van Christus, en leven wij ver buiten de stad. Door het leed van dit soort leven draagt elk, naar de mate van de gave die hij ontvangen heeft, het sterven van Christus – "worden wij gedood de ganse dag".[10] Door dit leed wordt ons leven "gezouten",

---

[6] Zie Gal.2:20.
[7] Cf. "The Ladder", step 28:1, p.212 (Griekse uitgave: p.387).
[8] Hebr.13:13.
[9] De *'rasso'* is een lange, gewoonlijk zwarte 'jas', die bij de kerkgang en andere plechtige gelegenheden de dagelijkse kleding geheel bedekt. De rasso wordt niet gedragen door degenen die zich nog op het monnikschap oriënteren, maar gegeven bij hun daadwerkelijk aanvaarding als ledematen van de kloostergemeenschap – waar zij zich vervolgens (als 'rassofoor') voorbereiden op de uiteindelijke monnikswijding, waarbij men de tekenen van de monniksgelofte ontvangt, het zgn. *'schema'* (spreek uit: 'schima'). In de Orthodoxe Traditie wordt de rasso overigens ook gedragen door gehuwde priesters en diakenen. *Noot vert.*
[10] Rom.8:36.

want aldus trekt het Gods genade aan, die ons met Hem verenigt, en ons de mogelijkheid verschaft zelfs de dood te overwinnen.

Wij zien dus dat de monastieke wijze van leven ons gegeven is om op positieve en godwaardige wijze te antwoorden op de kenotische liefde van Christus, Die ons geopenbaard werd door de "smaadheden",[11] in het bijzonder door het Kruis en de dood. De Heer heeft ons liefgehad "tot het einde".[12] En wij hebben God zozeer lief, dat wij zelfs ons leven geringschatten. In antwoord op de kenotische liefde van Christus bieden wij als wedergave de liefde tot zelfhaat toe. Dit is overigens de liefde die Christus van Zijn leerlingen vraagt. Als wij "(het leven van) onze eigen ziel"[13] niet haten, en niet toelaten dat Hij in ons gevormd wordt,[14] dan zijn wij geen waardige leerlingen van Hem.

Het monnikschap is een genadegave, omdat dit ons de mogelijkheid verschaft God te danken, naar de mate van onze menselijke mogelijkheden. Hij heeft zorg voor ons gedragen door de schande en de dood die Hij verduurde. In antwoord daarop verduren wij een kleine smaad, een klein sterven door de pijn. Heel de dag dragen wij het sterven van de Heer Jezus,[15] als levende offergaven.[16] Door het vrijwillige leed dat wij verduren omwille van Christus, worden wij tot levende brandoffers, levende slachtoffers. Dit is de mogelijkheid die het leven in het klooster ons schenkt, en vooral de tucht der gehoorzaamheid en de drie grote geloften die wij hebben afgelegd. Al de monastieke geloften hebben dit éne doel: de goddelijke liefde te verwerven en hartstochtloos te worden, zoals God.

Dit levensmodel werd door onze vaderen georganiseerd, niet op menselijke wijze, maar in overeenstemming met de openbaring door de Heilige Geest. Het monastieke leven is waarlijk een genadegave van de Heilige Geest. Wanneer de mens de tucht daarvan aanvaardt, wordt hij deelgenoot aan het goddelijk leven en aan de genadegaven van de Heilige Geest. Het monnikschap is de genadegave die al de genadegaven van de Heilige Geest omvat.

---

[11] Zie LXX Ps.68:10 (69:9/10) & Rom.15:3.
[12] Joh.13:1.
[13] Lk.14:26.
[14] Zie Gal.4:19.
[15] Cf. 2Kor.4:10.
[16] Cf. «Παρακλητική» (Oktoïch) toon 4, rouwmoedige troparen op de vrijdagavond.

Zoals de zelfontlediging van de Heer de oorzaak werd van alle genadegaven van de Heilige Geest,[17] evenzo wordt onze eigen zelfontlediging het middel waardoor wij ons al de genadegaven van Zijn zelfontlediging eigen maken.

Niemand in de wereld bezit de weelde die wij als monniken bezitten. Onze rijkdom ligt in de mogelijkheid die ons verschaft wordt om voortdurend te leven in de Aanwezigheid van God, om te leven met één woord in ons intellect en in ons hart, en ernaar te streven dit woord te vervullen door de gehoorzaamheid. De Oudvader zegt dat het mensen in de wereld mogelijk is grote genade te verwerven, geheiligd te worden, wonderen te verrichten, of zelfs martelaren te worden, maar de reinheid van het intellect is uitsluitend een gave voor de monniken.[18] Het reine gebed, zoals de Vaders dit beschrijven, is een gave alleen voor de monniken. Omdat alleen bij hen de waarachtige vrijheid van zorgen te vinden is, die de verworvenheid is van de waarachtige gehoorzaamheid. Het is nodig dat de mens vrij van zorgen is over alles, dat hij slechts één zorg heeft. Het is nodig dat hij aan zijn eigen kleine en verdeelde wil verzaakt, om de ene, grote wil van God te vinden, waarin de rijkdom is van het goddelijk leven. Dit soort leven is in de wereld niet te vinden. Daar vinden zelfs degenen die grote zelfverloochening en ijver bezitten maar moeilijk de tijd voor het gebed. Soms moeten zij zich bovendien met grote pijn aanpassen aan de tegengestelde omstandigheden van het leven. Terwijl God aan ons, de monniken, dit koninklijke leven gegeven heeft om voortdurend in Zijn Aanwezigheid te leven, in de stroom van Zijn wil, terwijl wij ernaar streven de grote geboden te vervullen.

Door het ontledigen van ons eigen zelf drukken wij niet alleen onze liefde tot God uit, maar tegelijkertijd ook die tot onze naaste. De mens die tot "niets" wordt en alles aan God overlaat, eigent zich niets toe van zijn broeder. Integendeel, hij geeft hem alle plaats, zonder iets voor zichzelf te houden. In de wereld gebeurt het tegenovergestelde. De mensen willen allemaal de plaats voor zichzelf, op alle gebieden van het leven.

De gehoorzaamheid is een genadegave van de Heilige Geest;

---

[17] Cf. Ef.4:9-12.
[18] Cf. «ΑΣΚΗΣΙΣ ΚΑΙ ΘΕΩΡΙΑ», p.47.

als God dit niet in de mens bewerkt, is het de mens uit zichzelf onmogelijk het geheim daarvan te ontdekken. Het mysterie van de gehoorzaamheid bevindt zich in het hart. Iemand kan zijn geestelijk vader één keer per jaar zien, en toch in deze heilige gehoorzaamheid leven, terwijl het woord dat hij ontvangen heeft werkt als een verrekijker door middel waarvan hij de aarde en de hemel ziet en meet. Een ander kan voortdurend naast zijn Oudvader zijn en hem vragen stellen, maar zich niet in de gehoorzaamheid bevinden. De gehoorzaamheid wordt door God geschonken. De Heilige Geest geeft de mens om op empirische wijze te onderkennen wat zijn profijt is.

Het is in onze dagen goed om deze dingen te bestuderen. De oude vaders leefden grote geestelijke gesteldheden op natuurlijke wijze, zonder dat hun intellect zich richtte op datgene wat zij deden en zonder dat zij "spionnen" werden van zichzelf. Helaas hebben wij het in onze dagen soms zelfs nodig om "spionnen" van onszelf te worden, om een verweer te geven, een woord aan degenen om ons heen. Naarmate de jaren verstrijken en de pijn en de wanhoop van de mensen toeneemt, wordt ook de nood intenser om aan deze uitdaging te beantwoorden. Eerst om in onszelf de menselijke tragedie te overstijgen, en vervolgens om ook degenen om ons heen te kunnen helpen. De pijn en het leed, die een voorsmaak zijn van de dood, zijn nuttig en kostbaar. Zij herinneren ons eraan dat wij uit het niets in dit leven gekomen zijn, en dat wij tot het niets zullen terugkeren. De mens moet nimmer de gewaarwording verliezen, hoezeer God hem ook grootmaakt, dat niets zijn eigen verworvenheid is – het is "niet uit onszelf, het is een gave Gods".[19]

Vraag: Wat zou de relatie moeten zijn van de monnik met zijn ouders?

Antwoord: Soms hebben de ouders van de monniken een zekere bezorgdheid over hun kinderen en willen zij het contact met hen vasthouden. Dit is schadelijk. Ik kende een monnik die bezwaard werd door het contact met zijn ouders en die met de zegen van zijn geestelijke vader de band verbrak. Reeds vanaf de volgende dag merkte hij dat zijn gebed anders van aard was. Zijn geest was anders en hij bad met grote vrijheid.

---

[19] Cf. Ef.2:8.

Ik vroeg een keer aan oudvader (Sophrony): "Oudvader, wij lezen in de "Gerondika" dat de monniken weigerden hun vader en moeder te zien, terwijl wij hen ontvangen en zorg voor hen dragen. Misschien doen wij het verkeerd? De Oudvader antwoordde mij: "Nee. Wij doen dit uit noodzaak, opdat de anderen en de wereld ons niet vrezen."

Vraag: Is het vaderland een steunsel? Is de vreze voor een dreigende oorlog een verzoeking voor de monnik?

Antwoord: Ja, dat is een verzoeking. Herinner u de 'hutverbranders'.[20] Wij prijzen hen om hun volmaakte levenswijze, om het verlangen dat hen verteerde te worden naar de gelijkenis van de Heer. Zij waren volmaakt bevrijd van elke zorg voor de zekerheid van een blijvende woning. Doch misschien zoeken wij een bepaalde zekerheid in het vaderland? Uiteraard zouden wij kunnen zeggen dat dit een lofwaardige zekerheid is, maar is dat waar? In de wereld zullen de vader en de moeder zorg dragen voor het leven van hun kinderen en hen verdedigen, en dit is goed en lofwaardig. Als dit echter de reden wordt dat zij gescheiden worden van de liefde van God, of dat Gods liefde in hen vermindert, dan denk ik dat er een mes nodig is, zoals in het geval van Abraham. Het volmaakte is, ons ten volle te hebben overgeleverd aan Gods wil en al hetgeen Hij beschikt te aanvaarden in elke omstandigheid. Zij kunnen ons doden, maar zij kunnen geen gezag uitoefenen over onze ziel. Daarom zeide de Heer: "Vreest niet voor degenen die het lichaam doden".

Vraag: Is het verkeerd om de anderen in praktische zin te helpen, om onze menselijk plicht te doen?

Antwoord: Onze plicht als monniken is het monastieke leven. Wij hebben geen enkele andere menselijke plicht. Als wij onze plicht vervullen, dan is het niet nodig allerlei beden te hebben in ons gebed, want deze verstrooien het intellect. Nodig is om het woord te vervullen en "met kracht het getuigenis" te bevestigen "van de

---

[20] Een rechtstreekse vertaling uit het Grieks (*kausokalybítes*/καυσοκαλυβίτες). Deze heeft betrekking op de ascese van sommige heiligen om zelfs niet gehecht te raken aan de plaats waar zij woonden. Zodra zij dit bemerkten, verlieten zij die plaats en verbrandden zelfs de hut die zij daar hadden gebouwd. *Noot vert.*

Opstanding van de Heer Jezus".[21] Dit is wat de apostelen deden. De brief "Aan Diognetes" spreekt over arme Christenen, die bijwoners waren en vreemdelingen. Zij beschouwden geen enkel gebied als hun specifiek vaderland, maar elke stad en elk gebied werd hen tot vaderland. Zij aanvaardden alle menselijke gebruiken en de plaatselijke wetten, en naar hun maat pasten zij zich daarbij aan. Dat is, zij maakten overal gebruik van, maar op zodanige wijze dat zij boven dat alles bleven.[22]

Het is niet nodig een specifieke vreze of bede te hebben: Heer, bescherm ons klooster tegen de oorlog, enzovoort. Wij zouden één bede moeten hebben: "Heer, maak mij voor altijd de Uwe". Laten wij hierom vragen en dit najagen.

Vraag: Waarom smeekt de Kerk dan dat God ons moge bewaren voor "hongersnood, besmettelijke ziekten,... brand, het zwaard, inval van vreemde volkeren"?[23]

Antwoord: Precies! Daar er in elke Goddelijke Liturgie een panorama is aan gebeden dat alle omstandigheden van het leven beslaat, is het niet nodig dat wijzelf specifieke beden hebben. Dit is niet verboden, maar ik geloof dat degene die leeft met het reine gebed niet blijft staan bij specifieke beden. Hij staat eenvoudig voor Gods aanschijn met één denkbeeld, en daardoor wordt hij met Hem verenigd. God kent de noden van het leven van de mens en Hij zal Zijn huis en de Zijnen bewaren. Zelfs voor de overledenen is elke keer dat wij genade ontvangen de beste gedachtenis. Het volstaat dat wij in ons binnenste Gods genade vinden en bewaren.

Ik zal u ook een persoonlijke omstandigheid belijden: Mijn geboorteplaats in Cyprus, Rizokarpasus, was in elk opzicht een zeer prachtig plaatsje. Toen de inval van de Turken geschiedde, nam ik dat zeer kwalijk op. Ik kon niet aanvaarden dat ik mijn eigen vaderland niet meer zou kunnen bezoeken. Toen begon ik met heel mijn wezen te bidden, dat God deze plaats zou bevrijden en de inwoners

---

[21] Cf. Hand.4:33.
[22] «Πρὸς Διόγνητον» 5,5. (Engelse vertaling, zie NPNF: Ante-Nicene Fathers, vol.1, "The Epistle of Mathetes to Diognetus").
[23] Uit het Litie-gebed, in deze vertaling geciteerd volgens de in het Nederlands taalgebied gebruikelijke volgorde, op grond van het Slavisch. (De Griekse tekst luidt: "besmettelijke ziekte, hongersnood..."). *Noot vert.*

ervan zou verdedigen. Dagenlang bad ik op die wijze, totdat ik gewaar werd dat mij bede ergens ziekelijk werd. Plotseling, terwijl ik aan het bidden was, hoorde ik in mijn binnenste het vers van de psalm, "De aarde is des Heren, en haar volheid",[24] een denkbeeld dat volkomen tegengesteld was aan mijn psychologische gesteldheid en de pijn die ik voelde, en die ik poogde uit te drukken in mijn gebed. Onmiddellijk ervoer ik zulk een vrijheid en vreugde, dat ik nooit weer over die bepaalde kwestie gebeden heb. Ik liet het volkomen aan God over, want Hij weet hoe Hij Zijn huis moet besturen, hoe Zijn liefde te bedelen aan Zijn huis. Sindsdien gedenk ik de Aartsbisschop en het geheel van de Kerk van Cyprus, en laat ik alles aan God over.

De monnik moet leven zonder een aards vaderland, zonder familie, zonder enige steunsel. Laat hij alleen de Hemel als vaderland bezitten en zich daar voortdurend naar uitstrekken. Zo vermijdt hij de verstrooiing. Anders zal ik vandaag in de zorg zitten over deze oorlog, en morgen over dat onderwerp, en mijn intellect zal voortdurend verstrooid zijn, terwijl onze denkbeelden te allen tijde geconcentreerd moeten zijn op God. Daarom baden onze vaderen met het éénwoordelijk gebed, en wij streven ernaar hen na te volgen. Van belang is om te staan in Gods Aanwezigheid; om Zijn aandacht te trekken. Wanneer God acht op ons slaat, dan regelt Hij alles wat op ons leven betrekking heeft.

Vraag: Soms gebeurt het dat wij leven in een innerlijke spanning vanwege de afwezigheid van menselijke steunselen zoals bijvoorbeeld de bloedverwantschap, de materiële bezittingen, enz.

Antwoord: Dat toont armoede. De Oudvader zeide: "In het klooster waren wij met zeshonderd monniken, maar ik had met niemand een specifieke relatie. Ik probeerde alleen éénmaal per week de zegen te ontvangen van de Hegoumen. Ik wachtte op hem, wanneer wij uit de kerk kwamen. Afgezien van mijn geestelijke vader kende ik de verantwoordelijke voor mijn 'diakonima'[25] en mijn cel. Sommigen beschouwden mij als hoogmoedig en hadden een hekel aan mij. Doch ik deed dat eenvoudig omdat mij de tijd

---

[24] LXX Ps.23(24):1.
[25] De 'dienst' van de monnik, d.w.z. zijn taak in het klooster. *Noot vert.*

ontbrak om te wenen. Zodra ik vrij was van mijn taak, haastte ik mij naar mijn cel, ging naar binnen en sloot de deur achter mij. Onmiddellijk viel ik (wenend) op de vloer en daar bleef ik totdat ik uitgeput was. Ik bekeek niet eens mijn cel. De tijd was mij niet toereikend om te wenen.

Zelfs vervolging kan binnen het programma van God liggen. In de Zaligsprekingen vormt de vervolging de bekroning van het geheel van de ladder.[26] Het eerste is de armoede, dan de treurnis, daarna de dorst en de honger naar de rechtvaardigheid van God, en aan het eind de vervolging. Misschien zal ook dit komen, en dan zullen wij ons moeten meten met de duivel, borst aan borst. Hoe zal de vijand dat doen? Hij zal ook mensen als zijn instrument gebruiken. God bewaart ons, maar wanneer Hij ziet dat het nodig is voor de mens dat hij ook die verzoeking doorstaat, dan zal Hij dit toestaan. Laten dit ons niet bevreemden, zoals de apostel Petrus ons zegt: "Indien gij gesmaad wordt in de naam van Christus, zalig zijt gij, want de geest der heerlijkheid en van God rust op u ".[27] Hij verzekert ons dat er een zeker doel ligt in deze beproeving: Dat de Geest Gods in onze borst moge rusten. Als er een dergelijke verzoeking geschiedt dan zal dit Gods Voorzienigheid zijn, opdat de pijn en de zelfontlediging toenemen, en onze overgave aan God volledig wordt – opdat al de schijn-steunsels worden weggenomen, waar wij hierboven over spraken, en heel onze gedrevenheid op Hem gericht zal zijn.

Vraag: Bestaat er een geval dat de pijn van de zelfontlediging groter is dan de dankzegging?

Antwoord: Deze pijn van de zelfontlediging is een dankzegging op zich. Wij danken God niet met de lippen, maar veel meer door hetgeen "werkzaam is door de liefde",[28] zoals de Apostel zegt. Deze liefde is de pijn. En de pijn is "de merktekenen" van de Heer Jezus, die de Apostel droeg en zeide: "... laat niemand mij moeite

---

[26] Zie Mt.5:3-12.
[27] 1Petr.4:14 (zie ook de voorgaande verzen: 12-13).
[28] Cf. Gal.5:6.

aandoen, want ik draag in mijn lichaam de merktekenen van Jezus".[29]

Vraag: Oudvader Sophrony, "bezoekt" hij uw klooster sinds zijn ontslapen?
Antwoord: Het grootste bezoek is zijn woord. Het leeft in het hart en het intellect van de vaders en de broeders. Tevens zie ik, dat wanneer de broeders een moeilijkheid hebben en naar het graf van de Oudvader gaan om te bidden, zij een grote vertroosting ontvangen en bevrijd worden. Van belang is dat in ons leven het woord van de Oudvader blijft, dat ons de richting en de inspiratie geeft. Dit woord, voor zover ik kan oordelen, leeft in de broederschap.

Toen vader I. de imkerij op zich nam wist hij niets over deze dienst, en hij had niemand om te vragen wat en hoe dit te doen. Deze monnik was zeer vurig van hart en hij vond de weg om de nodige hulp te krijgen voor zijn nieuwe dienst. Hij kwam en zeide tot mij: "In de avond ging ik naar het graf van de Oudvader om te bidden, en daarna sliep ik in alle rust. 's Ochtends wist ik wat en hoe ik het moet doen met de imkerij", en met gemak verzamelde hij de honing.

---

[29] Gal.6:17.

IV. 6
De geest van het cenobitische leven

Elke keer wanneer wij voor Gods aanschijn staan, laten wij dan in ons binnenste al onze broeders dragen, zodat God in ons hart heel de broederschap ziet. Als wij met vijftig mensen op één plaats zijn, dan zou God vijftig mensen moeten zien in het hart van ieder van hen. Dit is de eenheid die de Heer ons gebiedt te hebben. Eén te zijn voor het aanschijn van Zijn Geest en voor Zijn Aangezicht, of zoals de Apostel zegt: "[dat] er in het lichaam geen scheuring zij".[1] Er zou geen enkele scheuring moeten zijn, geen enkele tweedracht onder ons, maar wij zouden allen één van zin moeten zijn, "eensgezind",[2] terwijl wij dit elk op onze eigen wijze uitdrukken.

De eenheid waarover de Heer gesproken heeft, "opdat zij één zijn",[3] wordt voltrokken in het hart. Als elk van ons in zijn hart heel de broederschap draagt, dan werkt hij mee aan de eenheid van dit lichaam. Laten wij het niet verdragen om voor de Heer te staan als er ook maar één broeder afwezig is in ons hart. Het Lichaam van Christus wordt geopenbaard in de concrete broederschap waarin wij leven. Daarover spreidt God heel Zijn genade uit, die voor elk verschillend is. Elk heeft "zijn eigen genadegave"[4] – een verschillende genadegave die hem onderscheidt. De Heer zeide: "want wanneer twee of drie vergaderd zijn in Mijn Naam, daar ben Ik in hun midden".[5] Evenzo is de Heer Zelf Aanwezig in de broederschap en wordt Hij het Hoofd van dit lichaam, terwijl Hij aan haar ledematen de rijkdom van Zijn genadegaven schenkt. Diegene onder ons vijftigen, die in zijn hart de overige negenenveertig broeders draagt, die zal in zijn hart Gods genadegaven negenenveertig maal

---

[1] 1Kor.12:25.
[2] Zie Rom.15:5; 2Kor.13:11; Fil.2:2. [Het Grieks spreekt hier over het gericht zijn op *'to autó'* (τὸ αὐτό), een uitdrukking die o.a. ook verwijst naar het ene huis waar de Christenen als broeders tezamen het brood breken. *Noot vert.*]
[3] Cf. Joh.17:11.
[4] Cf. 1Kor.7:7.
[5] Mt.18:20.

vermeerderd zien. Terwijl wij één genadegave bezaten, hebben wij er plotseling vijftig, die op geheimnisvolle en onverklaarbare wijze de onze worden. In het hart van elk van ons zal de Heer vijftig personen zien. Daarom, broeders, elke keer dat wij de kerk binnenkomen om voor God te staan,[6] laten wij dan voor Zijn aanschijn staan en heel de broederschap bij name gedenken, vanaf de Hegoumen tot aan de laatste aspirant. Wanneer wij dit één-, twee- of driemaal gedaan hebben, laten wij dan God vragen Zijn zegen te doen komen over heel de broederschap, en vervolgens met dit gebed: "Heer, zie, ik sta vóór U met heel mijn broederschap. Zegen deze opdracht van al mijn broeders en de mijne. Doe uw zegen komen over ons allen, van de eerste tot de laatste, en laat geen van mijn broeders deze plaats ongetroost verlaten, zonder de vertroosting van Uw onvergankelijke genade. Maar Gij, Heer, vervul onze harten met de gaven van Uw goedheid."

Als wij beginnen te bidden met dergelijke denkbeelden, dan zal de Heer ons wegen en woorden schenken om tot Hem te spreken. Dan zullen wij Hem kunnen aanroepen als Vader van alle mededogen en God van de barmhartigheid en "van alle vertroosting".[7]

Wij zullen het wagen Hem te vragen om goede dingen te spreken tot het hart van al onze broeders en om kracht, genade en vertroosting te schenken aan allen. Als wij onze "opdracht" op deze wijze aanvangen, dan zal in ons zulk een zegen volgen, dat wij niet meer met dit gebed willen ophouden. Dit gebed heeft grote kracht. Wanneer wij dit vasthouden dan zullen wij een vreemd wonder zien. Ons leven zal zich vast en zeker vullen met broederliefde, vrede en geestelijke genadegaven. Dan zullen ook wij het woord van de Apostel vervullen: "Hebt elkander bestendig lief".[8] Als wij een dergelijk gebed in ons hart hebben, dan zal elke ontmoeting met onze broeders een profetische gebeurtenis zijn. Niet in die zin, dat wij de toekomst zullen voorzeggen, maar elke omgang met onze broeders zal de wil

---

[6] De Griekse term in dit verband is *parastasis* (παράστασις) dat samenhangt met het werkwoord in Lk.2:22 m.b.t. de opdracht van Jezus in de Tempel – "...om Hem voor de Heer *te doen staan*". Bij gebrek aan een passende term in het Nederlands is dit hier vertaald als het 'staan' voor Gods aanschijn, ofwel onze 'opdracht' aan Hem ten tijde van het gebed. *Noot vert.*
[7] 2Kor.1:3.
[8] 1Petr.1:22.

van God tonen, Zijn waarheid. Onder ons zal de vrede regeren "die alle begrip te boven gaat".[9] Als wij op het uur van het gebed onze broeder ons hart hebben, dan ontvangt hij een innerlijke verzekering en verheugt zich. Op deze wijze worden wij elk, zowel als allen tezamen, "medewerkers van God" in het heil van onze broeders.

Wanneer wij in de kerk of in onze cel bidden met onze broeders in ons hart als ons eigen leven, terwijl wij hen aan God opdragen, dan vervullen wij nog een apostolische opdracht. De grote Paulus spoort ons aan ons "te verheugen met hen die zich verheugen, en te wenen met hen die wenen".[10] Hij spreekt ons over de gezonde werking van het lichaam. Wanneer één lid lijdt, dan lijden alle overige ledematen mede; en wanneer één lid zich verheugt, dan verheugen alle overige ledematen zich mét hem. Evenzo, wanneer wij vasthouden aan het gebed voor heel de broederschap, kunnen wij in onszelf tegelijkertijd de pijn dragen van het lichaam en de vertroosting der genade. Dan worden wij werkelijk waarachtig, en God behoudt ons niet als individu, maar als broederschap, als lichaam. Daarom ook wordt het klooster in de monastieke terminologie "mijn bekering" genoemd, dat is, mijn heil. Vijftig procent van ons heil bestaat erin tot het einde van ons leven trouw te zijn aan de plaats waar God ons geplaatst heeft, aan ons klooster. De rest van de vijftig procent van ons heil is onze persoonlijke arbeid. Maar het is geen klein ding, om die vijftig procent als gegeven te bezitten!

Op het uur van het gebed noemen wij al de namen van de ledematen van de broederschap. Wij blijven niet staan bij de zwakheid van één of andere broeder, maar wij hebben één begeerte en één verlangen voor allen. Na een dergelijk gebed zal God ons de kracht geven om onze broeders anders te bezien. Zelfs als er een moeilijkheid is met één van onze broeders, worden wijzelf anders door de genade die de Heer Zelf ons schenkt door middel van dit gebed. Wij overstijgen dit probleem, zelfs als de ander hetzelfde blijft. Wij kunnen de zwakheid van onze broeder met groter gemak tegemoet treden. Het is zelfs mogelijk dat wij na het gebed het probleem niet eens meer waarnemen, maar dat het ons vergaat zoals de Aartsvader

---

[9] Fil.4:7.
[10] Rom.12:15.

Jakob na het gebed van een hele nacht: Toen hij zijn beestachtige broeder Esau ontmoette, was het hem alsof hij het aangezicht van God zag.[11] Het grote wonder van ons leven is niet de genezing van een bepaalde ziekte of de bevrijding uit een bepaalde verzoeking, maar de kracht die de Heer ons schenkt om de verzoeking of de ziekte te overstijgen, zodat wij deze kunnen dulden en kunnen staan in de dankbaarheid en de dankzegging, die ons oprichten uit de lethargie van de moedeloosheid.

De Heer zeide in Zijn Evangelie, dat als wij onze gave naar het altaar brengen en ons herinneren dat een bepaalde broeder ongelukkig is met ons, onze gave dan te laten liggen, ons met hem te verzoenen, vrede te stichten, en dan onze gave op te dragen. Het Evangelie zegt ons niet om vergeving te vragen als wij gefaald hebben. Dat is vanzelfsprekend. Maar zelfs als onze broeder jegens ons gefaald heeft of ongelukkig is met ons, om ook dan vergeving te vragen. God wil dat wij ons zoveel mogelijk voor onze broeder vernederen, zelfs voor degene die onterecht iets tegen ons heeft. Misschien zullen wij door onze nederige instelling zijn hart beroeren en hem helpen om tot God te naderen. Dan werken wij met God samen opdat onze broeder moge opzien.

Wij zeggen over de apostelen: "Over de gehele aarde is hun geluid uitgegaan, en tot aan de uiteinden van het wereldrijk hun woorden".[12] Waarom toch hebben twaalf mensen bijna heel het wereldrijk gewonnen? Omdat hun hart was uitgebreid door de genade van de Heilige Geest, en zij door hun gebed heel de wereld omvatten. De apostelen spraken met een gebed, dat heel de wereld tot inhoud van hun hart maakte, en dit schonk innerlijke verzekering aan de harten van degenen die hen hoorden, omdat zij de hunnen waren. Zij spraken tot mensen die reeds "de inhoud van hun hart" waren.

Op dezelfde wijze worden de vrede en de eenheid van een broederschap eerst verwezenlijkt in het hart. Als wij tijdens het gebed tot God de broeders in ons hart dragen, dan dragen wij bij aan de vrede en de eenheid van de broederschap. Uiteraard is dit allereerst de plicht van de Hegoumen of de Hegoumena, maar daarnaast ook van ons allen. De apostel Paulus zegt, dat wij "elkanders

---

[11] Cf. Gen.33:10.
[12] LXX Ps.18:5 (19:4/5).

ledematen" zijn.[13] Elk lid is verantwoordelijk voor de gezondheid van heel het lichaam, en hij heeft eveneens de verplichting om het leven te verdedigen van het gehele lichaam. In het coenobium is het niet alleen de Oudvader, die de verantwoordelijkheid heeft voor de geestelijke eenheid van het lichaam van de broederschap. Elk lid is verantwoordelijk voor het leven van het geheel. Ieder is boven alles verschuldigd de eenheid te verdedigen, de vrede en de liefde in Christus. Laten wij daarbij niet vergeten, dat het zelfs een vreeswekkende zaak is de naam van deze liefde te noemen, omdat de naam van de liefde Gods alheilig is – maar laten wij daaraan refereren in de meest nederige termen.

In het klooster is het onderwerp van de eenheid van groot belang. Als wij als broeders allen stevig verenigd zijn als een knoop, dan zal onze vesting onneembaar zijn voor de vijanden en immuun voor de tegenstanders. Op deze wijze zullen wij geestelijk verschanst zijn, en de wereld zal geen verzoeking kunnen bewerken. De overwinning van Christus, die Hijzelf ons beloofd heeft – "Hebt goede moed, Ik heb de wereld overwonnen"[14] – zal ook onze eigen overwinning zijn. Dan zal de Heer ons eren, omdat wij Zijn medewerkers geworden zijn in het grote werk van het heil, waartoe Hij ons bestemd had vóór de grondlegging der wereld, "vóór eeuwige tijden".

Onze roeping is zeer verheven. Wij worden uitgenodigd om Christus na te volgen. Deze heeft heel de Adam op Zich genomen en diens heil bewerkt. Hij bad met bloedig zweet, Hij stierf en stond op omwille van hem. Hij heeft het menselijk kleed aangenomen en dit verheerlijkt, en daarom wordt Hij de "Nieuwe Adam" genoemd. En wij, als wij willen leven volgens de wil des Heren, als wij Zijn Heilige Naam willen dragen en Zijn genade in onszelf willen omdragen, dan dienen wij al de broeders als inhoud van ons hart te hebben. Zo zullen wij voortdurend verrijkt worden, terwijl ons hart zal worden uitgebreid, zodat de dag zal komen waarop dit niet alleen de vijftig leden van de broederschap bevat, maar heel de wereld, heel de Adam, naar de gelijkenis van de Nieuwe Adam. De Heer heeft allen in Zijn Persoon verenigd – die in de hemel zijn, die op de aarde zijn en in heel de schepping. Zo wordt ook het wezen van de mens

---

[13] Ef.4:25.
[14] Joh.16:33.

uitgebreid en bereikt hij zijn gelijkenis met Christus, wanneer hij in het gebed "ieder schepsel" tot God brengt.

Wij hebben een grote zending. Deze moet niet beperkt worden tot de vervulling van uiterlijke werken en activiteiten. Ook die zijn nodig, maar dat is secundair. Ons eerste werk is om ons hart te vinden op de wijzen die wij hebben besproken. Om ons hart uit te breiden door de genade, om onze gelijkenis met Christus te verwezenlijken. Dit is de heerlijkheid en de grootheid, waartoe God ons bestemd heeft en waartoe Hij voortdurend met ons strijdt en zorg voor ons draagt, zoals in het boek Job gezegd wordt: "Wat is de mens dat Gij hem hebt grootgemaakt?"[15]

De mens is groot voor Gods aanschijn, omdat God Zelf Zich voortdurend met hem bezighoudt. Wie zijn wij, schepselen, aardse wezens, dat de Almachtige Heer Zich met ons zou bezighouden en voortdurend ons hart tot doelwit zou hebben? Is het zulk een grote zaak dat een mens zijn hart aan God zou geven? Werkelijk, voor God is het een grote zaak, en daarom maakt Hij de mens "groot". Onze God is "naijverig".[16] Hij verdraagt het niet als ons hart verdeeld is door iets of iemand anders. Daarom laat Hij soms de ploeg van Zijn Kruis ons hart omploegen, zodat dit door de pijn gereinigd en bevrijd wordt van de gehechtheden en de banden daarvan. Dan zal ons hart de Heer volledig kunnen liefhebben en Hem kunnen volgen "waar Hij ook heengaat".[17]

Wij hebben een grootse, mystieke en verborgen zending. Wij moeten niet worden opgebruikt door uiterlijke activiteiten, maar deze moeten ten dienste staan van onze innerlijke "wasdom in God".[18] Misschien klinkt dit woord klein en armzalig, maar voor ons monniken behoort het tot de meest fundamentele en kostbare denkbeelden. De Vaders waardeerden ten zeerste de innerlijke vrede en eenheid. Zij waardeerden dit viermaal meer dan alle andere bezigheden. De heilige abba Dorothéüs zegt, dat wij helaas vier achtsten opofferen, hetgeen de vrede is, omwille van één

---

[15] Job 7:17.
[16] Ex.20:5 & 34:14; Dt.5:9; Nahum 1:2.
[17] Openb.14:4.
[18] Cf. Kol.2:19.

achtste deel, dat gevormd wordt door al de praktische werken die wij in het klooster verrichten.[19]

Uit het bovenstaande blijkt duidelijk dat het monnikschap een oefening en een strijd is om de innerlijke staat te bereiken van onze God en Heiland Zelf. Dat ook wij de waarachtige universaliteit bereiken, die Hij schenkt Die werkelijk de wereld heeft overwonnen en Die Zijn overwinning met ons wil delen. De uitbreiding van het hart door het gebed voor de gehele wereld is een ascese die ons de waarachtige universaliteit schenkt. Elk van ons dient een pan-kosmische inhoud te hebben en deze te bewaren. Hier ligt de waarde van het redelijk schepsel van God, de mens, die geschapen is naar Zijn gelijkenis.

Het wenen in berouwvolle bekering, het aanvaarden van onrecht, de schaamte voor Gods aanschijn – dit zijn kostbare ervaringen. Voornamelijk de schaamte, die wij voelen wanneer wij onszelf blootgeven voor Gods aanschijn, waarop Hij ons bekleedt met het gewaad van Zijn genade, dat wij bezaten in het paradijs en waardoor wij ons niet beschaamd voelden. Helaas echter volgde daarop de val. Ons intellect viel weg uit het schouwen van God en hechtte zich aan de schepping. Onze eigen val is niet als die van de slang, die op de aarde viel en sindsdien kruipend is. Wij staan rechtop en wij wandelen, maar na de val, in plaats van gehecht te zijn aan de gedachtenis aan God en één te worden met Gods Geest, vereerde ons intellect de schepping, zoals de apostel zegt. Dit is de diepere betekenis van de val. Het is de val van het intellect uit het schouwen van de eeuwige goederen tot hetgeen aards is en tijdelijk.

Als wij terugzien naar het begin van de schepping, dan zullen wij zien dat dit is wat er in het paradijs gebeurde: Zodra Eva de schoonheid zag van de vrucht van de boom der kennis van goed en kwaad, zodra zij de blik van haar intellect afwendde van de waarschuwing en de beloften van God, viel zij.[20] Haar intellect hechtte zich aan de aarde en de geschapen dingen. Dit is het begin van de menselijke ziekten en tragedies. Doch de Apostel geeft ons de wijze, het medicijn, om te worden genezen. Wat is dit? Ons intellect te hechten aan de onzichtbare oordelen van God – aan Zijn woorden, Zijn

---

[19] Cf. Abba Dorothéüs, «Ἔργα Ἀσκητηκὰ», Διδ.Δ' (p.58-59).
[20] Zie Gen.2:16 - 3:7.

beloften, Zijn vreze, en aan alles wat wij lezen in de Schriften. Dan verwerven wij de eeuwige goederen. Vroeg of laat komt de dood, de deur die ons de doorgang opent tot de andere wereld. En dan bestaat niet alleen de mogelijkheid van het genieten van de eeuwige goederen, er bestaat ook de kans daarvan verstoken te raken. Er bestaat niet alleen het licht, maar ook de duisternis, de pijniging. In de woorden van de Apostel bevindt zich de wijze waarop wij die heerlijkheid zullen verwerven, dat "eeuwig gewicht der heerlijkheid" – "daar wij niet acht slaan op de zichtbare dingen, maar op de onzichtbare".[21]

Hetzelfde denkbeeld merken wij ook op in de werken van Basilius de Grote. Wanneer wij zijn "Ascetische werken" beschouwen dan constateren wij dat de Heilige één oog gevestigd heeft op de Hemel en met het andere de harstochtelijke gesteldheden overziet van deze wereld. Het is een wonder om te zien hoe de Heilige in zijn werken een woord uit de hemel omlaag brengt naar de aarde, om principes, antwoorden en richtlijnen te geven. Voortdurend onthult hij nieuwe kennis, een nieuw bewustzijn, een ander schouwen, omdat hij het heil vooropstelt – de onzichtbare, eeuwige dingen – en al het andere daaraan ondergeschikt maakt.

De apostel Paulus spoort ons aan om de gesteldheden van dit tegenwoordige leven om te vormen tot geestelijke gesteldheden, waarbij hij ons ook de wijze toont van deze omvorming: omdat "de tijdelijke verdrukking van dit leven ons voorbereidt op een onbegrijpelijk grote en onvergankelijke erfenis".[22] Wij leven in een wereld waarin het leed onvermijdelijk is, de deugd moeilijk te verwerven, en het geluk een onbereikbare staat. En toch heeft God ons getoond dat wij in het leed de grote genadegave bezitten om al onze liefde jegens Hem te tonen, precies zoals de Heer Jezus door veel lijden Zijn volmaakte liefde voor ons heeft getoond. De apostel Paulus zegt, dat voor degenen die God kennen de verdrukkingen een manier zijn – een kans – om hun liefde voor Hem te tonen. Wij zouden veeleer in onze verdrukkingen moeten roemen, zoals de apostel Paulus – wij zouden moeten zeggen, dat het lijden in dit tijdelijke leven, van "deze tegenwoordige tijd", niet te vergelijken

---

[21] Cf. 2Kor.4:17-18.
[22] Cf. 2Kor.4:17.

is met de heerlijkheid die ons geopenbaard zal worden.[23] Door het geduld van een 'minuut' verwerven wij de eeuwige heerlijkheid. En wederom toont de Apostel ons de wijze waarop: door het verlangen van ons hart te stellen in de mystieke en onzichtbare goederen, die eeuwig zijn.[24]

Ondanks het feit dat wij voortdurend worden gebombardeerd met indrukken van de geschapen en tijdelijke dingen, kunnen wij ons intellect vestigen op de eeuwige dingen. Dit is zelfs mogelijk op het psychologische vlak. Wanneer iemand een groot verdriet heeft, dan ziet hij niets om zich heen. Zelfs datgene wat voor de anderen aantrekkelijk en aangenaam is, is voor hem hinderlijk en smakeloos, omdat hij verzonken is in zijn verdriet. Evenzo, als wij ons intellect vestigen op de Heer, zouden ook wij kunnen volharden, zoals ooit Mozes, "ziende de Onzichtbare".[25] Onze gehechtheid aan de onzichtbare en eeuwige dingen zal ons langzamerhand oprichten uit onze val. Laten wij ons intellect omhoog richten, wetend dat waar ons intellect en ons hart zijn, daar zal ook onze schat en onze erfenis zijn. Dit is de sleutel die de Apostel ons geeft, om al de psychologische gesteldheden om te vormen en op te heffen tot het geestelijke of ontologische niveau, zoals wij dit in de theologie noemen.

Oudvader Sophrony hield vol dat wij onze psychologische gesteldheden dienen om te vormen in geestelijke gesteldheden, door het gesprek te openen met Christus. Als voorbeeld toonde hij de Heer Zelf, waarbij hij aantekende dat toen de Heer bad in Gethsémane, Hij niet keek wie het waren die Hem kwamen grijpen om Hem ter dood te brengen, maar in gesprek was met Zijn Vader, en zeide: "De beker die Gij Mij gegeven hebt, zou Ik die niet drinken?"[26]

Al wat Christus gedaan heeft, heeft Hij voor ons gedaan. Zoals wij de Heer hebben zien handelen, laten ook wij aldus handelen. Wanneer Hij een bepaald wonder verrichtte en de wereld Hem verheerlijkte, gaf Hij ons het voorbeeld hoe wij ons intellect nederig bewaren tegenover de heerlijkheid der mensen. Wanneer

---

[23] Cf. Rom.8:18.
[24] Cf. 2Kor.4:18.
[25] Cf. Hebr.11:27.
[26] Cf. Joh.18:11.

Hij een dode weer tot leven bracht en de mensen Hem verheerlijkten, roepend "nimmer hebben wij zoiets gezien", dan zeide Hij: "De Zoon des mensen zal worden overgeleverd aan de hogepriesters en de schriftgeleerden, en zij zullen Hem ter dood veroordelen".[27] Op deze wijze leerde Hij ons dat wij, om de lege heerlijkheid der wereld te ontvluchten, ons intellect moeten overbrengen naar de dood en het oordeel van God. Daarom zou het goed zijn, wanneer de mensen ons verheerlijken, ons onze dood in herinnering te brengen. Zo ontkomen wij aan de schade die de heerlijkheid met zich meebrengt. Wat ons ook overkomt, laten wij het aanvaarden als afkomstig van de Voorzienigheid van onze Hemelse Vader, en laten wij niet vergeten dat wij zelfs ons bestaan en ons leven te leen hebben. Laten wij ons altijd herinneren dat binnenkort de dood zal komen, en dat wij de blik van de Hemelse Rechter zullen moeten verdragen. En wie kan er zeker van zijn, of hij Zijn blik zal kunnen verdragen? Allemaal hebben wij gezondigd, zoals de Schrift zegt, en wij ontberen de heerlijkheid van God – "immers, allen hebben gezondigd en schieten tekort in de heerlijkheid Gods".[28]

---

[27] Mt.20:18.
[28] Rom.3:23.

IV. 7
Het mysterie van de hesychia

"Weest stil, en weet dat Ik God ben".[1]

Als wij de geschiedenis van het heil onderzoeken, bemerken wij dat vanaf het begin dezelfde zaak herhaald wordt. Elk werk begint met de kracht van God en eindigt eveneens met Zijn eigen bezegeling. Toen God Zijn schepping voltooide, ging Hij binnen in Zijn eeuwige Sabbat, dat is, in Zijn rust, waardoor Hij de schepping bezegelde met het zegel van de volmaaktheid van de Heilige Geest. In het vervolg, in de gang van heel de gewijde geschiedenis, wordt niets volbracht of voltooid, als het niet voorafgegaan wordt door een specifiek soort gebed, dat reeds in het Oude Testament op volmaakte wijze wordt uitgedrukt: "Weest stil, en weet dat Ik God ben". De geest van deze wonderbaarlijke en ogen-openende hesychia is van groot belang om elk werk van God te verwezenlijken. En zoals wij vaststellen, wordt heel de natuur van onze Kerk gekarakteriseerd door deze geest.

De zondag is de dag des Heren. Wat betekent dit? Dit betekent, zoals in het Oude Testament wordt bepaald en in het Nieuwe wordt bekrachtigd, dat wij op de dag des Heren – de zondag[2] – rusten van alle werk en in Gods Aanwezigheid verblijven door het gebed en de diepe overweging van Zijn woorden. Dit verzamelt in ons de kracht, de genade van de Heilige Geest, waarmee wij de werken van ons dagelijks bestaan, gedurende de rest van de week, op zo goed mogelijke wijze kunnen verrichten. Het centrum van het feest is de Heilige die wij eren, voor wiens aanschijn wij staan door het gebed en concentratie, en van wij de Heilige Geest ontvangen.[3]

Dit hoofdstuk komt gedeeltelijk overeen met een voordracht over de hesychia, gegeven te Wichita (A.D. 2014); zie de Nederlandse uitgave "Van de dood tot het leven", hfst.6 "De ziel vetmesten door hesychia en tranen". *Noot vert*.
[1] LXX Ps.45:11 (46:10/11).
[2] In het Grieks *'kyriakê'* (κυριακὴ) genaamd, van *'kyrios'* = Heer. *Noot vert*.
[3] D.w.z. door diens voorbede en voorspraak bij God. *Noot vert*.

Dus daarom heeft de Kerk de zondagen en de feesten vastgesteld. De zondagen zijn uiteraard belangrijker dan al de andere feesten, afgezien van de Feesten des Heren. Maar zoals de zondagen eraan gewijd zijn om daaruit kracht te putten en te verzamelen voor de overige dagen, en om onze werkzaamheden op godwelgevallige wijze te vervullen, evenzo zijn door de Kerk ook de Feesten voorgeschreven door het hele jaar heen – zodat dit verschijnsel geïntensiveerd moge worden. Want levend temidden van het tumult van deze wereld, midden in de zee van de zorgen van deze wereld, verliezen wij gemakkelijk de kracht en de inspiratie die wij van God ontvangen hebben. Om deze reden zijn de feesten vastgesteld, om dezelfde werkzaamheid te verrichten die wij op zondag doen: in stilte te verblijven, deze kostbare tijd van de hesychia te bewaren, zodat wij Gods hulp ontvangen en Hem waarlijk kunnen kennen.

En wij zullen niet alleen God waarlijk kennen, maar ook onszelf. Gods genade zal ons de kracht geven oog in oog te staan met de duistere afgrond die wij in ons dragen, zoals oudvader Sophrony zegt, en om heel de onreinheid te zien die zich in ons hart gevestigd heeft. De Oudvader stond onafgebroken voor de aanblik van zijn innerlijke afgrond en riep zo de afgrond van Gods barmhartigheid aan. "Afgrond roept tot afgrond",[4] zegt de psalm. Zo verblijven ook wij in de hesychia om te komen tot een diepgaander kennis van de duistere afgrond die wij in ons dragen, en om de moed te hebben met heel onze kracht te roepen tot de afgrond van Gods barmhartigheid. Zonder de hesychia is het ons onmogelijk het reine innerlijke schouwen te bezitten. In een zeker woord van de heilige Vaders wordt onze ziel vergeleken met een vat dat water en modder bevat. Wanneer het water in beroering is, kunnen wij niet zien wat zich daarin bevindt. Doch als wij het laten rusten, dan bezinkt de onreinheid en daarboven blijft het reine, kristalheldere water over. Wij hebben dus de hesychia nodig om dat schouwen te verwerven, maar ook om allereerst de kracht te ontvangen om deze aanblik te verdragen, en om te roepen vanuit het diepst van het verderf waarin wij gevallen zijn, vanwege de zonde die in deze wereld regeert. In vele hymnen van de Kerk zingen wij: "Leid mijn ziel omhoog uit de diepte van het kwaad, uit de diepte van het verderft, o Albarm-

---

[4] LXX Ps.41:8 (42:7/8).

hartige Heer". Dit komen wij vaak tegen in de Katawasia, in het bijzonder in de periode van het Triodion, maar ook elders. Werkelijk, wij hebben de hesychia nodig om God te kennen, en om door Hem onszelf te kennen, om onze armoede te kennen en op de juiste wijze te kunnen roepen, kunnen jammeren, kunnen leven in berouwvolle bekering, zodat wij stevig verbonden worden met de "Vader van alle mededogen en de God van alle vertroosting".[5]

Deze vruchtbare hesychia is niet alleen onderdeel van het wekelijks programma van ons leven en de jaarlijkse cyclus van feesten, maar ook in onze Diensten van dag en nacht. Daarom dragen wij, zodra wij 's morgens opstaan, de eerste momenten van ons dagelijks leven op aan God. Wij staan voor Zijn aanschijn, wij verheerlijken Hem en wij danken Hem zoveel wij kunnen. Vervolgens leggen wij Hem al onze beden voor, en wordt in ons hart de bijzondere en wondere energie der genade opgehoopt, zodat wij de dag kunnen zoveel mogelijk zonder zonde kunnen doorbrengen en de arbeid die ons is opgelegd op de best mogelijke wijze kunnen volbrengen. Het dagelijks programma van onze Kerk weerspiegelt dus het woord van de Heer: "Weest stil, en weet dat Ik God ben". Weest stil in de vroege morgen, opdat gij de genade ontvangt, de energie van de Heilige Geest, zodat gij de dag kunt doorlopen. Weest stil in de namiddag, zodat gij Zijn hulp en Zijn kracht ontvangt, om ongestoord de nacht door te komen. Weest stil in de avond, om vrij van verzoeking te blijven en te bewaren wat gij gedurende de dag hebt bewerkt – terwijl wij in de nacht als doden zijn overgeleverd aan de slaap. "Weest stil, en weet dat Ik God ben".[6]

Het voorbeeld van de hesychia werd ons door de Heer gegeven in het Oude Testament. Op de zevende dag, na de schepping, hield de Heer een "sabbatsrust", Hij ging in tot Zijn grote en eeuwige Sabbat. Dat is, Hij bezegelde Zijn schepping door de genade van

---

[5] Cf. 2Kor.1:3.
[6] "Weest stil, en weet dat Ik God ben", "weest stil en ken uzelf". Zoals de profeet zegt: "Heer, ken mij en ik zal kennen" (LXX Jer.18:11), dat is, alleen wanneer God Zichzelf aan ons doet kennen door Zijn genade, kennen ook wij onszelf. En dit mysterie "weest stil, en weet dat Ik God ben", wordt zichtbaar in heel de geschiedenis van het heil – in het Oude Testament en in het Nieuwe, in de grote profeten, in de levens van Gods heiligen tot aan onze dagen toe, in het leven van onze eigen Vaders, en zelfs in ons eigen leven.

de Heilige Geest, zodat Zijn voorzienigheid zich daarover zou uitspreiden op volmaakte en exacte wijze. Wanneer wij dit vergeten, menen wij zotte mensen dat dit alles natuurwetten zijn – dat de zon opgaat, de schepping verwarmt en dan ondergaat, of dat de regen valt, enzovoort. Maar deze verschijnselen zijn geen natuurwetten; het is de Voorzienigheid Gods en Zijn trouw jegens de mens, die werkzaam is met zulk een volmaaktheid en exactheid, dat het lijkt of dit alles natuurlijke wetten zijn. Er gebeurt wat de Heer zegt in het Evangelie bij monde van Johannes: "Mijn Vader werkt tot u toe, en ook Ik werk".[7] Vanaf den beginne heeft de Vader deze persoonlijke zorg voor Zijn schepsel, terwijl Hij de schepping formeert door Zijn Zoon en deze vervolmaakt door Zijn Heilige Geest.

Eén van de heiligen uit de tweede eeuw, de grote hiëromartelaar Ignatius van Antiochië, zegt dat de Zoon van God geboren werd uit de stilte van de Vader.[8] Het Woord Gods Zelf, als Persoon, werd geboren uit de stilte van de Vader. Vervolgens kwam Hij persoonlijk naar de aarde. Wanneer ontving de heilige Moeder Gods de Verkondiging? Terwijl zij in stilte verkeerde, en bad met geheel haar intellect verzonken in haar hart. Toen kwam de aartsengel om haar de vreugdevolle tijding te brengen. Dus ook de komst van de Heer op aarde werd verwezenlijkt in de stilte. Christus werd in het vlees ontvangen in de hesychia van de heilige Maagd en Hij werd op geheimnisvolle wijze geboren in Bethlehem. "In het verborgene werd Gij geboren in de grot", zingen we in een troparion van de profetieën van de Vespers van de Geboorte des Heren.

Het aardse leven van onze Heer ging te allen tijde vergezeld van de hesychia. Niet omdat Hij het nodig had om te bidden, aangezien Hij altijd met de Vader verenigd was. Hij was de Zoon van God en het was voldoende voor Hem om een woord te uiten, en het werd werkelijkheid. Toch zien wij dat Hij Zich vaak terugtrekt op de Olijfberg om te bidden, wij zien dat Hij vaak 's nachts in gebed doorbrengt, om Zijn leerlingen een voorbeeld te geven. En als Hij

---

[7] Joh.5:17.
[8] Cf. H. Ignatius van Antiochië, Griekse tekst «Πρὸς Μαγνησιεῖς» (*Brief aan de Magnesiërs*), 8,2: "Er is één God, Die Zichzelf geopenbaard heeft door Jezus Christus Zijn Zoon, Die Zijn woord is, voortgekomen uit de stilte".

dan uit de stilte trad, dan sprak Hij "woorden van eeuwig leven",[9] Hij droeg het Gewijde Evangelie over, dat de kracht en de wijsheid van God is voor ons geslacht en de weg van ons heil. Op deze wijze toonde Hij ons de Weg.

In het woord van oudvader Sophrony over de Transfiguratie[10] komt een zeer betekenisvol detail voor, dat toont dat ook hijzelf een waarachtige hesychast was en in zijn leven het mysterie van de hesychia goed kende. In zijn verkondiging tekent hij aan, dat de Heer gedurende een hele week geen enkel wonder verrichtte noch sprak, maar Zich met Zijn leerlingen terugtrok in gebed. Vervolgens besteeg Hij met hen de berg Thabor en daar openbaarde Hij Zijn heerlijkheid in hun tegenwoordigheid. Heel de week arbeidde Hij, om hen in staat te stellen Zijn heerlijkheid te zien "voor zover hun mogelijk was", zoals wij zingen in het apolytikion van de Transfiguratie.

In het leven en de werken van de Heer zien wij duidelijk het mysterie van de hesychia. Als de mens daar geen tijd aan besteed, als hij niet "stil is" in Gods Aanwezigheid, dan zal hij niet worden wedergeboren, want het is de Aanwezigheid Gods die levenschenkend is. En zoals ons geleerd wordt in de Brief aan de Thessalonicensen, zal de Aanwezigheid des Heren, Zijn Wederkomst op de laatste dag, de wetteloze doen verdwijnen.[11] Als wij niet in stilte verblijven in de Aanwezigheid van God – door één gedachte te hebben, de tweevoudige gedachte aan God en aan onze erbarmelijke staat – dan zal de kracht van de boze, die ons omringt en verdrukt, niet teniet worden gedaan; die harde schaal om ons hart zal niet breken om het hart wijd te doen opengaan en om Gods Geest te ontvangen, de genade van de Heilige Geest. God Zelf openbaart en onderricht ons dit, evenzeer in het Oude Testament, vóór de vleeswording, als in het Nieuwe Testament, in het vlees. Het mysterie van de hesychia is groot, en de profeet toont dit op axiomatische wijze: *"Weest stil, en weet dat Ik God ben"*.

---

[9] Joh.6:68.
[10] Cf. «ΑΣΚΗΣΙΣ ΚΑΙ ΘΕΩΡΙΑ» (*Over de ascese en het schouwen*), p.178.
[11] Cf. 2Thess.2:8. [Het hier gebruikte Griekse woord voor Gods 'Aanwezigheid' is hetzelfde woord als dat voor de 'Wederkomst' van de Heer. *Noot vert.*]

Dit is de geest van de zondagen, de Feesten en de Diensten van de Kerk. In het 'cherubikon' van de Grote Zaterdag zingen wij: "Laat alle sterfelijk vlees stilzwijgen, en met vreze en beving staan, en niets aards in zichzelf meer denken". Laten wij stilzwijgen en slechts één gedachte hebben: "Want de Koning der koningen, de Heer der heersers nadert ter slachting, en geeft Zichzelf tot Spijze aan de gelovigen". En het vervolgt: "Vóór Hem uit gaan de Koren der Engelen, met al de Vorstendommen en de Machten, met de veelogige Cherubim en de zesvleugelige Serafim, terwijl zij hun gelaat bedekken en zingend uitroepen: Alleluia, alleluia, alleluia." Het tweede gedeelte toont dat waar de Koning der koningen is, daar bevinden zich ook al de koren der heiligen en der engelen. "Laat alle sterfelijk vlees stilzwijgen, en staan met vreze en beving..." – laten wij stil zijn, want anders zullen wij het grote mysterie van ons heil niet kunnen verstaan; wij zullen niet in staat zijn het mysterie te verstaan van Hem, Die op de derde dag geboren werd uit het graf als de nieuwe Hemelse Mens. Dit als zodanig is het mysterie van ons geloof. *"Weest stil, en weet dat Ik God ben".*

Al de heiligen kenden dit mysterie, de heiligen van het Oude Testament, zowel als de heiligen van het Nieuwe Testament. Wij kunnen kort enkele voorbeelden aanhalen, wederom beginnend bij de schepping van de wereld. Aan het begin van de schepping broedde de Heilige Geest in stilte boven de afgrond van het niets, en plotseling bracht Hij heel de schepping tot het "zijn". Jakob streed heel de nacht in hesychia, in Gods Aanwezigheid, en God zette op hem het zegel van Zijn bescherming, opdat hij in staat zou zijn de woeste Esau te ontmoeten, die hem met een leger vervolgde – het vervolg is bekend. Mozes bewaarde samen met de Israëlieten veertig dagen lang de stilte, en vervolgens trad hij binnen in de donkerheid van de heerlijkheid Gods. Jozua, de zoon van Nun, en zijn volk bleven zeven dagen lang in stilte rondom de muren van Jericho, en op de zevende dag, toen de bazuinen klonken, vielen de muren vanzelf. Voorzeker, wanneer wij lezen dat Mozes, of Jozua de zoon van Nun en de Israëlieten, de stilte bewaarden, dan zaten zij niet simpelweg in alle rust en sliepen een beetje, of hadden geen enkele gedachte, maar zij verbleven in die stilte met één gedachte – zoals ons geleerd wordt in het 'cherubikon' van de Grote Zaterdag: met de gedachte aan God, in het aanroepen van Zijn kracht, het aanroepen van het wonder van

Zijn Komst, van Zijn Aanwezigheid. De profeet Elia liep veertig dagen lang, van Galiléa tot aan de berg Horeb. En hij wandelde niet simpelweg, maar hij had zijn gedacht op God gericht. En aangezien hij (deze dingen) wist, overwoog hij: "Dat God mij roept tot zulk een verafgelegen plaats betekent vermoedelijk, dat mij iets vergelijkbaars zal overkomen als wat met Mozes is geschied". En na veertig dagen, zoals wij weten, stak er een sterke wind op, geschiedde er een aardbeving, ontvlamde er een vuur, en tenslotte kwam de stille, zachte bries van de Hemel.

Job en zijn vrienden, de theologen die hem bezochten om hem te troosten, zaten zeven dagen lang in stilte, en baden en overwogen welke woorden zij zouden spreken. Zij hadden deze hoogstaande cultuur, die in onze tijd niet bestaat. Op de zevende dag sprak Job en zijn woord was als een bliksemstraal, terwijl hij doordrong tot het mysterie van God en dingen uitdrukte die het logisch intellect van de theologen van zijn tijd niet konden begrijpen. Wij dienen te allen tijde onze woorden te meten, opdat wij niet misschien de grote woorden van God ontijdig spreken. Zelfs de vrienden van Job bleken onwijs en oppervlakkig voor zijn aanschijn, omdat zij hem oordeelden op grond van de feiten van de theologie die zij kenden, en op grond van de wetenschap van hun inzichten besloten dat hij werd gepijnigd omreden van zijn zondige daden. Doch Job voelde, daar hij heilig was, dat hij niet gekweld werd vanwege zijn zonden, en hij poogde te verstaan wat het oordeel van God was, wat Diens Voorzienigheid was. En terwijl hij op vreeswekkende wijze beproefd werd, wachtte hij tot hem geopenbaard zou worden hoe God hem wilde gebruiken om de vijand, de duivel, te verjagen.

De heilige Maagd, zoals wij eerder gezegd hebben, ontving de bovennatuurlijke Verkondiging van de aartsengel Gabriël, terwijl zij in stilte waakzaam was. Hetzelfde mysterie zet zich ook voort na de Opstanding. De apostelen bleven "eendrachtig" bijeen,[12] één van ziel, één van geest, in het gebed en "brekende het brood". Zij leefden in vurige verwachting van Degene, Die Christus hen beloofd had te zenden als een Andere Trooster,[13] de Geest der Waarheid, Die voor altijd mét hen zou blijven. En toen kwam de grote dag

---

[12] Hand.1:14 & 2:46.
[13] Joh.14:16.

van Pinksteren. Het dak van de opperzaal te Sion opende zich en de apostelen ontvingen de nieuwe Wet, de Wet van de Geest, in hun eigen vlees. Dit was de vrucht van hun stilte en hun gebed.

Het mysterie van de stilte komt men niet alleen tegen in het leven van de grote mensen Gods, waar de Schriften over spreken. Wij lezen in de Woestijnvaders dat het laatste wat zij beoefenden voordat zij naar de Goddelijke Liturgie kwamen en de Goddelijke Communie ontvingen – nadat zij heel hun regel hadden vervuld, heel hun strijd gedurende de week – was om een uurlang in stilte te verblijven en op hun hart te letten. En dit, om te onderzoeken, of daar misschien een vreemde gedachte nestelde, om zich daarvan te bekeren en dan tot de Goddelijke Communie te naderen met een (verbroken) geest vanwege hun uiterste ontoereikendheid ten overstaan van zulk een geschenk; in het besef van hun volledige nutteloosheid en onwaardigheid voor zulk een belangrijke gave. Zij zaten een uur lang in stilte en observeerden hun hart, en dit schonk hun de zelfkennis, zodat zij de geest der nederigheid konden bewaren en zich konden verbinden met de God van alle mededogen.

Hetzelfde zien wij niet alleen in de heiligen van de woestijn, maar ook in onze heilige Vaders. In het leven van de heilige Silouan komen wij dit mysterie vaak tegen. Op zeer karakteristieke wijze blijkt dit uit het gesprek met de heilige Stratonik. De vaders van het Oude Russikon hadden een ontmoeting geregeld tussen de heilige Stratonik en de heilige Silouan. De heilige Silouan verbleef de gehele nacht in gebed, God smekend dat Hij de ontmoeting zou zegenen, dat Hij een woord zou schenken aan hen beiden en hen iets zou openbaren uit de wondere wereld van Zijn Geest. Hun gesprek is bekend. De heilige Silouan zeide, dat de volmaakten – degenen die het mysterie van de hesychia kennen – niets uit zichzelf zeggen, maar alleen wat de Heilige Geest hen geeft.

Oudvader Sophrony kende eveneens dit mysterie, en hij bad altijd. Hij leverde ons zelfs een gebed over voor de geestelijke vader, dat hijzelf gebruikte voordat hij wie dan ook zou ontmoeten, om het mysterie van het woord Gods in zichzelf werkzaam te houden, zodat hij een woord kon overdragen voor de wedergeboorte van de andere persoon. Vaak vergezelde ik hem vanaf zijn huisje naar de kapel waar hij de mensen ontmoette die op hem wachtten. Gewoonlijk vond ik hem biddend in zijn kamer, leunend op het meubelstuk dat voor zijn iconen stond. Soms wilde ik tijdens deze wandeling van de gelegenheid gebruik maken om hem mijn gedachten te zeggen en hem iets te vragen wat ik van node had. Maar de Oudvader zeide tot mij: "Stop. Ik kan nu niet spreken. Mijn geest is in die persoon die ik zo meteen zal zien." Hij bad zelfs nog op weg naar de ontmoeting die hij zou hebben. Daarom had hij te allen tijde een woord dat een verbazingwekkende uitwerking had op de mensen,[14] en dan vond het belangrijke wonder plaats waarnaar hij zozeer verlangde: de wedergeboorte van de mens, de vereniging van zijn hart met de Geest van God.

Wanneer wij bidden voordat wij onze broeders ontmoeten, dan is het mysterie van de hesychia ook in ons eigen leven werkzaam op een zeer subtiele doch effectieve wijze. Wij bidden voor de persoon die wij aanstonds zullen ontmoeten, waarbij wij God vragen het hart van die persoon te vervullen met vrede en genade, zodat in deze ontmoeting de wil van God geopenbaard moge worden. In mijn armzalige en kleine dienst heb ik vaak gezien dat wanneer de

---

[14] Vaak waren wij ooggetuigen van de wonderbare tussenkomst van God op het uur dat de Oudvader gebeden las voor de zieken, met hun genezing als onmiddellijk resultaat. Zoals een vrouw die vol zat met kanker en gekomen was (met onderzoeksresultaten en röntgenfoto's) om zijn gebeden te vragen. Toen de Oudvader het lezen van de gebeden beëindigde, stond de vrouw op in grote verbazing! Tijdens het gebed voelde zij, zoals zij zeide, "een stroom van vuur in zich die uit haar mond uitging en verdween". De volgende dag ging zij naar het ziekenhuis en zij had niets, terwijl de kanker duidelijk in haar medisch dossier stond.
Er waren keren dat de genezing niet geschiedde, omdat de verwanten dit innerlijk weerstonden, zoals hijzelf ons ooit uitlegde. De Oudvader geloofde dat zij genezen hadden kunnen worden, als die weerstand er niet geweest was. Soms is de ziekte van een persoon een gecompliceerde gesteldheid.
Doch datgene wat hem meer verheugde dan elke andere wonderbare genezing, was de genezing van de ziel van de mensen. Zijn dienst was gericht op deze verzoening en deze wedergeboorte, en dit was wat hij werkelijk zocht. Vaak refereerde hij aan het geval, waarbij hij met groot verlangen bad voor iemand die leed aan 'multiple sclerosis' en begon te verlammen, maar die niet genezen werd. Zodra de Oudvader het lezen van de gebeden beëindigde, hief hij zijn epitrachilion van het hoofd van de zieke en zei bedroefd tot hem: "Wij zijn geen wonderdoeners. Wij zijn priesters van God, en wij bidden voor de verzoening van de mensen met God". Toen glimlachte de zieke en zeide: "Mijn lichaam is niet genezen, maar ik voel dat mijn ziel genezen is". En terwijl hij voorheen geen geloof had, begon hij van toen af aan te bidden, en toen hij ontsliep was zijn einde zeer vredig en vol hoop. (Cf. «ΟΙΚΟΔΟΜΩΝΤΑΣ ΤΟΝ ΝΑΟ...», τόμ. Α', p.370-371 & 373).

mensen overtuigd werden te bidden voor de mensen met wie zij een bepaald misverstand of een moeilijkheid hadden, en zij baden voor hen met hun hart, dat daarna hun ontmoeting met hen gezegend was en soepel verliep, en elk misverstand verdween.

Laten wij daarbij nog aantekenen, dat wij als priesters vaak de wondere intocht in Gods Aanwezigheid tijdens het Gewijde Mysterie van de Anaphora verspelen, omdat wij niet voldoende in Gods Aanwezigheid verbleven zijn, voordat wij voor Zijn altaar komen staan in de Goddelijke Liturgie. Ditzelfde gebeurt met elk van ons, wanneer wij naderen tot de Goddelijke Communie. Als wij niet deze hesychia voor Gods aanschijn hebben genoten, als wij niet de Diensten hebben gevolgd die het cenobitische leven ons voorschrijft, als wij niet in de hesychia zijn verbleven zoveel als wij verschuldigd zijn, naar de mate waarin wij daartoe in staat zijn, dan verspelen wij de kracht van de Goddelijke Communie, die de gemeenschap is aan de genade van Christus, de gemeenschap aan de genadegaven van al de heiligen.

Hoewel oudvader Sophrony wist dat wij ernaar streefden een bepaalde kleine 'regel' te handhaven raadde hij ons aan om, al was het maar voor tien of vijftien minuten, in hesychia te verblijven.

De Oudvader was noch een wetgever, noch een cenobitische hegoumen van een groot klooster – hij was een kluizenaar. Hij was een hesychast, die wist te leven op zodanige wijze dat hij te allen tijde zijn intellect in zijn hart hield; en datgene wat hij wist, dat wat hij bezat, poogde hij aan ons over te dragen. Hij doelde altijd op het leven van het hart en op het werk aan ons hart, zelfs reeds als jonge monnik. Hij had zeven jaar in het Klooster van de heilige Panteleimon geleefd, onder hegoumen Misaïl, en hij verwees vaak naar hetgeen hem overkwam toen de hegoumen hem vroeg om Grieks te leren. Hij ging naar de bibliotheek, opende de Grammatica van het Oud-Grieks, en begon te studeren. Toen voelde hij dat zijn intellect uit zijn hart kwam. Tot op dat moment, gedurende zoveel jaren, was zijn intellect voortdurend in zijn hart gebleven. Dit was voor hem een natuurlijke wijze van leven. Later leefde hij uiteraard ook nog in de woestijn, in een grot die maar één opening had. En zoals hijzelf schrijft, keek hij wekenlang zelfs niet uit de opening van zijn grot.

Hij bedekte de ingang zodat hij zich in absolute duisternis bevond, en hij verbleef in de stilte, wenend voor Gods aanschijn.

Dit is de aard van ons klooster, zoals wij uitleggen aan de jongere monniken. Als wij zelfs maar een weinig datgene volgen wat de Oudvader ons heeft overgedragen, dan zullen wij grote kracht ontvangen. Door de spanning en de inspiratie te bewaren, zullen wij het innerlijk leven levend houden en van tijd tot tijd zullen wij de wondere "veranderingen van de Rechterhand van de Allerhoogste" smaken in ons hart, die ons de kracht geven om voort te gaan in de moeilijke monastieke leefwijze. Zonder de waarachtige vertroosting van Gods Geest kunnen wij niet ontsnappen aan de schijnvertroostingen van de wereld die ons omringt.

Zoals wij gezegd hebben, draagt het leven in het klooster dat wij geërfd hebben, een hesychastisch karakter. Daarom spoorde oudvader Sophrony ons aan om ons voor te bereiden voordat wij naar de Goddelijke Liturgie komen, maar zelfs ook voorafgaand aan elke dienst, zoveel elk kan bieden, juist om deze hesychia niet te verliezen. Als wij niet voldoende wenen in onze cel, dan zal het ons moeilijk lijken twee uur lang in de Kerk te blijven, en dan zullen wij ook daar niet noëtisch kunnen bidden op zodanige wijze dat elke aanroep rein is en krachtig, en het hart vervoert. Als wij in onze cel gearbeid hebben, dan zijn wij bereid wanneer wij in de Dienst komen – wij openen onze mond, en wij trekken de Geest Gods aan.[15] Uiteraard is het zelfs niet nodig dat wij onze mond openen, maar op noëtische wijze roepen wij Zijn Naam aan en de Heer is daar, bij elke aanroep, op krachtige wijze, en het is niet nodig dat wij een of ander woord uitspreken – maar wij volgen de Dienst in stilte, die dan zeer kort lijkt, terwijl deze ons anders eindeloos zou toeschijnen.

De aard van het Christendom is hesychastisch van karakter. God heeft voor ons een luisterrijk eeuwig Avondmaal bereid, de eeuwige rust, en Hij heeft ons getoond hoe wij moeten leven, wat de aard is van het leven dat ons zal leiden tot die genade.

Een zekere monnik zeide: "Vanaf het begin van mijn monastieke leven heb ik nimmer de heilige apostelen benijd, noch de heilige

---

[15] Cf. LXX Ps.118(119):131.

hiërarchen van de Kerk, noch zelfs de martelaren, hoewel het zulk een voornaam iets is om in één keer uw leven te geven en het te ruilen met het leven van God. Ik heb altijd de heilige monniken benijd, die hun leven doorbrachten terwijl zij hun intellect in hun hart hielden, en een voortdurend wonder beleefden van de veranderingen van het hart, dag en nacht. Daar ligt de inspiratie, de rijkdom, de volheid des levens. Datgene past bij God, boven alles. Al de heiligen zijn voornaam voor Gods aanschijn, maar ik benijd die heilige monniken die konden leven in God Aanwezigheid met hun intellect in hun hart."

Moge God ons begenadigen met deze staat, al is het maar ten dele.

V

De wijsheid der wereld
teniet gedaan

V. 1

De levenswijze van het godwelgevallig lijden

Het is onontbeerlijk om een juiste visie te verwerven omtrent alle golvingen in het geestelijk leven. Hoe juister en verhevener onze visie is, zoveel geïnspireerder en rijker zal ons 'godwelgevallig' leven zijn.[1] Zelfs de meest eenvoudige Christenen, wanneer zij een theologisch idee ontvangen – dat is, een zeker denkbeeld van de openbaring die ons gegeven is – dan is het alsof hen leven wordt toegevoegd. Zij verwerven een grotere bereidheid om lijden te verdragen omwille van de Heer en om de verdrukkingen moedig tegemoet te treden, zelfs de dreiging van de dood, als een zegen en genadegave die hen verenigt met God.

Er bestaan twee soorten dood: de dood van de zondaar, hetgeen een kwade dood is, zoals de Schrift zegt,[2] en die van de rechtvaardige, hetgeen geen dood is, maar de overgang van de tijdelijke en droeve dingen tot de eeuwige en vreugdevolle dingen. Om de kwestie van de dood te begrijpen, zullen wij beginnen vanaf het begin van de Gewijde Geschiedenis, en eerst bezien wat de mens is.

In de Heilige Schrift vinden wij veel definities en karakteriseringen van de mens. Op één plaats drukt de Schrift zich met verwondering uit over de grootheid van de mens, zeggende dat hij groot is, "een weinig minder dan de engelen",[3] terwijl hij elders "stof en as"[4] wordt genoemd. En deze beide, schijnbaar tegengestelde karakteriseringen zijn beide waar. Zoals de heilige Theodoor van Edessa zegt: "de mens is een samengesteld dier", dat wil zeggen, hij is een levend wezen dat tegelijkertijd aarde is en een levende noëtische ziel. Met zijn intellect streeft hij naar omhoog, terwijl hij met zijn zintuigen tot de aarde neigt, waaruit zijn lichaam gevormd is.

---

[1] Letterlijk vertaald, het leven "naar God" (κατὰ Θεὸν), d.w.z op de wijze die God van ons verlangt, die strookt met Zijn geboden. *Noot vert.*
[2] Cf. LXX Ps.33:22 (34:21/22).
[3] Cf. Hebr.2:7.
[4] Sirach 17:32.

God heeft de mens geschapen "naar [Zijn] beeld en naar [Zijn] gelijkenis",[5] en alle goede dingen in hem gelegd, al de deugden. Hij heeft hem geschapen op zodanige wijze, dat hij zich met een "dynamische impuls" tot God beweegt – dat is, dat zijn wezen zich altijd wendt tot zijn Formeerder. De mens droeg in zijn binnenste de noëtische kracht en gewaarwording, zodat hij in staat was Gods onzegbare aanwezigheid te ontvangen. In het begin was er in het leven van de mens noch genot, noch pijn, noch dood. Zijn natuur was geschapen voor de onsterfelijkheid.

Doch door middel van de zintuigen kwam er een verandering in deze "impuls" van de mens tot God. De mens wendde zich van God af, hij keerde zich tot de geschapen wereld, en hechtte zich met zijn zintuigen aan de schoonheid van de schepping. Deze gehechtheid verwekte het genot, en de mens "diende het schepsel in plaats van de Schepper".[6]

Doch God, uit menslievendheid, wilde niet dat het kwaad eeuwig zou worden. Daarom introduceerde Hij in de natuur van de mens een compenserende, bestraffende kracht: de smart, en daaropvolgend de dood – zodat de mens tot besef zou komen van zijn val en zijn Heiland zou gaan zoeken. De smart en de dood zijn in de natuur van de mens gekomen om de waanzin van zijn intellect te temperen, dat voortdurend neigt tot de zintuiglijke wereld.

God wilde de eerstgeschapenen helpen om hun oriëntatie niet te verliezen, en de onschuld en de reinheid te bewaren waarmee Hij hen begenadigd had, en gaf hun een gebod: Als zij zouden eten van de boom der kennis van goed en kwaad, dan zouden zij sterven.[7] Dit gebod – dat geen bedreiging was maar een waarschuwing[8] – was noodzakelijk om de mens, die zich bevond tussen de geschapen wereld en het ongeschapen paradijs van God in, op rechtvaardige en juiste wijze te leiden. Het herinnerde hem aan het feit dat hij geschapen was, en bewaarde zo de nederigheid van zijn geest, opdat hij zijn hart niet zou verheffen en dan niet in staat zou zijn om de

---

[5] Gen.1:26.
[6] Cf. Rom.1:25.
[7] Cf. Gen.2:17.
[8] Cf. H. Gregorius Palamas, Homilie 31 (PG31, 396C e.a.). Voor een Engelse vertaling, zie "The Homilies" 31 §2, p.243-244.

grenzen van zijn geschapen natuur te onderscheiden. Het had tot doel hem op te voeden, zodat hij achter elk geschapen wezen de vinger van God zou schouwen, en met groeiende dankbaarheid en dankzegging "vervuld zou worden met al de volheid (van de liefde) van God".[9] Doch door de overtreding van dit gebod en de "wending" van zijn intellect tot de schepping en tot het genot van de zintuigen, kwamen de zonde en de dood in het leven der mensen. Zo ontstond een vicieuze cirkel: van het onverantwoorde en zinloze genot en het onmiddellijke gevolg daarvan, de rechtvaardige dood. Van toen af aan moest datgene wat begonnen was met het genot eindigen met de dood. Doch aldus – daar de geboorte van alle mensen gepaard gaat met genot – waren zij veroordeeld te sterven.

In de Brief aan de Hebreeën schrijft de Apostel: "Daar nu de kinderen gemeenschap hebben aan het vlees en het bloed, zo is ook Hij daaraan deelachtig geworden, opdat Hij, door de dood, hem die de macht had over de dood– dat is, de duivel – teniet zou doen".[10] Heel het menselijk geslacht was onderworpen geraakt aan de vrees voor de dood. In het streven van de mens de pijn en de vrees voor de dood te verdrijven wendde hij zich nog meer tot het genot. Zo nam de eigenliefde van de mens gigantische proporties aan en dit maakte hem definitief dienstbaar aan de dood, en ongeschikt om het gebod der liefde te vervullen. Degene die de dood vreest, zegt de gewijde Chrysostomos, is een dienstknecht van de dood en doet alles om hem te ontvluchten.[11]

In het boek van oudvader Sophrony "Wij zullen God zien zoals Hij is", is sprake van drie gradaties van vrijheid: De eerste bestaat erin dat wij de zonde vermijden, dat wij het kwaad ontvluchten. De tweede graad van vrijheid is dat het kwaad uit ons binnenste verwijderd wordt, dat is, dat wij innerlijk bevrijd worden van de zonde. De derde en hoogste vrijheid is "onze innerlijke bevrijding van het gezag van anderen over ons"[12] – niet uit een hovaardige verachting van hen, maar vanwege de vreze Gods en door aan God

---

[9] Cf. Ef.3:19.
[10] Cf. Hebr.2:14.
[11] Cf. H. Johannes Chrysostomos, "Homilie over de Brief aan de Hebreeën", 4 (PG63,41). Engelse vertaling, zie NPNF: Post-Nicene Fathers, serie 1, vol.14.
[12] Cf. "We Shall See Him", GK p.184 (ed.⁵2010: p.158), EN p.115.

de voorkeur te geven, nog meer dan aan ons eigen leven. Dit leidt tot de waarachtige, ontologische vrijheid van de liefde "die de vrees [voor de dood] verdrijft".[13]

Doch God "Die de wijzen vangt in hun arglistigheid",[14] verstrikte ook de aanvoerder zelve van deze arglistigheid, de duivel. "Uit de Heilige Geest en de Maagd Maria" nam Hij het vlees van Adam aan, dat onderhevig was aan het lijden. Deze nieuwe menselijke natuur was niet begonnen met genot, en had derhalve ook niet de dood tot gevolg moeten hebben. De enigen die sterven zijn zij die de zonde werken – want, zoals de Apostel zegt, de prikkel des doods is de zonde.[15] Wanneer wij zondigen dan steekt de dood ons met zijn angel en giet zijn vergif uit. De Al-bekwame Heer nam dus de menselijke natuur aan en de tijdeloze God werd geboren in de tijd en nam vlees aan zonder genot. Hij heeft ons dit vlees tot erfdeel gegeven, waarmee wij bekleed worden door de Heilige Doop en waardoor wij gevoed worden door onze gemeenschap aan de Vlekkeloze Mysteriën in de Goddelijke Communie, opdat wij worden opgebouwd tot huis van God en eeuwig zullen leven. In Zijn menselijke natuur aanvaardt de Heer, uit medelijden, de volkomen onterechte dood, en op deze wijze veroordeelt Hij de dood en de zonde, doordat Hij daar vrij van was.

In het begin werd de zonde tot veroordeling van de menselijke natuur, doch nu wordt deze door de dood van Christus gerechtvaardigd. De menselijke natuur van de Nieuwe Adam, die geen zonde kende, veroordeelde de zonde en de dood. De veroordeling van de dood geschiedde op het niveau van de natuur door de vleeswording van het Woord, maar wordt op het niveau van het mysterie ook in ons in potentie verwezenlijkt door de Doop, waarin wij bekleed worden met de zondeloze en onsterfelijke natuur van de Heer. Deze gedachte komen wij tegen bij de heilige Maximos de Belijder, die zegt dat al degenen die gedoopt zijn en bekleed zijn met Christus, en gevoed worden met Zijn Lichaam en de geboden bewaren, strikt genomen niet behoren te sterven. Doch God staat

---

[13] 1Joh.4:18.
[14] 1Kor.3:19.
[15] Cf. 1Kor.15:56.

toe dat zij sterven 'bij wijze van economia',[16] zodat ook in hun natuur de dood veroordeeld wordt en zij worden wedergeboren in het eeuwige leven.

Daarom verschillen wij van de Rooms-katholieke Kerk aangaande de kwestie van het overlijden van de Hoogstheilige Moeder Gods. De Rooms-katholieken beweren dat de Alheilige Maagd levend werd overgebracht naar de hemel. Doch het onderricht van de Orthodoxe Kerk stemt daar niet mee in. Dit had niet kunnen gebeuren, want dan zou de Alheilige Moeder Gods een andere route hebben gevolgd om de dood te veroordelen dan haar Zoon. Al was de Alheilige Maagd ook zondeloos, toch stierf zij 'bij wijze van economia', zij bleef drie dagen in het graf, stond toen op en werd overgebracht naar de hemel. Wij kunnen dit mysterie van de Alheilige Moeder Gods begrijpen als wij weten, dat God bij wijze van economie toestaat dat de dood ook over Zijn heiligen komt, opdat ook zij deze veroordelen als onrechtvaardig.

Adam veroorzaakte het begin van het verderf en de dood. Nu wordt de nieuwe Adam tot een nieuwe stamvader. Eén van lichaam geworden met Hem in de Heilige Doop, doen wij de nieuwe menselijke natuur van Christus aan en dan veroordelen ook wij in onze eigen natuur de dood, die wij rechtvaardig geërfd hadden – omdat wij door middel van de Doop deelgenoot worden aan de genade die ontsprong aan de dood en de Opstanding van Christus.

Toen Adam zondigde kwam de dood in zijn leven. Eerst stierf hij op het vlak van de ziel, in geestelijke zin, en daarna volgde ook de lichamelijke dood. Nu volgen wij de tegengestelde weg. Wanneer wij bekleed worden met de Nieuwe Adam, door middel van het geloof en de Doop, dan vindt eerst de opstanding van onze ziel plaats, waarop later ook de opstanding van het lichaam zal volgen. Wij zien dus, dat de dood aan de ene kant de oorzaak kan worden van eeuwige vernietiging, doch aan de andere kant een bron kan zijn van eeuwig leven.

---

[16] De zgn. 'economia' heeft betrekking op elke 'beschikking' van God, d.w.z. de werking van Gods 'heilseconomie'. In bijzondere zin wordt dit woord gebruikt voor die gevallen – in kerkelijk doen en laten, zowel als in de heilsgeschiedenis – waarbij de strikte gang van zaken opzij wordt gezet, omwille van het heil van de mens. *Noot vert.*

Maar wanneer wordt de dood tot oorzaak van eeuwig leven? Wanneer deze vrijwillig is, zoals in de Persoon van Christus, en niet gepaard gaat met het genot van de zonde. Het duidelijkste voorbeeld van een dergelijke dood is de dood van de martelaren. De martelaren worden onmiddellijk deelgenoten en erfgenamen van het eeuwige leven, een feit dat wij waarnemen in het leven van alle Christenen wanneer zij vrijwillig het leed aanvaarden dat de goddelijke Voorzienigheid in hun leven toestaat, en lijden terwijl zij hun "godwelgevallig geweten" rein bewaren. Zo kan niet alleen de vrijwillige dood van de martelaren, maar ook de vrijwillige dood door ziekten leiden tot het beërven van het onvergankelijke leven. En wij zien dat God genade schenkt aan mensen, die sterven door een ongeneeslijke ziekte, zodat zij de dood overwinnen. Wanneer zij de ziekte aanvaarden in dankzegging en met geloof, dan gaan zij naar hun ontmoeting met de Heer.

Zelfs de natuurlijke dood die ons wacht, is niets anders dan de overwinning op de dood en de veroordeling daarvan, in zoverre wij in ons leven het vrijwillige leed en de zelfverkozen smart brengen, terwijl wij het hartstochtelijke genot bestrijden. Om deze reden, zoals bevestigd wordt in de geschriften van de Apostelen, en in het bijzonder in de eerste Brief van de apostel Petrus, wanneer wij onterecht lijden zoals Christus omwille van ons onterecht geleden heeft, dan rust in ons de Geest van de heerlijkheid en van de kracht Gods.[17]

Slechts één ding kan ons schaden: de zonde. Zoals God na de val niet onze natuur veroordeelde, maar de zonde, evenzo, wanneer wij onszelf veroordelen terwijl wij voortgaan naar omlaag – tot zelfs in de hades – willen wij niet onze natuur teniet doen, maar de hartstochten die het verderf zijn van onze natuur. In het begin werd de menselijke natuur door de zonde veroordeeld tot de onvrijwillige dood. Nu heeft de wedergeboren menselijke natuur de zonde veroordeeld door het vrijwillige lijden en de vrijwillige dood. "apostel Paulus zegt: "Want indien gij leeft naar het vlees, zult gij aanstonds sterven; doch indien gij door de Geest de daden van het lichaam doodt, zult gij leven".[18]

Wanneer wij dus lijden om de zonde uit te wissen, om te

---

[17] Cf. 1Petr.4:14.
[18] Rom.8:13.

sterven jegens de zonde, dan wordt ons lijden tot "roem",[19] zoals de apostel Petrus zegt, omdat dit ons maakt naar de gelijkenis van Christus. Deze gelijkwording is onze eenwording met Christus, door de liefde in de Geest.

De apostel Petrus zegt: "Het uur is gekomen dat het oordeel zal beginnen vanaf het huis Gods".[20] En zoals wij lezen in de Brief aan de Hebreeën, "het huis Gods zijn wijzelf".[21] Datgene wat heeft plaatsgevonden in het leven van Christus, wordt nu herhaald in Zijn huis, dat wij zijn. Er kan geen andere route bestaan dan die van Christus, want Hij is het model en het patroon voor elk leven.

Met andere woorden, door het vele lijden en de vrijwillige dood, rust in ons de Geest van de Aanvoerder des levens. Het vrijwillige lijden van de Christen, evenals de vrijwillige dood van de martelaren, worden de oorzaak en de bron van het eeuwige leven. Wanneer God lijden en kruisiging toestaat in het leven van Zijn uitverkorenen en hen tot Zich roept, dan doet Hij dit niet om hen teniet te doen. In hetzelfde tekstgedeelte zegt de apostel Petrus: "...indien de rechtvaardige nauwelijks behouden wordt, waar zal dan de goddeloze en zondaar verschijnen?"[22] Dat wil zeggen, als de rechtvaardige groot geweld moet uitoefenen op zichzelf en het lijden moet verduren, om een geestelijke bestaansgrond (hypostase) te verwerven en de maat te bereiken van de grootte van de volheid van Christus, waar zal degene die goddeloos en een zondaar is dan verschijnen, aangezien hij geen bestaansgrond (geen hypostase) heeft? Uit het bovenstaande tekstgedeelte verstaan wij dat wanneer de Heer toestaat dat de Zijnen verdrukking overkomt, dan doet Hij dit niet om hen te vernietigen, maar integendeel, opdat zij waarachtige hypostasen worden naar het beeld van de Hypostase van Christus. Al de kwellingen die in ons leven komen hebben tot doel dat wij Christus leren kennen, niet alleen in Zijn hoogte en breedte, maar vooral in Zijn diepte. Wij moeten worden ingewijd in het grote mysterie van het lijden en de dood van Christus, en zelfs in Zijn nederdaling ter helle, om de volheid te bezitten van de

---

[19] 1Petr.2:20.
[20] Cf. 1Petr.4:17.
[21] Cf. Hebr.3:6.
[22] 1Petr.4:18.

kennis van God. Juist om deze reden zegt de Schrift, dat wij "door veel lijden moeten binnenkomen in het Koninkrijk Gods",[23] en dat "de poort .. [nauw] is, en smal de weg die ten leven leidt".[24] Onze weg is nauw en smal, deze is vol leed, omdat de Heer dit gebruikt als middel om in ons de zonde uit te wissen, zodat ook onze dood een veroordeling zal zijn van de dood en het begin van het nimmereindigende leven.

In het leven van de apostel Paulus zien wij het volgende voorval: Toen hij in Azië was, mishandelden zij hem zozeer, dat zij dachten dat hij dood was, en zij sleepten hem buiten de stad. Hijzelf, als hij dit voorval beschrijft aan de Korinthiërs, zegt dat zijn verdrukking en het leed dat hij verduurde zo groot was, dat hij ertoe kwam "zelfs te twijfelen aan het leven".[25] De Apostel vervolgt met te zeggen, dat God toestond dat hij de grens van de dood bereikte, om deze veroordeling in hem te vestigen, en opdat hij niet op zichzelf zou steunen maar zijn "vertrouwen" zou stellen op God "die de doden opwekt".[26] Als wij dus geen ontbering lijden, zullen wij het Evangelie van Christus niet begrijpen en wij zullen niet de Zijne kunnen zijn. De apostel Paulus schrijft aan Timotheüs om "leed te verduren als een goed soldaat van Christus",[27] terwijl hij elders zegt dat wij nu dienen te sterven om daarna eeuwig te leven.[28]

In ditzelfde perspectief sluiten wij bij de Doop een verbond met God dat wij zullen sterven voor de zonde en de hartstochten, en alleen zullen leven voor het nieuwe, wedergeboren leven waarmee Diegene ons begenadigd, in Wiens Naam wij gedoopt zijn.

In het vierde hoofdstuk van de Brief aan de Efezen spreekt de apostel Paulus over de genadegaven van de Heilige Geest, waarbij hij begint met de algemene genadegaven zoals de broederliefde, het geduld, de lankmoedigheid en de rest. Daarna verwijst hij naar de nederdaling van Christus in de hel – een nederdaling waaraan elke gave voor ons ontsprongen is; en hij besluit met het opsommen van de specifieke genadegaven binnen de Kerk, zoals de

---

[23] Hand.14:22.
[24] Mt.7:14.
[25] Cf. 2Kor.1:8.
[26] Cf. 2Kor.1:9.
[27] Cf. 2Tim.2:3.
[28] Cf. Rom.6:8.

apostolische, de profetische, de onderrichtende, de genezende genadegaven en alle overige. Wij begrijpen dus dat de as van de algemene, zowel als van de specifieke genadegaven van de Heilige Geest, de navolging is van de nederdaling van Christus tot in de hel. "Opgestegen tot in den hoge, heeft Hij de krijgsgevangenschap gevangen genomen, en aan de mensen gaven gegeven".[29] En dan vraagt de Apostel, terwijl hij ons tegelijkertijd ook het antwoord geeft: "Dit nu: Hij is opgestegen – wat is het, dan dat Hij eerst is nedergedaald, zelfs tot de nederste delen der aarde?"[30]

Met andere woorden, de as van de echte genadegaven van de Geest is de navolging van het leven en de weg die Christus als eerste bewandeld heeft. Op deze wijze verstaan wij de waarde van de ascese en van de vrijwillige ontbering in ons leven. De heilige Maximos zegt, dat de waarachtige wijsheid is dat de mens de onvrijwillige verdrukking overstijgt door de vrijwillige verdrukking, en het onvrijwillige lijden door het vrijwillige lijden.

De grote en veelomvattende genadegave van het monnikschap leidt ons binnen op deze weg. Wanneer wij het monnikschap zien als navolging van de nederdaling van Christus, door middel van het lijden, de vrijwillige ontbering en de ascese, dan toont dit zich als de grootste genadegave die al de genadegaven omvat. Zoals in Christus de zonde en de dood veroordeeld werden, omdat "wie in het vlees geleden heeft, heeft opgehouden van de zonde",[31] zo veroordelen ook de monniken in hun vlees de zonde en de dood – en evenzo doen alle gelovigen die vrijwillig lijden "in het vlees" in navolging van Christus. Dit is het doel van de ascese en van het Christelijke leven in het algemeen.

De kwestie van de verdrukkingen is zeer belangrijk in ons leven. Daarzonder kunnen wij noch het Evangelie begrijpen, noch de "man van smarten", waar Jesaja over schrijft. Zonder het godwelgevallig lijden kan ons hart niet worden uitgebreid om de gehele Adam te omvatten. De psalm zegt: "in verdrukking hebt Gij mij uitgebreid".[32] Onze wedergeboorte in Christus is alleen mogelijke door onze

---

[29] Ef.4:8.
[30] Ef.4:9.
[31] 1Petr.4:1.
[32] LXX Ps.4:2(1).

terugkeer tot de Heer, die vol is van smarten. Doch dit geschiedt alleen door de genade van Christus, "niet uit onszelf, het is Gods geschenk".[33]

Wij worden ingewijd in deze wandel door de Goddelijke Liturgie, waardoor wij Christus leren kennen en deelgenoot worden van Zijn leven. Heel de Liturgie is een gemeenschap van leven, dankzegging en dankbaarheid vanwege het onberispelijk en smetteloos Lam – vanwege Christus, Die al was Hij rijk in Zijn vóóreeuwige heerlijkheid, arm geworden is, geleden heeft en zich voor ons vernederde, zodat Hij ons rijk zou maken door Zijn eigen armoede en uiterste nederigheid.[34]

In de Liturgie danken wij de Beginloze Vader, en Zijn Medebeginloze en Eniggeboren Zoon, en de Geest des Heren, "voor alle weldaden die aan ons geschied zijn, waarvan wij weten en waarvan wij niet weten, de zichtbare en de onzichtbare...".[35] Wij danken dus voor alle dingen die wij kennen, zowel als voor hetgeen wij niet kennen, voor de zichtbare en de onzichtbare weldaden die God ons schenkt.

Welke zijn de zichtbare, en welke de onzichtbare weldaden van God? De zichtbare weldaden zijn het veelvormige leven waarmee Zijn wondere Voorzienigheid ons dagelijks begenadigt. Alle dingen die zich voordoen aan onze zintuigen en aan ons begrip. En deze zijn werkelijk ontelbaar. Vanaf de lucht die wij inademen, het voedsel, de gezondheid, de vreugde, de voortdurende bescherming... tot aan de hoogste vluchten van onze geest.

De onzichtbare weldaden zijn de onzegbare, zoals de Apostel dit noemt, de geestelijke weldaden die niet voorbijgaan. Het is de toekomstige lichamelijke opstanding die, hoewel wij daarvan verzekerd zijn, nog onzichtbaar is. En deze is onzichtbaar, om reden van het Christelijk leed dat deze opstanding in hun leven verbergt. Eerst het lijden in Christus, en dan de heerlijkheid,[36] zoals de grote Petrus zegt.

Het is een eer voor ons om in Christus te geloven. Maar het is

---

[33] Ef.2:8.
[34] Cf. 2Kor.8:9.
[35] Goddelijke Liturgie van de H. Johannes Chrysostomos, gebed van de Anaphora.
[36] Cf. 1Petr.4:13.

een onvergelijkelijk grotere eer, genade en roem om voor Christus te lijden in ons streven om Zijn woord te bewaren. Dit soort lijden, en zelfs de dood, maken ons naar de gelijkenis van Christus. Zoals Christus, door het vele lijden, door Gethsémane en Golgotha, binnenkwam in zijn heerlijkheid en een Naam ontving boven alle andere naam,[37] zo zullen ook wij, als wij in dit leven mede-lijden samen met Christus, met Hem mede verheerlijkt worden in Zijn eeuwig en onwankelbaar Koninkrijk.

Het lijden van "deze tegenwoordige tijd"[38] stelt ons in staat om de toekomstige en onvergankelijke heerlijkheid te ontvangen die onvergelijkelijk groter is. Nu is ons leven verborgen en geïntegreerd in Christus. Doch aanstonds zal het worden geopenbaard in heerlijkheid, wanneer Christus Die ons leven is, geopenbaard zal worden. Het lijden "omwille van het geweten voor God" is voor ons een kostbaar onderpand, dat in de lichamelijke opstanding zal worden omgezet in nimmer-eindigende heerlijkheid.

Zoals ook de Apostel zegt: als wij in ons lichaam het sterven omdragen van de Heer Jezus, omwille van Zijn geboden, dan zal in ons sterfelijk vlees ook het leven van Jezus openbaar worden.[39] Dat is, dan zal in ons de kracht werkzaam zijn van de Opstanding van Christus, die in ons de inspiratie zal doen opvlammen om navolgers te worden van de heiligen, die door geloof en lankmoedigheid de beloften beërfd hebben van de Levende en Grote God, "onze hoop".[40]

Al is Christus in dit leven verborgen in het lijden, toch verwachten wij met onuitsprekelijke en verheerlijkte vreugde de betere opstanding uit de doden, waarmee Hij ons zal begenadigen op de dag van Zijn Tweede Komst in heerlijkheid, en daarom is ons hart vervuld van dankbaarheid en liefde voor Christus.

---

[37] Cf. Fil.2:9.
[38] Rom.8:18.
[39] Cf. 2Kor.4:10.
[40] 1Tim.1:1; cf. Rom.15:13.

V. 2
Het paradoxale karakter van het Evangelie

Het Evangelie van Christus is een verbazingwekkend en paradoxaal woord. Het is niet door een mens gegeven, noch is het naar menselijke maat.[1] Het is de openbaring van de weg van de Zoon van God, die vanuit de hemel op aarde gekomen is om aan de wereld het "overvloedige leven" te schenken.[2] Het gaat het menselijk verstand zo ver te boven "als de hemel verwijderd is van de aarde".[3] Wij kunnen onze blik niet richten op het licht, op de ontologische werkelijkheid die het Evangelie ons openbaart, zonder de vernieuwing – tot aan de wortel – van ons intellect en ons hart, een vernieuwing die volbracht wordt door de berouwvolle bekering. Daarom begint en eindigt het Evangelie met de verkondiging van de bekering.[4]

Zoals de Apostel zegt, is het Evangelie van Christus de kracht Gods "tot heil van allen die geloven".[5] Deze kracht en de heerlijkheid van God is voor eeuwig opgestraald uit Zijn onbeschrijfelijke natuur. Toen het reine oog van de profeet op bepaalde ogenblikken van vervoering en inspiratie verlicht werd en de geestelijke wereld aanschouwde, riep hij uit: "De hemelen verhalen de heerlijkheid Gods, het uitspansel doet kond van het werk Zijner handen".[6] Vanaf de dag van de schepping van de wereld en van de mens heeft God niet opgehouden Zijn goedheid te verkondigen, en de mens aan te sporen ook zelf "van dag tot dag Zijn heil" te verkondigen.[7] Hij heeft niet opgehouden de mens wel te doen met een volmaakte standvastigheid en trouw, om hem deelgenoot te maken van Zijn

---

[1] Cf. Gal.1:11-12.
[2] Cf. Joh.10:10.
[3] Jes.55:9 (LXX).
[4] Cf. Hand.11:18; Mt.3:2; Mk.1:4,15; Lk.24:47.
[5] Rom.1:16.
[6] LXX Ps.18:2 (19:1/2).
[7] LXX Ps.95(96):2.

eeuwige goederen, in een gezamenlijke wedijver met de wereld der engelen in een levenschenkende en onophoudelijke gemeenschap in het licht van zijn Aangezicht.

Het Evangelie van Gods goedheid is eeuwig en grenzeloos. Daarom ook, toen dit in heel zijn volmaaktheid en zijn waarheid geopenbaard werd in de Persoon van de Heer Jezus, verzekerde zijn geliefde leerling Johannes dat de heilbrengende energie ervan zo groot en ongenaakbaar is, dat als men zou pogen dit te beschrijven, heel de wereld "de geschreven boeken" niet zou kunnen bevatten.[8]

De grootheid van de mens ligt juist hierin, dat God zijn hart zodanig geschapen heeft dat het geschikt is om het woord van Zijn Evangelie te ontvangen. Hij heeft hem tot "doelwit" gemaakt van Zijn goedheid om hem deelgenoot te maken van Zijn hemelse heerlijkheid. Het gebod van de Formeerder werd hem gegeven als een sleutel, om binnen te treden in een volmaakte relatie met Hem. Uiteraard getuigde ook de hele schepping van de goedheid en de wijsheid van God.

Doch de mens kende God niet "door de wijsheid"[9] waarvan het Evangelie van de algoede Formeerder "kond deed", omdat het bovennatuurlijke schouwen van God, dat de mens in het paradijs bezat, verduisterd was geraakt door de ongehoorzaamheid van zijn voorvaderen. Hier en daar, wanneer "de God der heerlijkheid"[10] een lichtbrengende opening maakte in de hemel, dan zag de mens voor even de heerlijkheid en de waarheid van de wereld in den Hoge, en dan werd hij diep geschokt en sprak hij vreemde woorden. Toen Abraham op profetische wijze "de dag" van Christus zag, "en zich verheugde",[11] riep hij in verbrokenheid uit: "Doch ikzelf ben stof en as".[12] Op gelijke wijze riep ook de veellijdende Job in dankbaarheid uit: "Eerst had ik over U gehoord. Nu ik U ken, verga ik van schaamte en besef van mijn onwaardigheid, die maakt dat ik mijzelf zie als aarde en as."[13]

God wist dat de mens zonder Gods heerlijkheid niet werkelijk

---

[8] Joh.21:25.
[9] 1Kor.1:21.
[10] Hand.7:2
[11] Cf Joh.8:56.
[12] Gen.18:27.
[13] Cf. Job 42:5-6.

gelukkig en zalig zou kunnen zijn. Op allerlei wijzen streefde Hij ernaar hem te benaderen en hem te helpen zijn oorspronkelijke bestemming te verwezenlijken. Doch de zonde verspreidde en vermeerderde zich, met als resultaat dat de ellendige overtreder niet meer in de Aanwezigheid van God kon staan. "Want allen hebben gezondigd en schieten tekort in de heerlijkheid Gods".[14] Zelfs de meest uitverkorenen van God, wanneer het schijnsel van Zijn toen nog onvleselijke Woord hen overschaduwde, riepen bevreesd met grote stem, zoals Jesaja: "Wee mij, ik ben tot in het hart geraakt, want ik ben een mens en onrein van lippen, en ik woon temidden van een volk dat onrein van lippen is; en mijn ogen hebben de Koning, de Heer der heerscharen gezien."[15] En de rechtvaardige Manoa, ervan overtuigd dat niemand God kan zien en in leven blijven, zeide: "Wij zullen de dood sterven, want wij hebben God gezien".[16]

God, te allen tijde trouw aan Zijn goede intentie voor de mens en onuitputtelijk in de middelen die Zijn Wijsheid aanwendt voor diens heil, wilde daarom zijn heerlijkheid verbergen en een nederig mens worden. Hij verenigde Zich met onze natuur, die Hij aannam uit de heilige Maagd, om temidden van ons te leven en op ons de waarheid, het leven, de kracht, de deugd, en de heerlijkheid van Zijn nederigheid over te dragen. Hijzelf werd het levende Evangelie en de weg van God die ons binnenleidt in de eeuwige rust en zaligheid. Daar de menselijke rede nutteloos en krachteloos is om Zijn mysterie te verstaan, is Hijzelf gekomen om ons te leren dat "hetgeen onder de mensen verheven is" een "gruwel is voor Gods aanschijn",[17] en dat de gezindheid van de wereld een aanstoot is voor God.[18] Hij stelde als wet des levens Zijn woord: "Een ieder die zichzelf verheft, zal worden vernederd, en hij die zichzelf vernedert, zal worden verheven".[19] De gehoorzaamheid aan het "voorbeeld"[20] dat Hij ons gegeven heeft tot navolging, werd met kracht bezegeld toe Hij verhoogd werd aan het Kruis, nederdaalde in de onderaardse kerkers,

---

[14] Rom.3:23.
[15] Jes.6:5 (LXX)
[16] Rich.13:22 (LXX).
[17] Lk.16:15.
[18] Cf. Mt.16:23 & Mk.8:33.
[19] Lk.14:11; cf. Lk.18:14.
[20] Joh.13:15.

en vandaar opsteeg tot boven de hemelen. Datgene wat de Heer het meest verafschuwt, is wanneer de mens zich Gods oordeel toe-eigent en op arrogante wijze zichzelf rechtvaardigt.[21] Op de dag van het laatste Oordeel zijn degenen die onwaardig geoordeeld zullen worden en God vervloeking zullen beërven, degenen die zichzelf zelfs nog rechtvaardigen voor het aanschijn van de eeuwige Rechter. Al degenen daarentegen, die zichzelf tot het einde toe veroordelen als onwaardig, zullen gerechtvaardigd worden en de rust genieten van de zegen en de zaligheid van de Hemelse Vader.[22]

Als dus de wet van de weg des Heren, die leidt tot het leven, de nederigheid is, die in ons de plaats bereid voor de kenotische liefde van Christus, dan verstaan wij hoe belangrijk het is om de Evangelische Openbaring te ontvangen. En alleen het geloof in het grote mysterie van de Heilige Drieëenheid – een geloof dat boven de rede uitgaat – en de aanvaarding van het woord van God, kruisigen het verstand van de mens, en dan begint de genade zijn hart leven te schenken.

Zoals in het Mysterie van de Heilige Eucharistie het Lichaam van de Heer Jezus vervuld is van het onbedorven eeuwige leven en van Zijn heilige Naam, zo staat ook het Evangelie van Christus gelijk aan de eeuwige heerlijkheid van Zijn Aangezicht. Zoals God de Heiland uit de hemel nederdaalde en verscheen als een Licht, om de duisternis te verlichten van de wereld die "in den boze" ligt,[23] zo werd ook Zijn supra-kosmisch Evangelie geopenbaard om degenen die geloven te leiden tot de genade van de aanneming tot zonen, "tot al de waarheid",[24] en tot de volheid van Zijn goddelijke liefde. De wijze waarop het eeuwig Evangelie van Christus ons bereikte, de inhoud en de kracht ervan, zijn paradoxaal – maar eveneens het vernieuwende werk dat dit volbrengt in degenen die het ontvangen.

De algoede God heeft in Zijn scheppend intellect de mens bedacht

---

[21] Cf. Lk.16:15.
[22] Cf. Mt.25:31-46.
[23] 1Joh.5:19.
[24] Joh.16:13.

"vóór eeuwige tijden"[25] en hem voorbestemd voor Zijn eeuwige heerlijkheid. Toen Hij hem schiep, begiftigde Hij hem met een wonderbaarlijk intellect en een uniek hart. Hij maakte stelde hem in staat om het Evangelische woord van Zijn Zoon te ontvangen, Die zou komen op het einde der eeuwen, om de mens te herstellen in Gods heerlijkheid en hem gelijkvormig te maken aan Diens beeld. Door een vreemde beschikking komt de Zoon en het Woord van de Beginloze Vader het wereldrijk binnen omwille van het heil der wereld: "Zie ik ben gekomen, ... om Uw wil te doen, o God".[26] Door zijn eigen zelfbepaling en in overgave aan het vóóreeuwig Raadsbesluit van God vertoont Hij Zich op aarde. De profetische geest voorzag Hem vanaf zijn jongste jaren, volstrekt overgeleverd aan de goddelijke wil voor het heil der mensen – nog "voordat Hij weet heeft om ofwel het kwade te prefereren ofwel het goede te verkiezen".[27] Op nog vreemder wijze wordt Hij op aarde geboren uit de Maagd Maria en bovenal uit de Heilige Geest, opdat zijn leven niet zou voortkomen uit het genot. Aldus, als zondeloze, is Hij geen slachtoffer van de dood, maar door Zijn eigen onrechtvaardige en vrijwillige dood veroordeelt Hij onze eigen dood – die rechtvaardig is vanwege zonde die daaraan voorafging – en wist Hij deze uit. Gedurende heel Zijn leven, "hoewel Hij de Zoon was"[28] en de gelijke van de Vader, had Hij als enig doelwit en "voedsel" van Zijn zending in de wereld de vervulling, niet van Zijn eigen wil, maar "de wil van Hem Die Hem gezonden had".[29] Deze overgave aan de wil van God heeft zijn hoogtepunt in de tuin van Gethsémane en wordt op beslissende wijze bezegeld aan Zijn Kruis: "Vader, in Uw handen beveel Ik Mijn geest".[30]

Wat kunnen wij nog zeggen over de zelfontlediging en de nederigheid van de Eniggeboren Zoon van God, vanaf het begin van Zijn Verschijning in de wereld tot aan het einde van Zijn wandel hier op aarde? Hoe onvatbaar en vreemd! Wie kan de waarde schatten van Zijn nederdaling? – dat Hij vanuit de hoogte

---

[25] 2Tim.1:9; Tit.1:2.
[26] Hebr.10:7.
[27] Jes.7:15 (LXX).
[28] Hebr.5:8; zie Joh.10:30.
[29] Cf. Joh.4:34 & 6:38.
[30] Lk.23:46.

van Zijn heerlijkheid afdaalt en geboren wordt als een zwakke zuigeling in een onbetekenend stadje en een klein volk, dat vele malen ontrouw geweest was aan de God hunner Vaderen, ondanks de oneindige weldaden die zij van God hadden ontvangen. Dat Hij door gelijkenissen en spreekwoorden "al wat Hij van Zijn Vader had gehoord"[31] bekend maakte aan onwetende mensen, en vervolgens de "andere Trooster" in de wereld zendt, de Heilige Geest, om dit uit te leggen. En Hij deed dat alles altijd op de meest subtiele en zachtaardige wijze, om ons niet te raken in de gesteldheid van ziekte en schuld waarin wij ons, als Zijn vijanden, bevonden. Eeuwen vóór Zijn komst toont God door de mond van de profeet de nederige en menslievende zede van de Godmens, en roept uit:[32]

> "Zie Mijn Knecht, Die ik heb uitverkoren,
> Mijn Geliefde, in wie Mijn ziel een welbehagen heeft;
> Ik zal Mijn Geest op Hem leggen,
> en Hij zal de natiën het oordeel verkondigen.
> Hij zal niet twisten noch schreeuwen,
> noch zal iemand Zijn stem horen op de pleinen;
> het geknakte riet zal Hij niet verbreken
> en de walmende vlaspit zal Hij niet uitdoven,
> totdat Hij het oordeel zal uitbrengen tot overwinning;
> en de natiën zullen hopen op Zijn Naam."

Hij heeft alles verdragen om de harten te winnen, al was het maar van weinigen.

Uiteraard vond dit alles zijn hoogtepunt in de laatste dagen van Zijn leven op aarde. Het is onmogelijk om de waarde te bepalen van het bloedig zweet, het "sterk schreeuwen" en het alles overtreffende gebed van Gethsémane, waar Hij innerlijk Zijn aanstaande onrechtvaardige dood aanvaardt. Wie kan het schrikwekkend Lijden verhalen van Christus en Zijn ondraaglijke smart vanwege de verwerping van het Evangelie van de Vaderlijke liefde door een volk dat zoveel zorg ontvangen had? Aan Zijn Kruis torste Hij het gewicht van de tragedie van heel de wereld. En dit alles uit oneindige liefde: "daar Hij de Zijnen, die in de wereld waren, liefhad, zo heeft Hij hen

---

[31] Cf. Joh.15:15.
[32] Mt.12:18-21; cf. Jes.42:1-4.

liefgehad tot het einde".[33] Hij is ongeduldig om de "doop"[34] van de kruisdood te ondergaan omwille van het heil van Zijn vijanden, en Hij aanvaardt dit als Zijn "heerlijkheid": "Nu wordt de Zoon des mensen verheerlijkt, en in Hem wordt God verheerlijkt"![35] Waarlijk, zoals de heilige Silouan bevestigt, "hoe dieper de liefde, nog zoveel onmetelijker is de pijn".[36] In het geval van Christus nemen al de uitingen van Zijn leven op aarde oneindige dimensies aan en zij krijgen een absoluut karakter.

Het Evangelie van Christus is "een groot Licht". Het gaat het verstand van de mens ongelofelijk ver te boven. Al degenen die gezeten zijn in het duistere dal der aarde en des doods, willen zij in staat zijn het Evangelie te kennen, dienen te leven in berouwvolle bekering en te geloven. Door de genade der bekering, een genade die ontsprongen is aan het Kruis en de Opstanding van Christus, wordt de kloof tussen God en de gevallen mens overbrugd. Dan worden de woorden van het Evangelie levenschenkend: "De woorden die Ik tot u gesproken heb, zij zijn geest en leven".[37] Alleen zo kent de mens, die hier volstrekt niet mee vertrouwd is, de Jezus Christus van de Evangeliën als de Beginloze God, de Schepper van de wereld en de Almachtige Heer. Doch hoe wordt dit in het leven van de mens verwezenlijkt?

Het Evangelie is de bovennatuurlijke Openbaring van God. Als zodanig is het onmogelijk om met ons verstand de paradoxale en bovenmenselijke inhoud ervan te begrijpen. De eerste stap om daartoe te naderen is het geloof in Zijn woord. Doch reeds door het aanvaarden van het woord van Christus begint een buitengewoon wonder dat Diens waarachtigheid bezegelt. Dit schenkt ons de genade om de kern van ons wezen te ontdekken, ons hart. Het intellect, dat de voornaamste werking is van het hart, keert zich tot de wondere werken Gods die zich in het hart voltrekken. Zo wordt een levenschenkende relatie gevormd tussen de Levende God en de mens. Door de werkingen van de genade in het hart wordt bevestigd en

---

[33] Joh.13:1.
[34] Lk.12:50
[35] Joh.13:31.
[36] "We Shall See Him", GK p.381 (ed.^{5}2010: p.321). Dit hoofdstuk, over het gebed te Gethsémane, staat niet in de Engelse editie.
[37] Joh.6:63.

getuigd, zonder enige twijfel, dat Christus God is. Onze relatie met Hem is scheppend en hernieuwend. Gaandeweg wordt in ons de gelijkvormigheid verwezenlijkt van ons wezen met Zijn Geest. Ons blijkt dat God de enige waarachtige werkelijkheid is, terwijl wij waarachtig worden naar de mate waarin de wondere gewaarwording van Hem ons hart in bezit neemt.

Het geloof in het Evangelie brengt de voorbereidende verlichting, waardoor wij onze zondigheid en onze innerlijke woestenij zien. Dan komen wij tot berouwvolle bekering en ontvangen wij de goddelijke energieën van de genade van Christus. In het Aangezicht van Christus wordt ons een tweevoudige visie geopenbaard. Ten eerste verstaan wij het vóóreeuwige plan van God voor de mens, en ten tweede beseffen wij het verderf van onze natuur en de duisternis van ons leven, die zijn opgehoopt door het langdurig verstoken zijn van de gemeenschap met onze algoede God. Deze tweevoudige visie bewerkt inspiratie en verwekt een intensiteit in het gebed der bekering. De mens spant zich in om gereinigd te worden van zijn innerlijke afschuwelijkheid, die de God er liefde ervan weerhoudt in hem woning te nemen. Met dankbaarheid schrijft hij al wat volmaakt, heilig en godvruchtig is aan God toe, die "ons eerst heeft liefgehad",[38] en ons door een onschatbare "losprijs"[39] heeft vrijgekocht van de vloek van de geestelijke dood der zonde.

Het standvastige geloof in de goddelijkheid van Christus verdiept het besef van de zonde, omdat degene die in bekering leeft zichzelf voortdurend onderwerpt aan het oordeel van Diens woord. Vastberaden spant de gelovige zich in en intensiveert zijn bekering, omdat hij verlangt bevrijd te worden van de wet der zonde, en de heilige God welgevallig te zijn. Hij staat versteld van de nederigheid van God die hem verwaardigt Hem aan te spreken – "Gij...". En God eert hem en aanvaardt hem als Zijn gelijke.[40] Zo ontwikkelt

---

[38] 1Joh.4:19.
[39] Mt.20:28 & Mk.10:45.
[40] Zie Mt.10:32 "Een ieder dan, die in Mij zal belijden in tegenwoordigheid der mensen, ook Ik zal in hem belijden in tegenwoordigheid van Mijn Vader, Die in de hemelen is", & Mt.6:12 "En vergeef ons onze schulden, zoals ook wij onze schuldenaren vergeven". [De vertaling '*in* mij' en '*in* hem' volgt de letterlijke Griekse tekst, die niet zonder betekenis is. Zie "Remember Thy First Love", hfst.1: EN p.23-24, NL p.17-18. *Noot vert.*]

zich een persoonlijke relatie tussen God en de zondaar die in bekering leeft. In deze relatie wordt de gelovige beheerst door vreze en liefde. Hij vreest dat hij misschien de hemelse goederen zou verliezen omwille van aardse en vluchtige zaken. Maar tegelijkertijd heeft hij God lief, want hij begrijpt dat Diens wil hem tot erfgenaam maakt van de eeuwige rijkdom, en hij hoort Zijn eeuwige stem: "Al het Mijne is het uwe".[41] Deze relatie die hier op aarde begint zal zich voor eeuwig voortzetten. En hoe sterker deze relatie wordt, des te gezegender zal het leven zijn dat hij zal beërven.

Degene die de geest der bekering bezit rechtvaardigt nimmer zichzelf in de relatie met God en met de naaste – maar, hoe smartelijk de aanblik van zijn geestelijke armoede ook is, en hoezeer hij ook lijdt door verdrukkingen te verduren omwille van het heil, God blijft voor hem onveranderlijk rechtvaardig en gezegend. Daarom leren de heilige Vaders ons dat degene die zichzelf rechtvaardigt zijn eigen ziel haat. De grote deugd die de mens behoudt, is om in al de ellende van het leven de fout op zichzelf te nemen. Oudvader Sophrony verzekert dat, overeenkomstig het Evangelische gebod,[42] degenen "die geleid worden door de Heilige Geest, nimmer ophouden zichzelf te berispen als God onwaardig".[43] De zelfberisping is altijd een nederige en waarachtige daad, die de genade van de Geest der Waarheid aantrekt, en het hart toebereid om de geest des heils te ontvangen. Dit leert de ziel om geen vertrouwen te hebben in zichzelf, maar in de algoede Heer, die de goddeloze om niet rechtvaardigt.[44] Aldus, geeft hij met dankbaarheid alle plaats in zijn hart van de goddelijke liefde, die de "volheid"[45] is van de wet van Christus.

De volksschare stond van versteld over de "nieuwe" en gezaghebbende leer van Christus, terwijl Zijn uitverkoren leerlingen "van verbazing ontsteld [waren] over Zijn woorden".[46] Dezelfde ontstelde verbazing beheerste de leerlingen toen zij de Heer volgden, Die voor de laatste maal opging tot Jeruzalem.[47] Maar de Heer

---

[41] Lk.15:31.
[42] Cf. Lk.17:10.
[43] Cf. "On Prayer", GK p.195 (ed.³2010: p.173), EN p.174.
[44] Cf. Rom.4:5.
[45] Rom.13:10.
[46] Mk.10:24.
[47] Cf. Mk.10:32.

verzekert dat degene die niet wedergeboren is, niet in staat is Zijn hemels onderricht te bevatten. Als hij niet vernieuwd wordt door de berouwvolle bekering, dan kan hij geen deelgenoot worden aan "het onvernietigbare leven",[48] dat wordt overgedragen door het geloof van de aanvaarding van de Evangelische leer. Dezelfde waarheid benadrukt Hij ook door de gelijkenissen: "Niemand naait een lap ongevolde stof op een oud opperkleed" en "niemand doet nieuwe wijn in oude huiden zakken".[49]

De weg van de opgang van de Heer tot Golgotha, maar ook de weg des Heren in het algemeen, verschrikte de apostelen. De apostel Thomas, hoewel hij de goede intentie bezat om met de Leermeester te sterven en zeide "laten ook wij gaan, opdat wij met Hem sterven",[50] drukte daarmee tevens de algemene vreze uit van degenen die Jezus volgden. Doch na het offer aan het Kruis en de Opstanding, maakte de Heer als overwinnaar Zijn weg vrij van de dood. Immers, al degenen die zoals de apostelen eerst gelijk werden aan de dood des Heren, ontvingen ook de ervaring van Zijn Opstanding, de doop van het vuur van Pinksteren. Aldus waren zij niet meer verbijsterd door de vrees voor de dood, maar gingen voort in vreugde, dat zij verwaardigd waren "oneer te lijden omwille van Zijn Naam".[51] Hetgeen zij eerst tegemoet traden met vrees en beving, is hier reeds vol heerlijkheid en eervol geworden. Zo zeide ook de apostel Paulus: "Want ik ben bereid, niet alleen gebonden te worden, maar ook te sterven in Jeruzalem, omwille van de Naam van de Heer Jezus".[52] Uit het bovenstaande verstaan wij, waarom Christus als voorwaarde voor het leerlingschap in het hemels Evangelie het gebod gaf: "Want zo wie het leven zijner ziel zal verliezen, omwille van Mij en het Evangelie, die zal het behouden".[53]

Het is onmogelijk het woord van het Evangelie te dragen en te vervullen, of te staan in de vreeswekkende Aanwezigheid van de Almachtige Jezus, zonder dat de menselijke natuur gesterkt wordt door de genade van de Heilige Geest. Tijdens de Transfiguratie van

---

[48] Heb.7:16.
[49] Mk.2:21-22.
[50] Joh.11:16.
[51] Cf. Hand.5:41.
[52] Hand.21:13.
[53] Mk.8:35.

Christus, "vielen" zelfs de speciaal daartoe uitgekozen leerlingen "op hun aangezicht en werden zeer bevreesd",[54] terwijl na Pinksteren, toen de apostelen Paulus en Silas, ten volle gesterkt door de komst van de Heilige Geest in de wereld, baden en God bezongen, er "plotseling een grote aardbeving geschiedde, zodat dit de fundamenten van de gevangenis deed wankelen".[55]

De heerlijkheid Gods toont zich omwille van ons in deze wereld als nederigheid, zodat God Zich met ons kan verbinden zonder ons beschaamd te maken. In deze wereld is Christus "lijdende",[56] opdat wij behouden worden. De mensen bedoelen met de term 'heerlijkheid' iets van grote kracht en overwicht. Elk eist met kracht zijn eigen heerlijkheid en gezag op. Doch Christus deed het tegenovergestelde. Hij kwam in de gedaante van een dienstknecht om ons te genezen van onze dodelijke ziekte, de hoogmoed, die als een geestelijke onreinheid ons niet toestaat binnen te treden in Zijn Koninkrijk van heerlijkheid en eer.[57] Hij leerde ons voor altijd de zede die leidt tot de gelijkwording met Hem: "Want wie is groter, die aanligt of die dient?" – "niet die aanligt" maar "die dient" in navolging van de Heer.[58]

In het Evangelie heerst een tweevoudig perspectief. Tweevoudig, want Christus, de Heer, is Eén, maar in twee naturen, de goddelijke en de menselijke. Soms straalt de heerlijkheid van de ene natuur, elders onderricht Hij de indrukwekkende nederigheid van de andere, en geeft daar Zelf het voorbeeld van. Degenen die de verlichting van het Evangelie niet hebben ontvangen, zien tegenstrijdigheid in de woorden en de daden van Jezus. Doch degenen die de dwaasheid van het geloof hebben verkozen, zien in Christus "Gods kracht en Gods wijsheid",[59] die leiden tot het heil. In dit perspectief leven wij het mysterie van de woorden van het Evangelie. Oudvader Sophrony, in commentaar op het wondere karakter van het Evangelie, zet verschillende van de woorden van de Heer naast elkaar:

---

[54] Mt.17:6.
[55] Cf. Hand.16:26.
[56] Hand.26:23.
[57] Cf. Openb.21:27.
[58] Cf. Lk.22:27.
[59] 1Kor.1:24.

«"Gij weet dat na twee dagen het Pascha geschiedt, en de Zoon des mensen zal worden overgeleverd om te worden gekruisigd" (Mt.26:2). "Van nu af zal Ik niet drinken van deze vrucht van de wijnstok, tot op die dag, wanneer Ik deze mét U nieuw zal drinken in het Koninkrijk van Mijn Vader". (Mt.26:29). "Mijn God, Mijn God, waarom hebt Gij Mij verlaten?" (Mt.27:46). "Amen, Ik zeg tot u: Heden zult gij mét Mij in het paradijs zijn" (Lk.23:43). "Zijn zweet nu werd als bloeddruppels die op de aarde vielen" (Lk.22:44). "Vader, vergeef het hun, want zij weten niet wat zij doen" (Lk.23:34). "Mijn ziel is geheel bedroefd, ten dode toe" (Mt.26:38). "Gij, zijt Gij de Christus, de Zoon van de Gezegende? Jezus nu zeide: Ik ben – en gij zult zien: de Zoon des mensen, gezeten aan de rechterhand der Kracht, en komende met de wolken des hemels" (Mk.14:61-62).»[60]

Uiteraard zullen degenen die geloofd hebben in het Evangelie van Christus en "het gezag [hebben ontvangen] om kinderen Gods te worden"[61] hetzelfde perspectief weerspiegelen. Zij bezitten de genade om in de wereld te leven "als doden",[62] de mogelijkheid om in hun dienst zich "te verheugen met hen die zich verheugen, en te wenen met hen die wenen",[63] het voorrecht om in hun leven de waarheid te bevestigen van het woord: "want wanneer ik zwak ben, dan ben ik machtig".[64]

Aan de ene kant waarschuwt de Heer ons dat wij "door vele verdrukkingen moeten binnenkomen in het Koninkrijk Gods",[65] terwijl Hij ons aan de andere kant bemoedigt om Hem te volgen opdat wij rust zullen vinden en onze vreugde "vervuld"[66] zal zijn: "Neemt Mijn juk op u, en leert van Mij, want Ik ben zachtmoedig en nederig van hart; en gij zult rust vinden voor uw zielen; want Mijn juk is zacht en Mijn last is licht".[67] Hoe kunnen wij deze dingen met elkaar verbinden, de "vele verdrukken" en tegelijkertijd de "rust", het "zachte juk", de "lichte last"? Hoe dit te verstaan, dat Hij ons

---

[60] "On Prayer", GK p.226-227 (ed.³2010: p.200), EN p.100.
[61] Joh.1:12.
[62] Rom.6:13.
[63] Rom.12:15.
[64] 2Kor.12:10.
[65] Hand.14:22.
[66] Joh.16:24.
[67] Mt.11:29-30.

enerzijds zegt dat de poort nauw is en het pad met Hem smal, en anderzijds dat dit de gemakkelijkste weg is, de meest vreugdevolle, de meest vervulde, die de mens leidt tot de vervulling van zijn bestemming en hem gelijk maakt aan zijn Formeerder?

Beide zijn waar. God ziet onze weg als gemakkelijk, omdat Hij deze kan overschaduwen met Zijn genade, en door Zijn onvergankelijke vertroosting de mens kan opheffen boven al de droefheden van het leven. Zelfs de pijn die hij verduurt om het gewaad af te leggen van het verderf en de ijdelheid van deze wereld, zal kostbaar worden – opdat zijn verandering diepgaand moge zijn en tot de wortel toe. Het volstaat dat de mens zich vernedert en heel zijn hart aan Hem overgeeft. Dan zal de Heer de sluier van de hartstochten wegnemen, die zijn intellect verduistert en zijn hart bezwaart, en dan zal de mens met vreugde wandelen op de weg van de Heer. Nergens zal hij meer tegenstrijdigheden zien in de woorden van God, maar hij zal er in zijn hart van overtuigd zijn "dat voor hen die God liefhebben alles medewerkt ten goede".[68]

Doch hoe kan de mens dit tweevoudig perspectief leven met ijver en vuur, zodat hij zijn vervolmaking kan bereiken, waartoe God hem heeft voorbestemd? Hoe te leven in deze wereld – die zich verzoend heeft met de ijdelheid en de dwaling van haar verheven voorbeelden, en die een "gruwel" is voor Gods aanschijn – en ondanks dat alles toch zijn moedeloosheid te overstijgen en zijn inspiratie onverminderd te bewaren, al de dagen van zijn leven?

Oudvader Sophrony definieert de goddelijke inspiratie als de aanwezigheid van de kracht van de Heilige Geest in de mens.[69] Deze inspiratie wordt omgezet tot goddelijke liefde en de edelste uitdrukking daarvan is een overvloed aan tranen. De grootste inspiratie wordt overgedragen door het schouwen van de heerlijkheid van de Heer Jezus. De ontmoeting van de mens met de Heer der heerlijkheid, "van aangezicht tot Aangezicht", zoals de heilige Silouan verhaald, vervult heel zijn wezen met de genade van de Heilige Geest. Na dit gezicht van de Heilige, zoals hij verhaalt, leefde hij in een niet te dragen volheid van genade:[70]

---

[68] Rom.8:28.
[69] Cf. "We Shall See Him", GK p.189 (ed.^{5}2010: p.162), EN p.119.
[70] "Saint Silouan", GK p.458 (ed.^{15}2013: p.439), EN p.362, NL p.384.

Ik ken een mens, die door de barmhartige Heer bezocht werd met Zijn genade. En als de Heer hem had gevraagd: "Wilt gij dat Ik u nog meer geef?" dan zou zijn ziel, vanwege de zwakheid van het vlees, gezegd hebben: "Gij ziet, Heer, dat als Gij mij nog meer zou geven, ik dan zou sterven." Want de mens is beperkt, en niet in staat de volheid der genade te dragen.

Na de gebeurtenis van dit schouwen bleef de inspiratie van Silouan onverminderd en het refrein van zijn leven was onophoudelijk: "Mijn ziel smacht naar U, o Heer, en ik zoek U onder tranen... Ik kan U niet vergeten. Uw zachte en zachtmoedige blik heeft mijn ziel aangetrokken".[71] Hij getuigde onvermoeibaar dat de liefde van de Heer onuitsprekelijk is, van een vurige warmte, en dat deze geen verzadiging kent in de harten der heiligen. Deze liefde strekt zich zelfs uit over de vijanden en omvat heel de wereld. In het geval van de heilige Silouan werd zijn bekering een schreeuw tot de Hemelse Vader voor de gehele Adam, voor heel de aarde, en zijn bestendige smeekbede van voorspraak gedurende veertig jaar was: "Heer, geef op aarde de Heilige Geest, opdat alle volkeren U mogen kennen en Uw liefde leren".[72] En wederom, met nog groter intensiteit: "Ik smeek U, barmhartige Heer, dat al de volkeren der aarde U mogen kennen door de Heilige Geest".[73]

Degenen die de Heer gezien hebben in de Heilige Geest bezitten een onbeschrijfelijke goddelijke nederigheid en onophoudelijk bewerkt de genade van God in hen een inspiratie als van de Cherubim en de Serafim. Toch zijn het er maar weinig, die leven in een dergelijk schouwen van de heerlijkheid des Heren. Hoe zullen echter de vele overige Christenen inspiratie en kracht kunnen putten, om de Heer trouw te volgen en de "woontent der rust" te vinden in Zijn heilige Aanwezigheid?

Zoals wij reeds hebben genoemd, schetst het Evangelie de gedaante van de Heer Jezus. Christus is verborgen in Zijn woorden. Degene die deze bewaart, blijft in Zijn liefde en wordt tot Zijn woontent.[74] Hoe rijker het woord des Heren woont in het hart van

---

[71] Ibid., GK p.359 (ed.^{15}2013: p.349), EN p.278, NL p.300.
[72] Ibid., GK p.357 (ed.^{15}2013: p.346), EN p.276, NL p.298.
[73] Ibid., GK p.355 (ed.^{15}2013: p.345), EN p.276, NL p.298.
[74] Cf. Joh.15:10 & 14:23.

de gelovige, des te sterker zal de inspiratie zijn waarmee hij Diens Aangezicht zal zoeken. Op deze wijze zullen de sporen van Zijn lichtende Aanwezigheid opeengehoopt worden in het hart, totdat de eeuwige "volle dag" aanbreekt.[75]

Degenen die de waarachtige inspiratie bezitten, de ontroostbare bekering, het onophoudelijk zoeken naar het Aangezicht van de God der Vaderen, die zullen – op een zeker ogenblik dat God kent – binnentreden in het eeuwige leven door een existentiële zichtbare openbaring: de "morgenster"[76] gaat op in hun harten en zij ontvangen de voorsmaak van "de einden der eeuwen".[77] Wanneer zij deze staat hebben leren kennen, kunnen zij dit niet meer vergeten. Met grote intensiteit en droefheid des harten zoeken zij dit voortdurend, niet alleen voor zichzelf, maar ook voor heel het geslacht van Adam, omdat zij pas dan waarlijk verstaan dat dit de bestemming is van elke menselijke ziel.

Elke keer dat de grote apostelen Petrus, Paulus en Johannes de grootheid uiteenzetten van het volmaakte Evangelische leven en de heilbrengende genade die Christus in de wereld heeft gebracht, verbinden zij dit met de dag van de Wederkomst in heerlijkheid, om de mensen de nodige inspiratie te geven zodat zij deze genade zouden verwerven en zich eigen maken. Maar ook de Heer Zelf, wanneer Hij spreekt over de vreeswekkende tekenen die vooraf zullen gaan aan Zijn Komst – en vooral over de eenmalige grote verdrukking die daaraan voorafgaat, de vreze, de wanhoop en de verkilling van de liefde in die dagen – dan zegt Hij, om ons te sterken door het zicht op Zijn aanstaande en uiteindelijke overwinning en op onze bevrijding: "Welnu, als deze dingen beginnen te geschieden, zo ziet omhoog en heft uw hoofden opwaarts, want uw bevrijding komt nabij".[78] Op dezelfde wijze vertroosten de engelen uit de hemel de bedroefde harten van de leerlingen van Christus op de dag van Zijn Hemelvaart en Zijn afscheid van hen: "Gij mannen van Galiléa, wat staat gij en ziet op naar de hemel? Deze Jezus, Die van u is opgenomen in de hemel, Hij zal komen op dezelfde wijze

---

[75] Zie Spr.4:18.
[76] Cf. 2Petr.1:19.
[77] 1Kor.10:11.
[78] Lk.21:28.

als gij Hem hebt aanschouwd terwijl Hij naar de hemel is gegaan".[79] En werkelijk, "toen keerden [de apostelen] weder naar Jeruzalem, van de berg, die genaamd wordt de Olijfberg, ... met grote vreugde, en zij waren voortdurend in de Tempel en zegenden God."[80]

Wij zien dus dat het verwachten van de Wederkomst van de Heer Jezus een bron is van inspiratie en vertroosting in de grote strijd voor ons eeuwig heil. Uit de verwachting van de heerlijke Verschijning van Christus aan het einde der eeuwen zullen wij de kracht putten voor de zelfverloochening tijdens onze leertijd bij Christus en het antwoord op de eisen van de genade die ons gegeven is; het uithoudingsvermogen tot het einde toe in de beproevingen waarmee de verkondiging van de Evangelische waarheid in deze wereld gepaard gaat; de onzelfzuchtigheid en de ijver, in het bijzonder van onze herders, om een voorbeeld te zijn voor het gelovige volk; de vlam van de zuivering om kinderen van het licht te worden en toereikend om te worden opgeheven in de wolken om het grote Licht te ontvangen, Christus, Die plotseling zal komen als een bliksemstraal "van het oosten... tot het westen".[81] Zonder deze verwachting wordt het heil niet volbracht, terwijl er zonder heil geen Christendom bestaat. De echtheid van de Christenen zal blijken uit hun werken.

En wijzelf, om te worden hernieuwd door het "nieuwe" en wondere leven dat het heilig Evangelie ons aanbiedt, wij dienen niet alleen onophoudelijk dat uur te overwegen waarop de Heer aanstonds zal komen, als een dief in de nacht, maar dit uur ook met verlangen te verwachten en ons daarheen te haasten. De gedachtenis aan de Wederkomst des Heren inspireert altijd, omdat dit nog niet voltrokken is, en derhalve een mysterie blijft. De liefde voor de zalige Verschijning van de Almachtige Jezus zal ook ons nederigen waardig maken om deelgenoot te zijn van deze grote en onbeschrijfelijke, supra-historische gebeurtenis. Dan zullen alle tijdelijke en vergankelijke dingen voorbijgaan, opdat alleen het onwankelbaar Koninkrijk overblijft, dat geschonken zal worden als erfdeel aan al degenen die Zijn Eerste Verschijning hebben lief-

---

[79] Hand.1:11.
[80] Cf. Hand.1:12 & Lk.24:52-53.
[81] Mt.24:27.

gehad en zich spoeden om ook Zijn Wederkomst in heerlijkheid te verwelkomen.

Zalig de gelovige dienstknechten des Heren, "onberispelijk en smetteloos",[82] die op die grote dag en verschijning met vrede en vreugde zullen kunnen uitroepen tot Hem Die Komt, hun Heiland:

"Ja, kom Heer Jezus!"[83]

---

[82] 2Petr.3:14.
[83] Openb.22:20.

V. 3

De omkering van de piramide van de geschapen wereld

de Zaligsprekingen

De grootheid van de met rede begaafde mens ligt hierin, dat hij vanaf den beginne geschapen werd "naar het beeld en de gelijkenis" van God, met als bestemming te groeien in de genade van het goddelijk zoonschap. Ondanks de smartelijke gebeurtenis van de val en de opstandigheid van de mens, deed God Zijn oorspronkelijke doel niet teniet, maar Hij zond Zijn Zoon, Die "de Weg"[1] werd van God tot de mens, en de weg van de mens tot God. Met andere woorden, in de Persoon van Christus werd de "mens des Heren" geopenbaard, en dit was de Eniggeboren Zoon van God. Hem "bouwde" God uit de heilige Maagd "tot Zijn werk", en Hij werd "vóór de eeuwigheid gegrondvest" in de Raad van de Drieëenheid.[2] Deze weg van God overbrugde de "grote kloof",[3] die de zonde gecreëerd had tussen God en ons.

Gedurende heel het Oude Testament onderscheidden de profeten en de rechtvaardigen deze weg op profetische wijze, daarvoor baden zij, daarop baseerden zij hun leven, en zij wachtten op de vollediger openbaring daarvan, die verwezenlijkt werd door de Verschijning in het vlees van onze Heer Jezus Christus, toen "de volheid der tijden" gekomen was.[4] De apostel Paulus, in zijn verkondiging van de Weg des Heren, drukt zich met verwondering uit over de grootheid daarvan, waarbij de genadegaven die daarmee gepaard gaan getuigen van de verzoening van God met de mensen en van de toebereiding van het éne Lichaam van Christus, de Kerk. Hij karakteriseert deze

---

Een nadere bewerking van een voordracht te Wichita (A.D. 2014), die dezelfde titel droeg; zie "Van de dood tot het leven", hfst.2. *Noot vert.*

[1] Joh.14:6
[2] Cf. Spr.8:22-23.
[3] Lk.16:26
[4] Cf. Ef.1:10 & Gal.4:4.

weg eerst als een nederdaling "tot de nederste delen der aarde" en vervolgens als een opgang tot boven de hemelen.[5] Hij staat versteld over het eerste gedeelte van deze weg, waarop hij bijzondere nadruk legt: Christus' vrijwillige nederdaling, die leidde tot de heerlijkheid die Hij had als God, "eer de wereld was".[6]

Oudvader Sophrony toont de weg des Heren op een beeldende wijze die karakteristiek is voor hemzelf als kunstenaar, maar die tevens Evangelisch is en zijn integratie weerspiegelt in het mysterie van de zelfontlediging en de nederigheid van Christus. Hij merkt op, dat de wereld het beeld toont van een "piramide van het zijn", die gekenmerkt wordt door de onrechtvaardige en onvolmaakte hiërarchische orde daarvan, zowel als door de ongelijke verdeeldheid in hogere en lagere lagen van mensen.[7] Aan de top van de piramide zitten de sterke regeerders en koningen der aarde, die de natiën "overheersen" en "hun gezag doen gelden" over hen – en zij worden zelfs beschouwd als "weldoeners". Doch deze staat wordt door de Heer uitdrukkelijk verworpen: "Zo zal het niet zijn onder u".[8] Deze piramide is het resultaat van de val van de eerstgeschapenen in de zonde, toen de vrijheid van de mens zich voegde naar de wet van het verderf en van de dood, en zijn waarachtige oriëntatie verloor. Niettemin, vanaf het moment dat de mens geschapen werd, blijft in hem een ingeboren idee bestaan van rechtvaardigheid en gelijkheid, en zijn geest eist dit vervuld te zien in de daadwerkelijke ervaring van dit leven. Doch alle oplossingen die worden geopperd door de filosofie of de politiek blijken onrealistisch en niet toepasbaar te zijn. Elke poging de onoplosbare ongelijkheid en onrechtvaardigheid op te lossen – die veroorzaakt worden door de vrijheid en de incongruentie van de wil van de mensen onderling – faalt, en leidt dan tot nog tragischer gevolgen. De geschiedenis van vele eeuwen toont aan dat er menselijkerwijs geen genezing bestaat voor de onrechtvaardige piramide van deze wereld.

De bevrediging van dit verlangen van de mens naar rechtvaardigheid en gelijkheid werd in de wereld gebracht door Christus,

---

[5] Cf. Ef.4:8-12.
[6] Joh.17:5.
[7] Cf. "Saint Silouan", GK p.312 (ed.[15]2013: p.300), EN p.237, NL p.256.
[8] Mt.20:26; cf. Mk.10:43 & Lk.22:26.

"Die ons van God geworden is tot wijsheid, en tot rechtvaardigheid, en heiliging, en verlossing".[9]

De Heer Jezus verbergt Zijn almacht, om de overtreder van Zijn gebod – de mens – het heil te schenken. Om de schuldige niet te verschrikken en diens vrije wil te waarborgen, spreidt Hij Zijn almacht niet ten toon. In Zijn oneindige wijsheid en goedheid heeft Hij een vreemde manier bedacht om de mens te behouden: Hij daalde neder vanuit de hoogten van Zijn heerlijkheid, werd een zwakke mens en nam al het verderf en alle pijn op zich, die in de lange jaren van zonde opeengehoopt waren. Hij dook in de diepste afgrond van het verval van de mens, zonder Zijn eigen onschuldige en zondeloze leven te sparen. Hij verdroeg dat alle toorn van de haat, elke aanval en smart, al "de smaadheden van Hem die Hem smaadden" op Hem vielen.[10] Hij droeg de meest ongelofelijke onrechtvaardigheid die de boosaardigheid en de onbeschaamdheid van de geest van de boze maar kon beramen, met instemming van het verderf en het verraad der mensen, die "gedurende hun ganse leven dienstbaarheid verschuldigd waren"[11] aan diezelfde jaloerse geest van de boosaardigheid van de tegenstander.

Door Zijn onvergankelijke zelfontlediging, Zijn onbeschrijfelijke nederigheid, en Zijn onvatbare tocht naar omlaag, toonde Christus dat Zijn liefde voor de mens onmetelijk is. Waarlijk, "niemand heeft groter liefde dan deze, dat iemand het leven zijner ziel zou zetten voor zijn vrienden".[12] Hij keerde de drukkende en onheilige piramide van de wereld ondersteboven en stelde Zichzelf onderaan, aan de top van deze omgekeerde piramide. Als een "onberispelijk en smetteloos Lam"[13] nam Christus het gewicht en de "vloek" op Zich van de zonden van de gehele wereld.[14] Zoals Zijn woord bevestigt, "daar Hij de Zijnen, die in de wereld waren, liefhad, zo heeft Hij hen liefgehad tot het einde".[15] En "de Zijnen" zijn alle mensen,

---

[9] 1Kor.1:30.
[10] Cf. Rom.15:3.
[11] Heb.2:15.
[12] Joh.15:13.
[13] Cf. 1Petr.1:19.
[14] Cf. Gal.3:13.
[15] Joh.13:1.

voor wie Hij "op vergelijkbare wijze"[16] een nederig mens werd en gestorven is. Hij stelde Zichzelf beneden allen, om allen op te heffen tot Zijn eeuwig Koninkrijk. Op wonderbare wijze toonde Hij, dat – zoals de Apostel zegt – "het dwaze van God wijzer [is] dan de mensen, en het zwakke van God sterker dan de mensen".[17]

Deze nederige weg van Christus naar omlaag, is vervuld van de geest van Zijn Zichzelf offerende liefde die heerst aan de top van de omgekeerde piramide. Aan degenen die Hem willen volgen stelt de Heer voor deze weg te leren kennen en ingewijd te worden in het mysterie van Zijn leven: "Komt tot Mij gij allen, ... leert van Mij, want Ik ben zachtmoedig en nederig van hart; en gij zult rust vinden voor uw zielen".[18] Inderdaad, al de woorden die Hij tot de mens richt komen voort uit Zijn nederige Geest, en schenken ons de nederige en zachtmoedige Jezus te schouwen. Elke keer dat Zijn woord aanvaard wordt, gaat dit gepaard met de gewaarwording van Zijn nederige liefde en met de (godwelgevallige) eerzucht, zodat de leerling dit beantwoordt met liefde en omlaag gaat. Daar levert Christus Zichzelf over voor de Zijnen. Daar ademt de zoetgeurende bries van de Heilige Geest, en wordt de heilige en onbevlekte Tempel Gods gebouwd. Daar is de gemeenschap der genade werkzaam, van diegenen die met Hem verenigd zijn en ledematen geworden zijn van Zijn Lichaam. Daar wordt de "nieuwe schepping" geopenbaard.

In deze wereld is Christus "lijdende"[19] en "gekruisigd".[20] Niemand kan Hem leren kennen en verenigd worden met Zijn Geest, tenzij hij deze nederige tocht naar omlaag onderneemt – de enige weg die leidt tot verlossing en tot de "overvloed" van Zijn onvernietigbare leven, in de eeuwige rust van "de geesten der vervolmaakte rechtvaardigen"[21] en in de zaligheid van Zijn onvergankelijk erfdeel.

Het aanvaarden van de woorden van de Heer Jezus, en de aanraking met de geest van Zijn zichzelf offerende liefde, beginnen de nederige gedaante van Christus te schetsen in het hart van de gelovige. Enerzijds openbaart dit de volmaaktheid, de grootheid en de

---

[16] Heb.2:14.
[17] 1Kor.1:25.
[18] Mt.11:28-29.
[19] Hand.26:23.
[20] Gal.3:1; cf. 1Kor.2:2.
[21] Heb.12:23, cf. Dienst voor de overledenen.

heiligheid van Christus' weg, zoals getoond werd in Zijn Godwaardige zelfontlediging en Zijn liefde "tot het einde". Anderzijds overtuigt dit tegelijkertijd van de geestelijke armoede van de mens, en het berispt de onrechtvaardigheid van de zonden, en de nutteloosheid van zijn leven tot dan toe. De gelovige wordt in verwondering aangetrokken tot de Persoon van de algoede Heiland, en hij is bereid Hem met heel zijn ziel te volgen, "waar Hij ook heengaat".[22] De gelovige is bereid de voorwaarden te aanvaarden voor het leerlingschap in de Geest van de enige Leermeester, zoals Deze Zelf heeft gesteld: "Wie onder u groot wil worden, laat hem uw dienaar zijn; en wie onder u de eerste wil zijn, laat hem uw dienstknecht zijn".[23] Of, met nog grotere striktheid: "Al wie het leven zijner ziel zal verliezen omwille van Mij, die zal het behouden".[24]

De weg van Christus, en in het bijzonder de tocht van de laatste dagen van Zijn leven op aarde, openbaarde dat de inhoud van Zijn Goddelijke Hypostase Zijn "liefde tot het einde" is. De aanblik van de zachtmoedige en nederige Jezus – Die in de menselijke gedaante van een dienstknecht als een "onberispelijk en smetteloos Lam"[25] "ter slachting" wordt geleid,[26] geheel zonder "de boze te weerstaan",[27] maar "voor ons tot vloek wordt"[28] en de dood op Zich neemt die ons geslacht verwond had – maakt het intellect van elke bewuste gelovige als krijgsgevangen. Het licht van de nederige liefde van Christus toont duidelijk de vreeswekkende ontaarding in ons van de oorspronkelijke idee van de Formeerder voor de mens. Dit verwekt in het hart van elke uitverkorene een ongewoon vurige warmte van liefde en dankbaarheid, zodat ook hijzelf aan God, zijn Weldoener, alle dankzegging wil opdragen, alle deugd, lofprijzing en heerlijkheid.[29] Hij ziet de onbeschrijfelijke nederigheid van Christus, en daar hijzelf niet in staat is zich tot het einde toe te vernederen – om te vergelden wat hij zijn Verlosser verschuldigd is, en heel zijn

---

[22] Openb.14:4.
[23] Mt.20:26-27.
[24] Lk.9:24.
[25] Cf. 1Petr.1:19.
[26] Jes.53:7 (LXX).
[27] Cf. Mt.5:39.
[28] Cf. Gal.3:13.
[29] Cf. Fil.4:8.

wezen te geven aan Diens liefde – geraakt hij tot een volkomen verbrokenheid, door een paradoxale verandering van het hart, die gaandeweg verandert in een afkeer van zijn eigen nutteloosheid. Hij verlangt om, zoals de goede rover, alle rechtvaardigheid toe te schrijven aan de Gekruisigde God, en de rechtvaardige smaad te aanvaarden voor zijn zonden. Hij wordt op profetische wijze geïnspireerd, zoals de profeet Daniël, om de rechtvaardigheid te bezingen van de algoede God, en de schaamte te verdragen van zijn persoonlijke zonden.

Door deze begeestering en het sterke gevoel van zelfhaat begint de waarachtige bekering uit liefde en dankbaarheid voor het grote Heil van Jezus Christus – een bekering die op deze aarde geen einde heeft. Deze bekering, die geïnspireerd wordt door de liefde die reikt tot aan de zelfhaat, bevrijdt de mens van alle banden en gehechtheden aan de aarde, om te worden opgeheven tot de hoogte van de twee grote en heilige geboden. Aldus verenigd met Christus, de Nieuwe Adam, ontvangt hij Diens goddelijke staat en de uitbreiding van Diens liefde, zodat hij in zijn gebed heel de schepping omvat en deze in zijn voorbeden opdraagt aan God. Zijn bekering wordt een adamitische weeklacht en een kreet van heel de aarde tot God. Daarom schreef oudvader Sophrony met eerbiedige schroom over deze waarlijk grote wetenschap van de Geest, en hij vatte dit samen in enkele woorden:

"Haat uzelf uit liefde voor God,
en gij zult al wat bestaat omvatten door deze liefde".[30]

Juist deze liefde tot aan zelfhaat toe ontspringt aan de top van de omgekeerde piramide, aan de Gekruisigde Christus, en dit is de waarachtige inhoud van een menselijke hypostase, die gestaag opgaat tot de volmaaktheid van haar gelijkenis aan de Heer Jezus, de Aanvoerder en Voleinder van haar geloof.

Deze tocht van de Heer Jezus geschiedde uit gehoorzaamheid aan het vóóreeuwig Raadsbesluit van God voor het heil der mensen. Al de leerlingen van Christus, die verlangen met Hem te worden verenigd – degenen "die geleid worden door de Heilige Geest", zo zegt oudvader Sophrony – "houden nimmer op zichzelf te berispen

---

[30] "We Shall See Him", GK p.329 (ed.⁵2010: p.279), EN p.199.

als God onwaardig".³¹ Zij volgen de weg en het voorbeeld van Christus, en streven er zoveel mogelijk naar nog dieper "omlaag" te gaan, om een nog radicaler reiniging te verwerven van de gevolgen van de hoogmoed, een nog vollediger genezing en een nog volmaakter intrede in het eeuwig Koninkrijk "waar de onbeschrijfelijke luister samengaat met de onzegbare nederigheid en de onuitsprekelijke schoonheid".³² De zelfbeschuldiging en zelfberisping zijn kenmerkend voor de bekering van diegenen die met nederige erkentenis van hun hart de verzoening zoeken met de levende God. Wanneer zij hun zondigheid en onrechtvaardigheid belijden voor het aanschijn des Heren, dan bevestigen zij een universele waarheid: "Want allen hebben gezondigd, en schieten tekort in de heerlijkheid Gods".³³ Deze belijdenis maakt hen waarachtig, en zo trekken zij de Geest der waarheid aan, Die hen reinigt van elke zonde en van alle onrechtvaardigheid.³⁴ De Oudvader vergelijkt deze tocht naar omlaag met een boom die naarmate hij hoger wil opgaan, des te dieper met zijn wortels in de aarde dringt.³⁵

Hoe groter de erkenning van onze nietigheid en onze zwakheid, zowel als onze zelfverloochening in de nederwaartse tocht naar omlaag, waar Christus is, hoe dieper en steviger de fundamenten zullen zijn van de tempel Gods die binnenin ons wordt opgebouwd, en hoe volmaakter de inwoning zal zijn van Christus in ons hart, en de afdruk daarin van Zijn hemels beeld. Hoe meer wij aanvaarden dat wij arm en zondig zijn, des te groter zal onze nederige afhankelijkheid zijn van Gods genade en ons vertrouwen op Zijn kracht – het enige wat ons heil op betrouwbare wijze garandeert:

"Zalig de armen van geest,
*want hunner is het Koninkrijk der hemelen".*³⁶

In zijn tocht omlaag omwille van ons herstel en onze genezing van de grote wond van de Val, was de Heer vaak bedroefd over de hardheid van hart der mensen. Daarnaast, op andere momenten,

---

[31] "On Prayer", GK p.195 (ed.³2010: p.173), EN p.174.
[32] Cf. ibid., GK p.36 (ed.³2010: p.34), EN p.25.
[33] Rom.3:23.
[34] Cf. 1Joh.1:8-9.
[35] Cf. "We Shall See Him", GK p.120 (ed.⁵2010: p.104), EN p.78.
[36] Mt.5:3.

weeklaagde Hij over Jeruzalem, dat niet slechts de profeten doodsloeg maar aanstonds zelfs God zou doodslaan. In Gethsémane werd Zijn ziel "geheel bedroefd, ten dode toe",[37] en Hij bad onder bloedig zweet.[38] In de dagen van Zijn leven op aarde offerde Hij aan God gebeden en smeekbeden "met sterk schreeuwen en onder tranen".[39] Hij onderging pijn en lijden, en Hij stierf een verachtelijke dood, in Zijn dienstwerk voor het heil der wereld – "want door één Offerande heeft Hij voor altijd hen vervolmaakt, die geheiligd worden".[40] Zoals de profeet Jesaja voorzag, werd Hij één en al smart, één en al wonde voor onze zonden, opdat wij "door Zijn striemen" zouden worden genezen.[41] Hij werd verlaten aan het Kruis, opdat het onderpand van Zijn aanwezigheid tot ons moge komen. Tenslotte werd Hij overgeleverd tot de dood, zodat de gave van Zijn onvernietigbaar leven in ons overvloedig zou mogen zijn, ons tot erfdeel. En voorzeker, al dit ongelofelijk en vreeswekkend lijden verduurde Hij enkel uit liefde.[42]

Wanneer de nederige liefde van Christus heerst in het hart van haar dienaar, dan verlicht zij het intellect met een tweevoudige visie. Enerzijds schouwt de mens op noëtische wijze de grenzeloze en lichtdragende liefde van Christus, die wil dat allen worden behouden, zelfs Zijn vijanden. Anderzijds ziet hij, dat het verderf en de nutteloosheid in hemzelf hem innerlijk ondoordringbaar maken voor de volheid van de hernieuwende energie van de goddelijke liefde. Doch hij heeft daar in voldoende mate deel aan om een duidelijk besef te hebben van zijn zondigheid en zijn onrechtvaardigheid. Dan, zoals oudvader Sophrony belijdt, wordt hij beheerst door één denkbeeld: "Indien God zó is, als de gekruisigde Christus Hem heeft geopenbaard, dan zijn wij allen – en alleen wijzelf – verantwoordelijk voor al het kwaad waar de geschiedenis van de mensheid van vervuld is".[43] Dit denkbeeld verwekt in de ziel rouwmoedigheid en verschrikking vanwege haar gescheiden zijn van God. Zij

---

[37] Mt.26:38.
[38] Cf. Lk.22:44.
[39] Cf. Heb.5:7-9 & 12:3.
[40] Heb.10:14
[41] Jes.53:5.
[42] Cf. Joh.3:16.
[43] "On Prayer", GK p.53 (ed.³2010: p.49), EN p.36.

wil om geen enkele reden beroofd worden van Zijn algoede Geest, en is bereid om een diepe bekering te ondernemen voor de verzoening met Hem. De energie van de zelfhaat vanwege vanwege de eigen onwaardigheid en ondankbaarheid verwekt rouwmoedigheid en het wenen in berouwvolle bekering, wat de edelste uitdrukking is van zijn gewonde en tekort schietende liefde voor God. Door de tranen der bekering wordt de ziel van de gelovige gaandeweg genezen van de pest der zonde, zodat hij zelfs nog gevoeliger wordt voor de werkingen van de genade. Wanneer de gelovige weent voor Gods aanschijn, dan heeft hij slechts één denkbeeld in zijn hart, waarin heel zijn wezen geconcentreerd is. Dit denkbeeld is door God geschonken, hetzij via de Heilige Schriften, hetzij door het onderricht van onze vaders, hetzij via de eredienst van de Kerk, of zelfs rechtstreeks door Gods Heilige Geest. Boven alle andere vrijwillige ascetische daden, is het dit wenen in berouwvolle bekering dat de ziel van de mens verenigt en geneest, en de onvergankelijke troost van de Trooster aantrekt, zodat de mens – gesterkt door de genade – in Gods aanwezigheid kan staan:

"Zalig zijt gij die nu weent ... zalig de treurenden, want zij zullen worden vertroost".[44]

De zachtmoedige en nederige zede van de Heer Jezus gedurende die vreeswekkende dagen van Zijn vrijwillige nederdaling, zoals reeds deze eeuwen daarvoor beschreven werd door de profetische geest van Jesaja,[45] verwekt ontstelde verbazing en verwondering. Gedurende heel deze tocht bleef de Heer zachtmoedig en in vrede. Zachtmoedig, omdat Hij Zijn beginloze Vader kende op volmaakte en unieke wijze: "Niemand kent de Zoon, behalve de Vader, noch kent iemand de Vader, behalve de Zoon, en diegene aan wie de Zoon Hem wil openbaren".[46] Dat Hij de Vader kende, deed Hem zachtmoedig en ongeschokt blijven toen zij Hem inhaalden als de Messias; en Hij bleef in vrede tegenover de dreiging van de dood, want – zoals Hijzelf zeide tot Pilatus: "Gij zoudt geen enkel gezag

---

[44] Lk.6:21; Mt.5:4.
[45] Cf. Jes.53:7-8.
[46] Mt.11:27.

hebben over Mij, als dit u niet van boven gegeven was"[47] door Mijn Vader, met Wie Ik "één" ben.[48]

Op dezelfde wijze ontvangen ook degenen die zich in bekering bevinden en omlaag gaan – door de erkenning van hun geestelijke armoede en nietigheid en door de treurnis over hun nutteloosheid – de vertroosting van de Geest, de Trooster. Zij worden genezen, zij worden zachtmoedig, gelijk aan de Heer – zij blijven altijd in vrede, onbewogen door beledigingen of lofprijzing. De genade die hun hart vervult, begenadigt hen met de kostbare kennis van God, wat voortdurend de "goddelijke wasdom"[49] in hen vermeerdert, totdat hun hart "viervoudig" wordt uitgebreid om zowel de hemel als de aarde te omvatten:

"Zalig de zachtmoedigen,
want zij zullen de aarde beërven".[50]

Gedurende heel zijn tocht werd de Heer gedreven door een van God bezielde ijver voor het werk van het heil der wereld. Dit beschouwde Hij als Zijn spijze bij uitstek; het was "de wil van Hem, Die Hem gezonden had".[51] Hij aanvaardde Zijn dood als een "Doop" opdat de wereld zou leven, en werd "gedrongen totdat het volbracht zou zijn".[52] Tenslotte werd Hij "verteerd"[53] door de ijver voor het huis van Zijn Vader. Want wijzelf zijn het Huis Gods – en opdat wij mogen worden opgebouwd tot Zijn woonplaats, nodigt Hij ook ons uit een vergelijkbare ijver te hebben voor de gave van Zijn Geest: "Indien iemand dorst heeft, hij kome tot Mij en drinke. Die in Mij gelooft, zoals de Schrift zegt, uit zijn binnenste zullen stromen van levend water vloeien".[54]

Wanneer de nederige liefde van Christus heerst in het hart van de mens, dan wordt de staat die gecreëerd werd door de Val omgekeerd, en dan dorst hij naar de levende God tot aan de zelfhaat toe.

---

[47] Joh.19:11.
[48] Joh.10:30.
[49] Kol.2:19.
[50] Mt.5:5.
[51] Cf. Joh.4:34.
[52] Cf. Lk.12:50.
[53] Zie Joh.2:17.
[54] Joh.7:37-38.

Deze zelfhaat inspireert tot een volledige bekering, die de gelovige in algemene zin deelgenoot maakt aan al de deugden. Zijn hart wordt bevrijd van alle banden van ongerechtigheid, zodat het "door het geloof"[55] tot woonplaats van Christus wordt. Tegelijkertijd bezit hij eenzelfde ijver voor de opbouw van de tempel Gods in zijn broeder "voor wie Christus gestorven is",[56] en hij streeft ernaar nimmer aanstoot te geven aan diens geweten. Met andere woorden, hij bezit een ijver ijver, waarmee hij de twee grote geboden der liefde vervult en deelgenoot wordt aan de goddelijke zaligspreking:

"Zalig die hongeren en dorsten naar de rechtvaardigheid, want zij zullen worden verzadigd".[57]

Heel de verschijning van Christus op aarde was waarlijk Gods "grote barmhartigheid" jegens de mens. Hij kwam in de wereld om de mens te herstellen in de heerlijkheid van de Vader; om hem te verrijken met al Zijn eigen, onbedorven goederen. Om hem de onvergelijkelijke eer te schenken van de aanname tot zoon: "Al het Mijne is het uwe",[58] zegt Hij tot de protesterende zoon van het goddelijk medelijden. Hij geeft alles "om niet", en daarom is Hij bedroefd en zegt: "Barmhartigheid wil Ik, en geen offerande; want Ik ben niet gekomen om rechtvaardigen te roepen, maar zondaars – tot bekering".[59] Hij wil Zijn barmhartigheid in ons uitstorten en Zijn Geest is bedroefd, wanneer wij niet de zelfkennis hebben dat wij zonder Hem "niets kunnen doen".[60]

In het vuur van zijn bekering wordt de leerling van Christus, die in gemeenschap komt met het Hoofd van de omgekeerde piramide, gereinigd van alle vuiligheid naar ziel en lichaam, en hij wordt deelgenoot aan de gesteldheid van Christus. Hij verwerft dezelfde "ingewanden van mededogen" als Christus. Ook hij verlangt dat alle mensen zouden worden behouden, en God zien "zoals Hij is".[61] Ieder mens is zijn broeder, en wordt zijn eigen leven, en hij bidt

---

[55] Ef.3:17.
[56] 1Kor.8:11.
[57] Mt.5:6.
[58] Cf. Lk.15:31.
[59] Cf. Mt.9:13 & 12:7.
[60] Cf. Joh.15:5.
[61] 1Joh.3:2.

voor allen als voor zichzelf. Dan wordt hij waarlijk barmhartig, en hij bezit een broederlijke liefde jegens allen – en de Zaligspreking van de Heer wordt tot lofprijzing van zijn goede hart:
"*Zalig de barmhartigen,
want hunner zal barmhartigheid geschieden*".[62]

Christus bracht heel zijn leven op aarde door "zonder zonde",[63] "noch werd bedrog gevonden in Zijn mond"[64] tijdens Zijn omgang met de wereld. Hij was vrij van vrees voor de dood, die alle aardgeborenen tot dienstknechten van de zonde maakt[65] – zoals Hij vrijuit zegt: "Ik heb de macht [Mijn leven] af te leggen, en Ik heb de macht het weer op te nemen".[66] Als de "Aanvoerder des levens" en het "Licht der wereld" maakte Hij Zijn leerlingen, die ogen hadden om Hem te zien, waarlijk zalig, boven alle verwachting: "Zalig zijn diegenen die zien hetgeen gij ziet! Ik verzeker u, dat vele profeten en rechtvaardigen hebben verlangd te zien hetgeen gij ziet, en zij hebben het niet gezien; en te horen hetgeen gij hoort, en zij hebben het niet gehoord".[67]

Wanneer de gelovige op wettige wijze strijdt op de nederige weg naar omlaag, en de zondeloze Christus nadert, dan wordt hij gereinigd van de hovaardigheid en de hoogmoed van deze wereld, die de ziel bezoedelen en geenszins ontvangen worden in het Koninkrijk der liefde.[68] Hij ontvangt genade, en door een voortdurend groeiende hoop "reinigt hij zichzelf, zoals ook [Christus] rein is".[69] Naarmate de genade zich in hem vermeerdert, wordt hij hartstochtloos en overstijgt hij de vrees voor de dood. Hij bidt op reine wijze, terwijl de volheid van zijn innerlijke staat eenvoud schenkt aan de ogen van zijn ziel, zodat zij opzien en de verheerlijkte gedaante zien van de door hem gekende en geliefde God, afgedrukt in zijn reine hart. In het licht van het Aangezicht van Jezus heeft hij de

---

[62] Mt.5:7.
[63] Hebr.4:15.
[64] 1Petr.2:22.
[65] Cf. Hebr.2:15.
[66] Cf. Joh.10:18.
[67] Cf. Mt.13:16-17 & Lk.10:23-24.
[68] Cf. Openb.21:27.
[69] 1Joh.3:3.

controle over elke wenk van het intellect en elke beweging van het hart. Dan stijgt hij op tot de hoogte van de meest veeleisende zaligspreking van de Heer:
*"Zalig de reinen van hart,
want zij zullen God zien".*[70]

De lijdende Christus strekt Zijn handen uit aan het Kruis, om alle vijandschap, scheiding en verdeeldheid op Zich te nemen, en om hen die verre zijn en hen die nabij zijn te verenigen "in Zichzelf tot één nieuwe mens, vrede makende".[71] In de Persoon van Christus heeft "God... de wereld met Zichzelf verzoend".[72] Als de Vorst des vredes heeft Christus allen verzoend met de hemelse Vader.

Zoals de reinheid van hart de gelovige ogen schenkt om de heerlijkheid Gods te zien, zo bewerkt de vrede van de ziel zijn heiliging, hetgeen wordt tot een geestelijk gezichtsvermogen om het licht van Zijn Aangezicht te aanschouwen: "Jaagt de vrede na met allen, en de heiliging, zonder welke geen mens de Heer zal zien".[73] Door het verwerven van de vrede en het licht van Christus in zijn hart, overstijgt de leerling elke innerlijke verdeeldheid en elk conflict in zichzelf, die hij geërfd had door de Val. Dan ontvangt hij de macht van de hemelse "aanname", en wordt tegelijkertijd tot vredestichter en dienaar van de goddelijke uitwisseling: Hij bewerkt vreedzame relaties tussen God en de mensen, en als medewerker van God in het werk van het universele heil, wordt hij geëerd door de zaligspreking des Heren:
*"Zalig de vredestichters,
want zij zullen kinderen Gods worden genoemd".*[74]

De nederige tocht van de Heer Jezus naar omlaag was de openbaring van Zijn liefde "tot het einde". Zijn kenotisch offer was de beslissende strijd waarin Hij zich mat met de duivel, aan wiens gezag Hij een einde maakte – en Hij overwon de dood, de straf voor de

---

[70] Mt.5:8.
[71] Ef.2:15.
[72] Cf. 2Kor.5:19.
[73] Heb.12:14.
[74] Mt.5:9.

zonde van de eerstgeschapenen. De Eniggeboren Zoon, de gelijke van de Vader in Zijn natuur en Zijn heerlijkheid, werd arm omwille van ons, door de zwakke en broze menselijke natuur aan te nemen. Hij werd geboren uit de Heilige Geest en de Maagd Maria – met andere woorden, vrij van de noodzaak te sterven, omdat Zijn geboorte niet voorafgegaan werd door de zonde. Als volmaakte mens kon Hij echter vrijwillig de dood ondergaan omwille van ons en in onze plaats. Doch deze dood was onrechtvaardig, en daarom kon deze Hem niet vasthouden in het graf. Noch liet God toe dat "Zijn Heilige het verderf zou zien",[75] maar Hij heeft Hem opgewekt op de derde dag. Zijn onrechtvaardige dood werd de veroordeling van onze rechtvaardige dood, en wiste deze uit.

Heel de verschijning van God-de-Heiland in het vlees was één groot en onvatbaar Kruis, waaraan de Heer der heerlijkheid genageld werd overeenkomstig het vóóreeuwig goddelijk Raadsbesluit en omwille van ons heil. Hij kwam in de wereld met heel het verlangen van Zijn ziel om de Naam en het woord van Zijn Vader te openbaren. Hij verdroeg verzoekingen en verachting, om ons Zijn weg te leren. Hij eerde ons als Zijn gelijken door een eeuwig verbond met ons te sluiten, en dit te bezegelen met Zijn bloed. In Gethsémane bad Hij met bovennatuurlijke zielsangst en met bloedig zweet opdat de wil van Zijn Vader zou worden vervuld voor het heil van de gehele wereld. Na allerlei verschrikkelijk lijden verhief Hij Zijn lichaam aan het Kruis. Hij stierf en deed Zijn ziel afdalen tot in de Hel – en op de derde dag stond Hij op, om ons tot erfgenamen te maken van Zijn verbond en Zijn leven.

Op vergelijkbare wijze zal de leerling van het Kruis, in Zijn nederige strijd om zijn hernieuwing en zijn heil, eveneens de tocht naar omlaag ondernemen, en ontberingen en pijn verduren om zijn eigen trouw en zijn dankbaarheid te tonen jegens God, de Weldoener. Zoals geschreven staat: "Door vele verdrukkingen moeten wij binnenkomen in het Koninkrijk Gods".[76] Soms, door de Voorzienigheid, wanneer de gelovige de door God bezielde ijver bezit, en God – in Zijn goedheid en wijsheid – Zijn dienaar wil eren, staat Hij

---

[75] Cf. Hand.2:27.
[76] Cf. Hand.14:22.

toe dat de mens grote verzoekingen overkomen, zodat ook deze oog in oog komt te staan met de dood – en dit niet om hem te vernietigen, maar opdat hij deelgenoot moge worden aan Christus' overwinning op de wereldheerser van deze eeuw. Al het lijden omwille van Christus heeft "roem" en ontvangt een onvergelijkelijke vergelding, wanneer de mens dit verdraagt zonder te zondigen, door "onrechtvaardig te lijden" en omwille van "het geweten voor God",[77] dat wil zeggen, overeenkomstig het gebod van de Zijn nederige liefde. De tocht naar omlaag is dus niet alleen een volhardend leerlingschap van het Kruis, maar ook een onbeschrijfelijke vreugde en een voorsmaak van de Opstanding. De leerling van het Kruis wordt ook een leerling van de Zaligheid van zijn enige en eeuwige Leermeester, de Almachtige Jezus:

"Zalig die vervolgd worden omwille van de rechtvaardigheid, want hunner is het Koninkrijk der hemelen.
Zalig zijt gij, wanneer zij u smaden en vervolgen,
en lasterlijk allerlei kwaad tegen u spreken omwille van Mij.
Verheugt u en jubelt, want uw loon is groot in de hemelen".[78]

Al het voorgaande was een armzalig poging te laten zien dat de waarachtige overwinning in het leven van de Christen de vervulling is van de onwrikbare voorwaarde die de Jezus, de Aanvoerder van ons geloof, herhaaldelijk stelde: "Al wie zichzelf verheft, zal worden vernederd; en wie zichzelf vernedert zal worden verheven".[79] Door de nederige nederdaling van de Heer werd de weg van God geschetst, en als de mens deze volgt dan gaat hij op naar de plaats waar de Heer verheven werd: "Waar Ik ben," zeide de Heer, "aldaar zal ook Mijn dienaar zijn".[80] De paradox van de omgekeerde piramide toont dat de weg naar omlaag leidt tot een eeuwigdurende overwinning, en de grootheid openbaart van Geest en de zede waarin deze overwinning vervat ligt. De eerste stap in de wetenschap van deze weg is om de voorkeur te geven aan de ander en niet aan onszelf. Het einde wordt volmaakt beschreven in

---

[77] 1Petr.2:19-20.
[78] Mt.5:10-12.
[79] Lk.14:11; zie ook Lk.18:14.
[80] Joh.12:26.

het woord van de heilige Silouan, die boven alle genadegaven van de Heilige Geest verlangde naar de onbeschrijfelijke nederigheid van Christus, en naar het gebed voor allen zoals voor zichzelf[81] – want aldus wordt de "nieuwe schepping" geopenbaard, die door Christus op aarde werd ingewijd door middel van Zijn Kruis en Opstanding. Gedurende deze tegenwoordige tijd komt het Koninkrijk Gods "zonder uiterlijke waarneming".[82] Om deze reden dienen ook wij "onze zinnen geoefend" te hebben[83] om de tekenen te kunnen bespeuren van Zijn mystieke Aanwezigheid. De wetgeving van de weg des Heren zijn de zaligsprekingen van Christus. Hij leert ons Zijn waarheid van de "alfa" tot de "omega", van het begin tot het einde.[84] De eerste stevige stap is de erkenning van onze nietigheid en nutteloosheid. De weg vervolgt met onze inwijding in Zijn mysteriën door de berouwvolle bekering, de tranen, de geestelijke genezing en de reinheid van hart. Aldus reikt hij tot de onbetwijfelbare volmaaktheid van het lijden en de dood van Christus, die eerst Zijn eigen leven geofferd heeft opdat de wereld zou worden behouden.

De Zaligsprekingen vormen de wonderbare ladder tot de volmaaktheid, die God de zonen der mensen aanbiedt. De basis daarvan is de nederigheid van de armoede, en de voleinding is de kroon van het martelaarschap, als een uitdrukking van de liefde die sterker is dan de dood. Aldus wordt de gelovige binnengeleid in de levende Aanwezigheid van de Heer – en wanneer hij daaruit te voorschijn komt, dan draagt hij een woord des levens voor zijn broeders, en getuigt hij van de waarheid dat Christus "de Heiland is van alle mensen, in het bijzonder van de gelovigen".[85]

---

[81] "Saint Silouan", GK p.444 (ed.^{15}2013: p.427), EN p.350, NL p.372.
[82] Cf. Lk.17:20.
[83] Heb.5:14.
[84] Cf. Openb.1:8,11; 21:6; 22.13.
[85] 1Tim.4:10.

V. 4
De grote wetenschap van de heilige Silouan en van oudvader Sophrony

Er is één onvergelijkelijke Leermeester van allen: Jezus, de Heer en de Almachtige. Alleen Hij kan iedere mens die in dit leven komt verlichten en heiligen.

Eén en uniek is Zijn school, die de Christen de nederigheid leert en de zachtmoedigheid, en die hem gelijk maakt aan zijn Heer. Deze school is de inwijding in de geest van het grootste gebod van het Evangelie: "Wanneer gij alles gedaan zult hebben wat u is opgedragen, zegt dan: Wij zijn onnutte dienstknechten, wij hebben gedaan hetgeen wij schuldig waren te doen".[1]

Eén en onbegrijpelijk is Zijn tucht, die de gelovige Christen tot huis van God maakt, tot deelgenoot aan Zijn liefde "tot het einde"[2], en hem kroont met de eeuwige genade van de "aanneming" als Zijn zoon. Deze tucht vormt de inwijding in de onvatbare kennis van God als de Vader, Die aan de werken Zijner handen de ongelofelijke eer schenkt Zijn kinderen te worden.

Eén, paradoxaal en wonderbaarlijk is Zijn weg – de weg die zich uitstrekt van de hoogte des Hemels tot de onderaardse kerkers, en van daar tot in de hoogste Hemel. Dit is de weg die de profeten voorzagen, waar de rechtvaardigen van het Oude Testament naar verlangden, en die de apostelen en martelaren bewandelden. Deze weg werd gezocht door de heiligen van alle eeuwen, de vrienden van het Kruis, die wandelden in de sporen van de "onberispelijke en smetteloze"[3] Christus, door veel lijden en nooit-eindigende tranen. Dit is uiteraard ook de weg bij uitstek die al de genadegaven van de Heilige Geest met zich meebrengt.

Een waarachtige leerling van de Grote Leermeester Christus in deze laatste tijden was de heilige Silouan, aldus getoond door oudvader Sophrony, die één van geest was met hem.

---

[1] Lk.17:10.
[2] Joh.13:1.
[3] 1Petr.1:19.

Ik zou uiterst kort willen refereren aan de voornaamste feiten van het leven van de heilige Silouan, die waarlijk tot een bron van Godskennis werden.

Deze heilige werd geboren in een dorp in Rusland. Wat de wereld betreft was hij een "ongeletterd"[4] man, bijna analfabeet. Doch in zijn jeugd ontving hij de geest der berouwvolle bekering die hem – als een vurige cirkel om hem heen – geen rust gunde, totdat deze hem had geleid tot de Tuin van de Alheilige Moeder Gods, de Heilige Berg (Athos), waar hij de supra-kosmische genadegave van het monnikschap ontving.

De grote dorst van deze Heilige en zijn onverzadiglijk verlangen naar God hadden tot resultaat, dat hij in drie weken na zijn aankomst op Athos, terwijl hij aan het bidden was voor de icoon van de Hoogstheilige Moeder Gods, de genadegave ontving van het onophoudelijk gebed. Overeenkomstig de heilige Sisoes de Grote is deze genadegave, hoewel bovennatuurlijk en goddelijk, slechts het begin – een inleidende genadegave.[5]

De heilige Silouan toonde de bereidheid om Gods tuchtiging te aanvaarden als een zoon, en de Heer stond beproevingen toe in zijn leven. In een dergelijke grote beproeving kwam Silouan, na zes maanden in het Klooster, tot uiterst zelfontlediging en wanhoop, en met pijn in de ziel zeide hij dat God onverbiddelijk is. Uiteraard werd toen zijn intellect verduisterd en een uur lang voelde hij dat zijn geest verzonken was in de hel (want wat is de mens, en hoe kan hij voor Gods aanschijn staan en Hem berispen?). Doch hij vond de kracht om nederig de Naam des Heren aan te roepen, en toen zag hij op de plaats van de icoon van Christus de verheerlijkte en Levende Heer. Deze onzegbare gebeurtenis was de grootste zegen van zijn leven. Hij smaakte het eeuwige pascha van zijn ziel. De eenvoudige en sobere beschrijving van de innerlijke staat die hij bezat na het schouwen van de heerlijkheid des Heren, getuigt van de echtheid van deze ervaring.

---

[4] Joh.7:15.
[5] «Εἶπε Γέρων», Ἀββᾶ Σισώη Μεγάλου 13, (p.246); cf. "The Sayings of the Desert Fathers", Abba Sisoes §13: "Een broeder vroeg abba Sisoes om raad, zeggende: 'Ik zie in mijzelf dat de gedachtenis van God in mij verblijft'. De Oudvader zegt tot hem: 'Het is geen grote zaak, dat uw gedachte bij God is. Een grote zaak is het om uzelf lager te zien dan heel de schepping'."

De ziel en het lichaam van Silouan werden vervuld van de energie van de Heilige Geest, tot aan het punt dat hij niet in leven had kunnen blijven, als God hem een nog grotere volheid van genade gegeven had. Zelfs zijn lichaam verlangde te lijden voor Christus, evenals de martelaren. De onzegbare zoetheid van de genade getuigde in zijn hart van zijn verzoening met God. Toen, zo zegt de Heilige met overtuigende eenvoud, wist hij dat er een Heilige Geest bestond en dat God gekend wordt in de Heilige Geest.

Bij het zien van het verheerlijkte Aangezicht van Christus, werd hij als krijgsgevangen door Diens onbeschrijfelijke nederigheid en Diens oneindige liefde, die zich zelfs uitstrekt tot Zijn vijanden. Op het ogenblik van het schouwen, vol van deze goddelijke liefde, "vergat hij hemel en aarde", dat is, hij wist niet of hij "in het lichaam of buiten het lichaam" was.[6] Toen hij terugkeerde tot de gewone staat van de zintuigen, was alleen één ding duidelijk: Hij ervoer een grote uitbreiding van zijn hart en hij bad voor de gehele Adam als voor zichzelf – dat allen eenzelfde deel van de genade zouden verkrijgen als aan hemzelf was toebedeeld: "Ik smeek U, Barmhartige Heer, dat al de volkeren der aarde U mogen kennen door de Heilige Geest".[7] Zijn geest werd ingewijd in de grote mysteriën van Christus en omvatte heel de breedte der eeuwen. In één woord – want het is onmogelijk om de grootheid van het schouwen van de Heilige afdoende te beschrijven – aan Silouan werd de staat overgedragen van de opgestane Christus, zoals aan Lukas en Kleopas op de weg naar Emmaüs. Zoals heel de wereld de "geschreven boeken"[8] over de wonderwerken van de Heer niet zou kunnen bevatten, zo is het niet mogelijk de grootheid te verhalen die de genade Gods bewerkt in de zielen van Zijn uitverkorenen.

Na het schouwen van de Heer verminderde gaandeweg de genade in Silouan. De herinnering aan deze ervaring bleef in zijn bewustzijn, doch niet de kracht ervan. Zijn ziel begon bevangen te raken door de vrees verlaten te worden en door de verschrikking van het verlies van de hemelse schat. Zijn ziel leed verdrukking en smachtte met pijn naar de Heer die zich verwijderd had. Toen inten-

---

[6] Cf. 2Kor.12:3.
[7] Cf. "Saint Silouan", GK p.355 (ed.[15]2013: p.345), EN p.247, NL p.296.
[8] Joh.21:25.

siveerde hij zijn persoonlijke strijd en gebruikte hij elk ascetisch middel om niet toe te geven aan de groeiende innerlijke armoede. Hij nam zijn toevlucht tot de raad van de geestelijke vaders en het lezen van de ascetische geschriften, om een oplossing en een uitweg te vinden uit zijn moeilijkheid. Zijn ervaringen waren uiterst tegengesteld van aard. Van het schouwen van het Licht van de Godskennis geraakte hij tot de demonische duisternis, die na het schouwen verdwenen was. De misplaatste lofprijzing van een geestelijke vader aangaande zijn persoon wierp Silouan in een moeilijke, subtiele en gecompliceerde strijd met de gedachten.[9] Met de ontijdige verwondering van de geestelijke vader begon de strijd tegen de gedachten van ijdele trots, die het hart doen verdorren.

Hoewel hij de onzegbare vreugde des heils had genoten toen hij Christus zag, en ondanks het onafgebroken gebed dat hem zeer vroeg geschonken was, had hij nog niet de ervaring van de ascetische strijd met de gedachten. Daarom kon hij niet verblijven in de staat die hij gekend had, omdat zijn natuur nog niet gelijkvormig was aan de Geest van Christus. Doch hij kon zich niet schikken in deze nieuwe verandering, de verwijdering van het Licht.

Toen begon een titanische strijd met afwisselende gesteldheden van genade en verdorring. Bij tijden werd hij de vertroosting gewaar van de genade, maar dit duurde niet lang. Met het verstrijken van de tijd leerde Silouan van deze afwisseling hoe de gedachten werken en hoe de genade werkt. Het voornaamste doel van zijn leven werd de verwerving van de genade en zijn fundamentele zorg was het vinden van de reden waarom de mens hierdoor verlaten wordt. Nu begon voor Silouan een lange periode van geestelijke dorheid en beproevingen. Hij was nu bereid zichzelf over te leveren aan de dood, om wederom de genade te verwerven die hij gekend had.

Uit de Heiligenlevens – in het bijzonder uit de beschrijving van de 'veroordeelden' in "De Ladder" van de heilige Johannes van Sinaï, en uit het leven van de heilige Bessarion de Grote – weten wij dat de treurnis van degenen, die de volmaakte genade hebben gekend en daar vervolgens van verstoken zijn geraakt, ontroostbaar is. Zelfs het wenen van een moeder en weduwe, die

---

[9] De ogen van zijn "linkerkant" werden geopend om de wonderwerken te zien die de Rechterhand van de Allerhoogste aan hem bewerkte.

haar eniggeboren zoon verloren heeft, kan niet vergeleken worden met de weeklacht van deze asceten. De pijn van hun ziel wordt metafysisch en de kreet van hun smart weerklinkt in heel de woestijn van deze wereld. Daar de genade onvergelijkelijk veel hoger is dan elke menselijke liefde en kostbaarder dan elke aardse schat, verwekt het verlies daarvan een marteling die alle martelingen te boven gaat. Aldus wordt de ascese voor het herwinnen van de genade niet van tevoren door de mens gepland, maar deze wordt geïnspireerd door de "tastbare" kennis van God die eraan voorafging – en daarom is dit ook niet voor iedereen. Het is echter altijd nuttig voor ons de orde te kennen van de geestelijke verschijnselen.

Het martelaarschap van deze strijd in de ziel van Silouan duurde vijftien jaar, toen de Heer (wederom) in zijn leven ingreep. Na een 'gebeds-gesprek' met Hem hoorde Silouan in zijn hart, in harmonie met zijn innerlijk gebed, het woord: "Houd uw geest in de hel, en wanhoop niet".[10]

Na dit woord, zegt Silouan, begon hij te doen zoals de Heer hem onderricht had, en zijn intellect werd gereinigd van de gedachten en de Heilige Geest getuigde in zijn ziel van het heil

Door Zijn woord stelde de Heer aan Silouan de hel voor, en toch kwam hij daar in triomf uit te voorschijn, terwijl hij tot God een overwinningslied zong. Waarom toch geschiedde deze paradoxale werking in de ziel van Silouan? Omdat dit woord aan Silouan het middel gaf, waarmee hij op de weg des Heren kon blijven staan en de volmaakte genade kon verwerven die hij voorheen gekend had.

De weg des Heren, zoals wij aan het begin hebben aangetekend, is eerst een nederdaling tot de onderaardse kerkers, en vervolgens Zijn opgang tot boven de hemelen. Deze tweeledige tocht van de Heer overwon de wereldheersers van deze eeuw en werd de bron van al de goede "gaven aan de mensen".[11] Deze nederdaling en de opgang van de Heer bevatten heel de kapitaalsom van de genadegaven van de Heilige Geest.

In het voorstel van de Heer – "Houd uw geest in de hel, en wanhoop niet" – wordt de weg des Heren volledig geschetst door een

---

[10] "Saint Silouan", GK p.51 & 572 (ed.^{15}2013: p.49 & 546), EN p.42 & 460, NL p.53 & 485.
[11] Ef.4:8.

tweevoudige beweging. Eerst, door het "Houd uw geest in de hel", wordt de weg der nederigheid getoond, de weg naar omlaag. Vervolgens, door het "wanhoop niet", wordt de mogelijkheid gegeven tot de opgang en de verheffing tot God. Precies zoals de Heer verkondigd had: "Hij die zichzelf vernedert zal worden verheven".[12]

Met de beweging naar omlaag, in vrijheid en vrijwillig, door het intellect in de hel te houden – of, zoals Silouan in een ander gedeelte uitlegt, "in het hart en in de hel"[13] – maakte hij zichzelf bereid om de gaven van God te ontvangen. "Hoe meer gij uzelf vernedert, des te grotere gaven zult gij van God ontvangen".[14]

De tocht van het intellect naar omlaag door de zelfverkozen veroordeling tot de hel brengt het hart tot nederigheid en trekt Gods genade aan. Dit verbreekt de geest en geneest de ziel. Wij moeten niet vergeten dat alleen een verbroken hart en een nederige geest de leerling van Christus kunnen verbinden met de God onzer Vaderen. God de Vader is "de Vader van alle mededogen en de God van alle vertroosting".[15] De Zoon en het Woord van God is de "Paracleet" (dat is, Trooster en Voorspreker), Die "wij hebben bij de Vader".[16] De Zoon is dus een Trooster, en Hij zendt een "andere Trooster" in de wereld – de "Geest der Waarheid", om bij ons te blijven en ons te leiden "in al de waarheid".[17] De Vader is een Trooster, de Zoon is een Trooster, en de Heilige Geest is een Trooster – de God der Christenen is een Trooster.

Dus, daar Hij naar Zijn natuur een Trooster is, is de enige manier om een band en relatie met Hem te verwerven, Hem te benaderen met een verbroken hart en een nederige geest, die ontvankelijk zal zijn voor de goddelijke vertroosting. Dat wil zeggen, God de Heiland heeft één zwakheid: Hij buigt Zich over degenen die een verbroken hart hebben en overschaduwt hen met Zijn genade. Maar deze zwakheid is precies datgene wat ons behoudt, zoals ook de grote apostel

---

[12] Lk.14:11.
[13] "Saint Silouan", GK p.615 (ed.[15]2013: p.586), EN p.497, NL p.519.
[14] Ibid., GK p.615 (ed.[15]2013: p.586), EN p.497, NL p.519.
[15] Cf. 2Kor.1:3.
[16] Cf. 1Joh.2:1 [Het Griekse woord *'Paraklêtos'* betekent zowel 'Trooster' als 'Voorspreker', vandaar het hier gelegde verband. *Noot vert.*].
[17] Joh.16:13.

Paulus bevestigt: "Het zwakke van God is sterker dan de mensen".[18] Inderdaad, met een verbroken hart begint de mens "de enige waarachtige God" te kennen, en "Hem Die Hij [in de wereld] gezonden heeft, Jezus Christus".[19] Het is de Heer Jezus zo aangenaam, wanneer degene die zich bekeert Hem benadert met het besef dat hij nood heeft aan genezing, dat Hij Zichzelf aanbiedt als Geneesheer, en zegt: "De sterken hebben geen geneesheer nodig, maar zij die er slecht aan toe zijn".[20]

Door vast te houden aan het woord "Houd uw geest in de hel, en wanhoop niet", belijdt de mens een universele waarheid. Vanwege de zonde die daaraan voorafging, beschouwt de mens zichzelf waard de genade te verliezen – een verlies dat zijn leven tot een hel maakt. Door de verbrokenheid die ons geschonken wordt door het eerste gedeelte van het woord van de Heer tot Silouan – "Houd uw geest in de hel" – wordt onze natuur genezen. De nederige geest van dit woord trekt de genade des Heren aan. De genade vertroost de ziel. Het doet de geesten der boosheid op de vlucht slaan, die niet omlaag kunnen gaan om reden van hun hovaardigheid. Het geeft de mens een goddelijke energie, die zijn natuur kracht schenkt en zijn psychische gesteldheid sterkt om bestendig en met inspiratie de inspanning te dragen van de berouwvolle bekering, met een diepgaande zelfberisping voor het aanschijn des Heren – vanwege zijn persoonlijke zonden, maar ook voor de zonden van heel het geslacht van Adam. Dit bevrijdt zijn geest van elke hartstochtelijke gehechtheid en sterkt zijn hart om in Gods Aanwezigheid te staan, en te allen tijde voort te snellen op de weg van Zijn geboden. Het maakt hem tot een vriend van het Kruis. Met andere woorden, het bewerkt een sterke relatie met God, die zich nog volmaakter, krachtiger en vollediger wijze zal voortzetten in de toekomende eeuwigheid. En dit is het eeuwige leven en het heil.

Dus deze eerste praktijk, overeenkomstig het woord van de Heer, geneest de mens. De genade van de verbrokenheid verwekt de tranen, als de meest volmaakte uitdrukking van de liefde van de mens tot God. De tranen worden het brood dat het hart van de mens voedt en

---

[18] 1Kor.1:25.
[19] Cf. Joh.17:3.
[20] Mt.9:12.

sterkt om in Gods Aanwezigheid te blijven en van Hem het goddelijk brood te ontvangen en de hemelse woorden des levens. De treurnis verenigt zijn natuur en maakt het hart tot voetbank van de Grote Koning, wat tevens het grootste wonder is van heel de schepping.

De tweede praktijk – "wanhoop niet" – verheerlijkt God. Wanneer de mens door de nederigheid de genade ontvangt en volkomen genezen wil worden van de pest der zonde, dan wordt hij vervuld van dankbaarheid jegens God, de Weldoener, die "om niet" zijn herschepping bewerkt. Dan wordt hij getuchtigd, om zijn vertrouwen niet op zichzelf te stellen, maar op de God van zijn Vaderen, die de goddeloze "om niet" behoudt en in staat is om "uit deze stenen kinderen voor Abraham te verwekken".[21] Door de tocht naar omlaag van de zelfveroordeling leert hij om dagelijks vrijwillig de dood te smaken van zijn oude zelf, omwille van het gebod van God, hetgeen tevens zijn verloving betekent en de waarborg van zijn opstanding op de laatste dag van de Komst des Heren in heerlijkheid.

De gelovige wanhoopt niet, omdat hij door de tweeledige beweging van zijn geest leert om op profetische wijze te leven, om de smaad op zich te nemen van zijn val en heerlijkheid te geven aan de algoede God. Voortdurend wordt hij minder, opdat de algoede God in hem moge worden grootgemaakt.

Dit woord van God tot de heilige Silouan vormt de samenvatting van heel de Traditie van de Kerk. Bij zorgvuldige beschouwing zien we, dat alle gebeden van de Kerk – zoals bijvoorbeeld de gebeden ter voorbereiding op de Goddelijke Communie – uit twee delen bestaan. In het eerste gedeelte veroordeelt de gelovige zichzelf als de hemel en de aarde onwaardig, om geestelijke rouwmoedigheid te vinden en verbonden te worden met de Heer, de Trooster, die Zijn leven tot spijs en drank aanbiedt aan Zijn vijanden: "Daarom, al ben ik zowel de hemel als de aarde, en ook dit tijdelijke leven onwaardig, daar ik mijzelf onderworpen heb aan de zonde, en het genot heb gediend, en Uw beeld heb bedorven..." Doch in het tweede gedeelte zegt hij: "Maar, daar ik Uw schepsel en Uw maaksel ben, wanhoop ik, ellendige, niet aan mijn heil...".[22] Door de "maar" van het geloof verjaagt de arbeider der vroomheid elke wanhoop, door

---

[21] Mt.3:9 & Lk.3:8.
[22] Uit de "Voorbereiding op de Heilige Communie".

heel zijn vertrouwen te stellen op de barmhartigheid en de goedheid van God. Hij heft zijn geest op naar de hemel, en legt al zijn beden voor Gods aanschijn. Dan treedt hij binnen in Diens levenschenkende Aanwezigheid. De geest van deze Aanwezigheid, zoals de Apostel zegt in zijn Brief aan de Thessalonicensen, doet de geest van de boze, die het leven van de zich bekerende mens verwoest, teniet[23] en hernieuwt de mens door de energie van Gods Aangezicht.

Het woord dat de heilige Silouan ons heeft nagelaten van de God onzer Vaderen heeft tevens een eschatologische dimensie. Door het eerste gedeelte van dit woord, de nederige beweging naar omlaag, gaat de gelovige uit het legerkamp van deze wereld van de hartstochten en de ijdelheid. Door de harde houding jegens zichzelf sterkt hij zijn hart om de geboden van het Evangelie te ontvangen en te vervullen, die "niet naar de mens" zijn, "noch van een mens", maar "door de openbaring van Jezus Christus".[24] De gelovige oordeelt zichzelf in het licht van de woorden van de Heer Jezus en onthult de geest van de dwaling van de boze, waarmee hij het leven van alle mensen heeft bezoedeld. Dan belijdt hij zijn zondigheid en trekt de Geest der waarheid aan, die hem reinigt van alle zonde en onreinheid. Hij wordt bevrijd van elke gehechtheid aan dit leven en van elke dwaling die zijn geestelijk leven wil vervormen, en hij wordt toebereid om Hem te ontvangen Die gekomen is en "vanuit de Hemel" zal wederkomen.[25]

Oudvader Sophrony zeide, dat "hoe dieper wij voortgaan 'naar omlaag', des te radicaler worden wij gereinigd van de gevolgen van de hoogmoed van de val van Adam, de eerstgeschapene. En wanneer ons hart gereindigd is (cf. Mt.5:8), dan maken de Vader, en de Zoon, en de Heilige Geest woning in ons, en worden wij binnengeleid in de onwankelbare werkelijkheid van het Goddelijk Koninkrijk, waar de onbeschrijfelijke luister samengaat met de onzegbare nederigheid en de onuitsprekelijke schoonheid".[26] Hij bevestigde tevens dat "zij die geleid worden door de Heilige Geest,

---

[23] Cf. 2Thess.2:8.
[24] Cf. Gal.1:11-12.
[25] Cf. Fil.3:20.
[26] "On Prayer", GK p.36 (ed.³2010: p.33-34), EN p.24-25.

nimmer ophouden zichzelf te berispen als God onwaardig",[27] terwijl degenen die zichzelf rechtvaardigen het heil van hun ziel haten.

De tocht naar omlaag, daar dit de weg van Christus is, brengt de ziel de onvergankelijke vertroosting van de Heilige Geest, en bevrijdt de mens van de verleiding van de schijnvertroosting van al het (aardse) genot. De manmoedigheid der verbrokenheid, waarmee deze tocht gepaard gaat, is de voorbode van de uiteindelijke overwinning van Christus op de geest van de onbeschaamdheid van de tegenstander, en geneest de mens van de geest der wanhoop die de zielen van vele mensen verlamt. Het woord van de Heer tot Silouan – "Houd uw geest in de hel, en wanhoop niet" – werd gegeven aan onze generatie, die lijdt aan de verlamming door de hartstochten der oneer en de wanhoop van het ongeloof. Dit woord geneest heel de mens en verheerlijkt de Weldoener, de Almachtige Jezus.

Oudvader Sophrony hield niet op zich te verwonderen over de grootheid van onze roeping in Christus "vóór de grondlegging der wereld",[28] en aldus bewaarde hij zijn nederige gezindheid. Geïntegreerd in de geest van de Grote Wetenschap van zijn leermeester Silouan, drukte hij in zijn eigen woorden dezelfde kennis uit, dezelfde visie. Hij schreef: "De beweging naar omlaag, naar de buitenste duisternis, is onontbeerlijk voor ons allen, om standvastig te verblijven in de geest van het authentieke Christelijke leven. Dit wordt uitgedrukt door de onophoudelijke gedachtenis van onze nietigheid vanaf den beginne, door middel van een zeer strikte zelfberisping in alles".[29] Met andere woorden, wil de mens volmaakt zijn dan dient hij heel de weg van Christus te gaan, en deze weg omvat ook de onderaardse kerkers. Daarom staat God toe dat al Zijn heiligen door grote beproevingen heengaan en hun zielen zelfs de hades bereiken, niet om te worden vernietigd, maar om het mysterie na te speuren van de Aanwezigheid aldaar van Zijn Zoon, en om te worden ingewijd in Zijn tuchtiging.

Met dezelfde verwondering en met vervoering vat hij de Grote Wetenschap beknopt samen: «[Wij] zullen pogen de grote waarheid van deze wetenschap van de Geest in weinig woorden uiteen te

---

[27] Cf. ibid., GK p.195 (ed.³2010: p.173), EN p.174.
[28] Joh.17:24; Ef.1:4; 1Petr.1:20.
[29] "We Shall See Him", GK p.120-121 (ed.⁵2010: p.104), EN p.78.

zetten: Overwin elke aardse smart door vrijwillig verzonken te zijn in een nog grotere smart: "Houd uw geest in de hel"; veroordeel uzelf tot de hel, als God onwaardig, maar "wanhoop niet". Deze ascese zal u leiden tot de overwinning op de wereld,[30] zal u opheffen tot het "onwankelbaar Koninkrijk" (Hebr.12:28). Wat is het uiterste van deze wetenschap op de aarde? Dit werd getoond door Christus, Die "door de dood de dood vertreden heeft". "De Naam des Heren zij gezegend, van nu af tot in eeuwigheid".[31]»

De ascese van het woord dan aan de heilige Silouan gegeven werd is noodzakelijk, onovertroffen en heilzaam. Doch dit is niet voor allen bereikbaar. Oudvader Sophrony belijdt in zijn boek "Wij zullen God zien zoals Hij is", dat de kracht van de afkeer van onszelf, die ons sterkt voor de nederige afdaling naar omlaag, een zekere vertrouwdheid en kennis veronderstelt, en zelfs het schouwen van Christus. Omdat de mens zich dan niet vergelijkt met de mensen om hem heen, die van gelijke hartstochten zijn, maar met de goddelijke maat die op aarde geopenbaard is door het voorbeeld van Gods nederige liefde "tot het einde".[32] De aanblik van enerzijds de schoonheid van het Aangezicht van Jezus, en anderzijds de afschuwelijkheid van zijn eigen persoon, verwekt in de mens de zelfhaat en doet de inspiratie opvlammen om te beantwoorden aan de volmaakte liefde die de Heer Zelf in de wereld geopenbaard heeft.

Wanneer degene die in bekering leeft zichzelf veroordeelt tot de hel, zonder te wanhopen, bewaart hij in zijn hart een sterke gewaarwording, daar hij een fundamentele waarheid belijdt. Ja, het is waar dat hij de hel waardig is, omdat hij God getergd heeft door zijn zonden en Zijn Naam niet op passende wijze heeft verheerlijkt. Doch dit betekent niet dat God zijn veroordeling wil. Daarom zegt hij: "Ja, Heer, het is waar dat ik de woestenij van de hades waardig ben, *maar* ik waag het te hopen op Uw goedheid en barmhartigheid!" Het eerste gedeelte is noodzakelijk, maar ook het tweede is onontbeerlijk. Door het eerste wordt de hovaardigheid van het intellect verbrijzeld, hetgeen beschermt tegen elke vreemde gedachte. Door het tweede, dat is, door het vertrouwen op Zijn barmhartigheid, wordt

---

[30] Cf. Joh.16:33.
[31] "We Shall See Him", GK p.147 (ed.⁵2010: p.127), EN p.94.
[32] Joh.13:1.

De grote wetenschap van de heilige Silouan 297

God verheerlijkt. Als de mens zich overlevert aan de wanhoop, dan is het alsof hij God niet in staat acht om hem te behouden onder elke moeilijke omstandigheid –wat bijna godslasterlijk is. Hijzelf heeft gezegd, dat hij in staat is elke menselijke zwakheid te overstijgen en het heil mogelijk te maken: "De dingen die bij de mensen onmogelijk zijn, zijn mogelijk bij God".[33] Deze wetenschap eert God. Dus wanneer wij de waarheid belijden trekken wij de Geest Gods aan, hetgeen vergezeld gaat van een sterke gewaarwording van warmte en verbrokenheid des harten, en de vreemde gedachten van de vijand als vliegen verteert. Deze erkenning en deze belijdenis is noodzakelijk, want alleen dan wordt iemand waarachtig voor God. Maar het tweede is ook noodzakelijk: niet te wanhopen, omdat de mens aldus heel zijn vertrouwen op God stelt, en Hem grootmaakt en verheerlijkt, omdat Hij alleen het onmogelijke mogelijk kan maken omwille van zijn heil.

Er zit nog een derde dimensie aan het woord van de heilige Silouan. Het bewaren van dit woord geneest niet alleen de relatie van de mens met God, de Heiland, maar ook zijn relatie met de naaste. Degene die de geest van de Grote Wetenschap assimileert en voortdurend zich voortdurend verdiept in de nederigheid tegenover God, en zichzelf beneden elk schepsel plaatst – waarbij hij zichzelf onderwerpt aan de uiterste straf in de hel en aan de bovennatuurlijke pijn van het rechtvaardig gescheiden zijn van de God onzer Vaderen – hoe zou het ooit mogelijk zijn dat hij protesteert wanneer mensen van gelijke hartstochten als hijzelf hem uitschelden of hem onrecht aandoen? En wederom, hoe zou hij zich kunnen beklagen over zijn ziekte en over alle leed, dat de goede Voorzienigheid des Heren toestaat op zijn levensweg? De ascese van dit woord – "Houd uw geest in de hel, en wanhoop niet" – verzoent hem met God, het maakt hem wijs om onder de golven van de tegenstrevende verzoekingen heen te gaan, en zo ongedeerd de zee van het leven door te gaan en als overwinnaar binnen te komen in het feest van de goddelijke liefde, "samen met al de heiligen".[34]

Door de ascese waarover wij hier spreken, bezegelt de gelovige het woord van de Heer, dat het grootste gebod van het Evangelie is

---

[33] Lk.18:27.
[34] Ef.3:18.

om zichzelf te beschouwen als een nutteloze dienstknecht, zelfs wanneer hij al de geboden vervult. De Heer zegt: "Alzo ook gij, wanneer gij gedaan zoudt hebben al hetgeen u is opgedragen, zegt dan, Wij zijn onnutte dienstknechten, wij hebben gedaan wat wij schuldig waren te doen". Al de rechtvaardigen houden vast aan deze houding van zelfberisping, zelfs nog na de dood – overeenkomstig de gelijkenis van het Oordeel – wanneer de eeuwige Rechter hen zal verheerlijken, zeggende: "Komt, gij gezegenden van Mijn Vader, beërft het Koninkrijk, dat voor u bereid is vanaf de grondlegging der wereld".[35]

In het dagelijks leven wordt het woord van de heilige Silouan – "Houd uw geest in de hel, en wanhoop niet" – als volgt vervuld, in een mate die volstaat voor het heil: Wanneer de Christen zich in een plaats bevindt waar God afwezig is, een plaats die bepaald wordt door de gevolgen van de val, vol moeilijkheden, verdrukkingen, ontberingen, ziekten, onrecht en leed, maar hij aanvaardt dit als door God toegelaten en beschikt – waarbij hij zichzelf elke pijniging en ontbering waardig acht, zonder te wanhopen of ontstemd te raken, en tegelijkertijd dankzegging, rechtvaardigheid en heerlijkheid geeft aan God – ook dan is dit God aangenaam en maakt Hij de mens tot Zijn erfgenaam voor alle eeuwigheid. Een volmaakt voorbeeld van deze situatie was de goede rover aan het kruis, die als eerste ontvangen werd in het paradijs.

In z'n opperste en charismatische volmaaktheid is de methode van de heilige Silouan voor de meesten onbereikbaar. In een zekere, middelmatige gradatie is dit te allen tijde nuttig. Doch er bestaat ook een andere weg, die hiermee verwant is, die in psychologisch opzicht voor allen toegankelijk is en dezelfde vrucht des heils voortbrengt. Bij deze manier is het alsof we de beide delen omwisselen van het woord dat de heilige Silouan ontving. Eerst danken wij God voor alles, maar daarbij houden wij bestendig en onvrijmoedig vast aan de erkenning dat wij Zijn zorg en Zijn mededogen onwaardig zijn, nutteloos als wij zijn door de zonde.

De voortdurende dankzegging aan God trekt Zijn genade aan, die de gebreken van de mens aanvult. Hoe meer iemand God dankt, des te reiner worden de ogen van zijn ziel geopend om zelfs Diens verborgen weldaden te zien. Hij dankt God voor al Diens genade-

---

[35] Mt.25:34.

gaven aan heel ons geslacht. Er komt zelfs een moment waarop de gelovige verlangt God tot het einde toe te danken, zoals hij verschuldigd is, en zoals passend is jegens God. Doch hij heeft niet de kracht om de algoede Heer weder te geven "al wat waarachtig is, al wat eerbaar is, al wat rechtvaardig is, al wat zuiver is, al wat beminnelijk is, al wat welluidend is, indien er enige deugd is en indien er enige lofprijzing is",[36] elk machtig gevoel van liefde en elke heerlijkheid. Dan wordt hij diep getroffen en is bedroefd, hij begint te leven in een diepgaande bekering uit dankbaarheid en liefde jegens Zulk een God, als de Heer Jezus is, en er is geen ander zoals Hij.

Deze bekering, uit liefde en dankbaarheid, heeft geen einde op deze aarde en geneest de mens van alle neerslachtigheid en wanhoop. Zoals de grote apostel Paulus bevestigt "Doch wij hebben niet ontvangen de geest der wereld, maar de Geest, Die uit God is, opdat wij zouden weten de dingen waarmee wij door God begenadigd zijn".[37] De geest der wereld is een geest van hovaardigheid, ondankbaarheid en wanhoop. Doch de Geest van God is een geest van dankbaarheid en nederigheid. Hoe meer de mens God dankt, zoveel te meer brengt dit hem tot nederigheid en ontvangt hij Gods genadegaven, de Geest des heils en Zijn onvernietigbaar leven.

---

[36] Fil.4:8.
[37] 1Kor.2:12.

V. 5

Het Kruis van Christus: de rechtvaardiging van God en de mens

In de brieven van de apostel Paulus wordt gesproken over twee mensen waarvan alle anderen afstammen. Beiden zijn Stamvaders. De ene wordt de "eerste" genoemd, en de ander de "tweede" of de "laatste". "De eerste", zegt de Apostel, is "uit de aarde, aards; de tweede mens is de Heer uit de hemel".[1] De eerste heeft een "levende ziel", terwijl de tweede een "levenschenkende geest" bezit.[2]

Adam, de eerste mens, werd door God vrij geschapen, en met een ongelooflijk, een wonderbaarlijk intellect. Hij was begiftigd met een noëtisch vermogen, zodat hij op onzegbare wijze Gods aanwezigheid kon genieten, en in Zijn nabijheid de zekerheid en het geestelijk genot kon voelen van het onvergankelijke leven. Doch vlak nadat hij geschapen werd, bekoord door zijn genadegaven en vergetend dat hij geschapen was, aanvaardde hij de suggestie van de duivel, en gaf zich over aan de vreeswekkende verzoeking tot zelfvergoddelijking. Hij overtrad Gods gebod en werd verdreven uit het licht van Diens aanwezigheid. Hij werd verjaagd uit het heilige land van het Paradijs en verviel tot deze aarde, die geblesseerd is door de vloek der ongehoorzaamheid, zodat hij daarop voortkruipt als de slang.

Toen God de zonde van Adam en Eva berispte, rechtvaardigden zij zichzelf, waarmee zij in wezen God berispten. Toen liet God toe dat Zijn straffende kracht, de dood, in hun leven kwam, om hun waanzin te beteugelen en opdat zij niet "geheel en al" verloren zouden gaan.

Terwijl de mens tevoren verheerlijkt was, brengt hij nu ontelbare knoppen voort die steeds weer verdorren, en niet in staat zijn

---

Deze tekst is ook onderdeel van de eerste voordracht te Wichita in A.D. 2014 met dezelfde titel; zie "Van de dood tot het leven", hfst.1. *Noot vert.*
[1] 1Kor.15:47.
[2] 1Kor.15:45.

de onvergankelijke vrucht voort te brengen van het eeuwige leven. Al de zonen van Adam werden beheerst door vijandschap, droefheid, moeite, smart en tenslotte de dood. Hoewel hij geschapen was voor de eeuwigheid, werd de mens vanwege zijn val vermorzeld door de dood en door al de tirannieke gevolgen van dien. De eenheid van zijn ziel en zijn lichaam werd verbroken. Zijn levenschenkende gemeenschap met God en zijn medemens werd vernietigd, en hij raakte onderworpen aan de heerschappij van de vrees voor de dood. Deze vrees maakte hem zelfzuchtig.[3] In zijn streven om te overleven was hij geneigd tot de zonde, en raakte hij in staat tot elke misdaad. Daarom zegt de Apostel, dat de vrees voor de dood alle mensen in zonde deed verzinken, en derhalve in de dood. "waardoor [door de vrees voor de dood] allen hebben gezondigd".[4]

Daar al de nakomelingen van Adam ontvangen en geboren zijn onder de heerschappij van de dood, werden zij sterfelijk – een "slechte boom", "adderengebroed".[5] De rechtvaardige veroordeling van Adam werd tot wet voor zijn nageslacht. Dus zijn allen die geboren worden als gevolg van de zelfzuchtige genieting van de hartstochten, en derhalve van de zonde, onderworpen aan de tirannieke gevolgen daarvan, en hun einde is de ontbinding in de dood, die daar terecht op volgt vanwege de zonde die eraan voorafging.

Doch de dood was niet de wil van God, in de zin van Zijn welbehagen.[6] Daarom, in Zijn oneindige liefde voor de mens, zond God Zijn eniggeboren Zoon in de wereld, "opdat Hij de werken van de duivel zou ontbinden",[7] en de mens zou leiden "van de dood tot het leven".[8]

Doch God is Heilig en Hij werkt altijd op rechtvaardige wijze. Zijn rechtvaardigheid staat voorop, en dan volgt Zijn almacht.[9] Zijn rechtvaardigheid werd geopenbaard door het Kruis van Zijn Enig-

---

[3] In het Grieks *'philauto'* (φίλαυτο), en aldus rechtstreeks verbonden met het begrip 'eigenliefde' (*philautia*/φιλαυτία). *Noot vert.*
[4] Rom.5:12.
[5] Cf. Mt.12:33-34.
[6] Zie Wijsheid van Salomo 1:13.
[7] 1Joh.3:8.
[8] Joh.5:24.
[9] Zie H.Gregorius Palamas, Homilie 16,2 (Griekse tekst: Ε.Π.Ε. 9, p.424-426; Engelse tekst: "The Homilies" 16 §2, p.116)

geboren Zoon en het woord dat dit bezegelde: "Vader, vergeef hun, want zij weten niet wat zij doen".[10] Zijn rechtvaardigheid ging dus voorop, en toen volgde het werk van Zijn almacht, dat de wereld overwon en de vorst ervan teniet deed. De Weg van Christus is de weg van de mens. Wanneer de mens de rechtvaardigheid vervult van de geboden der liefde, en door veel lijden de zonde in zijn lichaam teniet doet, dan wordt hij deelgenoot aan de goddelijke energie, in het bezit van het "onvernietigbare leven".[11]

In Zijn onnaspeurbare wijsheid diende God een nieuw begin te vinden, en een nieuwe Stamvader te bieden, Wiens geboorte niet voorafgegaan werd door de zonde, zodat hij niet onderworpen zou zijn aan "het loon der zonde", de dood.[12] Dit was Christus, de Zoon van God, Die geboren werd "uit de Heilige Geest en de Maagd Maria", zonder dat daar enige zonde aan voorafging, en (derhalve) vrij van de veroordeling van Adam. Hij nam in waarheid heel de menselijke natuur aan, met al de gevolgen van Adams val behalve de zonde, Hij verenigde deze natuur met Zijn goddelijke natuur, en gaf haar "al de volheid van de Godheid".[13] Als Hij dat had gewild, had Hij aldus kunnen sterven; maar Zijn dood zou onrechtvaardig zijn geweest, omdat Hij "geen zonde had begaan, noch werd bedrog gevonden in Zijn mond".[14] Daarom zou deze dood ook de veroordeling worden van de rechtvaardige dood van de mens, voor wie Christus stierf.

Dus naast de wijsheid van de smetteloze geboorte van de Zoon van God uit de Maagd, stelde de Allerhoogste tegenover de dood Zijn almacht. De Apostel noemt deze almacht "de dwaasheid van God",[15] omdat dit een macht van liefde is, onbeschrijfelijk nederig en toch absoluut; zo sterk als de dood, zoals in het Hooglied gezegd wordt.[16] Deze zwakheid van Gods nederige liefde en van Zijn wijsheid zijn "sterker dan de mensen",[17] omdat deze elke mens

---

[10] Lk.23:34.
[11] Hebr.7:16.
[12] Rom.6:23.
[13] Kol.2:9.
[14] Cf. 1Petr.2:22.
[15] 1Kor.1:25.
[16] Cf. Hoogl.8:6.
[17] 1Kor.1:25.

behoudt en hem aantrekt tot God zonder hem schrik aan te jagen, en derhalve zonder de natuurlijke genadegave van zijn vrije wil, die hem bij zijn uitnemende schepping geschonken was, geweld aan te doen.[18]

Deze nederige liefde van God werd geopenbaard door de zelfontlediging van Christus, waarin het Kruis de centrale plaats heeft.

Gods openbaring zegt: "Want alzo heeft God de wereld liefgehad, dat Hij Zijn Eniggeboren Zoon gegeven heeft, opdat ieder die in Hem gelooft niet verloren ga, maar eeuwig leven hebbe".[19] Maar ook de Zoon heeft dezelfde liefde voor de wereld, en vrijwillig en in alle vrijheid aanvaardt Hij dit als een gebod. Dit toont Hij op het ogenblik van Zijn komst in de wereld: "Zie, Ik ben gekomen [..] om Uw wil te doen, o God".[20] Christus is de eeuwige Erfgenaam en Bezitter van de wil van de hemelse Vader, zowel als de uitdrukking daarvan. Als zodanig, "daar Hij de Zijnen, die in de wereld waren, liefhad, heeft Hij hen liefgehad tot het einde".[21]

De liefde van Christus is in haar volheid absoluut, zowel in relatie tot God, de Vader, als in relatie tot de "ellendige mens"[22] die Hij kwam behouden. Hij weet, dat het gebod van Zijn Vader "het eeuwige leven"[23] is – en "Hij heeft geboden van Zijn Vader bewaard en blijft in Diens liefde"[24] – en Hij weet dat "niemand groter liefde [heeft] dan deze",[25] en daarom heeft Hij de gedaante van een dienstknecht aangenomen, van de mens.

De liefde van Christus voor de mens bereikt haar uiterste hoogtepunt in de voor de vijanden – de mensen die leefden in de zonde, want de zonde is "vijandschap jegens God".[26] Daarom ook roept de Apostel in dankbare verbazing uit: "God bewijst Zijn liefde jegens ons, doordat, terwijl wij nog zondaars waren, Christus voor

---

[18] Zie N. Kabasilas, «Περὶ τῆς ἐν Χριστῷ ζωῆς» 1 (PG150).
[19] Joh.3:16.
[20] Hebr.10:7.
[21] Joh.13:1.
[22] Cf. Rom.7:24.
[23] Joh.12:50.
[24] Cf. Joh.15:10.
[25] Joh.15:13.
[26] Rom.8:7.

ons gestorven is".[27] Deze liefde bleek volmaakt in Zijn gehoorzaamheid en Zijn aanvaarding van het Kruis der schande. In de hof van Gethsémane leverde Hij Zijn menselijke wil over aan de hemelse Vader. Aan het Kruis offerde Hij Zijn lichaam, en met Zijn reine ziel daalde Hij neder in de hel, voor het heil van allen.

Christus kwam in de wereld met slechts één doel: Het "eeuwig voornemen"[28] te vervullen, het vóóreeuwige plan van God voor het heil der mensen.

Wanneer de Heer onderricht gaf en wonderen verrichtte, verlangde Hij om "het Evangelie te verkondigen aan de armen..., om de gebrokenen van hart te genezen, om vrijlating te verkondigen aan de krijgsgevangenen en het gezicht aan de blinden, om de gewonden heen te zenden in vrijheid, om te verkondigen het aangename jaar des Heren"[29] – in één woord, om Zijn Koninkrijk in te voeren in het leven van de wereld.

Toen Hij in Gethsémane bad onder bloedig zweet, en tot het einde toe de beker dronk van Gods vóóreeuwige Raadsbesluit voor het heil der mensen, omvatte Zijn gebed de gehele Adam en al de breedten van de tijd.

Toen Hij opging tot Golgotha besefte Hij, zoals Hij zeide, dat alleen "indien een graankorrel ... in de aarde valt en sterft" het "veel vrucht" voortbrengt.[30] Daarom "heeft Hij voor allen de dood gesmaakt",[31] en wel de onterende dood des Kruises.[32]

Toen Hij nederdaalde in het graf, droeg Hij Zijn hart dezelfde inhoud: Zijn sterk verlangen naar het heil der wereld, de "doop" in het "vuur" van Zijn liefde.[33]

De Heer aanvaardde vrijwillig om te sterven uit gehoorzaamheid aan de hemelse Vader en uit liefde voor de mens, in diens plaats. De "onberispelijke en smetteloze" Christus nam de zonden der wereld op Zich, en "werd voor ons tot een vloek".[34]

---

[27] Cf. Rom.5:8 & 5:6.
[28] Ef.3:11; cf. Ef.1:11.
[29] Lk.4:18-19.
[30] Joh.12:24.
[31] Cf. Hebr.2:9.
[32] Cf. Fil.2:8 & Hebr.12:2.
[33] Cf. Lk.12:49-50.
[34] Cf. Gal.3:13.

Doch zijn dood was onrechtvaardig, omdat Hij zonder zonde was, en daarom werd dit de veroordeling van onze dood, die rechtvaardig is. De Hemelse Vader stond niet toe dat Zijn heilige Zoon "het verderf zou zien",[35] maar "Hij heeft Hem opgewekt op de derde dag" en Hem gegeven om openlijk te verschijnen.[36]

Toen Christus opstond, stond Hij uiteraard op met heel de inhoud van Zijn hart, waarmee Hij ook gestorven was – heel het geslacht der mensen. En deze "overwinning"[37] op de dood deelt Hij met allen. Daarom ook zegt de gewijde Chrysostomos, in zijn 'woord voor de Paasnacht", dat "Christus is opgestaan, en er is niemand meer in de graven".

Aldus werd Gods oordeel geopenbaard in de persoon van de Tweede Adam. Christus' onrechtvaardige en zondeloze dood, omwille van Gods gebod en het heil van de mens, veroordeelde onze eigen dood – die rechtvaardig is vanwege de zonde die daaraan voorafging – en opende voor ons de "wegen des levens".[38] Dit voorbeeld van Christus wordt de mens aangeboden tot navolging, en als een gebod om te volgen in Zijn voetsporen.[39]

Petrus, het hoofd der Apostelen, spreekt een woord dat zeer diepgaand en geheimnisvol is: "Het is de tijd, dat het oordeel van God beginne bij het huis van God; [...] en indien de rechtvaardige nauwelijks behouden wordt, waar zal dan de goddeloze en zondaar verschijnen?"[40] Hier is duidelijk dat het oordeel dat de rechtvaardigen behoudt – zij het met inspanning, zwoegen en moeiten – het oordeel is van de Zoon van God, dat in hun leven herhaald wordt.

De Zoon van God is het Huis Gods bij uitstek, omdat "in Hem heel de volheid van de Godheid lichamelijk [woont]".[41] Maar ook wij zijn het "huis Gods",[42] omdat Christus "door het geloof [kan wonen] in onze harten".[43]

---

[35] Cf. Hand.2:27.
[36] Hand.10:40.
[37] 1Kor.15:57.
[38] Hand.2:28.
[39] Cf. 1Petr.2:21.
[40] 1Petr.4:17.
[41] Cf. Kol.2:9.
[42] Hebr.3:6.
[43] Cf. Ef.3:17.

Het oordeel van Christus' lijden en Zijn dood aan het Kruis is van zodanige aard, dat het niet kan worden overtroffen, zoals Jesaja op profetische wijze verkondigde. En dit oordeel, dat herhaald moet worden in het leven der gelovigen, staat (dan) in verhouding tot de maat van de genade die elk van God ontvangen heeft. "Want de geringste ontvangt gratie uit barmhartigheid, doch de machtigen zullen op machtige wijze worden getoetst".[44]

Toen wij "oud zuurdeeg" waren – scheuten ontsproten aan Adam – waren wij bekend met de verdorring vanwege de ongehoorzaamheid, en met de woeste verlatenheid vanwege het kwaad en Adams overtredingen. Wij verduurden het vervloekte oordeel over de eerstgeschapene als lijfeigenen. Doch nu wij zijn wedergeboren uit het onvergankelijk zaad van het Woord Gods, en in het vervolg vrij zijn van de oude Wet, zijn wij geroepen – zo zegt de apostel Paulus – om het verheerlijkte oordeel van de Tweede Adam te omhelzen: het oordeel dat de dood overwint en ons binnenleidt in het onvernietigbare leven des Hemels.

Hoe en wanneer is de rechtvaardigheid van het oordeel van de Zoon van God werkzaam in het leven der gelovigen?

Mensen worden behouden wanneer zij vrienden van het Kruis worden en leven in overeenstemming met de geest van Zijn offer. Dit wordt op vele manieren verwezenlijkt. Wij zullen een aantal voorbeelden geven.

Christus openbaarde Gods oneindige liefde voor de wereld door een onrechtvaardige en onschuldige dood te sterven. Evenzo hebben de gelovigen, door hun lijden, het voorrecht hunnerzijds hun dankbare liefde te tonen jegens Christus, de Aanvoerder van hun heil. Het meest volmaakte geval is dat van de martelaren. Het lijden en de verdrukkingen die Gods Voorzienigheid in ons leven toestaat, vormen onze leertijd in het grote Kruis van Christus. Zoals Hij Zijn vóóreeuwige heerlijkheid is binnengegaan door al het lijden van Zijn zelfontlediging en Zijn kruisiging, evenzo wordt de leerling van Christus, door lijden en verdrukkingen te verduren, verwaardigd de uitbreiding van de goddelijke liefde te ontvangen, en binnen te treden in de eeuwige rust van de engelen en de rechtvaardigen. Uiteraard is de onwrikbare voorwaarde om hierin te

---

[44] Wijsheid van Salomo 6:6.

slagen, dat zijn lijden niet het gevolg is van daaraan voorafgaande zonde. Zijn lijden moet geschieden "omwille van de rechtvaardigheid", en "in naam van Christus". Dan, zo zegt de Apostel, wordt het hem toegerekend als gemeenschap aan het heilig lijden van Christus en maakt het hem zalig, want "de Geest der heerlijkheid en der kracht, de Geest van God, rust op hem".[45]

Hetzelfde oordeel is werkzaam in de vervolgingen. Vervolgingen die de leerling zalig maken en God verheerlijken, zijn die, waarin de gelovige "als een schaap ter slachting"[46] wordt geleid, "zonder de boze te weerstaan",[47] zoals de Heer zegt – omdat hij zich heeft overgeven aan God "Die rechtvaardig oordeelt".[48] En het rechtvaardig oordeel van God is de heilige kreet van Zijn liefde, aan het Kruis: "Vader, vergeef hen, want zij weten niet wat zij doen".[49] Daarom ook getuigen onze heilige Vaders, dat waar liefde voor de vijanden is, daar is ook de Heilige Geest aanwezig, Die in de ziel getuigt van het heil;[50] en degene die de liefde voor zijn vijanden niet heeft bereikt, diens heil is nog niet zeker.[51] De vervolgingen en de haat van de wereld tegen de Christenen brengen heerlijkheid wanneer zij niet gezocht worden, maar "zonder reden"[52] worden verdragen "om het geweten voor God".[53]

De grootste onrechtvaardigheid die ooit in de geschiedenis van de wereld heeft plaatsgevonden, was de kruisiging van de Heer der heerlijkheid, die beraamd werd door de boosaardigheid der mensen en Gods rechtvaardig oordeel. Zonder dat de mensen zich hiervan bewust waren, beschikte God in Zijn wijsheid – met de dwaasheid van de liefde van het Kruis – dat hun onrechtvaardige vergelding zou dienen tot hun eigen heil. Daarom ook hebben de vrienden van het Kruis, wanneer zij onrecht verduren, de moed te groeien in de

---

[45] Cf. 1Petr.4:14.
[46] Hand.8:32; Jes.53:7 (zie ook Hand.8:36).
[47] Cf. Mt.5:39.
[48] 1Petr.2:23.
[49] Lk.23:34.
[50] Cf. "Saint Silouan", GK p.373, 390 (ed.[15]2013: p.362, 376), EN p.289, 304, NL p.311, 325.
[51] Cf. ibid., GK p.475-476 (ed.[15]2013: p.455), EN p.377-378, NL p.398.
[52] Joh.15:25.
[53] 1Petr.2:19.

genade des heils. Wij verstaan waarom de apostel Paulus de Korinthiërs beweeklaagt, wanneer zij hun toevlucht nemen tot aardse gerechtshoven om gerechtvaardigd te worden, in plaats van er de voorkeur aan te geven onrecht te lijden in vertrouwen op God, Die zelfs de goddeloze mens rechtvaardigt wanneer deze gelooft.[54] Daarom ook zeiden onze heilige Vaders, die de wijsheid kenden van Gods oordelen en de kracht van het Kruis, dat degene die zichzelf rechtvaardigt wanneer hij berispt wordt vanwege de waarheid "zijn heil heeft verloochend".[55] Wanneer wij er de voorkeur aan geven onrecht te lijden, in plaats van aanspraak te maken op ons recht, dan wordt de rechtvaardigheid in ons leven steeds meer Christus-gelijkend.

In hun onrechtvaardigheid boden de mensen Christus het kruis der schande. Doch door dit aan te nemen als de Beker van Zijn Vader, veranderde Hij dit in het Kruis van rechtvaardigheid en liefde. Hiermee openbaarde Hij de kracht en wijsheid van God, waardoor Hij de zonde en de dood teniet doet, en hen die geloven binnenleidt in de heerlijkheid van de aanneming tot zonen.

Iets dergelijks gebeurt ook in het leven van Zijn leerlingen. Wanneer zij schande dragen door Gods waarheid te belijden in deze wereld die in boosheid ligt, dan ontvangen zij dezelfde eer en heerlijkheid van Christus, Die "in tegenwoordigheid van Zijn Vader, Die in de hemelen is",[56] belijdt dat zij de Zijne zijn. Of, nog concreter, wanneer wij het Mysterie van de Biecht naderen en de schande op ons nemen van onze zonden en van onze geestelijke behoeftigheid, dan rekent de Heer ons dit toe als dankbaarheid voor de schande die Hij verdragen heeft omwille van ons, en Hij schenkt ons de genade der vernieuwing. Dan maakt Hij ons tot deelgenoten van de heerlijkheid van alle heiligen in de hemel, zoals Hijzelf bevestigt: "Er is vreugde voor het aanschijn van de engelen Gods over één zondaar die zich bekeert".[57]

Evenzo, wanneer wij vasten in gehoorzaamheid aan de Kerk en aldus iets smaken van de dood, dan bestrijdt deze kleine en vrijwillige

---

[54] Zie 1Kor.6:7 & Rom.4:5.
[55] H. Johannes Klimakos, "The Ladder" 4:44, p.38; (Griekse uitgave 4:38, p.90).
[56] Cf. Mt.10:32.
[57] Lk.15:10.

dood omwille van het gebod, het verderf van onze dood, en trekt Gods genade aan, die ons "zonder uiterlijke waarneming"[58] voorbereidt om ook de kracht van Christus' Opstanding te kennen, "vierend het eeuwige Pascha".[59]

Naar de mate waarin wij in dit leven de dood smaken – altijd in overeenstemming met Gods gebod – ontvangen wij ook de vertroosting der Opstanding, de vertroosting van de goddelijke liefde, die de dood om reden van de zonde teniet doet, en leidt "tot de opstanding der doden".[60] In het lichaam dat het sterven omwille van Jezus in zich draagt, ontwaakt een sterke geest van liefde en van heilige vrijmoedigheid, die onwankelbaar kan staan in de eeuwige Aanwezigheid van de verheerlijkte Jezus.

Een zekere man Gods, die dit mysterie van het oordeel van het Kruis kende, en hoe een onrechtvaardige dood omwille van het gebod, de dood uitwist die ons rechtvaardig toekomt vanwege de zonde, zeide: "Christelijk te leven is onbereikbaar. Men kan slechts Christelijk sterven, zoals ook de heilige Paulus dagelijks stierf (1Kor.15:31)",[61] "opdat ook het leven van Jezus openbaar moge worden in ons sterfelijk vlees".[62]

Wanneer wij met dankbaarheid het ultieme en onbereikbare oordeel aanschouwen van de Zoon van God, Die vrijwillig gekruisigd werd om de dood van Zijn vijanden uit te wissen en Zijn heerlijkheid met hen te delen, dan worden wij begeesterd met dankbaarheid voor Zijn heil. Deze dankbaarheid wordt in ons omgevormd tot vurige warmte, en tot zelfhaat vanwege de goddeloosheid van ons hart, dat zich nog niet volledig aan Christus heeft overgeleverd. Deze heilige zelfhaat helpt ons om met zelfverloochening het kruis van ons leerlingschap op ons te nemen, achter Christus aan, de eerste en grote Kruisdrager.

Het relatief zeer kleine kruis, waarmee Zijn heilige Voorzienigheid ons begenadigd heeft, wordt dan de sleutel waarmee voor ons de erfenis geopend wordt van het Grote Kruis, met heel de rijkdom

---

[58] Cf. Lk.17:20.
[59] Paascanon, 5e Ode.
[60] Fil.3:11.
[61] "Saint Silouan", GK p.311 (ed.[15]2013: p.299), EN p.236, NL p.255; zie 1Kor.15:31.
[62] Zie 2Kor.4:11.

van het eeuwige leven. Zonder de zelfverloochening en de zelfhaat, die het gebod van het kruis van het leerlingschap vereist, zullen wij noch God ervan overtuigen dat wij de Zijne zijn, noch ook de talrijke vijanden van het geloof, die ons steeds nauwer omringen, en die vanuit de hoogte en op hovaardige wijze spreken. Als wij niet in staat zijn de boodschap van het Kruis mee te delen aan degenen die ons omringen, omdat het woord van het Kruis niet eerst tot onze eigen harten heeft gesproken, dan blijft er niets anders over dan de woorden van de Psalm die wij lezen op Goede Vrijdag: "De zot zeide in zijn hart: Er is geen God".[63] Als echter het woord van het Kruis rijkelijk in ons woont, dan zal ons innerlijk oog langzamerhand gereinigd worden, en het zal de gehele schepping zien zingen in reidans, als één orkest van "het lied van het Lam",[64] Dat ons heeft vrijgekocht door Zijn kostbaar bloed, en dat aanstonds "alle tranen van onze ogen zal afwissen".[65]

Wij bevinden ons in het hart van het grote mysterie der vroomheid, het mysterie van het Kruis. Een mysterie waarin heerlijkheid verborgen ligt en dat geopenbaard wordt in heerlijkheid. "Vóór eeuwige tijden"[66] werd dit door de eeuwige wijsheid en de wonderbare Raad van God ontworpen, met een onbegrijpelijke hoogte en een onnaspeurlijke diepte. Het bleef "verzwegen"[67] en "sinds alle eeuwen verborgen"[68] in de boezem van de Drieëne Godheid. Het werd op vage wijze geopenbaard, als een schaduw, in de symbolen en profetische voorafbeeldingen van het Oude Testament. Doch het werd op precieze, heldere en zeer duidelijke wijze verklaard toen "de volheid der tijden" gekomen was,[69] bij de verschijning in het vlees van de Eniggeboren Zoon van God, de Mede-eeuwige met de Vader. Dit mysterie bevat het liefdevolle plan van God voor de herschepping van de wereld. Het is het doel van het Evangelie van Christus omwille van het heil der mensen,

---

[63] LXX Ps.13(14):1.
[64] Openb.15:3.
[65] Cf. Openb.7:17.
[66] 2Tim.1:9; Tit.1:2.
[67] Cf. Rom.16:25.
[68] Ef.3:9.
[69] Ef.1:10.

en tenslotte is het de geïnspireerde kracht voor de onophoudelijke doxologie van de hemelen tot de Heer, onze Heiland en Weldoener.

Wanneer wij de plaats van het Kruis in ons leven verstaan, dan dient alles wat ons overkomt het doel van het grootste wonder dat deze geschapen wereld kent, namelijk, de vereniging van het hart van de mens met de Geest Gods. Verdrukkingen en lijden, zowel vrijwillig als onvrijwillig, dragen bij aan onze heiliging: Ook hetgeen onvrijwillig is wordt omgevormd tot heil door de zelfberisping, en dan wordt ons kruis verenigd met het Kruis van Christus, en verwerft zo het heil. De goede rover, die als eerste het paradijs betrad, leerde ons dit begrip op de meest uitnemende wijze. Een nog grotere wijsheid is het vrijwillige leed van de vrienden van het Kruis, want daardoor ontkomen zij aan de ijdelheid van de wereld, om een nog machtiger liefde voor Christus te verkrijgen – Die omwille van hen "niet Zichzelf heeft behaagd, maar zoals geschreven staat: De smaadheden van hen, die ... smaadden zijn op Mij gevallen".[70] Zoals Christus "verteerd"[71] werd door de ijver voor het huis Gods – en dat zijn wij – zo moeten ook Zijn leerlingen, "om het woord van Zijn lippen harde wegen bewaren".[72] Zij aanvaarden het Kruis van Zijn tuchtiging en van Zijn oordelen, want zodra zij pogen van dit kruis af te dalen, al is het maar voor even, dan verzwakt in hen de stroom van de waarachtige eeuwigheid.

Door zijn onzegbare zelfontlediging heeft Christus God gerechtvaardigd tegenover de mens, terwijl Hij door Zijn volmaakte en onbeschrijfelijke nederigheid de mens gerechtvaardigd heeft tegenover diens Formeerder.

De rechtvaardigheid van God jegens de mens werd op volmaakte wijze geopenbaard, doordat Christus aan de mens Gods liefde schonk "tot het einde".[73] Omwille van de mens leverde de Vader Zijn Eniggeboren Zoon over tot de dood. Dus "hoe zal Hij ons, mét Hem, niet ook met alle dingen begenadigen?"[74] Hoe hard het Kruis van de

---

[70] Cf. Rom.15:3.
[71] Cf. Joh.2:17.
[72] Cf. LXX Ps.16(17):4.
[73] Joh.13:1.
[74] Rom.8:32.

goddelijke wil ons ook moge toeschijnen, de mens kan God nooit meer beschuldigen, want Zijn gave is oneindig veel groter. Aldus richt de rover aan het kruis de pijlen der berisping tegen zijn eigen onrechtvaardigheid en ondankbaarheid, zonder God te beschuldigen, Die voor immer rechtvaardig en gezegend blijft.

En wederom, Christus rechtvaardigt de mens tegenover God, omdat Hij als mens volmaakte "gehoorzaamheid"[75] betoonde en een zondeloze levenswandel. God heeft in Hem (in Christus) Zijn welbehagen en in Zijn Persoon aanvaardt Hij iedere mens die Zijn weg en Zijn voetsporen volgt.

Waarlijk, het Kruis van Christus – zoals ook gezegd wordt in het (vasten)troparion van het Negende Uur – werd de enige weegschaal der rechtvaardigheid, die ons overbrengt van de dood tot het leven, van de aarde naar de Hemel, van de mens tot God. Het kruis van het leerlingschap bij Christus is tot zaligheid geworden voor Zijn leerlingen, die in hun leven niets anders willen weten dan alleen "Jezus Christus, en Dien gekruisigd"[76] – "Gods kracht en Gods wijsheid".[77]

---

[75] Cf. Fil.2:8.
[76] 1Kor.2:2.
[77] 1Kor.1:24.

Epiloog

Gedurende de trage stroom der eeuwen was het woord des Heren van bij tijden werkzaam in het hart der profeten, om de mensen in staat te stellen de sporen van de lichtende aanwezigheid van de Levende God te bespeuren en te volgen.

Toen de volheid der tijden gekomen was, kwam de Zoon van God, de Heer der heerlijkheid, persoonlijk – en Hij "sprak" met Zijn goddelijk gezag, al wat Hij hoorde van de Hemelse Vader. Zijn woorden zijn "de woorden van het eeuwige leven".[1]

De heilige Apostelen waren de getuigen bij uitstek "van de woorden dezes levens".[2] De machtige Petrus had zelfs reeds vóór Pinksteren de grootste ervaring van het levenschenkend woord van de Heer: "Het woord des Heren geschiedde tot Petrus", en Petrus antwoordt: "Op Uw woord zal ik het net neerlaten".[3]

"Op Uw woord zal ik het net neerlaten", was de uitdrukking van de gehoorzaamheid van Petrus die zich, in wanhoop vanwege de (vergeefse) moeite van de gehele nacht, overgeeft aan de wil van Jezus. En het wonder geschiedde: "hij omsloot een grote menigte vissen". Petrus had de vangst van het jaar! In de wonderbaarlijke vruchtbaarheid van het woord herkende hij de goddelijkheid van de Leermeester, en vol ontstelde verbazing over deze nog onbekende Overste,[4] roept hij uit: "Ga weg van mij, Heer, want ik ben een zondig man." En dan wordt hem de grote genadegave verwaardigd de hemelse roeping te ontvangen – leerling te worden van Christus, en alles achter te laten om Hem te volgen.

Het woord des Heren is de kracht Gods, die uitgaat uit Zijn

---

[1] Joh.6:68.
[2] Cf. Hand.5:20.
[3] Cf. Lk.5:5.
[4] Evenals in het zojuist aangehaalde vers uit het Lukas-evangelie wordt hier naast de gebruikelijke aanspreektitel "Leermeester" nog een ander woord gebruikt: *'epistatês'* (ἐπιστάτις), hetgeen het aspect van leiderschap en gezag naar voren brengt van iemand die 'over' anderen gesteld is, als '(hoofd)opzichter' of 'overste' – in het OT gebruikt m.b.t. de orde in de Tempel te Jeruzalem, bouwwerken (waaronder Gods Tempel), en de krijgsmacht. Derhalve, evenals in de Griekse voordracht, is dit hier ook in vertaling onderscheiden. *Noot vert.*]

mond, en wanneer dit de mens bereikt brengt dit heel de rijkdom van het eeuwige leven met zich mee. Het verschaft hem de openbaring en de kennis van de komende eeuwigheid. Het is beladen met de energie van de Geest des Levens, en doorgloeid van het bovenzinnelijke Licht van het Koninkrijk van de Vader, en van de Zoon, en van de Heilige Geest. Vanaf het begin der eeuwen voedt dit woord van de Heer de engelen op Godwaardige en onzegbare wijze, en het schenkt leven aan de rechtvaardigen. Hierin opent zich te Hemel, en het is een licht op de aarde

Deze onzegbare woorden, die gegeven werden aan de profeten van het Oude Testament, en gesproken werden door de heilige apostelen van het Nieuwe Testament, werden omwille van ons op schrift gesteld, als getuigenis en als erfdeel. En zo hebben wij uit die gesproken woorden de Gewijde Geschriften, de Heilige Schrift.

De Gewijde Geschriften werden door Jesaja beschreven als vurige kolen. Binnen de Kerk, zodra de gelovige ze leest en ze hoort in de Goddelijke Liturgie, dan – dankzij zijn geloof in Christus, de schenker van het woord, en in de bedoeling van de Geest, de Trooster – gaan deze kolen gloeien, zij verwarmen het hart en doen het intellect stralen, en zo worden de Gewijde Geschriften wederom tot woorden van eeuwig leven, die de mens 'zwanger' maken van de Geest des heils. "De woorden die Ik tot u gesproken heb, zij zijn geest en leven".[5]

De Heer Jezus zaaide op aarde het onvergankelijk zaad van Zijn levenschenkende woorden, die hen die ze met geloof aanvaarden en hun vertrouwen stellen op de kracht van Zijn Naam, wedergeboren doen worden in het eeuwige leven. Door het werk van Zijn Offer verwierf Hij voor de zondige mens de eeuwige verlossing, en Hij werd de Nieuwe Adam, de nieuwe stamvader, de "Vader der toekomstige eeuwigheid".[6] Alles is samengevat "in Christus, beide wat in de hemelen is en wat op de aarde is".[7]

De eerste erfgenamen van het vaderschap van de Heer waren de ooggetuigen van Zijn Opstanding en dienaren van Zijn woord – de apostelen. Daarom ook vermaant de grote Paulus met een

---

[5] Joh.6:63.
[6] Jes.9:5/6 (LXX).
[7] Ef.1:10.

heilige vrijmoedigheid zijn geliefde kinderen, de Korinthiërs: "Want al had gij tienduizend opvoeders in Christus, toch hebt gij niet vele vaders; want door het Evangelie heb ik u verwekt in Christus Jezus".[8]

Bovendien zegt heel de Heilige Schrift dat de Levende God de God is der Vaderen, en de gelovigen zijn de kinderen van de Heilige Vaders, en op hun beurt worden ook zijzelf vaders. Vaders zijn diegenen in wie het licht van de woorden van Christus is opgestraald, en die de ervaring hebben ontvangen van Zijn Opstanding. In hen leeft Zijn woord en het is in hen werkzaam, en wanneer het wordt overgedragen verzekert het de harten van hen die het horen van de genade en doet hen herboren worden. En evenals wij, overeenkomstig het gebod van God, eer verschuldigd zijn aan onze ouders naar het vlees, die ons in dit lichamelijke leven hebben gebracht, zo – en met nog veel groter rechtvaardiging – zijn wij nog de grootste dankbaarheid verschuldigd aan onze geestelijke vaders, die ons door hun geestelijk woord tot bewustzijn hebben gebracht in onze geboorte vanuit den hoge, zodat ook wij het Koninkrijk der hemelen kunnen beërven, dat Christus ons heeft beloofd. Dit woord bevestigd door het woord uit de Schriften: "De goede vooraanstaande oudsten achte men dubbele eer waardig, vooral zij die arbeiden in het woord en het onderricht".[9]

De woorden die uitgaan uit de mond van God, hetzij via de profeten, hetzij via de apostelen, hetzij via de heilige Vaders, die door de eeuwen heen God welgevallig zijn geweest, kunnen niet anders dan de eigenschappen openbaren van de Levende Heer: Zijn almacht, de majesteit van Zijn heiligheid, Zijn wijsheid, en tenslotte de grotere liefde van de Zoon der Liefde, Die "terwijl wij nog zondaars waren, voor ons gestorven is".[10] Het woord des Heren openbaart ons oerbeeld, de Zoon en het Woord van God, naar Wiens beeld wij vanaf den beginne geschapen zijn.

De energie van het woord des Heren openbaart niet alleen ons oerbeeld en het vóóreeuwig Raadsbesluit van God aangaande de mens, het toont tevens de erbarmelijke misvorming van de mens

---

[8] 1Kor.4:15.
[9] 1Tim.5:17.
[10] Cf. Rom.5:8.

na zijn val. De mens vindt de waarheid over zichzelf niet door zich te vergelijken met andere stervelingen, maar door zijn "staan" voor het aangezicht van de Heer, Die spreekt.

Op een zekere, onbegrijpelijke wijze neemt de mens via de woorden van de Heer deel aan de kennis van de majesteitelijke grootheid van de Levende God, en ontdekt hij tegelijkertijd de grootte van zijn eigen val.

Doch wie zal de stem horen, wie zal de gedaante zien van Christus, de schenker van het woord, en dan niet veranderd worden? Wie zal zich dan niet bekeren, niet zijn wegen veranderen?

Wie zal de woorden van de Almachtige Jezus smaken, en zich dan niet tot het einde toe nederbuigen in dankbaarheid?

Wie is het, aan wie de Heer de woorden van Zijn Vader zal toevertrouwen, en Hem dan niet zal liefhebben tot het einde, tot aan het haten van zijn eigen zelf?

Wanneer de gelovige door de energie van het woord des Heren wordt aangetrokken tot een steeds grotere volheid van de liefde van God, en tot een steeds sterkere haat jegens zijn eigen erbarmelijke val, dan voegt de Heer hem bij het koor van Zijn leerlingen en maakt hem tot Zijn mond, om te getuigen van "al [Zijn] woorden".

Het waarachtige leerlingschap, het trouw volgen van de Heer, is niets anders dan het geïnspireerde bewaren van Zijn woorden. Degene die het woord des Heren bewaart, die heeft de Heer lief en volgt Hem "waar Hij ook heengaat".[11] Hij daalt eerst neder tot de hel van zijn persoonlijke zelfkennis en berouwvolle bekering, en wordt vervolgens opgeheven, samen met de Eniggeborene, tot de Hemel der hemelen, tot de boezem van God de Vader.

---

[11] Openb.14:4.

Bibliografie van geciteerde werken

M.b.t. de werken van Archim. Sophrony wordt hieronder, indien beschikbaar, de Engelse titel gegeven in enkele gevallen gevolgd door anderstalige uitgaven. In de noten zijn de diverse uitgaven als volgt aangegeven: GK = Griekse editie, EN = Engelse editie, NL = Nederlandse editie. Wat het Grieks betreft is bij het vertalen in principe gebruik gemaakt van de oorspronkelijke vertalingen door Archim. Zacharias. Waar echter de verwijzing gegeven werd naar meer recente bewerkingen daarvan in moderner Grieks, is de desbetreffende uitgave in de noten toegevoegd (tussen haakjes: editie & jaar van uitgave).

WERKEN VAN HET KLOOSTER ST. JOHN THE BAPTIST

Archim. Sophrony (Sacharov)

"Saint Silouan the Athonite" (afgekort: "Saint Silouan")
vert. Rosemary Edmonds;
Patriarchal Stavropegic Monastery of St. John the Baptist
Tolleshunt Knights, Essex, U.K., 1991;
herdruk: St. Vladimir's Seminary Press, Crestwood NY (U.S.A.) 1999.

> Nederlandse vertaling: *"De heilige Silouan de Athoniet"*
> vert. Zr. Elisabeth (Koning); uitg. Axios, 1998;
> (heruitgave: Orthodox Logos, Tilburg).

"We Shall See Him As He Is" (afgekort: "We Shall See Him")
vert. Rosemary Edmonds;
Patriarchal Stavropegic Monastery of St. John the Baptist,
Tolleshunt Knights, Essex, U.K.,1988.

"On Prayer"
vert. Rosemary Edmonds;
Patriarchal Stavropegic Monastery of St. John the Baptist,
Tolleshunt Knights, Essex, U.K., 1996.

«ΑΣΚΗΣΙΣ ΚΑΙ ΘΕΩΡΙΑ» *(= Over de ascese en het schouwen)*
uit het Russisch en Frans vertaald door Archim. Zacharias (Zacharou)
Patriarchal Stavropegic Monastery of St. John the Baptist,
Tolleshunt Knights, Essex, U.K.,1996.

«Подвиг Богопознания» (= De strijd om de Godskennis)
Patriarchal Stavropegic Monastery of St. John the Baptist,
Tolleshunt Knights, Essex, U.K.; «Паломник», Москва 2002.

> Dit betreft de brieven aan D.Balfour; hier geciteerd uit de tweede
> Griekse editie (^{2}2006) : *«ΑΓΩΝΑΣ ΘΕΟΓΝΩΣΙΑΣ – Η ΑΛΛΗΛΟΓΡΑΦΙΑ ΤΟΥ ΓΕΡΟΝΤΟΥ ΣΩΦΡΟΝΙΟΥ ΜΕ ΤΟΝ Δ. ΜΠΑΛΦΟΥΡ»*
> vert. Archim. Zacharias (Zacharou)
> Patriarchal Stavropegic Monastery of St. John the Baptist,
> Tolleshunt Knights, Essex, U.K., 2004.

«ΟΙΚΟΔΟΜΩΝΤΑΣ ΤΟΝ ΝΑΟ ΤΟΥ ΘΕΟΥ, ΜΕΣΑ ΜΑΣ ΚΑΙ ΣΤΟΥΣ ΑΔΕΛΦΟΥΣ ΜΑΣ»
(= Het opbouwen van de tempel Gods in onszelf en in onze broeders)
vert. Archim. Zacharias (Zacharou)
Patriarchal Stavropegic Monastery of St. John the Baptist,
Tolleshunt Knights, Essex, U.K.; 2014 (in 3 delen).

Archim. Zacharias (Zacharou)

*"Remember Thy First Love (cf. Rev.2:4-5)
The three stages of the spiritual life in the theology of Elder Sophrony"*
Patriarchal Stavropegic Monastery of St. John the Baptist,
Tolleshunt Knights, Essex, U.K., 2010.

> Nederlandse vertaling: *"Gedenk uw eerste liefde (cf. Openb.2:4-5)
> – De drie stadia van het geestelijk leven in de theologie van oudvader Sophrony"*
> vert. A. Arnold-Lyklema; Maranatha House, 2014.

"Van de dood tot het leven – De weg van het Kruis des Heren in ons dagelijks bestaan"
Rechstreeks vertaald naar een reeks geluidsopnamen, U.S.A. 2014,
vert. & red. A. Arnold-Lyklema; Maranatha House, 2017.

LEVEN & WERKEN VAN DE HEILIGE VADERS
(MIN OF MEER CHRONOLOGISCH GEORDEND)

Brief aan Diognetus

«Πρὸς Διόγνητον» (= Brief aan Diognetus)
> Engelse vertaling, zie:
> NPNF, Ante-Nicene Fathers, vol. 1,
> "The Epistle of Mathetes to Diognetus".

H. Ignatius van Antiochië

«Πρὸς Μαγνησιεῖς» (= Brief aan de Magnesiërs)
Voor een Engelse vertaling, zie:
NPNF, Ante-Nicene Fathers, vol.1,
"The Epistle of Ignatius to the Magnesians".

H. Justinus, Filosoof & Martelaar

«Ἀπολογία ὑπὲρ Χριστιανῶν, 1» (= 1^e Apologie voor de Christenen, PG6)
Voor een Engelse vertaling, zie:
NPNF, Ante-Nicene Fathers, vol.1,
"First Apology".

Woestijnvaders

«Ἀποφθέγματα Γερόντων» (= Uitspraken van de Oudvaders, PG 65)

Ook geciteerd naar een uitgave in moderner Grieks:
«Εἶπε Γέρων» (= Een Oudvader zeide), vert. Βασιλείου Πέντζα, ἐκδ. Ἀστήρ-Παπαδημητρίου, Athene, 1983.

Voor een Engelse vertaling, zie: "The Sayings of the Desert Fathers: The Alphabetical Collection", vert. B.Ward SLG; Cistercian Publications, Kalamanzoo MI (U.S.A.), 1975; heruitgave 1984.

H. Antonius de Grote

«Φιλοκαλία τῶν Ἱερῶν Νηπτικῶν» (= Philokalia van de gewijde waakzamen)
ἐκδ. Ἰ.Μ. Κοιμήσεως Θεοτόκου Μπούρα, Ἀρκαδία, 2010.

Voor een Engelse vertaling, zie: "The Philokalia", vol.I,
ed. & vert. G.E.H. Palmer, Philip Sherrard, Kallistos Ware,
Faber & Faber, Londen, U.K., 1979 (paperback, U.S.A., 1983).

H. Pachomius

«Βίος Παχωμίου» (= Het leven van Pachomius)
in «Βιβλιοθήκη Ἑλλήνων Πατέρων» τόμ. 40.

Voor een Engelse vertaling van verschillende teksten over zijn leven (naar enkele oude manuscripten), zie:

"Pachomian Koinonia, Volume One
– The Life of Saint Pachomius and His Disciples"
vert. Armand Veilleux,
Cistercian Publications Inc., Kalamazoo, Michigan, U.S.A., 1980.

H. Makarius de Grote (van Egypte)

«*50 Πνευματικὲς Ὁμιλίες*» (= 50 Geestelijke Homilieën, PG 34)
εκδ. Σχοινᾶ, Βόλος, 1964.

H. Johannes Chrysostomos

«*Ὑπόμνημα εἰς τὸ κατὰ Ματθαῖον Εὐαγγέλιον*»
Ε.Π.Ε. 9, Thessaloniki 1978.

Engelse vertaling, zie NPNF, Serie I, vol. X,
"*Homilies on the Gospel of Saint Matthew*".

«*Ὁμιλία εἰς τὴν πρὸς Ἑβραίους, 4*» (PG 63,41)

Engelse vertaling, zie: NPNF, Serie I, vol.XIV,
"*Homilies on the Epistle to the Hebrews*".

H. Dorothéüs van Gaza

«*Ρήματα διάφορα ἐν συντόμῳ*» (= Diverse woorden in het kort, PG 88)

«*Ἔργα Ἀσκητικά*» (= Ascetische werken)
ἐκδ. «Ἑτοιμασία», Athene, 2005.

H. Barsanuphius de Grote

«*Κείμενα Διακριτικὰ καὶ Ἡσυχαστικὰ (Ἐρωταποκρίσεις)*»
τομ. Α'-Β',
ἐκδ. Ἑτοιμασία, Ἀθήνα.

H. Johannes Klimakos (= van de Ladder)

"*The Ladder of Divine Ascent*" (afgekort: "*The Ladder*")
Holy Transfiguration Monastery Press, Boston MA (U.S.A.), 1991.

NB: Er bestaan kleine verschillen in de nummering van de diverse 'woorden'. Om praktische redenen is in deze uitgave de telling gevolgd van de hier genoemde Engelse uitgave.

H. Maximos de Belijder

«*Περὶ Θεολογίας κεφάλαια*» (PG 90)

Engelse vertaling, zie: "*Third Century of Various Texts*",
in "*The Philokalia*", vol.II,
ed. G.E.H. Palmer, Philip Sherrard & Kallistos Ware;
Faber & Faber, Londen, U.K., 1981.

H. Simeon de Nieuwe Theoloog

"Symeon the New Theologian: The Discourses" (afgekort: "Discourses")
vert. C.J. de Catanzaro; in de serie "Classics of Western Spirituality",
Paulist Press, New York (U.S.A.), 1983.

Griekse tekst: *«Κατηχήσεις»*
geciteerd uit: "Sources Chrétiennes"
B. Krivochéine, Parijs (vol.96).

H. Gregorius Palamas

"Saint Gregory Palamas, The Homilies"
ed. & vert. C.Veniamin, in samenwerking met het Patriarchal
Stavropegic Monastery of St. John the Baptist,
Tolleshunt Knights, Essex, U.K.;
Mount Thabor Publishing, Waymart PA (U.S.A.), 2009.

H. Nikolaas Kabasilas

"Περὶ τῆς ἐν Χριστῷ ζωῆς» (PG 150)
Engelse vertaling, zie:
"The Life in Christ",
St. Vladimir's Seminary Press, Crestwood NY (U.S.A.), 1974.

OVERIGE WERKEN

"The Orthodox Liturgy"
vert. Stavropegic Monastery of St. John the Baptist;
Oxford University Press, 1982.
[Deze uitgave bevat de Liturgieën van de H. Johannes Chrysostomos en van de H. Basilius de Grote; de Liturgie van de Voorafgewijde Gaven, en de Voorbereidings- en Dankgebeden m.b.t. de Heilige Communie.]

NB: Een Nederlandse vertaling van genoemde teksten en hymnen uit de Orthodoxe Diensten is te vinden in de uitgaven van het Orthodox Klooster te Den Haag, van de hand van archimandriet Adriaan. (Van sommige teksten zijn ook andere vertalingen beschikbaar, afhankelijk van het gebruik ter plaatse.)

Index Bijbelcitaten

OUDE TESTAMENT

GENESIS			9:	4	82cf,
1:	26	90, 243,	18:	15	140, 153cf,
	28	104,	2 KONINGEN (= LXX 4Kon.)		
2:	16-3:7	225zie,	22:	11	96,
	17	243cf,		19	96cf,
	25	88,		20	96cf,
3:	1-7	225zie,	2 KRONIEKEN		
	7	88,	34:	27	96cf,
	8	89cf,	PSALMEN		
17:	1	177cf,	4:	1/2	250,
18:	27	254,	8:	6	88cf,
32:	26	12,	13(14):	1	89, 310,
	28	12,	15(16):	5	147,
33:	10	12, 222cf,	16(17):	4	311cf,
EXODUS			18(19):	1/2	253,
20:	5	224,		4/5	222,
34:	14	224,	22(23):	4	166cf,
LEVITICUS			23(24):	1	216,
26:	11-12	82zie,	26 (27):	9	176cf,
DEUTERONOMIUM			29 (30):	5/6	160,
5:	9	224	31 (32):	5	93cf,
6:	5	59, 99,	33 (34):	12	79,
RICHTEREN				21/22	242cf,
13:	22	255,	39 (40):	7/8-8/9	67cf,
1 SAMUËL (= LXX 1Kon.)			41 (42):	7/8	230,
3:	10	73cf,	44 (45):	2/3	77cf,
1 KONINGEN (= LXX 3Kon.)			45(46):	10/11	229,
6:	13	54,	48 (49):	20/21	89cf,
9:	2-3	32,	68 (69):	9/10	211zie,
	3	54, 82,	76 (77):	10/11	29cf,

78 (79):	8	53,	53:	7	274, 307
83 (84):	10/11	78,		7-8	77cf, 105,
95(96):	2	253,			130zie, 278cf,
110 (111):	10	80cf,	54:	13	71cf,
118 (119):	32	79zie,	55:	9	171cf, 253,
	36	68cf,		11	62cf,
	126	105,	58:	6	89cf,
	131	239cf,	61:	1-2	89cf,
121 (122):	1	78,	JEREMIA		
125 (126):	1	86cf, 115zie,	15:	19	124zie,
131 (132):	5	140,	18:	11	231,
138 (139):	7/8-9/10	31,	23:	36	177cf,
SPREUKEN			38:	33	65cf,
1:	7	80cf,	39:	40-41	65cf,
3:	34	22cf, 94cf,	EZECHIËL		
		131zie, 198cf,	43:	3	65cf,
4:	18	24cf, 267zie,	DANIËL		
8:	22	129cf, 181cf,	9:	7	189,
	22-23	270cf,		7-8	13zie,
HOOGLIED			JOËL		
8:	6	140, 302cf,	3:	1	83zie,
JOB				5	57,
7:	17	224,	AMOS		
	18	20cf,	3:	8	5,
42:	5-6	170cf, 254,	MICHA		
JESAJA			7:	9	189,
1:	6	89,	NAHUM		
6:	5	255,	1:	2	224,
7:	15	257,			
9:	5/6	124, 314,	*Overige boeken LXX*		
22:	13	19,			
40:	1	71,	JUDITH		
42:	1-4	258cf,	9:	5	104cf,
53:	geheel	145zie,	WIJSHEID VAN SALOMO		
	4-8	181cf,	1:	13	301zie,
	5	277,	6:	6	306,

WIJSHEID VAN JEZUS SIRACH			GEBED DER DRIE JONGELINGEN	
1:	14	80cf,	1:5-6 (6-7)	
17:	32	242,	= LXX Dan.3:29-30	158,
49:	8	65cf,		
BARUCH				
4:	4	181,		

NIEUWE TESTAMENT

MATTHÉÜS			9:	12-13	90,
3:	2	253,		13	280cf,
	9	293,	10:	32	260zie, 308cf,
4:	17	90,		32-33	92,
5:	3	51cf, 276,		39	11cf,
	3-12	217zie,	11:	27-28	197,
	4	99, 278,		27	129, 278,
	5	279,		28-29	131, 188, 273,
	6	153, 280,		29-30	264,
	7	281,		30	173cf,
	8	58cf, 282,	12:	17	280cf,
	9	282,		18-21	130, 258,
	10-12	284,		33-34	301cf,
	5:11	100cf,	13:	10	129,
	5:28	208cf,		16-17	281cf,
	5:39	274cf, 307cf,	16:	23	255cf,
	5:48	73, 178cf,		25	11cf,
6:	6	26,	17:	6	263,
	12	260zie,	18:	20	219,
	21	19cf,	19:	27-28	166zie,
7:	6	37,	20:	18	228,
	7	73,		25	181cf,
	14	173cf, 249,		26	271,
8:	20	138cf,		26-27	274,
	27	197cf,		20:28	77, 141, 143,
9:	12	36cf, 292,			182, 203, 260,

22:	30	26zie,	4:	18-19	89, 304,
	37	59, 88cf,	5:	5	313cf,
23:	8	64cf, 129,		31	36cf,
		130cf, 197cf,	6:	21	278,
	9	178cf,		22	100cf,
24:	27	268,		40	131zie, 197,
25:	31-46	256cf,	9:	1-10	94zie,
	34	298,		23	183,
	37-39	13zie,		24	187cf, 274,
26:	26	24,		51	67,
	38	191cf, 277,		58	138cf,
28:	20	123,	10:	18	204cf,
MARKUS				21	145,
1:	4	253cf,		23-24	281cf,
	15	253cf,		27	99cf, 197,
2:	17	36cf,	12:	49	141,
	21-22	262,		49-50	304cf,
8:	33	255cf,		50	279cf, 259,
	35	262,	14:	11	133, 183, 204,
	38	92cf,			255, 284, 291,
10:	24	261,		26	187cf, 211,
	26	110cf,		27	177cf,
	32	184cf, 261cf,	15:	7	93, 123,
	43	271cf,		10	308,
	45	141, 143, 203,		31	148, 261, 280cf,
		260,	16:	12	29cf,
12:	30	65zie, 99cf,		15	126, 255, 256cf,
14:	22	24,		26	270,
	34	191cf,	17:	10	22cf, 133, 140cf,
LUKAS					189, 201, 261cf,
1:	2	132cf,			286,
2:	51	160,		20	285cf, 309cf,
3:	7	40,	18:	14	255cf, 284zie,
	8	293,		26	110cf,
	18	40,		27	110, 297,
4:	18	130,	21:	15	194,

21:	26-28	86,	7:	39	104,
	28	267,	8:	24	91cf,
22:	19	103,		56	254cf.
	26	271cf,	10:	10	26cf, 62, 108cf,
	26-27	121cf,			253cf,
	27	263cf, 123,		18	281cf,
	44	277cf,		30	257zie, 279,
23:	34	141, 156, 302,	11:	16	262,
		307,	12:	24	304,
	41-42	190zie,		25-26	189zie,
	46	257,			284,
24:	47	253cf,		49-50	160,
	52-53	268cf,		50	168, 188cf, 303,
JOHANNES			13:	1	29cf, 50cf,
1:	12	264,			112cf,
	13	37,			121, 182, 211,
2:	17	140zie, 279zie,			259, 272, 286,
		311cf,			296, 303, 311,
3:	3	37, 123,		15	131, 206cf, 255,
	16	206cf, 277cf,		31	259,
		303,		34	188cf,
	30	142,	14:	6	62cf, 110zie,
4:	23	58,			132, 203, 270,
	24	87, 98,		16	129cf, 235,
	34	257cf, 279cf,		23	266cf,
5:	17	232,	15:	5	9, 53, 135cf,
	24	97, 301,			199cf, 280cf,
	37-38	49cf,		10	266cf, 303cf,
6:	38	154, 257cf,		12	141,
	46	71cf,		13	112cf, 183,
	56	56,			194cf, 272, 303,
	63	259, 314,	15:	15	129cf, 258cf,
	68	233, 313,		25	307,
7:	15	287,	16:	8	138, 143cf, 156,
	16-17	63,		13	34, 87, 186, 256,
	37-38	279,			291,

16:	22	72,	7:	48	30cf,
	24	264,		49-50	30,
	25	129,	8:	17	34,
	33	223, 296cf,		32	307,
17:	geheel	149cf,		32-33	130,
	3	20, 292cf,		36	307zie,
	5	271,	9	21	57,
	11	219cf,	10:	40	305,
	21	149zie,	11:	18	253cf,
	24	295,	13:	47	123,
	25	116, 191,	14:	22	249, 264,
18:	11	227cf,			283cf,
	14	182,	16:	26	263cf,
19:	11	279,	20:	24	134cf,
	30	160,	21:	13	134cf, 262,
21:	7	13cf,	26:	23	140, 263, 273,
	22	110, 141,	ROMEINEN		
	25	254, 288,	1:	16	92, 253,
HANDELINGEN				20	70cf,
1:	8	123,		25	243cf,
	11	268,	3:	4	70, 70cf, 97cf,
	12	268cf,			138,
	14	235,		23	36cf, 39cf,
2:	3	74,			133cf, 204,
	17	83,			228, 255, 276,
	21	57,	4:	5	261cf, 308zie,
	27	283cf, 305cf,	5:	2	120cf,
	28	305,		6	304cf,
	46	235,		8	97, 304cf,
	39	72,			315cf,
4:	12	57, 83,		12	301,
	33	195, 215cf,	6:	8	249cf,
5:	20	313cf,		9	144cf,
	41	262cf, 184,		13	264,
6:	2	195,		23	302,
7:	2	254,	7:	22-25	179cf,

7:	24	303cf,	2:	2	121, 273cf,
8:	7	17, 303,			312,
	13	152, 247,		12	22cf, 135,
8:	15	60, 141			147,
	18	227cf, 252,			299,
	26	60, 141,		14	161cf,
	28	265,		15	178cf,
	29	21cf,		16	169,
	32	21, 56, 70, 182,	3:	9	41cf, 196cf,
		311,		16-17	75,
	36	210,		17	60,
	38-39	140cf,		19	245,
	39	166,	4:	7	135, 205,
9:	5	70,		15	315,
	13	11,	6:	6-7	100cf,
12:	1	83cf,		6:7	77, 133,
	2	53, 70,			308zie,
	15	126cf, 221, 264,		15	31,
	21	50, 180,		19	31,
13:	10	261,	7:	7	26, 187,
14:	8	151,			219cf,
	15	122,	8:	11	280,
	23	160cf,	9:	19	121cf,
15:	3	96cf, 122,	10:	11	111, 267,
		211zie, 272cf,	11:	24	34, 106cf,
		311cf, 109,		25	103,
	5	219zie,		31	156, 190,
	13	252cf,	12:	3	58,
16:	25	310cf,		25	219,
1 KORINTHE				27	26cf,
1:	2	57cf,	13:	12	46,
	21	254,	14:	24-25	106cf, 138,
	24	168, 263, 312,		26	106cf,
	25	40, 273, 292,		32	131,
		302 (2x),	15:	10	153cf, 180cf,
	30	192, 272,		28	161cf,

15:	31	183cf, 183,	12:	3	288cf,
		309zie,		10	264,
	32	19,	13:	11	219zie,
	45	300,	GALATEN		
	47	300,	1:	11	128,
	56	245cf,		11-12	198zie, 294cf,
	57	305,			253cf,
2 KORINTHE				12	64cf,
1:	3	36, 39cf, 220,	2:	20	210zie,
		231cf, 291cf,	3:	1	121cf, 273,
	8	249cf,		13	182cf, 272cf,
1:	9	10cf, 169zie,			274cf, 304cf,
		249cf,		27	33,
	11	148,	4:	4	270cf,
	24	41zie,		19	211zie,
2:	11	59cf, 66, 168cf,	5:	6	33, 217cf,
	16	148, 171cf,	6:	10	150,
4:	10	47cf, 211cf,		15	187cf,
		252cf,		17	114cf, 218,
	11	309zie,	EFEZE		
	17	72, 226cf,	1:	4	21, 295,
	17-18	226cf,		10	270cf, 310,
	18	80, 186, 227cf,			314,
5:	4	180,		11	304cf,
	17	187cf,		13	139cf,
	19	120, 282cf,		19	192,
	21	182,	2:	5	115,
6:	16	54cf, 140cf,		8	132, 213cf,
7:	1	22cf,			251,
8:	9	251cf,		12	19cf,
10:	4	142,		15	282,
	5	59cf,		22	30cf,
11:	2	85,	3:	9	310,
	3	167cf,		11	304,
12:	1	64cf,		12	20,
	2	137zie,		17	24, 61zie, 280,

3:		305cf,	4:	8	51cf, 142, 274cf, 299,
	18	38, 297,			
	19	244cf,	KOLOSSENSEN		
4:	2	178cf,	1:	1:24	184zie,
	4-14	129zie,	2:	2:9	33, 83, 124, 302, 305cf,
	8	250, 290,			
	8-10	183cf,		2:19	224cf, 279,
	8-12	271cf,		2:23	152cf,
	9	203, 250,	3:	3:13	68,
	9-12	207zie, 212cf,		3:15	149,
	10	141,	1 THESSALONICENSEN		
	24	37cf,	3:	13	29,
	25	223,	4:	13	19,
	29	78zie,	5:	18	29, 149,
6:	12	164cf,	2 THESSALONICENSEN		
FILIPPENSEN			2:	8	233cf, 294cf,
1:	20	124,	1 TIMOTHEÜS		
2:	2	219zie,	1:	1	252,
	3	201,		15	67cf, 125, 142,
	3-4	134cf,	2:	1-2	150cf,
	3-5	122,		4	36, 51, 67cf,
	5	97,	3:	16	128cf,
	8	161, 182cf, 304cf, 312cf,	4:	4-5	25, 37, 111,
				5	85,
	9	83cf, 252cf,		8	132cf,
	9-11	57zie,		10	78, 285,
	10-11	161zie,	5:	17	127, 315,
	16	41,	2 TIMOTHEÜS		
3:	4	209cf,	1:	8	79cf,
	10	86,		9	53, 181, 257, 310,
	11	309,			
	12	153cf,		12	162,
	13	153cf,	2:	3	249cf,
	20	294cf,		6	79,
4:	6	24cf, 29,		8	144cf,
	7	221,		13	35, 166,

2:	15	74zie,	12	2	89, 126, 304cf,
	22	57,			192,
3:	12	193,		3	277cf,
	15	133cf, 204cf,		14	62cf, 282,
	16-17	53,		22-23	57cf, 74cf,
	17	41cf,		23	29cf, 273,
4:	2	85,	13:	12	122cf, 192,
TITUS				13	96, 122cf, 210,
1:	2	53, 257, 310,			192,
2:	11	193cf,		14	122cf,
	11-13	193zie,		15	96cf,
HEBREËN			JAKOBUS		
2:	3-4	66cf,	1:	8	173,
	7	242cf,		21	90,
	9	304cf,	4:	4	17,
	14	244cf, 273,		6	22, 156,
	15	272, 281cf,	1 PETRUS		
3:	6	124, 248cf, 305,	1:	8	134,
	13	88cf,		19	105cf, 141cf,
4:	12	61,			188cf, 272cf,
	15	281,			274cf, 286,
5:	7-9	277cf,		20	295,
	8	257,		22	220,
	11	120,		23	139,
	14	285,	2:	1	192,
6:	18	86,		2	74,
7:	16	262, 302,		5	30,
9:	12	30cf,		9	196,
	26	104cf,		13	156, 166,
10	7	257, 303,		19	134cf, 307,
	9	67,		19-20	284,
	14	277,		20	134, 248,
	24	41, 117cf, 157,		21	305cf,
	34	79,		22	281, 302cf,
	39	25cf,		23	307,
11:	27	227cf,	4:	1	250

4:	10	131cf,	4:	4	60cf, 87,
	12	134cf,		18	49, 245,
	12-13	217zie,		19	260,
	13	251cf,	5:	19	39, 92, 124,
	14	134cf, 217,			139cf, 256,
		247cf,	JUDAS		
		307cf,	1:	3	114cf,
	17	248cf, 305,	OPENBARING		
	18	248,	1:	2	144cf,
5:	5	22, 94, 131, 156,		5	35, 162,
		198,		8	285cf,
2 PETRUS				11	285cf,
	1:4	35,		18	143,
	1:19	267cf,	2:	4-5	15cf,
	3:12	114,	3:	7	132cf,
	3:14	269,	7:	17	310cf,
1 JOHANNES			10:	10	144,
1:	1	139cf,	12:	11	140cf,
	5	98,	13:	8	105cf,
	8-9	92, 276cf,	14:	4	143, 188, 224,
	9	204cf,			274, 316,
2:	1	291cf,	15:	3	310,
3:	2	280,	19:	1	113cf,
	2-3	193,	21:	6	285cf,
3:	3	281,		27	263cf, 281cf,
	8	301,	22:	13	285cf,
	20	135, 140, 148,		20	269,

Inhoud

VOORWOORD 5

Notitie bij de vertaling 5

I. DE MENS EN DE GEESTELIJKE VISIE

1. De interpersoonlijke relaties in het licht
   van onze relatie met God 8
2. De moedeloosheid van de wereld en de ijver
   van de kinderen Gods 17
3. De mens als woonplaats van de Heilige Geest
   door middel van de Mysteriën van de Kerk 30
4. De harde woorden van de heilige Silouan
   en van oudvader Sophrony 39
5. Fundamentele aspecten van het geestelijk leven 54
6. De tweevoudige visie in het geestelijk leven 64

II. HET WOORD GODS EN DE GODDELIJKE EREDIENST

1. De Christelijke verkondiging 70
2. De Goddelijke Eredienst 74
3. De overdracht van de liefde voor de Goddelijke Eredienst
   aan de jongeren 78
4. Een bredere en meer profijtelijke deelname van de
   gelovigen aan de Goddelijke Eredienst 82
5. De omvorming van de schaamte tot kracht tegen de
   hartstochten in het mysterie van de bekering en van
   de gewijde Biecht 88
6. Van de dankzegging tot de berouwvolle bekering 99
7. De Goddelijke Liturgie: voltrekking en leefwijze 103

III. DE GENADEGAVE VAN HET PRIESTERSCHAP

1. De supra-kosmische genadegave van het Priesterschap
   als dienst der verzoening van de wereld met God 120
2. Het profetische leven en authenticiteit in de Kerk 128
3. Dankzegging en dankbaarheid 147
4. Goddelijke inspiratie 152

IV. DE WEG VAN HET MONNIKSCHAP

1. De weg der gehoorzaamheid 160
2. De Christelijke ascese 179

3.	Leven "buiten de legerplaats van deze wereld"	187
4.	De charismatische nederigheid	197
5.	Het klooster als plaats waar men God behaagt	206
6.	De geest van het cenobitische leven	219
7.	Het mysterie van de hesychia - *"Weest stil en weet dat Ik God ben"* -	229

V. DE WIJSHEID DER WERELD TENIET GEDAAN

1.	De levenswijze van het godwelgevallig lijden	242
2.	Het paradoxale karakter van het Evangelie	253
3.	De omkering van de piramide van de geschapen wereld - *De Zaligsprekingen* -	270
4.	De grote wetenschap van de heilige Silouan en van oudvader Sophrony	286
5.	Het Kruis van Christus: de rechtvaardiging van God en de mens	300

EPILOOG	313
Bibliografie van geciteerde werken	319
Index Bijbelcitaten	324
Inhoud	335

EINDE

Aan de Ene God in Drieëenheid,
de Vader en de Zoon en de Heilige Geest,
zij alle dank en heerlijkheid
in de eeuwen der eeuwen.
Amen

WERKEN van Archim. Zacharias in Nederlandse vertaling
voor nadere details zie o.a. de website van Maranatha House (.info)

♦ **Christus, onze Weg en ons Leven** – *Anaphora aan de theologie van oudvader Sophrony*
Over de levende theologie als het relaas van de ontmoeting met God. Ter inspiratie, zowel als voor serieuze studie. Compleet met alle oorspronkelijke verwijzingen en patristieke citaten in Nederlandse vertaling.

♦ **Weest ook gij uitgebreid (2Kor.6:13)** – *De uitbreiding van het hart in de theologie van de heilige Silouan de Athoniet en archimandriet Sophrony van Essex*
Inspirerend onderricht m.b.t. het doel van de geestelijke weg.

♦ **De verborgen mens des harten (1Petr.3:4)**
Over het mysterie van het menselijk hart, en over het leven in bekering als een tocht om het 'diepe hart' te vinden.

♦ **Gedenk uw eerste liefde (cf. Openb.2:4-5)** – *De drie stadia van het geestelijk leven in de theologie van oudvader Sophrony*
Nader onderricht omtrent het verloop van de geestelijke weg.

♦ **De mens, God's doelwit** – *"Wat is de mens, dat Gij hem hebt grootgemaakt ..." (Job 7:17-18)*
Een theologische verdieping in het Mysterie van de Persoon.

♦ **Van de dood tot het leven** – *De weg van het Kruis des Heren in ons dagelijks bestaan*
Een reeks voordrachten naar aanleiding van een woord van oudvader Sophrony over de aard van de Christelijke weg.

♦ **Het zegelbeeld van Christus in het hart van de mens**
De geestelijke visie van de weg van Christus, toegepast op het dagelijks leven, eredienst en verkondiging, priesterschap, monnikschap, en de paradoxale weg van kruis tot overwinning.

✠

www.ingramcontent.com/pod-product-compliance
Lightning Source LLC
Chambersburg PA
CBHW020324170426
43200CB00006B/260